中国传统政治文化书系

主　编　齐　涛

副主编　蒋海升　谢　天

中国传统民本思想

孟天运　著

泰山出版社 · 济南 ·

图书在版编目（CIP）数据

中国传统民本思想 /孟天运著；齐涛主编；蒋海升，谢天副主编. -- 济南：泰山出版社，2023.12

ISBN 978-7-5519-0687-6

Ⅰ. ①中… Ⅱ. ①孟… ②齐… ③蒋… ④谢… Ⅲ. ①民本思想—研究—中国—古代 Ⅳ. ①D092.2

中国版本图书馆CIP数据核字（2021）第242665号

ZHONGGUO CHUANTONG MINBEN SIXIANG

中国传统民本思想

策　　划　胡　威
主　　编　齐　涛
副 主 编　蒋海升　谢　天
著　　者　孟天运
责任编辑　王艳艳　任春玉
装帧设计　路渊源

出版发行　泰山出版社
社　　址　济南市泺源大街2号　邮编　250014
电　　话　综　合　部（0531）82023579　82022566
出版业务部（0531）82025510　82020455
网　　址　www.tscbs.com
电子信箱　tscbs@sohu.com
印　　刷　山东华立印务有限公司
成品尺寸　165 mm × 240 mm　16开
印　　张　25
字　　数　350千字
版　　次　2023年12月第1版
印　　次　2023年12月第1次印刷
标准书号　ISBN 978-7-5519-0687-6
定　　价　69.00元

总序

政治文化是基于政治制度和政治行为而形成的政治思想、政治观念与价值取向。它既是对政治制度和政治行为的抽象，又是社会文化中的客观实在，对政治制度与政治行为产生着重要影响。中国传统政治文化则是对中国传统政治制度和政治行为的抽象，具有丰富而深刻的内涵，影响着中国传统政治的构建，也影响着近代以来中国政治道路的选择。

相当长的一个时期以来，我们对传统政治文化没有给予应有的关注，更没有给予客观的评价。多数情况下，我们将其视为封建专制主义的糟粕，将其贴上落后、保守甚至反动的标签，其中一个重要原因是受西方学术范畴与话语体系的影响。

早在启蒙运动时代，一些著名的欧洲启蒙思想家便借中国古代政治之例抨击欧洲封建专制主义。孟德斯鸠在《论法的精神》中认为，历史上存在过三种政体，即共和政体、君主政体与专制政体：共和政体是全体人民或仅仅一部分人民握有最高权力的政体；君主政体由单独一个人执政，不过遵照已确立且被固定了的法律执政；专制政体既无法律又无规章，由单独一个人按照一己的意志与反复无常的性情领导一切。他认为，中国古代就是专制政体，在这种政体下，人的命运和牲畜一样，就是本能服从与接受惩罚，即使西方的暴君统治也强过东方的专制统治。

冷战时期，有的学者基于强烈的意识形态偏见，不遗余力地揭示东方专制主义的“罪恶”，其中最具代表性的就是美国历史学家魏特夫的《东方专制主义：对于极权力量的比较研究》一书。该书认为：东方国家的治水导致了专制政体与东方专制主义，“由此产生的权力是一种极权力量。在这样的治水社会中，政治上是君主暴政，经济上消灭土地私有制，文化上是奴性状态。生活在这种治水社会中的民众必然屈从于中央集权，处在全面恐怖之中，最终陷入全面的孤独”[①]。当然，也有许多严肃的西方学者从不同角度探讨和研究中国传统政治文化，但往往不得要领，比如，近代政治学的代表性学者马克斯·韦伯曾着力于中国古代政治研究，并认定中国古代政治体制是家产官僚制。所谓家产官僚制，就是以家产制国家为基础，家产制与官僚制相结合的政治体制。马克斯·韦伯认为：“当君侯以一种人身的强制，而非领主式的支配，扩展其政治权力于其家产制之外的地域与人民，然而其权力的行使仍依循家权力的行使方式时，我们即称之为家产制国家。”[②]当家产制国家继续扩大时，必然要借助于官僚制度，国家愈大，对官僚制度的依存就愈是绝对。马克斯·韦伯在《儒教与道教》一书中提到，自秦王朝开始，各王朝都是“家产官僚制”，在这一体制下，君主将国家政权作为私人权力与私人家产，置于其官僚制行政的管理之下。这一体制下的官僚不同于近代官僚，他们更像是君主的家臣与“包税人”，他们必须与君主建立人身依附关系，获准在其任职范围内充分的收益权，他们可以将其行政内所得的收入作为俸禄，事实上与

① 金寿福：《东方专制主义理论是冷战产物》，《历史评论》2020年第2期。

② 马克斯·韦伯：《韦伯作品集Ⅲ：支配社会学》，康乐、简惠美译，广西师范大学出版社，2004，第103页。

其私人收入并无区别。

对于孟德斯鸠出于工具目的对东方专制主义的批判可以另当别论，但其影响力不容忽视；对于魏特夫等人的观点，学界虽进行了较为充分的讨论，但并非从根本上解决了相关理论问题；对于为数颇多的严肃学者所进行的相关研究，国内学术界也进行了积极的回应与讨论，但对中国传统政治文化研究长期未见全面深入的突破，并未构建起完整的、客观的研究体系。究其原因，在于分析工具的选择。西方学者所使用的学术范畴与话语体系，都是在对西方文明的发展研究基础上形成的，他们往往以之为标准来评判中国传统政治文化。马克斯·韦伯这位严肃的学者，尽管注意到了中国传统社会种种内在逻辑与独特存在，但仍不愿放弃其既有的范畴，而是以家产制与官僚制这两个既有范畴打造出“家产官僚制”之履，削足适履，将中国传统政治塞入其中。国内学术界与西方学术界关于中国传统政治文化的对话、对中国传统政治文化的研究，也多是借用舶来的西方政治学的理论与范畴，难免力不从心，甚至还可能带来更严重的后果。中国台湾学者林端在21世纪初不无忧虑地认为，马克斯·韦伯对中国传统政治与法律存在诸多误解，“如果这些误解不断存续下去，甚至中国人的世界也越来越接受这种误解的说法，会是很可怕的事情，到最后中国人自己不了解中国文化的特征，却顺着西方人的眼睛来看自己的中国，看自己的文化”①。在以往的学术讨论中，我们总是说西方人戴着有色眼镜看中国问题，实际上，最大的问题在于我们自己也戴着西式有色眼镜看自己的问题。所以，我们的当务之急是摘下这副眼镜。

摘下西式有色眼镜，我们会发现，在人类政治文明进程中，并

① 尤陈俊：《中国传统法律文化的重新解读与韦伯旧论的颠覆——〈韦伯论中国传统法律：韦伯比较社会学的批判〉评介》，《法制与社会发展》2006年第2期。

不存在唯一正确的普世的政治思想、政治观念与价值取向。习近平主席在2021年世界经济论坛"达沃斯议程"对话会上的特别致辞中指出："世界上没有两片完全相同的树叶，也没有完全相同的历史文化和社会制度。各国历史文化和社会制度各有千秋，没有高低优劣之分，关键在于是否符合本国国情，能否获得人民拥护和支持，能否带来政治稳定、社会进步、民生改善，能否为人类进步事业作出贡献。各国历史文化和社会制度差异自古就存在，是人类文明的内在属性。没有多样性，就没有人类文明。多样性是客观现实，将长期存在。"①习近平总书记在中共十九届四中全会第二次全体会议上的讲话中还指出："一个国家选择什么样的国家制度和国家治理体系，是由这个国家的历史文化、社会性质、经济发展水平决定的。"②

西方近代政治文明就不是资本主义时代的专利，而是在欧洲独有的历史文化基础上产生的，如美国学者拉塞尔·柯克所说："（美国）秩序的根基可蜿蜒曲折地追溯到希伯来人对上帝之下的有目的的道德生活的认知。它们涵括了古希腊人在哲学和政治上的自我意识；罗马人的法治与社会组织经验涵育了这些根基；它们与基督教对人之责任、希望和救赎的理解盘根错节地交织在一起；它们从中世纪的习俗、学问和英勇精神中吸取生命的养料；它们紧紧地抓住16世纪酝酿的宗教情绪；它们源自英格兰千辛万苦争来的法律之下的自由；殖民时期美国一百五十年的共同体经验强化了这些根基；它们得益于18世纪的辩论；它们借着《独立宣言》和美国宪法崭露峥嵘；它们经过美国内战的严酷考验后又全面恢复生机。"③

① 习近平：《让多边主义的火炬照亮人类前行之路——在世界经济论坛"达沃斯议程"对话会上的特别致辞》，《人民日报》2021年1月26日第2版。

② 习近平：《习近平谈治国理政》（第三卷），外文出版社，2020，第119页。

③ 拉塞尔·柯克：《美国秩序的根基》，张大军译，江苏凤凰文艺出版社，2018，第474页。

同样，中国现代政治文明也是在中国独有的社会土壤中生长起来的，其中，传统政治文化是十分重要的组成部分，如习近平总书记所指出的："像这样的思想和理念，不论过去还是现在，都有其鲜明的民族特色，都有其永不褪色的时代价值。这些思想和理念，既随着时间推移和时代变迁而不断与时俱进，又有其自身的连续性和稳定性。"①

因而，对中国传统政治文化的发掘与构建不仅可以让我们认识过去的中国，更可以助益于当代中国政治文明的发展，助益于中国特色社会主义制度和国家治理体系的进程。我们必须摘下西式有色眼镜去看中国自己独特的政治制度与政治行为，去把握与构建中国人自己的传统政治文化。

摘下西式有色眼镜，我们可以发现，在五千多年中华文明发展进程中，我们创造了独具风格的传统国体，"天下"与"社稷"是基本的国家范畴。

中国早期政治家们坚定地认为，"天下"是他们政治作为的地理空间，也是国家政权覆盖的地理范围。从西周王朝的"普天之下，莫非王土；率土之滨，莫非王臣"，到孔子所秉持的"修身齐家治国平天下"，陈述的是同一政治表达。在这一政治框架中，"国"只是政权存在，无论是万国时代，还是西周各诸侯国都是如此。天子是天下的最高统治者，是各国的宗主，具有至高无上的地位。对于远近不同、关系不同的各国政权，均认定为同一天下，分为五服，设定不同的责任与义务，以德怀远、万国来朝是最为理想的天下治理状态。在秦汉统一王朝时代，虽然诸侯之国消失，但天下观并未改变，历代王朝仍认定自身为天下宗主，以天下为己任。

在这一政治框架中，正统与正朔成为非常重要的政治符号，统

---

① 习近平：《习近平谈治国理政》（第一卷），外文出版社，2014，第171页。

治者都认定自己是天下正统所在，而正统的标志就是奉其正朔。正朔是历法，使用其颁行的历法，就是奉其正朔，认可其正统地位。因而，对于天下各政权，历代王朝或有征讨，但并无掠夺，只要称臣纳贡，奉其正朔，便可换来封名，获得应有的保护。

在这一政治框架下，统一的王朝是历史发展的基本形态，每一个分裂时代都是被动的，分裂时代的任何一个王朝无不以正统自居，都想让其他王朝奉其正朔，都不肯偏安一方。海内为一的大一统是每个王朝共同的追求。

中国早期政治家们还敏锐地将天下细分为社稷、民、君三个组成部分。在《孟子·尽心下》中，孟子旗帜鲜明地认为："民为贵，社稷次之，君为轻。"这一论述的意义不仅仅是认识到了民众在社会历史中的地位，更是将社稷与君分离开来，以君主为代表的统治者只是社稷的管理者，并非社稷本身，这成为中国古代最为重要的政治传统。齐宣王曾问孟子，商汤推翻夏桀、周文王讨伐商纣王，是否真有此事？孟子说有。齐宣王又问，臣弑其君可否？孟子的回答是，凡背弃仁义、残害百姓者，就是独夫民贼，人人可诛之。可以说，"民惟邦本"的政治理念在中国古代深入人心。唐太宗曾把君主与百姓的关系比之为舟与水的关系，说"水可载舟，亦可覆舟"，这也是认可君权并非神圣不可转移。因而，当统治者不足以维持其统治时，总是被农民起义拉下马来，实现改朝换代。

必须指出的是，在一次又一次的历史更替中，天下未变，文化人伦未变，天下之民及其共同的精神追求与心理取向未变，社稷也未变。所谓王朝的周期更替只是政权变动，而非国家变动。五千多年的中华文明从未中断，赓续至今。

摘下西式有色眼镜，我们还会发现中国传统政体的明显特性，可以看到中国古代政治文明之路是一条不同于西方社会的文明之路，它有着集权一统的行政体制、充分发育的政府职能和平等开放的社会结构。

就传统行政体制而言，韩非为秦始皇设计了“事在四方，要在中央。圣人执要，四方来效”[1]的行政体制总则。这里所说的“圣人”就是君主。中央对于地方，“如身之使臂，臂之使指，莫不制从”[2]，指挥自如；君主对于全国，则是“天下之事无大小皆决于上”[3]。此总则通行于整个中国古代社会，各王朝自上而下设置层层相属的地方行政机构，又设置了分工明确、职责清晰的职能部门，确保各地权力集于中央王朝，中央王朝权力集于君主。

在这样一种体制下，基本不存在独立的政治实体。古代中国没有西方中世纪相对独立的自治城市，王朝的体系一直延伸到城市里坊；也没有西方中世纪自行其是的封建领主和自治村庄，王朝的体系也囊括了所有村落；更没有西方中世纪宗教的威权，各种宗教都在王朝行政体系的管理之中。还必须说明的是，中国古代各王朝均非所谓“家产制”国家，皇室财产与王朝财产始终有清晰的界限，君主私人财务与社会公共财政也并未合一。

就传统政府职能而言，“父母官”可以说是对传统政府职能的最好概括，王朝政府几乎是唯一的主体。中国古代各级政府是实施社会管理的全能的一元化政府，从中央到地方，有着构造齐全、涵盖几乎所有事务的机构与管理者。无论是国计民生，还是司法、治安、民政以及宗教、教化等，都在各级政府的一元化管理体系之中。如经济事务的管理，从农业到工商业，无一遗漏。中央王朝既有大农令、大农丞、劝农使，又有均输官、平准官，还有工部、户部、少府等。县一级则有工曹、户曹、市曹等，连县城中的市场也有市令与均平令进行市场秩序与物价管理。社会精神文化生活也是在一元化的管理下，倡导什么礼俗，尊崇什么宗教，甚至于表彰

---

① 高华平、王齐洲、张三夕译注：《韩非子》，中华书局，2010，第59页。

② 班固：《汉书》，中华书局，1962，第2237页。

③ 司马迁：《史记》，中华书局，1959，第258页。

孝子烈妇、调和邻里之争，都在政府的统辖之下，可以说是事无巨细，无所不包，尤其是基层地方政府，几乎就是一地之大家长。

在这样一种体制下，没有行政权力之外的权力存在，没有类似西方中世纪的各种社会中间组织分割其事权，也没有西方中世纪那样的各式法庭分割其司法裁判权，更没有西方中世纪的议会分割其税收或其他社会权力。中国古代社会存在着宗族与其他各色民间组织，但都不具有较为完整的权力，只是在行政权力的认可或赋予下，拥有一定的社会权力，是行政权力的补充或延伸。

就传统社会结构而言，中国古代社会的最大特点就是“编户齐民”制度，其实质是相对平等、开放的社会角色体系。中国古代社会存在着明显的角色差异、社会地位差异，但没有严格的社会鸿沟，不同角色的人们拥有一个共同的身份，即编户齐民，所有人户都在政府的编制管理之中，都可能实现社会角色的转换。

在这样一种体制下，中国古代的农民有可能转而为官或是经商，“朝为布衣，暮为卿相”并非个例；而西方却是严格的身份世袭制，中世纪的农民没有此通道。中国古代的“士”是文化的掌握者与传承者，也是社会流动的中转站；西方中世纪的文化都垄断在教会之手，直接制约了社会的活性。中国古代社会实行家产继承的诸子均分制，每一个子嗣都可以均等地继承家业，保障了社会结构的稳定；西方中世纪则是长子继承制，大量余子与骑士的沉淀成为其社会结构的一个顽疾。

摘下西式有色眼镜，我们又会发现，中国传统治理体系也独具风格，难以用现有政治范畴进行诠释，无论是中国传统政治治理体系、经济治理体系，还是文化治理体系，都是如此。

就中国传统政治治理体系而言，现有的民主、法治、专制等范畴都难以表达中国传统政治治理体系的本来。如，中国古代政治是民主政治吗？当然不是。是专制政治吗？也不全是。中国古代有君主专制，但君主的权力往往受到制约，实际是有限君权，最为典型的是唐朝的三省六部制，从诏令的起草、复核到执行，都有庞大的官僚部门负责，彼此制约。而且，还有较为完整的朝堂议事制度、监察制度、谏议制度，朝堂之上，并非君主一言九鼎。另外，中国古代王朝均有十分完整庞大的法律规定，从民事、刑事到社会事务、行政运转都有详尽规定，依法行政的色彩十分明显，但又难以认定这就是法治社会，因为从君主到各级地方官员，他们在各种事务中的自由裁量权还是比较突出的。这就是中国传统政治治理体系的实际：既非民主，又非专制；既非法治，又非人治。

就中国传统经济治理体系而言，现有的国有化、私有化等范畴，也都难以准确表达传统经济治理体系。以土地制度为例，在中国古代相当长一个时期，土地一直没有明确的国有或私有的属性，虽然自秦王朝统一后，宣布“令黔首自实田”，似乎认可了农民的土地所有权，农民可以转让与买卖土地，但此后，各王朝仍不断进行土地的重新调整与分配：从西汉的授田制、王莽的王田制，到西晋的占田制、北朝与隋唐的均田制，王朝政权总在不断地否定私有，保障农民的土地占有；直到明清时期，农民仍不具备西方私有权属意义上的完整的土地私有权。以工商政策为例，中国早期国家形成于三次社会大分工完成之前，使工商业在出现之初就打上了明显的国家印记。春秋战国以来，虽然允许私营工商业发展，但“工商食官”制度并未终结，官营工商业一直未退出历史舞台，而且还处在不断发展中，从而出现了官营工商业和私营工商业并存，官营工商业一直处于垄断与主导地位的格局，这一格局贯穿中国古代社会两千年。

就中国传统文化治理体系而言，现有的文化专制、思想自由等范畴同样无法诠释中国传统的文化治理体系。以思想自由定性中国传统文化治理显然荒谬，但是，以文化专制指认中国传统文化治理同样不妥。中国历代王朝都重视文教，推广教化，中国古典文化的繁荣世所公认。更为重要的是，中国古代社会没有出现西方中世纪宗教力量钳制思想的现象，人们拥有较为宽松的信仰选择，除了以祭天为核心的垄断性信仰外，并无多少禁区。

中国传统政治的上述特性，当然是在中国长期稳定的农耕文明土壤中形成的，其中最根本的一点就是中国古代政治文明独特的发生与发展道路。中华文明有着独特的发生途径与成长历程，传统中的胎记遗存清晰可辨。一万多年前，相当长的一个时期，由于受大理冰期的影响，全球性气温下降，冰川扩张，海平面大幅度降低，渤海、黄海、东海成为新的大陆，朝鲜半岛、日本列岛以及台澎诸岛都与东亚大陆连为一体。在这方新的土地上，我们的先民们拥有了更为广阔的生存空间，自北向南，依次活动着渔猎采集群落、初始农耕群落、高级采集狩猎群落。我们上古传说中的尧、舜、禹、共工、三苗、蚩尤等，都生存于其中。而当时的旧大陆，尤其是北部大陆，由于严寒与干旱，冻土带南移，人口较为稀少。大约一万年前，随着大理冰期的结束，全球性气温转暖，冰川融化，暴雨成灾，海水上涨，接踵而至的洪水淹没了新大陆，也湮没了新大陆上的所有文明。人们的生存空间大大缩小，幸存的群落与群落间发生了旷日持久的冲突，尧、舜、禹与共工、三苗的战争都在此列。①

在中华文明的发生史上，存在着一个一直没能解决的问题，那就是早期文明的源头究竟在何处？现在看来，答案应当有了，即这一时期的洪水与战争是中国早期文明的源头。在治洪、御洪的过程中，尧舜禹集团内部开始萌生社会分工、公共权力以及刑罚，尧舜禹的禅代、鲧的放逐以及四岳的存在，都为我们透露出了这样的信息。更为重要的是，洪水进逼所引起的大规模的群体战争同样在促成权力与统治的萌生。《吕氏春秋·荡兵》曾言：“人曰‘蚩尤作兵’，蚩尤非作兵也，利其械矣。未有蚩尤之时，民固剥林木以战矣，胜者为长。长则犹不足治之，故立君。君又不足以治之，

① 齐涛主编：《世界史纲·绪论》，泰山出版社，2012，第1～7页。

故立天子。天子之立也出于君，君之立也出于长，长之立也出于争。”“立长”“立君”“立天子”，实际上是国家形成三阶段的写照。尧、舜、禹与共工、三苗的战争，标志着“立长”阶段的开始，也意味着中国早期文明的滥觞。

中国早期文明萌生后所面临的主要压力仍是群体间的冲突与对抗。随着生产的进步、人口的膨胀，这种对抗愈演愈烈。群体内部的组织体系也开始完备。这种组织体系的完备首先是在聚落中实现的，尔后又逐渐延伸，进而形成了早期方国，其时间大约在五六千年前，这也就是古史上所谓的“万邦时代”。随着方国间对抗与联系的逐步加强，方国共同体开始出现，夏王朝的建立标志着更大范围方国共同体的出现，也标志着大一统王朝的萌生。此时的方国共同体并非方国联盟，而是诸方国对方国共同体的主导者的服从与认可；而作为方国共同体主导者的夏，对其他方国也并非征服与掠夺，而是视为同类，致力于人文教化的一统。商之代夏、周之代商，只是一个主导者对另一个主导者的取代，人文教化一统的方国共同体并未改变。在此基础上建立的国家政权已带有浓重的统一国家色彩。经过春秋战国的历史整合，至秦王朝建立，大一统的中央集权王朝已经形成，西方近代意义上的国家已经出现在两千多年前的中国，大一统传统由来已久，根深蒂固。

由于中华文明的萌生缘于冰后期群体间的对抗，其萌生之时，私有财产和贫富分化尚未出现，私有制与阶级也未产生，三次社会大分工更没有展开，氏族血缘组织还未被地缘组织所取代，因此这些历史任务都是由先行出现的国家机器渐次完成的。这一过程，必然要打上国家的烙印。国家政权对社会的控制与管理是全方位的，国家政权之外的其他力量难以生成。

与文明发生的途径相联系，国家产生之时，没有明显的阶级对立和阶级差别，没有内部奴隶，各成员之间的差别更多的是社会分工与角色的不同，社会成员都有一定的参政、议政权利。直到西周春秋时代，实行的仍是国人内部民主制，遇有重大事务，国君往往要与国人相商，甚至与之盟誓。国人废黜国君，另立新君之事也曾发生。战国以来，君权强化，君主专制体制不断发展，但民主制的基因并未中断，社会成员的平等性在一定程度上得以延续。

与文明发生的途径相联系，中国早期社会组织不是以地缘关系代替血缘组织，而是对血缘组织的确认与强化。家庭与家族是基本的社会组织，无论是群落，还是方国、方国联盟以及后代的夏、商、周，其组织结构基础都是家族。在此基础上，国家作为宗法血缘关系下的父家长制大家庭放大后的产物，必然会带来内部的集权化倾向，带来全能的政府职能；群体内部的纽带是血缘关系，又为父家长式的专制奠定了基础。

与文明发生的途径相联系，中国古代的三次社会大分工一直没有完整实现。西周及其以前的时代，土地为宗族所有，实行的是以家族为单位的大田集体劳动，家畜饲养与农业生产是在同一个劳动单位内完成的，纺织和陶器制作等手工业生产也是如此。家族之间和全社会所需的手工业商业活动则由王朝政府承担，此即商周王朝的工商食官制度。在此基础上，形成了独特的土地制度与官营工商制度。

与文明发生的途径相联系，中国早期政治是人文政治，而不是神祇政治，祭祀僧侣集团在中国政治上一直没有取得过主导地位。在文明的萌生中，中国也与西方世界一样，有祭祀与专职的祭祀人员，有通天人之际的“若木”与神山。从红山文化的祭坛到三星堆的神杖，从种种的民间神祇传说到遍布南北的新石器时代的岩画，我们都能感受到神仙世界对世俗世界的影响。但在中国社会，神职人员一直没有成为独立的政治集团，神职首领往往是世俗首领兼而领之，这种情况下的祭祀集团只能是政治的附庸。与之相对应，在中国传统政治生活中，一方面是世俗首领垄断了天人之际的通道，“天之子”“予一人”以至后世的封禅大典，充分体现了这种垄断；另一方面，人文与人伦成为基本的价值取向，从周公旦的“敬天保民”，到孔夫子的人文教化，反映的都是这一精神。因而，中国古代社会未曾出现欧洲中世纪宗教的桎梏与束缚，而是成就了中国古代社会的人文繁盛与相对宽松的信仰世界。

从上述内容我们可以清楚看到，中华文明的发生与西方迥异。西方文明的发生，走的是一条符合传统理论的基本道路，即在原始社会的后期，随着生产的进步，有了剩余产品与剩余劳动，又有了私有财产与私有观念，在此基础上，形成了贫富分化与阶级对立，国家机器在阶级对立的基础上应运而生，代表统治阶级的利益，实行阶级统治与阶级压迫。与之同时，原始的氏族血缘关系被打破，以地缘关系编制、管理其国民成为国家形成的重要标志。自国家出现到希腊罗马时代，欧洲社会完成了其政治基础的奠基与政治制度的完善，基于个人权利至上的公民权与财产私有权成为其社会的两大基点，城邦民主政治与自由文化精神构成了欧洲政治文明的基本框架。此后，虽然经历了中世纪的黑暗，但这一基础并未被完全摧毁，在许多方面仍以种种不同的方式在继承与发展，尤其在城乡二元结构下，城市文明崛起，为欧洲社会提供了另一个版本的治理体系。至文艺复兴，则在新的历史时期实现了对希腊罗马文化的续写与迸发。随着资本主义运动的进展，近代国家、近代法律、近代思想文化以及近代国际秩序逐步形成，从而完成了欧洲文明的构建。

中华文明的发生与欧洲社会已大不同，发生之后，中华文明仍旧沿着自己的基点行进。近百年来，不断有学者将中国的历史进程与欧洲的历史进程相比附，得出了种种结论。就历史的客观性而言，两者虽不乏相似之处，但仍是不同道路上的行进者。如中国春秋战国时期的变革与希腊、罗马的变革实际是同工异曲，中国的秦汉帝国与罗马帝国的强盛也并非一事，中国的封建社会也不能等同于欧洲的中世纪社会等，特别是春秋战国这一特定历史变革时期所造就的中华文明的框架，更是上承远古以来中华文明的发生，下启两千年中华文明的发展，有着独特的内涵与意义。

中国传统政治的特性已述于上，如何总结、提炼由中国传统政治制度与治理体系所凝聚的思想与文化，是这套书系的任务所在，如习近平总书记所指出的：

> 在几千年的历史演进中，中华民族创造了灿烂的古代文明，形成了关于国家制度和国家治理的丰富思想，包括大道之行、天下为公的大同理想，六合同风、四海一家的大一统传统，德主刑辅、以德化人的德治主张，民贵君轻、政在养民的民本思想，等贵贱均贫富、损有余补不足的平等观念，法不阿贵、绳不挠曲的正义追求，孝悌忠信、礼义廉耻的道德操守，任人唯贤、选贤与能的用人标准，周虽旧邦、其命维新的改革精神，亲仁善邻、协和万邦的外交之道，以和为贵、好战必亡的和平理念，等等。这些思想中的精华是中华优秀传统文化的重要组成部分，也是中华民族精神的重要内容。马克思主义传入中国后，科学社会主义的主张受到中国人民热烈欢迎，并最终扎根中国大地、开花结果，决不是偶然的，而是同我国传承了几千年的优秀历史文化和广大人民日用而不觉的价值观念融通的。①

这套“中国传统政治文化书系”就是以习近平总书记所指出的中华民族在几千年历史演进中所形成的关于国家制度和国家治理的丰富思想为纲，从不同方面对习近平总书记所提炼的中国传统政治文化进行阐释。我们要表达的不是政治史，也不是制度史，而是政治史与制度史中所蕴含的文化精神。这种精神通过政治事件、政治制度和政治人物来体现。也可以认为这是一个另类的政治史，是围绕问题说话的

---

① 习近平：《习近平谈治国理政》（第三卷），外文出版社，2020，第119～120页。

政治史。

为便于更多读者阅读，我们未把这套书系打造成晦涩难懂的理论著作；为保障其科学性与可靠性，也不想把它制作成迎合市场的通俗演义。而是采用“非史”“非论”的叙述手法，既不是历史的，也不是理论的；既不是通俗的，也不是高大上的，力求以一种独特的模式，让人们从政治历史中感知传统政治文化精神之所在。在叙述中力避夸夸其谈，从概念到概念，力避事无巨细，面面俱到，而是画出三分，留白七分。用完整的叙事、画龙点睛的提炼，把传统政治文化的基点与内核告诉读者，读者自然可以领会其中的政治精神，构建自己心中的中国传统政治文化。

目录

绪论

中华民族，有着悠悠数千年文明史。作为世界四大古文明之一，中华文明在人类历史上为世界文明的发展做出了不可替代的贡献。德国哲学家卡尔·雅斯贝斯曾提出过“轴心时代”的概念，以阐述人类文明的重要发展时期。按照这个历史轴心时代的界定，公元前800年到公元前200年的时间段是人类文明的重大突破期。正是在这个时期，我们现代人所能理解的人、人的思想开始出现了。对于这个时期，雅斯贝斯有精彩的描述：

> 最不平常的事件集中在这一时期。在中国，孔子和老子非常活跃，中国所有的哲学流派，包括墨子、庄子、列子和诸子百家，都出现了。像中国一样，印度出现了《奥义书》[1]（Upanishads）和佛陀（Buddha），探

①《奥义书》，印度最古老的文献《吠陀》经典的最后一部分，其中多数是宗教、哲学著作。

究了一直到怀疑主义、唯物主义、诡辩主义和虚无主义的全部范围的哲学可能性。伊朗的琐罗亚斯德传授一种挑战性的观点，认为人世生活就是一场善与恶的斗争。在巴勒斯坦，从以利亚（Elijah）经由以赛亚（Isaiah）和耶利米（Jeremiah）到以赛亚第二（Deutero-Isaiah），先知们纷纷涌现。希腊贤哲如云，其中有荷马，哲学家巴门尼德[①]、赫拉克利特和柏拉图，许多悲剧作者，以及修昔底德和阿基米德。在这数世纪内，这些名字所包含的一切，几乎同时在中国、印度和西方这三个互不知晓的地区发展起来。[②]

雅斯贝斯的轴心时代理论已经为世界所公认，也就是说，中华文明是当今世界文明的源头之一，是我们之所以形成这个世界格局和语言、思想、行为模式的型模之一。没有中国古代文明的加入和贡献，世界就不会是今天这个样子，人也不会成为这样的人。

当我们回顾中华文明的历史、梳理先人的思想文化创造时会发现，在这些包罗万象的璀璨思想文化成果中，有一项重要的思想财富——民本思想。正是在雅斯贝斯所说的轴心时代，中国传统民本思想得到发展，展现出独有的价值和光彩。中华民族的生存、发展与中国传统民本思想的形成、发展息息相关。可以这样说，中国传统民本思想随着中华民族文明社会的产生而产生，贯穿了整个中华民族的历史，已经融入整个中华民族的文化血脉，关乎中华民族的生死存亡。如果没有传统民本思想，也许我们的民族就会分崩离析，文化会灭亡，社会也无法延续下去。历史的发展证明，什么时

① 巴门尼德（前5世纪），希腊哲学家，埃利亚派创始人。

② 卡尔·雅斯贝斯：《历史的起源与目标》，魏楚雄、俞新天译，华夏出版社，1989，第8页。

候民本思想的地位得到凸显，民本思想的政策得到贯彻，什么时候民族就会兴旺，社会就会安定，民众就会富足，国家就会强大；哪个朝代的执政者荒淫残暴，民本思想不受重视，民众权益遭到粗暴践踏，哪个朝代必定很快衰败，走向灭亡。

在今天，中国共产党和中国政府强调，必须把实现好、维护好、发展好最广大人民根本利益作为党和国家一切工作的出发点和落脚点，“立党为公，执政为民”。十六届四中全会上，党中央提出了“坚持权为民所用、情为民所系、利为民所谋”，这是我们党对中国传统民本思想的创造性转化、创新性发展。2020年11月，我们向全世界庄严宣告：中国832个国家级贫困县全部脱贫。这是新时代执政党以人为本的新体现。

因此，系统梳理中国传统民本思想的产生和发展，以及它在中华民族几千年发展中的作用，对于进一步发扬中华优秀传统文化、凸显人民地位、加强新时代民主建设和中国特色社会主义政治文化建设，有着非常重要的意义。

关于民本思想，有两个问题需要讨论，一个是民本思想的概念，一个是民本思想与民主主义以及西方人本主义的区别。

一、民本思想的概念

民本思想是随着时代发展而发展的，“民”的概念也是随着历史的发展不断演变的。《说文解字》对“民”的解释是：“民，众萌也。”在夏商时期，民就是氏族社会里的劳动者，与氏族贵族相对应。在西周时期，民的概念更加明确，只要不是国家的统治者，大致都可以归于民的范畴。例如在召公谏厉王弭谤的事件中，提到“防民之口，甚于防川”，历史学家们一般认为，这个“民”主要指“国人”。到了东周时期，“国将兴，听于民；将亡，听于神”，此时的民已经可以参与国政的议论了。从子产在郑国执政时“不毁乡校”的事情中，我们可以明确知道，乡校中的议论也属于民议之列。实际上若是《管子》中的《小匡》和《国语》中的《齐语》可信的话，管仲的“四民分业定居”，已经把“士”“农”“工”“商”四种职业的人都算在“四民”之内了。这证明，民的范围是很广的，包含了国家人口的绝大多数。

在法家看来，民也是有区别的，扎实务农的农民叫作“经民”或“耕战有益之民”，而那些从事工商业的人和士人被看作无用甚至有害的“奸伪无益之民”。在漫长的封建社会中，往往也把农民当作主要的“民”，把其他的职业虚化，提倡以农为本，重农轻商。

“本”字的本义是“树木之根干”。《说文解字》解释木字说“本，木下曰本。从木，一在其下”，即树根称为本。又因为树干与树根结合在一起，故有时也认为树干也是树的本。《说文解字》还说：“末，木上曰末。从木，一在其上。”在下为本，在上为末，颠倒上下，就叫作本末倒置。

树根和树干是一棵树的本，树枝和树叶是它的末，那么民是什么的本呢？所谓民本，就是说民像一棵树的根干一样，是一个社会的根本，是一个国家的根本。孟子曾经说过：“民为贵，社稷次之，君为轻。”主张民本的人，像孟子一样，把民众看作国家的根本、政权的根本。

在现在的人来看，人民是国家、社会之本，这是显而易见的道理。可是在先秦人眼中，这个道理是需要用历史经验教训来证明的，只有通过历史的教训才能逐步教会人们尤其是统治者这个道理。

在先秦社会中，人们对于君、国、民的关系轻重有着不同的看法，即使在战国时期，各学派对这三个要素的态度和排序也是不一样的。总体看来，儒家、墨家、道家都主张以民为本，把民视为国家、社会的根本，其中儒家是最重视这点的。

周代的根本性制度是分封制。在这一制度下，周天子将同姓贵族、功臣、先代贵族分封到各地成为诸侯，周天子为天下共主，是大宗；各诸侯国内部再分封，这些嫡系子孙又成为大宗，其他子弟是小宗。就像一棵树，树本是周天子，他是大宗；树杈是诸侯，他们是小宗。但是在诸侯国内，诸侯王一家及嫡系子孙就成了大宗，而大夫们各成其家，相对诸侯来说他们是小宗。就这样发展蔓延，周天子通过分封诸侯，使他的家族统治了天下，而他家族的势力也通过血缘关系和政治关系的相互维系，在全国扎根。分封制是西周的根本制度，也是西周社会的一个概括和象征，许多制度都是由此发展蔓延而来的。

西周分封制，不仅说明了本末的关系，还说明了本末的关系是辩证的、相对的。以民为本这个概念并不适用于古代所有的时期。就整个西周政治结构来看，周王室是周王朝的根本与核心；就朝廷和诸侯国的关系来说，周天子又是周朝官僚体系的根本。这种制度也是周人认识国家社会结构的一个很重要的参照。

在民本思想出现在中国社会和历史之前，人们对君主、社稷、民众三者重要程度的认识还不是那么清晰，不认为以民为本是理所当然的。民本思想是逐步形成的。夏、商、西周三代，是民本思想逐渐萌芽并确立的时期。统治者从这三代的兴衰轨迹之中，逐渐体会到民众才是历史的主宰，是社会发展的根本力量，必须重视民众，于是形成了延续数千年的中国传统民本思想。

关于民本思想的概念，南开大学的张分田和张鸿老师指出："中国古代原本没有'民本'这个范畴。在历史文献中，也有一些上下行文将'民'与'本'连写的例子，但它们都不是具有特定含义的'民本'这个概念的同义词或近义词。实际上，'民本'是中国古代固有的'民惟邦本'等思想命题的缩写。现代学术界用它来概括中国古代与这类命题相关的一套政治思想。”[①]这就是说，民本思想这个概念，是现代人在研究中国古代思想史时，在古语“民惟邦本”的基础上概括而成的。实际上，早在19、20世纪之交，民本思想就受到一些学者和革命家的重视，章太炎、谭嗣同、孙中山、熊十力、梁漱溟、陈独秀、牟宗三、徐复观、冯友兰等人都曾经在论著中涉及这个问题，探讨民本思想和传统政治之间的关系，试图探索从传统政治到现代政治之间的可行道路。

在一个命题或者概念上，有时候会出现多种理解和界定，这是正常的，因为相关学者和人员有着不同的学科背景和眼界。对于民本思想的研究来说，也是如此。总结近来的一些关于民本思想的研究与观点，我们会发现许多学者对民本思想有着不同的理解和认识。

有的学者从君民关系的角度来考察，认为民本思想包括了民贵君轻、君权有限合法性、君臣关系相对性三个组成部分。[②]

也有学者把民本思想归结为一个完整思想体系，其中包括三大部分：民在国家中的地位与作用，君权、政权与民的关系，固本与宁邦的关系。[③]

有的学者把古代民本思想分为六大方面：民惟邦本，民意即天意，安民、爱民，重视民意，民贵君轻，革命思想。[④]较为难得的是，学者韦政通看到了民本思想中的革命因素。

有的学者把民本思想归结为四大要素：民众为国家根本、立君

---

① 张分田、张鸿：《中国古代“民本思想”内涵与外延刍议》，《西北大学学报》（哲学社会科学版）2005年第1期。

② 邓小军：《儒家思想与民主思想的逻辑结合》，四川人民出版社，1995，第275～296页。

③ 陈胜粦：《林则徐与鸦片战争论稿》（增订本），中山大学出版社，1990，第591～592页。

④ 韦政通：《中国的智慧——中西伟大观念的比较》，中国和平出版社，1988，第31～33页。

为民、民贵君轻、爱民富民。[①]

还有相当多的学者是从儒家思想出发来评价和概括民本思想的。著名学者金耀基在他的著作《中国民本思想史》中，把民本思想概括为六个方面：其一是以民众作为政治主体；其二是天立君为民，君主上位需得到民众的支持，君民之间有一定的双边契约关系；其三是保民养民是君主的最大职责；其四是治国理政先义后利，避免统治者独占天下之利，保障民众的一般权利；其五是治乱之际要讲王道；其六是君民关系是“互约关系”。先秦儒家思想中君民关系是相对的，后来唐宋诸儒崇君贬臣，到了黄宗羲时才拨乱反正。[②]

张分田和张鸿在考察学术定义的基础上提出了自己的见解，认为民本思想的内涵可以概括为“一个核心理念与三个基本思路。核心理念是‘以民为本’，基本思路是‘立君为民’‘民为国本’‘政在养民’。由这三个基本思路可以推导出民本思想的全部内容”[③]。

根据以上研究可以看出，学者对民本思想的内涵和定义进行了广泛而有益的探索，都认识到这个问题的丰富性和复杂性，都对民本思想的认识和科学化概括做出了贡献。当然，每个人的理论也都在不断完善之中。另外，在传统的民本思想中，也存在着许多负面的因素，这是我们需要摒弃的。

对民本思想进行定义，主要困难在于其共时性和历时性。从共时性来说，民本思想是一个很大的综合性的体系，包含的内容很

---

① 朱义禄、张劲：《中国近现代政治思潮研究》，上海社会科学院出版社，1998，第14页。

② 金耀基：《中国民本思想史》，台湾商务印书馆，1993，第8～12页。

③ 张分田、张鸿：《中国古代“民本思想”内涵与外延刍议》，《西北大学学报》（哲学社会科学版）2005年第1期。

多很复杂。就民本思想的倡导者来说，有像周天子那样的最高统治者，有像周公那样的朝廷王公，有朝廷上的一般大臣，有士人，还有农民起义领袖和普通百姓。比如常被引述的“民惟邦本，本固邦宁”，就出自统治者之口。关于西周初年形成的民本思想，人们普遍认为主要是由周公具体系统论述的。朝廷中的贵族大臣比如管仲、晏婴、子产等，也有过关于民本思想的明确表达。就士人来说，孔子、孟子、墨子等人也有很多关于民本思想的论述，甚至孟子的论述使先秦民本思想达到了高峰。农民起义领袖和普通民众也喊出过关于民本思想的口号。这些人的地位不同，思考立场也就不同，对民本思想的表达必然不同，目标也不同。

从历时性来看，民本思想是一个至少延续了三千多年的观念。从进入文明社会有了政权与国家之后，统治者就意识到了民众重要性这个问题。西周初年民本思想逐渐成形，到春秋战国时期形成了第一个民本思想的高峰。按照有些学者的理解，中国传统民本思想就到此为止了，他们认为关于民本思想所能列举的几方面主要内容，都在先秦时就已经完全具备了。实际上，民本思想的发展并没有到此为止，并不是春秋战国以后就不发展了。汉代的贾谊、贤良文学群体，唐代的柳宗元、韩愈等士大夫仍持续增益和丰富它的内涵；在明末清初顾炎武、黄宗羲、王夫之这几位启蒙思想家那里，民本思想又得到进一步发展，出现了一些革命性的内容。由此看来，民本思想的概念、定义，既要考虑到共时性的全面概括，又要考虑到历时性发展的完整论述。林甘泉先生在《论中国古代的民本思想及其历史价值》中说，民本思想是中国传统文化中源远流长的珍贵历史遗产。它的产生肇始于早期国家的形成，它的内涵随着历史的发展不断丰富并有所演变。近代以来，民本思想从封建统治阶级治国安邦的官方意识形态转变为资产阶级民主革命的重要思想武器，特别是中国共产党批判地继承了这一历史遗产，赋予了民本思想以全新的理论内容。林先生的论述是符合事实的。

我们的定义是：民本思想是把民众作为国家、社会的基础和存在根本来考量、制定政策和施政管理，来保障其权利与生存，并在长期的历史过程中有所发展的一种思想理念。具体来说，包括得民心、重民生、减民负、保民命、赋民权等几个方面。

得民心，包括认识到民为国之本，民为载君舟之水，有民才有君，民贵君轻，君附着于民；立君为民，君主的职责是保民养民，为民众创造稳定温饱的生活条件；民为主，君为客，民是永恒的，君主与一姓王朝是暂时的，君主不为民就会被抛弃；民心向背决定政权兴亡，君主必须顺应民意、保有善德才能保持一姓政权的存在等。

重民生，是把保障民众的生存权、提高民众生活质量和保证安定的生活环境放在根本位置，不打乱民生节奏，不耽误农时，不兴建奢侈工程，努力促进人口增长，富民、养民、教民，限制土地兼并和贫富分化，维持社会的平稳运行。

减民负，是指克制节俭，约束官吏，减轻民众经济负担，减少赋税田租等。

保民命，是指珍视民众生命价值，对战争持慎重态度，不穷兵黩武，除了正义战争，不轻易发动或参与战争；减轻刑罚，不使用严刑峻法，保障民众的生命安全。

赋民权，主要指一些具有先锋思想的臣僚学者的主张，如贾谊提出“明上选吏，必使民与”的思想，柳宗元提出“吏为民役”的思想，黄宗羲提出“学校议政”的思想等。

另外，民本思想也要从不同的主体角度来考察，如君主、官员、学者和民众等。

二、民本思想与民主思想、人本主义思想的区别

民本思想，首先是由统治者最早认识到的。夏、商、西周三代的统治者在统治过程中，从历史的变迁中感受到了某种在王朝兴亡中发挥巨大力量的东西，即民本思想。经过三代同样的循环往复，证明了一个铁律：谁不重视民众，谁让老百姓活不下去，那么谁就会被推翻，从而改朝换代。为什么统治者会首先认识到这一点？因为他们建立了王权政治，建立了夏王朝、商王朝、周王朝。这些王朝在建立之初，统治者们谨慎勤恳、革故鼎新、励精图治，受到民众的拥护。可是随着时代的发展，后继的诸王不了解先王创业的艰难和民众的疾苦，于是骄奢淫逸、胡作非为，甚至暴虐成性、残害百姓，导致百姓生存受到威胁，于是起来斗争，最终旧王朝被埋葬，又一个新王朝被建立起来。领导民众推翻旧王朝、创建新王朝的统治者对这个道理有着深刻的体会。他们在成为新的统治者之后，必然会对旧王朝的灭亡进行深刻反思，总结历史经验、教训。在新旧王朝的不断更迭中，经验越来越深刻，就形成了一些定律彝训，并作为祖训传承下去。

在统治者中，不仅有创立新王朝的天子帝王，还有一个由一些忠于王朝、恪守祖训的贵族大臣组成的统治集团。他们维护着这些祖训，也维护着这个王朝的生存。他们知道，如果违背了这些祖训，与民众成了寇雠，这个朝廷早晚要垮台。他们是民本思想的捍卫者，是天子帝王的监督者。

士大夫是一个更广大的阶层。他们的立场具有两面性：一方面，他们依附于统治阶级，或者本身就属于统治阶级，王朝的存在和正常运转对他们的生存有着直接影响，所以他们会自觉维护“以民为本”思想的执行。另一方面，一些士大夫有追求，有独立人格，有历史责任感和使命感，认为自己是天理的践行者，想要“为天地立心，为生民立命”，主动了解下层社会生活，看到民生多

艰，于是自觉地阐发和宣扬民本思想，指斥批评腐败的朝政和贪官污吏。他们是古代民本思想的积极阐发者、构建者。从春秋战国的孔子、孟子，到汉儒贾谊、董仲舒，再到宋代王安石、张载，一直到清代顾炎武、黄宗羲、王夫之等，都属于这一集团。

在最基本的民众阶层，也有民本思想，但只有少部分人对民本思想有清醒的认识。如，《尚书·商书·汤誓》中，面对夏的暴政，人们发出“时日曷丧，予及汝皆亡”的呼声。《诗经》的《国风·魏风·伐檀》篇中，质问那些所谓的“君子”们：“不稼不穑，胡取禾三百廛兮？不狩不猎，胡瞻尔庭有县貆兮？”还有秦末的陈胜，发出了“王侯将相宁有种乎”的质疑声。但是，大多数人迫于日常劳苦，往往不会去思考这些问题。他们认为什么朝代、什么皇帝都一样，无论在谁的统治下老百姓都是当牛做马。他们需要有人启蒙号召。一旦民众明白了民本君末的道理，腐败的王朝就离垮台不远了。

民本思想，也被称为民本主义，这二者并无太大区别。但是，民本思想和民主思想、人本主义思想却有根本性的区别。

民本思想是中国古代延续下来的思想观念，而民主思想则源于西方的民主政治传统。民本与民主，一个是“本”，一个是“主”，前者有客观的成分，后者有主观的成分。在中国古代谈论民本的，主要是统治者和上层贵族。他们站在自己的立场上看待民众在国家社会中的地位和作用，从民众的巨大人力、物力和民心民意对历史的走向所起的作用来探讨民本思想。但是民主的概念就与此不同。1863年美国总统林肯在葛底斯堡演说中有过一个著名的论述——Government of the people，by the people，and for the people。许多学者都把这句话作为关于民主的经典概括，翻译成汉语就是“民有、民治、民享的政府”。对照中国传统的民本思想，梁启超在其《先秦政治思想史》的第一章中将其解释为“政为民政，政以为民，政由民出也”。引申一下，前两句就是“国为人民公共之国，为人民共同利益故乃有政治”。他说：“此二义者，我先民见之甚明，信之甚笃。惟一切政治当由人民施行，则我先民非惟未尝研究其方法，抑似并未承认此理论。夫徒言民为邦本，政在养民，而政之所从出，其权力乃在人民以外。此种无参政权的民本主义，为效几何？我国政治论之最大缺点，毋乃在是。”[①]梁启超很有见地。他在这里指出，民有也好，民享也好，中国古人都说到了，并认为应该是这样的，但是怎么实现民治、民众怎么行使权力却没有说，既然没有权力又怎么民有、民享呢？

可以看出，民主和民本思想的根本区别，就在于民主是民众手中有权力，能够决定官员的任免及待遇，国家政策要得到民众的认可。民本则主要是从统治者视角往下看，认识到民众可载舟亦可覆舟的力量，自觉宽待民众，权力主要掌握在统治者手中。这样的民本思想往往成了一种施舍，所以后期的民本思想有了变化。比如，明末清初的思想家就意识到了家天下和公天下的区别。他们认为，自秦朝以来的皇帝都把天下看作自己的私产，把臣民看作自己的奴仆，把法律看作维护自己家族统治的工具，所以主张改变这种情况。他们为民本思想加入了新的因素，促使它向民主思想转变，要求让民众掌握权力。

民本思想与人本主义思想也有根本性区别。人本主义思想是相对国本、君本而言的，认为每一个人都是独立的个体，天赋人权，国家和君主不能因维护自己的利益而任意要求个人奉献。实际上这种思想在中国古代也是有的，战国时期道家思想家杨朱就是一个坚定的人本主义思想主张者。他从根本上否定国家和统治阶级存在的合法性，认为人人平等，任何人都没有权利让某个个体交出属于他

---

① 梁启超：《先秦政治思想史》，岳麓书社，2010，第6页。

自己的任何东西，即使一根汗毛也不行，这就是“拔一毛而利天下，不为也”。他的理论是：一根毫毛、一只胳膊和生命一样，它们没有根本区别，要了一根毫毛，就有可能让你贡献生命，这样就会给统治者以向百姓无限索取的借口。人人不拔一毛，人人不利天下，自己管好自己，个人不受外来的强力干预，这就是杨朱的人本主义思想。西方个人主义与此有很大相同之处。个人主义是西方价值观的核心理念，是强调个人自由、个人利益，强调自我支配的政治思想、伦理学说和社会哲学。个人主义主张从个人至上的观念出发，以个人为中心来看待世界、社会和人际关系，包括高度看重个人自信、个人生活和对个人的尊重，反对权威及其对个人的各种支配。个人主义主张国家应该主要作为保护个人自由的工具而存在，保护个人能在不侵犯他人同等自由的情况下不受侵犯并可以做任何他想做的事情。传统民本思想一般来说是把“民”当作一个整体来看待，将其视为管理的对象。当然，民本思想也在持续发展，后来民本思想中也产生了强调个人权利的内容。

三、民本思想发展的历史分期

传统民本思想的产生和发展，是一个历史过程。总体来看，它发轫于君主和国家产生之后，有几个发展阶段。

从一个较长的历史时期来看，若与战国时期百家争鸣所达到的高度相比较，只有后来明末清初的启蒙思想家的深刻思考和论述才可称得上另一次超越性发展。但是在秦至明末一千八百多年的时间里，民本思想仍然是在逐渐发展完善的。

在先秦时期，虽然许多君主、诸侯也争夺百姓，意识到民心向背对于王国存亡的意义，但是他们并没有理论上的深刻追问和反省。在战乱频仍的时代，统治者忙于救亡图存，很难有心认真务民生，减民负。因为无论战争也好，筑城也好，都是需要征发徭役和收取赋税的。所以，只有像管仲、子产、晏婴那样的杰出政治家，或者是儒家、墨家与道家的学者才有强烈的民本思想。而这些学者的民本思想，在现实中往往不被接受，所以难以实施和贯彻。如孔子带领弟子周游列国，宣传他的“为政以德”思想，结果处处碰壁。孟子虽然在学术界影响很大，每到一处皆受到隆重接待，甚至可以到处训斥那些“率兽而食人”的诸侯，结果却依然找不到真正接受和执行他的学说的统治者。他在齐，齐宣王不任用；到梁国，梁惠王认为他“迂远而阔于事情”。当时，秦重用商鞅，富国强兵；楚、魏重用吴起，战胜弱敌；齐威王、齐宣王重用孙子、田忌，诸侯东面朝齐。各国统治者正致力于合纵连横，以攻伐为贤，儒家、墨家却极力倡导唐尧虞舜、以民为本的学说，自然不被信任。所以，民本思想在先秦统治者中并没有引起重视，更谈不上落实。

而在秦之后，鉴于三代与秦灭亡的惨痛教训，后继统治者不得不认真反思君与民的关系，认识到要想王朝能够长治久安，就必须争取民心，休息民力，于是出现了汉文帝、汉景帝、汉光武帝这样对民本思想既认识深刻又折节力行的帝王。民本思想的提倡者由学者上升到统治者，是这一时期民本思想的一个重要特点。而后来的隋文帝、唐太宗、宋太祖、明太祖等，也都认识到秉持民本思想对于稳定统治的重要意义，并积极采取措施，把民本思想落到实处，使思想变为政治现实。这与春秋、战国和秦朝相比，具有较大进步。而唐之魏徵、柳宗元，宋之韩琦、范仲淹、包拯，明之海瑞等人的行为，更表现出一种践行民本思想的自觉性。虽然不是很明显，但却很实在，具有很强的现实意义。秦汉以后的君主和朝廷，虽然不一定大肆宣扬民本思想，但是在实际统治中民本思想巩固了其地位，即使是暴君，也不敢公开否定这一思想。

根据以上所述，笔者认为，民本思想的产生发展，大致可分为四个时期。

第一个时期，是民本思想的萌芽和初步发展时期，包括夏、商、西周三代。在这个时期，出现了国家，出现了天下、君、诸侯国、臣和民等利益方，出现了王朝更迭和诸侯国之间的政权争夺，随之出现了民本思想的萌芽。经过夏、商两朝，人们发现了民心、民力在王朝兴亡中起决定性作用的规律。在这个阶段，神退民进，神隐民显，民本思想越来越凸显，成为一些卓越人物的共识。

第二个时期，是民本思想基本成形时期，主要是春秋战国时期。春秋时期，原有的大一统局面出现解体，原有的文化体系——官学体系也随之开始解体。由于文化的传播和民间教育的发展，出现了一些比较自由、具有独到见解的学者和臣僚，比如管仲、晏婴、孔子、墨子、杨朱、孟子等人。他们具有较强的创新精神和思考能力，重新界定了君主、社稷和民众的关系，孟子更是提出了"民为贵，社稷次之，君为轻"的主张。他们警告统治者，建立君主体系不是为了某个人，不是为极少数人压迫民众提供方便，而是为了使社会保持稳定的秩序，为了给普通大众创造更好的生活。如果统治者认识不到这些，继续压榨和虐待民众，民众就会成为掀翻和埋葬他们的洪水。

第三个时期，是民本思想的拓展时期，主要是从汉代到明末这一时期。这个时期，在有些学者眼中是已经由公天下变为家天下的时期。但这一时期民本思想仍然在逐渐发展。就先秦的几家主要学派来说，法家在春秋战国时期已经发挥了威力，但是儒家、道家和墨家的主张都没有得到过真正实施。法家路线在秦国治国遭到颠覆之后，先是道家的"黄老无为"，然后是儒家的"尊崇儒术"，在两汉成为治国的主导路线，而且都获得了成功。君主们虽然形成了家天下的意识，但是也意识到了如果不给民众创造好的生活，政权就有可能被颠覆，自己的王朝就会被推翻，所以民本思想受到贤君明主重视，并得到贯彻。具有一定独立精神的学者，更是把民本思想作为自己的旗帜。到了宋代，无论对君主而言还是对臣僚而言，民本思想都是他们标榜自己站在正确立场上的主要论据。一些表现比较突出的皇帝，还获得了“仁宗”的庙号。

第四个时期，是民本思想的突破时期，包括从明末清初到清末时期。这个时期有两个时间段比较突出：一个是明末清初，出现了一个启蒙思想家群体，他们对封建社会的君主体系给予了深刻的批判，主张以新的民本理论深度改造原有的封建体制，其中以黄宗羲的学说最有价值。他们的反思和论说的深度，明显超越了前人。另一个是清末时期，维新派如严复、康有为、梁启超等人，受西方民主思想的影响，在民本思想方面提出了一些新的见解和主张，民本思想开始向民主思想转变。

总而言之，从中国传统民本思想的发展历程来看，民本思想贯穿了古代中国整个社会发展的历史，尽管有时候发展缓慢，但是民本思想基本构成了中国传统政治思想史的一条主线。

第一章 民本思想的缘起与形成

民本思想的产生和形成，有一个历史发展过程。它经历了萌芽、产生、成形、发展、成熟、持续发展和流变等一系列演化，最终形成了自己独特的体系和内涵。中国传统民本思想，是和中国的社会历史环境相适应的，是和中国传统政治思想、社会思想、经济思想相表里的，也是中国社会几千年能够持续发展的重要原因。

一、民本思想的起源

民本思想起源于何时？笔者认为，民本思想是随着王权和国家的出现而萌芽的，这个时间大约在夏朝建立以后，并持续到商代。

民本思想，首先肇始于君、国（天下）与民的出现。民的概念，是与君相对而言的。民的出现与君的出现是同时的，有了君，建立了王权，也就有了作为被统治对象的民。有了君、国和民，才有了民本思想。学者们往往把民本思想的产生上推至《尚书·虞书·五子之歌》中的“民惟邦本，本固邦宁”。实际上，由于君主和国家出现的时间要更早，所以民本思想的萌芽也可能更早。梁启超在《先秦政治思想史》第一章中就说：“欲知思想渊源，非溯诸三圣以前不可。”他的溯源研究是从唐虞时期开始的。

1. 王位的禅让与《五子之歌》

《尚书》是中国最古老的文献，书中最早的篇章就有了民本思想的端倪。大舜为什么能被选为尧的继承人？是因为除了以孝闻名于世之外，他深得民心。《史记·五帝本纪》说：“舜耕历山，历山之人皆让畔；渔雷泽，雷泽上人皆让居；陶河滨，河滨器皆不苦窳。一年而所居成聚，二年成邑，三年成都。”后来尧去世，让位于舜，舜避不居位，但是民心所向，还是认他为主。这说明在那个时候，民心就决定着王位的禅让。

大禹之所以能够继承舜的王位，是因为他兢兢业业，为治水做出了贡献，受到民众的拥戴。《尚书·虞书·皋陶谟》中记载了禹的言论：“安民则惠，黎民怀之”“天聪明，自我民聪明。天明畏，自我民明威”。这几句话的意思是安顿老百姓，老百姓才会把你的恩惠记在心里；天观察和听闻人间的事情，是从百姓的嘴巴和耳朵那里得来的。这些内容，一方面说明民心是当时王的权威的基础，另一方面也说明当时的部落首领逐渐意识到民众是国家的根基，民众是否安稳关系着国家是否安宁。

《尚书·虞书·大禹谟》中有一段话也非常经典：“可爱非君？可畏非民？众非元后，何戴？后非众，罔与守邦？”这段话讲了君民的关系，指明了君民互相依赖，互相依存。没有君主，民众拥戴谁呢？没有民众，君主怎么守卫国家呢？这是“本固邦宁”的先声。

夏朝的太康失国是一个惨痛的教训。太康是大禹的孙子、夏王启的儿子。孔子后裔孔安国对《史记·夏本纪》中有关太康失国的记载补充说，太康“盘于游田，不恤民事，为羿所逐，不得反国”。这是一个君主因不恤民情而被部下驱逐的典型例子。《尚书》中有一篇《五子之歌》，据说就是太康的五个弟弟埋怨他沉迷畋猎，往而不返，失去国家，述说大禹的训诫而作的诗歌。其一的内容是：

> 皇祖有训，民可近，不可下。民惟邦本，本固邦宁。予视天下，愚夫愚妇一能胜予。一人三失，怨岂在明？不见是图。予临兆民，懔乎若朽索之驭六马，为人上者，奈何不敬？

歌词的意思是：我们的祖宗有训示，民众可以亲近，不可以疏远。民众是国家的根本，只有根本稳固，国家才能安宁。我看天下任何一人都能胜过我。一个人犯了三次错误，仍不觉悟，难道要在百姓的怨恨明显地表达出来时才能察觉到吗？应当在还未明显表现出来的时候，就想办法补救。我统治百姓，天天战战兢兢，就像用烂缰绳驾驭马车一样。作为统治者，怎么能不心怀敬畏呢？

这篇《五子之歌》，按照内容看是出现在夏朝前期，《今文尚书》中没有，《古文尚书》中有。这里特作说明的一点是，虽然《古文尚书》的真伪问题仍存在诸多争议，但是推究时间和内容，能够出现这样的反省也是合理的。作歌者在国破家亡之后反思原委，感叹民众的力量，惧怕历史的惩罚，是极有可能的。《五子之歌》被许多学者认为是民本思想的起源，是传统民本思想产生的标志。

其实，《五子之歌》中其他几段的内容也很深刻。第二段说："训有之，内作色荒，外作禽荒。甘酒嗜音，峻宇雕墙。有一于此，未或不亡。"这段话的意思是，沉迷酒色、游猎、音乐、华宫美室，只要有一样，必然荒废政事，国家不亡才怪。第四段说："明明我祖，万邦之君。有典有则，贻厥子孙。关石和钧，王府则有。荒坠厥绪，覆宗绝祀。"这段话的意思是，明明祖上对子孙有着明确训示，现在这些却都荒废了，结果是断绝了对传统的传承。

《五子之歌》中的这些话，后来历朝历代人们在论述民本思想、劝谏暴虐的君主的时候经常使用。

2. 商朝时期的民本思想

夏朝末期，出现了一个暴君桀。他残虐百姓，所作所为令人发指。夏桀宠爱一个叫妹喜的女人，穷奢极欲，日夜酗酒淫乱，杀了劝谏他的忠臣关龙逄，不顾老百姓死活，导致许多诸侯叛乱，民心散乱。这时候，商的首领汤就开始发动对夏朝的战争。商汤对夏朝的民众说：不是我敢作乱，而是夏氏有罪，我怕上天怪罪，所以不敢不采取行动。“夏王率遏众力，率割夏邑，有众率怠弗协，曰：‘时日曷丧，予及汝偕亡！’夏德若兹，今朕必往。”[①]其中“时日曷丧，予及汝偕亡”是百姓在残暴的夏桀压迫下发出的绝望的悲号，是对夏桀暴虐行径的回应。据说夏桀曾经有恃无恐地说：“吾有天下，如天之有日，日亡吾乃亡耳。”所以老百姓就说“太阳什么时候毁灭？我宁可跟你一同灭亡算了”。商汤伐夏，老百姓奔走相告，并抱怨商汤的军队为什么不先到自己这边来解放自己，可见民众恨夏桀的统治到了什么地步。

《尚书·商书·仲虺之诰》记载，商汤灭夏之后，有些不安，因为以往的王位继承和朝代更替，都是通过禅让的方式，他开了以武力夺取天下的先例。这时候他的左相仲虺宽解他说：“惟天生民有欲，无主乃乱，惟天生聪明时乂。有夏昏德，民坠涂炭。天乃锡王勇智，表正万邦，缵禹旧服。兹率厥典，奉若天命。”仲虺说上天生下万民，他们是有欲望的，如果没有权力机构的管理，没有首领，他们就会陷入混乱。夏朝统治者昏聩，生民涂炭，天就降命，让您这样聪明勇敢的人来拯救他们，重构社会秩序。仲虺这番话从多个方面阐明了商汤灭夏的合法性：首先是民的存在；其次是社会的需要；再次是君主的自身条件；最后是天命的授权。在这里，天

---

① 王世舜、王翠叶译注：《尚书·商书·汤誓》，中华书局，2012，第98页。

命与民心形成了统一。

商汤灭夏，彰显了民心的重要性，也体现了民心对于一个王朝稳定统治的作用。夏桀毫不体恤民众的生死，把民众逼上了绝路，导致民众甚至都想与自比天日的夏桀同归于尽。商汤本人则是争取民心、利用民心的典型。他看到有人用网捉鸟，就把网放开三面，只留一面，这也是“网开一面”典故的由来。这件事传播开来，人们都评价商汤仁慈，“泽及鸟兽”。见微知著，从一件小事上，人们察觉到了商汤是一位仁慈的好君主。商汤建立商朝之后，在仁政方面下了不少功夫，做了不少好事。《尚书·商书·伊训》记载，商初名臣伊尹说：“惟我商王，布昭圣武，代虐以宽，兆民允怀。”他的意思是，商汤废除了夏桀的暴政，得到了民众的拥护。《尚书·商书·盘庚中》记载，盘庚说：“古我先后，罔不惟民之承。” “先”是说前代的王，“后”在这里就是“王”的意思。这在周王朝建立后周公对殷遗民的训示中也看得出来。周公屡称，商朝先王们都是好的，他们一直以民为重，关心民生，造就了商初蓬勃发展的好局面。只是在商朝后期，尤其到了纣王时，国君全面抛弃了商先王们的美德，开始胡作非为，淫乱暴虐，才导致上天改命，朝代易主。在《尚书·商书·太甲中》里，伊尹说：“民非后，罔克胥匡以生；后非民，罔以辟四方。”《尚书·商书·咸有一德》中又有：“后非民罔使，民非后罔事？无自广以狭人。匹夫匹妇，不获自尽，民主罔与成厥功？”这进一步确认了君与民互相依存的关系，警示君主切不可狂妄自大、蔑视百姓，没有民众的协助，君主就不会成功。

商朝最后一个君主是纣王。他是历史上著名的暴君，本名叫受，按帝号应叫作“帝辛”，但是按照谥法的解释，残义损善曰纣，因此人们就贬称他为“纣王”了。《史记·殷本纪》记载：“帝纣资辨捷疾，闻见甚敏；材力过人，手格猛兽；知足以距谏，言足以饰非；矜人臣以能，高天下以声，以为皆出己之下。好酒淫乐，嬖于妇人。爱妲己，妲己之言是从。……厚赋税以实鹿台之钱，而盈巨桥之粟。益收狗马奇物，充仞宫室。益广沙丘苑台，多取野兽蜚鸟置其中。慢于鬼神。大冣乐戏于沙丘，以酒为池，县肉为林，使男女倮相逐其间，为长夜之饮。”商纣王才智过人，却目空一切，觉得谁也不如他，整天胡作非为。他挖空心思残害人，发明了炮烙、虿盆等非人的酷刑。炮烙就是先把人绑在大铜柱上，再慢慢把铜柱烧热烧红，直至把人烤焦；虿盆是在一个大容器里装上毒虫，把犯人剥光衣服放进去让毒虫蜇咬蚕食。纣王看到九侯的女儿长得美丽，于是就将其纳入宫中。九侯女不喜欢淫乐，他就把她杀死，还把九侯剁成肉酱。鄂侯强烈劝止，他索性把鄂侯腌成腊肉。西伯姬昌听说之后“窃叹”，被人告密，他又把西伯姬昌囚禁在羑里。上述三人，都是商朝重臣，位列三公。

纣王的灭亡之路还在加速。大臣商容是一个广受百姓拥戴的贤者，多次向纣王进谏，惹怒了纣王，被废黜。纣王这一做法大失人心。大臣祖伊看到危机四伏，民心离散，就苦谏纣王，说西伯姬昌深得民心，势力渐大，应该引起充分注意；应废止恶政，改弦更张，爱惜百姓。他劝谏纣王：“上天要改命了！但是没有人敢告诉你。不是我们的先王不保佑我们后人，而是你的淫虐行为拒绝了祖先和上天的保佑。我们的百姓都在祈告上天为什么还不降下威命。”纣王对此满不在乎：“我是从上天那里接受大命的，老百姓不能拿我怎么样。”祖伊叹了口气说：“帝辛不可谏矣。”纣王的父亲叫帝乙，帝乙有两个兄弟，一个叫比干，一个叫箕子；除帝辛外，帝乙还有一个儿子微子。这些人都是纣王的叔伯和兄弟。微子见进谏无用，于是和太师、少师一起选择了退避。比干尽臣职，要以死相谏。纣王说：“人们都说你是圣人，听说圣人心有七窍，不如挖出心来验证一下。”于是他把比干剖心。箕子见状被迫装疯，纣王则把他囚禁起来。这时周人已经在准备灭商了，殷商的太师、少师都带着礼器投靠了周，纣王众叛亲离。周武王灭商伐纣，纣自焚。周武王灭商之后，“释箕子之囚，封比干之墓，表商容之闾……殷民大说”[①]。商纣王如此残暴，最终自掘坟墓，葬送了自己的王朝。

殷商的灭亡与作为最高统治者的纣王过于自信有很大关系。他一方面对自己的聪明才智过于自信，另一方面对自己受天命加持过于自信。他无所畏惧，抛弃祖训，肆意作恶，最终天怒人怨，众叛亲离。除了百姓不堪忍受，统治集团内部也分崩离析。在国家政权发生危机之际，总有一些有见识、有责任感的士大夫，从保江山、保社稷、保黎民的目的出发，阐述民本思想，对君主苦谏死劝，试图挽救危亡。无奈他们没有对最高权力形成有效制约，最终归于失败，眼睁睁看着王朝大厦倾覆崩溃。

商王朝灭亡的教训在民本思想的发展中具有典型性意义。重民生，解民困，除暴安良，敬畏民众，勤政不懈，此商朝前期之所以兴隆也；放纵自己，肆意妄为，不听劝阻，不敬百姓，荒淫无度，诛杀良善，是纣王自绝、商朝灭亡的原因。后来历代凡是劝谏帝王莫要为非作歹，无不把商纣王作为一个反面典型。

二、西周初民本思想的形成

民本思想是中华优秀传统文化中源远流长的珍贵历史遗产。目前学术界比较一致的看法是在西周初民本思想已经基本形成。

1. 商周兴替与民心的转移

周武王灭商，使周成为第二个用武力夺取政权、除暴安良、革故鼎新的王朝。周武王也一度惴惴不安，怕老天会因此怪罪他。实际上，古人无法解释自然和人的关系，就把一些现象归于超自然力量。古人比较迷信鬼神的力量。《礼记·表记》中说：“殷人尊神，率民以事神，先鬼而后礼，先罚而后赏，尊而不亲。其民之

---

① 司马迁：《史记·殷本纪》，中华书局，1959，第108页。

敝，荡而不静，胜而无耻。”结合甲骨文等文献，多数学者把商称为神佑王权的时代，是没错的。但是，殷人不光重神，经过对夏亡的教训的总结，他们还提出了保民思想。事神和保民，成为互相关联、相互依存的两条主线，但事神更加突出。其保民思想在夏、商、西周三代神民关系的演变中有着承上启下的重要作用。它受原始民主风尚的影响，针对夏的兴衰经验和教训提出，又直接影响并构成了西周初年民本思想的基础。总体来看，随着社会演进，人们对自然界的解释能力越强，则对神的敬畏就越少，对人的力量就越自信。表现在“民本”这个认识上，就是神的地位逐步下降，民的地位逐步上升。到了西周，人的地位进一步上升，民的地位逐渐超过了神。在商周鼎革之际，这种演变是一个关键关口。

有一个应该特别指出的问题：以往的思想史著作在谈到商周之际的改朝换代时，总是重视周人尤其是周公对“天”为何允许周革商命的解释，认为从周开始，统治者一改殷人一味奉行神权统治，上下敬神唯谨、不恤民事的做法，提出了“以德配天”“敬天保民”“皇天无亲，惟德之辅”的思想，这是很了不起的转变。实际上，这个过程是逐渐形成的，也不是单独由周公完成的。学者刘泽华说：“在殷人看来，上帝是殷王的保护神，而且到殷晚期出现了帝王合一。于是便有一个极大的矛盾摆在周人面前：一方面上帝不可能被抛弃，另一方面如何才能把上帝从殷王手里夺到自己手中，成为自己的保护神呢？周公解决了这一问题。……周公继承了殷代关于上帝至上权威的信念。但他也有修正……”①

实际上，在夏商王朝更替之际也面临着同样的问题，夺取政权的新的统治者也是用类似的理由解释了天命的转移。如《尚书·商书·太甲下》中伊尹就说过：“惟天无亲，克敬惟亲。民罔常怀，怀于有仁。鬼神无常享，享于克诚。”天与人是没有亲缘关系的，

① 刘泽华：《先秦政治思想史》，南开大学出版社，1984，第30～31页。

天只亲近那些恭敬他的人。民不会固定归附特定的人，只感恩仁爱的统治者。鬼神不会固定享受谁的供奉，只会接受虔诚的人的供奉。皇天无亲的道理此时就已经讲得很明白了。并且在此后的篇章中，伊尹多次引夏朝的灭亡为戒，强调统治者要严守规范，扮演好自己的角色，修德敬祖敬天，以免重蹈覆辙。这里想指出的是，也许周公敬天保民思想的提出并没有那样鲜明的独创性，因为在殷商统治者那里早已进行过这种解释，周公和周初统治集团沿袭了商初统治者的解释，只不过更加系统化而已。

学者葛兆光先生的《中国思想史》也说到了这个问题：

> 长期以来，思想史家对于殷周两代的思想与文化有一个很顽强的印象，即西周对于殷商来说，是一个发生了根本变化的时代。这一印象来源于古代的一些零星记载，如殷人尚鬼神，而周人敬天而重人等等。近代，王国维的《殷周制度论》又强化了这一印象，他说，“中国政治与文化之变革，莫剧于殷周之际”。于是很多学者和很多著作都认定，至少在对于鬼神的态度上，殷周很不相同，似乎这成了思想史上的一个定论，殷商时代是“残民事神”，西周时代是“敬天保民”。有的学者更进一步想象，西周人一面怀疑天，一面仿效殷商尊崇天，凡是尊天的话都是对殷人或殷商旧人说的，凡是疑天的话都是对周人说的，所以继承殷人尊天的思想“只是政策上的继承，他们是把宗教思想视为了愚民政策”，因而《礼记》的《表记》中说周人是“事鬼神而远之”。[①]

显然，葛兆光先生并不同意引文开头的所谓定论，即所谓“敬

① 葛兆光：《中国思想史》第一卷，复旦大学出版社，2001，第32页。

天保民”是周人的独特发明，而认为殷商文化显然要比传统认为的更先进，在对君民关系的认识上更重民，周人的思想是在殷人的思想基础上发展来的。笔者认为这一点是正确的。

王保国先生的相关见解则更加明确：“商汤的重民保民思想如同其敬天崇神思想一样是统治阶级政治思想的一部分，这是我们认识商代及其以后各阶级社会重民保民思想的基本出发点。在商汤重民保民思想的教化下，商代初年形成了重民保民的政治特色，而这种政治遂成为整个商代乃至于后世效法的典范。”①他还把商人重民保民思想概括为四个方面。第一，明德慎罚。明德慎罚虽是周人总结出来的，却是从夏人的政治实践中总结出来的。周公说，夏朝最初政治清明，天下安定，只不过后来“多士大不克明保享于民，乃胥惟虐于民……乃惟成汤克以尔多方简，代夏作民主。慎厥丽，乃劝。厥民刑，用劝。以至于帝乙，罔不明德慎罚，亦克用劝”②。第二，以民为监。商汤说：“人视水见形，视民知治不。”③他还在街巷设厅堂收集众议。第三，有一定的“裕民”措施。传说商汤时曾经发生了连续七年的严重旱灾，但没有出现大量人员死亡，这与当时的裕民政策是分不开的。第四，选贤与能。从平民中选拔人才，如伊尹、巫咸等。④

殷人的重民保民思想，有以下几个特点：

第一，殷人重神兼重民，但神已经被王朝之初的圣王们不断修饰强调而成为保民重民、慈悲正义的神，成为王道的化身，被赋予了保民佑民的责任。神能够对遵照他们意愿的子孙王侯降福，也能够警诫、惩罚违背他们道德体系的人间统治代表。神实际上成为制约和规范帝王行为的角色。当统治者的角色规范离神的要求越来越

① 王保国：《两周民本思想研究》，学苑出版社，2004，第27页。

② 《尚书·周书·多方》。

③ 《史记·殷本纪》。

④ 王保国：《两周民本思想研究》，学苑出版社，2004，第25~26页。

远的时候，神的存在就给了反对势力起来造反或革命的理论根据。

第二，殷商时的保民应该不具有普遍性，战俘、奴隶和一些被视为异己的人，不具备“民”的资格，是不在保民范围内的。

第三，保民重民思想主要来自新王朝的建立者，来自他们对前朝灭亡教训的总结，而不是来自下层平民庶人，尽管下层平民庶人所表现出来的力量令统治者敬畏。这导致了民为重的思想只能是最高统治者的体悟，而不能成为广泛的社会思想。

但是无论怎么说，周革商命仍然是一个天翻地覆的事情。周人原来只是大商统治下的一个小邦，他们的文化理念实际上是以商的主流意识为宗的。商人认为天上有上帝神，阴间有祖宗神，祖宗神拥戴着上帝神，又保佑着人间的人。君主是上帝指派的统治和保护人间的民的代表，是上帝的“元子”，君权是神授的，而下界的人都要敬畏天，当然也要接受君主的统治。同样，周人也是接受这套理念的。武王伐纣时，总是把“帝”或“天”挂在嘴边，仅《逸周书·商誓》一文，就十几次提到“上帝”，八次提到“天命”。可以说，上帝、天命是周武王伐纣最有力的号召因素。如果有人对此表示怀疑，周公就一再强调文王的指示是占卜天意而来的，周文王受天命，对天祈祷才得到指示，这是更有力的证明。所以周人认为，灭商换代的神圣使命是天授予文王的。《尚书·周书·大诰》记载 “敷贲，敷前人受命，兹不忘大功！予不敢闭于天降威，用宁王遗我大宝龟，绍天明”，《尚书·周书·召诰》说“天既遐终大邦殷之命……天亦哀于四方民”，这些都反映了周人的天命观。

但是，这种理念系统在商周鼎革之际还是遇到了挑战：既然纣王是天神指定的人间代表、上帝的元子，既然商王有上天撑腰佑护，怎么商王朝还是灭亡了呢？怎么帝辛就成了“纣王”，不得善终了呢？怎么商朝的社稷就转移到了周人手里了呢？这一切都需要解释，不然殷遗民不会甘心服输，周人也缺乏统治的自信，那么周朝就不会稳定。就这样，民本思想得到了进一步阐发、建构并基本确立。

周人的解释，概括起来有以下几点：

第一，人间君主和他的王权是上天设立的，“天佑下民，作之君，作之师，惟其克相上帝”[①]，君主和大臣等掌握权力的人员是由上天指派、帮助上天为民众做事的。

第二，上天固然是人间主宰，但是上天与人间的在位君主不存在人间血缘一样的关系。上天会体察君主和他所代表的王朝的运行情况，决定这个君主或者王朝的命运。王朝运行得好，贯彻了上天的旨意，上天就护佑；王朝违反了上天的旨意，上天就要做出纠正，最彻底的纠正就是转移天命，改朝换代。

第三，上天聪明正直，奖善罚恶，保护民众。上天考察一个王朝和君主是否称职完全是以民众的福祉是否实现为衡量标准的，上天支持或者转移天命的依据就是“有德”，因为“皇天无亲，惟德是辅”。有德的体现，主要是保民、养民，明德慎罚，施行德政，对老百姓好。

第四，考察的方式是“天聪明，自我民聪明。天明畏，自我民明威”[②]，就是以民的感受为依据。所以归根结底，天子与皇权的命运最终在民。

第五，夏朝建立者大禹、商朝建立者商汤都是圣王。两朝前期的王大都是励精图治、保民而王的，所以得到了上天佑护；而到了王朝末期，诸王不敬畏上天，失德虐民，荒淫无度，民怨沸腾，最终自取灭亡。不敬畏上天的体现，不在于对神不敬，而在于不保民。而周人之所以能取商而代之，就是因为周人敬天保民，以民为本。

①《尚书·周书·泰誓上》。

②《尚书·虞书·皋陶谟》。

以上就是武王、周公等人对殷人和周人反复强调的商亡周兴的原因，也是这个时期所形成的民本思想的基本内容。

2. 周武王对民本思想的贡献

此前的研究基本上都把完成民本思想理论建构的功劳归于周公，实际上，周武王与商遗民对此也是有贡献的。甚至可以说，周武王首先开始了周初民本思想的构建。

在灭商事业完成的同时，周武王就开始了拨乱反正，“释箕子之囚，封比干之墓，表商容之闾。封纣子武庚、禄父，以续殷祀，令修行盘庚之政，殷民大说”[①]。他又以夏商为鉴，访问夏商两朝遗老贵族厚父。记载这件事的文献失传已久，不过近年在“清华简”中再次被发现。根据《公羊传》的说法，三代逐渐形成了一种“通三统”的传统。商初统治者认为，夏朝先王开基立业，建章立制，兢兢业业，形成了良好的传统。这些传统对于后来新朝的统治者来说也是需要继承的宝贵财富，所以前朝的先王圣王们都应该得到尊重。后来的继任王朝和君主，虽然革新代旧，但是不能让前朝的圣王们绝祀断后。为了体现对先王们的尊重和新王朝的大度，新王朝要在前朝遗民最集中的地方划出一块区域，让前朝后人立庙设祠，继续使用前朝历法，行前朝礼乐典制，保留前朝文化。这种优待只保留两朝，如周保存夏商两朝遗民，与本朝一起就是“通三统”。如《春秋公羊传·隐公三年》的《解诂》说：“王者存二王之后，使统其正朔，服其服色，行其礼乐，所以尊先圣，通三统，师法之义，恭让之礼，于是可得而观之。”厚父应该就是这样一个夏遗民，清华简《厚父》就是周武王访问他的记载。

《厚父》是一篇关于民本问题的重要文献。文章一开始就说周武王想借鉴前代先王的勤政事迹，了解以前文德之人的“恭明德”，于是访问了夏遗民厚父。为什么肯定厚父是夏遗民，而文

---

①《史记·殷本纪》。

章中的“天子”是周武王呢？最明显的原因是夏朝和商朝不称君主“天子”，自周朝起才称“天子”。

文章两问两答，简要翻译过来就是：

武王说：“厚父，据说大禹治水安民有功，于是在民间建立了夏邦。启继任后，上天担心启的资历浅，命皋繇下来做卿士。他们都是有特殊能力的人，能上知天意、下体民情，使天命永保夏朝。其后的贤明君王，敬畏天命，朝夕祭祀，不敢懈怠，恭敬地管理庶民的政事，天不改命，永远保护夏朝，后来的王也都是这样。”

厚父叩拜，回答说：“天子啊，古时候天为了人民，设立了邦国，并设立诸侯臣僚，这都是为了帮助上天管理民众事务。桀王却失去了天命，不用先哲王孔甲的法制，背道离德，沉湎在胡作非为之中，于是天不保佑他，革去他的天命，颠覆他的王朝。天下老百姓和王都是上天的子民，他却不谨慎地保持明德，所以才这样。”

武王又说：“是啊厚父，我时时感念你高祖忠诚效法皇天所建立的功业，虔诚秉持其德，建立礼制，祭祀三后，就像卜辞上说的，无可更改。百姓的德行如何？”

厚父说：“啊，天子！天命不可猜，民心难测。人民若克己谨慎，敬从上天，畏惧不祥的警示，遵守教化明德，敬祀祖先，就都听从所属官员的教诲。如果民众不予谅解，不敬畏神的警示，神也就不再示警，灾难很快就会到来，这都取决于司民之官的所作所为。现在的民都说：‘我已经保教明德了，官府没什么再要求的了。’民心是本，行为就像树叶。只有取法良善，才能保持善心，如山之高，如海之深，如石中之玉，如丹中之珠。于是人们说：‘上天监护民，就像好朋友让人信服。’”

《厚父》一文，主要说明了天意、君主和民的关系。

第一，《厚父》阐述了国家和王权的起源，明确了君主的功能和职责。天选取有德有能之人做君主，体天意，知民情，是为了上对上天负责，下为民谋福祉。但无论天子还是民众，都是天的子民，都有义务遵守与天的约定。

第二，天命所授的地位，不是当然的、永久的，天命难测，民心难测，是率领民众敬天法祖、明德慎祀，还是让民众失去对天的敬畏，这取决于君主及这一王朝的作为。一旦民众对天意产生轻视，就说明君主已经失去了对民的引导，那么天意就不再向君主和民众显示，灾难就会降临。

第三，民意的动摇是君主和他的官僚机构导致的，君主不遵守天意，倒行逆施，辜负天意，天就会夺取其君位甚至颠覆整个王朝。“德”在这篇文章中被提到了七次，说明“德”是天对君的约定条件。

第四，君主与天之间是有约定的，君主体天意，慎祭祀，敬天保民，“以庶民惟政之恭，天则弗斁（移），永保夏邦”，否则天就会“乃坠厥命，亡厥邦”。

这里虽然说君权神授，但又明确说到，君主是为民众而设立的，所以民众的福祉才是天意的决定因素。

显然，在厚父和武王的对话中，他们形成了一个共识，就是天和君主的契约。契约所约定的内容就是民的福祉，于是这个契约就成了民本思想的一个理论依据。其中蕴含的平等精神、正义精神、民本精神，对于国家的健康发展和社会进步仍有可取之处。

武王不仅访问了厚父，还访问了商遗民的代表——箕子。《尚书·周书·洪范》就是这次访问的记载。《洪范》中有一句话很重要：“天子作民父母，以为天下王。”这句话涉及君民的地位和约定，是关于民本思想的论述中有着重要意义的一句话。君和民，二者之中，君的地位固然高，但是也要承担更大的责任。君就像民的父母，要对民众的福祉负责。君能够承担起父母的角色，护佑子民，那他就是天子；不能为民父母，甚至祸害百姓，那他就不配当天子。这也是孟子提出“暴君放伐论”的直接依据。

3. 周公、召公对民本思想的贡献

可以说，周公是武王事业的开拓者和命令的忠实执行者，也是民本思想的确立者，他更系统、更明确地阐述了民本思想。周公对民本思想的确立厥功至伟，除他以外，召公也有所贡献。

天命以君主有德失德、保民残民为转移，这种理论解释在商汤灭夏时曾被成汤使用。周人也运用了这个理论，并且将其发展得更为系统、周密。武王的理解见于上文。周公、召公的解释与此略同，殷人后来不敬天，不保民，不修德，导致被天所弃，最终灭亡，这是天命使然。

周公和西周统治者也承认天的存在，并且坚信天命站在了他们这一边，上天改换了他的长子，让周人做天子。周人突出了“明德”的概念，《多士》《多方》两篇中所表达的思想可以作为代表。《多士》和《多方》都是周公代成王对殷遗民发布的诰辞。他在这两篇诰辞中说，不是天有意舍弃夏，也不是天有意舍弃殷，是夏商君王大肆淫逸，不恤民事，才失去了天的护佑。夏桀从不考虑老百姓的利益，所以上天降祸，商汤代夏；后来的商王过度享乐，失德丧民，天终于降下大祸。这一切都是咎由自取。

在《尚书·周书》的篇章中，召公的《召诰》是很典型的一篇。原文的大意是：上天早想终结殷商的国命，只是因为殷商的许多先哲王在天上护佑，所以商才延续了很久。到后来纣王即位，明哲退位，奸佞在朝，民众拖妻抱子，诅咒纣王灭亡，哀声动天。上天伤痛四方之民，对商的眷顾就转移了。所以大王您一定要赶快敬德啊！夏代初期，统治者很努力，但现在已经灭亡；殷商的先王，也很圣明，现在也灭亡了。大王还年轻，一定要努力呀！我们不能不吸取夏朝的教训，也不能不吸取商朝的教训。我不知道夏朝该延续多少年，也不知道商朝该延续多少年，但我知道他们是不敬其德，才很早就灭亡了。我们也该借鉴两朝的经验教训。

周公、召公在总结历史经验教训时，已经能将夏、商、西周三

代作为一个系统来考虑，试图总结出王朝兴亡的规律。往往先说夏再说商，从它们的共同点出发总结兴盛经验和灭亡教训。周公宣布的《大诰》，把周灭商代殷归因于两点：一是商统治者欺骗上天，大肆奢侈腐化，不明德。二是天命授权周灭商，就如当初天命商灭夏一样。其中的关键就在于君对民的态度和民对君的态度。他们肯定夏商王朝前期统治是好的，君主都明德恤祀，但是后来的王脱离了正确的轨道，上天就恼怒了，于是转而让别人继承天命。这个新“元子”就是周族最有德的周天子。归根到底，君王对德的保有是保有天命的根本，而有德的体现和标准就是保民恤民。

周公认为，皇天的眷顾是以德的有无为转移的，所谓“皇天无亲，惟德是辅”，周之灭殷，不过是执行天的命令而已。新的继位之君，应该勉力行德，以德配天，才能保有天命，得到上天的保佑，从而使国祚绵长。美国汉学家史华兹在谈到这个问题时说：“像人类家庭一样的社会，从整体上讲并不会自动遵守其‘内在的’法则。因此，甚至就人类而论，即使说天是‘发源者’而不是规范性秩序的‘立法者’，‘天’也必须深切地关心秩序的实现问题。在这两种情况下，规范都不会自动地在人类方面实现自身。‘天’有意把支持转向周王室，因为周王室在未建立王朝以前的年代里凭自己的德性证明了自己有权利来统治‘世界’（天下）。天的命令就是天为了保证好人最终掌权的策略，‘天’只有通过好的统治者作为中介，才能使规范性的秩序得到实现。”①

“惟德是辅”不光是周公一个人的认识，也是西周统治者对前代历史经验总结后形成的共识，是一种统一的看法。

周公经过多方思考，得出了“人，无于水监，当于民监”②的结

---

①本杰明·史华兹：《古代中国的思想世界》，江苏人民出版社，2004，第53页。

②《尚书·周书·酒诰》。

论。他把一切有德失德的标准定在民的身上，把民众的安居乐业当作施政的标准，当作王朝存亡的关键。

在周公、召公的文章中，多次提到“敬德”。《尚书》中记载，旅国进贡了一只獒，召公就写了《旅獒》来劝谏武王：“君王的德行如果很好，就不会轻视怠慢别人。轻视怠慢官员，官员就不会尽心；轻视怠慢百姓，就没人为君主尽力。只要不贪恋声色，处理事情就会正确；如果玩物，就会丧志。”

“德”主要分两方面：一方面是“敬天”，虔诚祭祀天；另一方面是“保民”，抚恤民众。事神和保民历来是周统治者的两大传统：“至于文王、武王，昭前之光明而加之以慈和，事神保民，无不欣喜。”[①]敬天是因为君权神授。这一点周朝统治者始终没有抛弃，也没有忽视。保民是非常实际的事，日常所行之事要有德。凸显有德就要从保民做起。而且，敬天和保民是直接相关的，在某种意义上，保民就是敬天。“天亦哀于四方民”，把民弄得呼天哀号，不就是对天的不敬和伤害吗？

在分封的时候，周公会代表朝廷告诫受封者一定要重民保民，将之视为根本。在《康诰》中，周公就不厌其烦地告诫康叔：

> 封，汝念哉！今民将在祇遹乃文考，绍闻衣德言。往敷求于殷先哲王，用保乂民。汝丕远惟商耇成人，宅心知训。别求闻由古先哲王，用康保民。弘于天，若德裕乃身，不废在王命。……
>
> 乃服惟弘。王应保殷民，亦惟助王宅天命，作新民。……

---

①《史记·周本纪》。

周公对康叔所说的“民”，并不仅是周人，也包括殷民，还有其他的民。“不敢侮鳏寡，庸庸，祗祗，威威，显民。”周公要求康王对殷民负责，研究和汲取殷人的先王圣哲保民之道，认真为殷民造福。他的胸怀是很博大的。

> 今王惟曰：“……皇天既付中国民越厥疆土于先王，肆王惟德用，和怿先后迷民。用怿先王受命。已！若兹监。”惟曰：“欲至于万年，惟王子子孙孙永保民。”①

这段话是说：皇天把广大的民众托付于你，你本身的命运也取决于对民众的态度。你想延长你的统治到永远，那你的子子孙孙就要永远保民不懈。实际上，保民就是自保。

同时，周公还提出了“明德慎罚”。“慎罚”是对“保民”的另一要求。因为在当时的社会中，统治者对老百姓是非常严厉的。商代有劓、墨、剕、宫、大辟五种刑罚，分别是割鼻子、在脸上以墨刺字、砍脚、阉割、死刑（包括砍头、腰斩等）。在五种正刑之外，又增加了炮烙、虿盆等非常残酷的刑罚。随着统治的严厉、反抗的强烈，刑罚越来越重，百姓动辄得咎，遭受非刑。周公就是针对这种情况提出“慎罚”的，他主张施行比较宽松的政策。对于如何区分罪与非罪，什么情况应该严惩、什么情况应该轻罚、什么情况不罚，周公都有论述。他的宗旨是：德应该是主导，要明德，刑罚是不得已的，但是也是必要的。基于此，他提出了“明德慎罚”的方针，认为慎罚也是德的基本内容。周公说：

> 惟天不畀纯，乃惟以尔多方之义民，不克永于多享惟夏之恭，多士大不克明保享于民，乃胥惟虐于民；至于百为，大不克开。

①《尚书·周书·梓材》。

乃惟成汤克以尔多方简，代夏作民主。慎厥丽，乃劝。厥民刑，用劝。以至于帝乙，罔不明德慎罚，亦克用劝。[①]

惟乃丕显考文王，克明德慎罚，不敢侮鳏寡，庸庸，祗祗，威威，显民。用肇造我区夏，越我一二邦，以修我西土。[②]

在这里，他把明德慎罚看作成为一个圣王的必要条件，夏朝后来的君主不知道慎罚，所以成汤取而代之。从成汤到帝乙，都贯彻了慎罚原则。文王更是这样，慎罚得民心。

《康诰》中，周公提出了几个慎罚原则。

第一，定罪量刑要区分是故意犯罪还是过失犯罪。故意犯小罪，屡教不改，这样的不可不杀。如果是过失犯罪，知道悔改，即使属于大罪，也可以不杀。

第二，判罪要依据成典，要有法律依据。要求罪刑法定，以纠正和防止滥刑。

第三，那些内外作乱、杀人抢劫的，必须严惩。

第四，不守家庭伦常的，比如为父不慈的、为子不孝的、为兄弟不悌的，即“不孝不友”的，都要严惩不贷。

第五，不遵守国法的，比如危害君主的贵族官员，不能管教好家人部属、作威作福、违背王命的诸侯，都该严惩。

第六，用刑要严肃慎重。诸侯要亲自掌握刑杀大权，不可委托别人。判决和处决犯人一定要慎重。“要囚，服念五六日，至于旬时，丕蔽要囚”，意思是不要轻率决断，要三思而行，甚至冷静思考五六天甚至十天再做出决定。这种思想为后代所继承。唐朝时处

①《尚书·周书·多方》。

②《尚书·周书·康诰》。

决死囚要皇帝亲自决定，先由刑部上报请求处决死囚，再向皇帝三复奏，甚至五复奏，可谓慎重再慎重。

第七，用刑的目的在于保民，要心存善念。如果看待臣民犯罪，就像自己生病一样，臣民就会抛弃罪恶；如果保护臣民，就像保护婴儿一样，臣民就会康乐安定。

从上述情况看，周公把刑罚既作为惩罚罪恶的手段，也作为保民的保障。在慎罚的同时，周公还强调育人，对民众加强教化，以减少犯罪，这也是后来民本思想的一个重要内容。

总之，西周初年，在以周武王、周公、召公为首的西周统治者中，形成了比较明确的民本思想。这些民本思想有以下特点：

第一，西周民本思想是在夏商民本意识基础上构建完成的。西周统治者总结了夏、商两朝的兴亡规律，从而形成了一定的民本思想。

第二，虽然神在周人的心中仍然是神圣的，但是民的分量提升到与神并重的程度，并且神的神圣程度与民意息息相关。

第三，民本思想的基本构架已经形成，具备了主要元素：天神奖善罚恶，主持正义，尊重民意；君主和官僚机构的职责是帮助天在民间贯彻天意，帮助百姓过好日子；君主的地位和角色与所有臣民一样，都是上天的子民，没有本质区别，只是地位和职责不同。

第四，民生状况和民意是评价君主有德无德、称不称职的标准，“天视自我民视，天听自我民听”。

第五，民心即天心，“民之所欲，天必从之”。民众是王朝兴亡的最终决定力量，失去民心就失去了天命。保民的王朝和统治者会受到护佑；危害百姓的王朝和统治者会受到惩罚，天将会改换王命，从而改朝换代。

“皇天无亲，惟德是辅。”天下唯有德者居之。德的体现就是以民为本、保民养民、明德慎罚、教化百姓等具体内容。

以上就是周人所认识到的民本思想。从总体上看，周人已经确立了民众在社会生活和政治生活中的主体地位，也就是说，民本思想的主干部分已经基本形成。

三、周厉王“弭谤”与国人暴动

中国政治与文化之变革，莫剧于殷周之际。西周的礼乐制度使西周社会文明程度一下子跃上了一个新台阶，周礼所规定的礼制成为中华民族最早的社会风俗和人们的行为原则，有些制度如嫁娶制度和丧葬制度的某些程式，甚至保留到当今社会。西周的社会文明进步，对民本思想的发展起了重要的作用。

虽然西周持续时间二百七十多年，但历史记载较少。在西周初期，统治者进行了灭商、平定管蔡之乱和东征等军事行动，稳定了周王朝的统治；实行了分封制、宗法制、礼乐制、国野制等种种制度，有效地规范了社会秩序，适应了社会发展的趋势，为生产力和文化的发展提供了较大空间，使整个王朝进入了一个长期稳定、协调运行的时期。在规范严格、等级秩序明确、社会分工和社会角色明确的情况下，一个王朝一般是不会出现很多重大历史事件的。当然，有关西周的记载少也与当时的文化典籍较少、文化传播手段有限、年代久远有关。

周厉王被国人驱逐是西周历史上发生的重大事件，这在民本思想发展史上也具有重要意义。周厉王“好利”，把山泽等资源全部占领起来，变为王室所有，这引起了民愤民怨。周厉王派人去探听民间言论，把有怨言的人捉起来杀掉，还得意地认为自己有一套对付民怨的有效办法。大夫芮良夫和召公苦谏，但周厉王不听，最终引起国人暴动，落得个被驱逐的下场。周王室没有了王，出现了历史上绝无仅有的“周召共和”时期。对“周召共和”的通常理解是周公和召公协同执政，这是破天荒的事情，充分证明了“民可载舟，亦可覆舟”的道理，对于后来的君主都有警示意义。但是“共和”并没有结出新果子，没有形成制约君主无限权力的有效体制。

从此之后，这种事件不再是个案。著名历史学家童书业先生在其《春秋史》中说："自从有了周厉王被'流'的先例，于是列国间逐君的事便不断地发生，这又是封建制度崩溃的先声了。"[①]

① 童书业：《春秋史》，商务印书馆，2017，第326页。

第二章 民本思想的主体建构

思想的发展与社会历史环境密不可分，什么样的历史环境产生什么样的思想，民本思想的发展必然受到历史发展的左右。春秋与战国，虽然都属于东周时代，但是二者有着很大区别。春秋时代是由西周礼治社会向战国武力纷争社会过渡的时代。一方面，它脱胎于西周，礼治的影响还在，春秋霸权的存在就是西周王权的延续；另一方面，春秋时代明显突破了西周规定的礼乐制度，王权衰微，诸侯力政，各国争相吞并。在春秋时代，礼制对于诸侯的争斗还有一定的制约作用；至战国时代，礼崩乐坏，诸侯则完全抛弃了礼乐制度，不再顾忌礼制的约束。《后汉书·党锢列传》对于春秋和战国的区别和特点，做了精辟的概括："叔末浇讹，王道陵缺，而犹假仁以效己，凭义以济功。举中于理，则强梁褫气；片言违正，则厮台解情。盖前哲之遗尘，有足求者。霸德既衰，狙诈萌起。强者以决胜为雄，弱者以诈劣受屈。至有画半策而绾万金，开一说而锡琛瑞。或起徒步而仕执珪，解草衣以升卿相。士之饰巧驰辩，以要能钓利者，不期而景从矣。自是爱尚相夺，与时回变，其风不可留，其弊不能反。"

如果从思想解放的程度看，春秋时代是半解放，到了战国时代就是完全解放了。民本思想在这个时期完成了主体建构。

一、春秋战国历史变革与民众地位的上升

历史发展到春秋战国，社会的变化更加剧烈，文化冲突激荡，出现了百家争鸣的辉煌景象，创造了极为丰富宝贵的文化财富，春秋战国成为中国历史上第一个思想文化发展的高峰时代。雅斯贝斯所说的“轴心时代”，主要就是指中国、古印度和古希腊在某一时期，同时出现了一些思想巨人和重要学说，这一时期，在中国对应的就是中国的春秋战国时期。此时的文化盛景把中国古代文明托举到了一个前所未有的高度。谭嗣同说道：“而周秦诸子之蓬蓬勃勃……殊不知当时学派，原称极盛……盖举近来所谓新学新理者，无一不萌芽于是。”[①]按照“轴心时代”的说法，我们今天的思想意识、思维模式、行为模式，都与此时的思想成果关系密切。

为什么春秋战国时期出现了中国思想文化史上百家争鸣的辉煌局面，中国古代思想特别是民本思想获得了极大发展？有以下几个主要原因：

其一，原有的统一局面不复存在。春秋战国时期的主要特点是大一统的周王室从众星拱月忽然沦落到和普通的诸侯国一样的地位，王室衰微，诸侯开始争夺王权，割据混战。比如，郑国跟周王室因争割麦子发生冲突，郑侯竟然一箭射到周王的肩膀上，按周礼来说这真是不成体统。对于周天子的号令，诸侯爱搭不理，周天子说了不算了。诸侯互相争夺攻伐，所谓“春秋无义战”，周天子也管不了了。神圣的礼乐制度不被遵守，鲁国季氏“八佾舞于庭”，“礼乐征伐”也不从天子出了。总体来说就是礼崩乐坏，社会秩序已经大乱了。

---

①李敖主编：《谭嗣同全集》，天津古籍出版社，2016，第115页。

其二，诸侯国各自为政，争霸图存。他们纷纷争雄，互相吞并，各自发展。过去在统一局面下，诸侯国之间出现纠纷，周天子会派人评断，现在则全由诸侯各自凭实力说话。那么，各诸侯国自然就要为自己的生存拼命争夺民众、土地和人才。

其三，民众成了争取对象。人心向背，成为诸侯争霸图存的关键。原有的井田制度土崩瓦解，各国纷纷改革土地制度，如鲁国实行“初税亩”，秦国“为田开阡陌封疆，而赋税平”[①]。土地制度的变动加剧了各阶层地位的剧烈变动。在关系到江山社稷和自身命运的严峻形势面前，谁还在那里一味敬天拜鬼，不重视民生、民命，谁就逃脱不了衰败灭亡的命运。所以，民众成了诸侯争取的对象。

其四，士人得到了解放。在西周的制度下，士是统治阶级的一部分，是统治阶级的基础。但是由于长期的社会变迁，大量贵族、士人破产没落，许多贵族沦落为普通士人，士人降为普通人，如管仲、孔子等都是没落贵族。这些人有文化，有才干，有思想。在新的社会环境中，他们思想解放，不再效忠周王室，而是充分发挥自己的能力和价值，思考整个社会的问题，成了失范社会中的智者。“时君世主，好恶殊方，是以九家之术蜂出并作，各引一端，崇其所善”[②]。士人可以客观地观察社会，看到社会问题的本质，发出理性的呼吁。

其五，文化开放了。一个主流的认识是，西周时期，文化主要控制在一些贵族、巫史人员手里，“学在王官”。学习的典籍主要是《诗》《书》《礼》《易》《春秋》等少数文献。这些文献的狭隘传习限制了人的思考。但是春秋时期，出现了私人办学，一些著名士人把文化传播到民间。文化广泛传播的结果就是更多人站在社会下层角度思考问题，如墨子和墨家学派成为下层民众的代言人。

---

①《史记·商君列传》。

② 班固：《汉书·艺文志》，中华书局，1962，第1746页。

在社会统一的状态下，往往思想也会形成统一的局面，但这样并不利于思想文化的繁荣发展，统一的王权会为了自身政权的巩固而限制人们对于现状的质疑和探索。随着天下统一局面的分裂，统一的思想文化也随之分化瓦解。《庄子·天下》中说："天下大乱，贤圣不明，道德不一，天下多得一察焉以自好。譬如耳目鼻口，皆有所明，不能相通。犹百家众技也，皆有所长，时有所用。虽然，不该不遍，一曲之士也。判天地之美，析万物之理，察古人之全，寡能备于天地之美，称神明之容。是故内圣外王之道，暗而不明，郁而不发，天下之人各为其所欲焉以自为方。悲夫，百家往而不反，必不合矣！后世之学者，不幸不见天地之纯，古人之大体，道术将为天下裂。" "道术将为天下裂"，就如葛兆光先生所说的："这并不是一个悲哀的结局而是一个辉煌的开端，'神话时代与其心灵的平静和自明的真理终结了'，过去那些无须思索的真理崩溃之后，人们不得不思索，过去那种神话时代的自信消失之后，人们不得不在理智的思索中重建自信，过去那些天地有序的观念倾斜之后，人们不得不在观察中重新修复宇宙的格局，在这一思想分裂的时代，人类才真的开始不完全依赖幻想的神明和自在的真理，而运用自己的理性，于是，在春秋末年到战国时代，也就是公元前六世纪到三世纪，中国的思想史进入了它自己的历程。"①

天命神话在这个过程中逐渐破灭，取而代之的是严肃的思考。这就是春秋战国时期民本思想发展的社会历史背景。

春秋时期的文献《左传》《国语》中记述了大量的鬼神之事，记载了一些预言祸福之期的言论，上承了夏商以来的神鬼崇拜余绪以及西周以来神人并重的传统，下启了后来的"天人感应"思想，但呈现出的大趋势是对鬼神越来越敬而远之，对民众越来越重视。

① 葛兆光：《中国思想史》第一卷，复旦大学出版社，2001，第69页。

在《左传》和《国语》记载的事件中，时间越是在前，对天命谈到的就越多，并且更强调君权神授、君位天夺，天还是以隐形的手有力地决定着社会中的事情。如：

> 虢公败戎于桑田。晋卜偃曰："虢必亡矣。亡下阳不惧，而又有功，是天夺之鉴，而益其疾也。必易晋而不抚其民矣，不可以五稔。"[①]

> （重耳）及郑，郑文公亦不礼焉。叔詹谏曰："臣闻天之所启，人弗及也。晋公子有三焉，天其或者将建诸，君其礼焉。……晋、郑同侪，其过子弟，固将礼焉，况天之所启乎？"弗听。[②]

春秋时期，天命决定论还是有一定地位的。如在楚人"观兵于周疆"，"问鼎之大小、轻重"时，周定王的使者王孙满说："在德不在鼎。……桀有昏德，鼎迁于商，载祀六百。商纣暴虐，鼎迁于周。德之休明，虽小，重也。其奸回昏乱，虽大，轻也。天祚明德，有所底止。成王定鼎于郏鄏，卜世三十，卜年七百，天所命也。周德虽衰，天命未改。鼎之轻重，未可问也。"[③]这段话的大意为：上天赐予明德的周人管理天下的期限是七百年，共计三十代。在此期间，虽然周已衰落，但寿数未到，天命并没有改变，任何觊觎王位的诸侯都会徒劳无获。在当时，他的回答应该会受到赞许，被认为是回复得体，因为对于已经衰落的周王室来说，天命还是他们保有的救命稻草。

---

① 郭丹、程小青、李彬源译注：《左传·僖公二年》，中华书局，2012，第325页。

② 《左传·僖公二十三年》。

③ 《左传·宣公三年》。

周惠王十五年（前662），周惠王问起神的事情，有位叫过的史官回奏道：

> 国之将兴，其君齐明、衷正、精洁、惠和，其德足以昭其馨香，其惠足以同其民人。神飨而民听，民神无怨，故明神降之，观其政德而均布福焉。国之将亡，其君贪冒、辟邪、淫佚、荒怠、粗秽、暴虐；其政腥臊，馨香不登；其刑矫诬，百姓携贰，明神不蠲而民有远志，民神怨痛，无所依怀，故神亦往焉，观其苛慝而降之祸。①

这段话的意思是：国家将要兴盛，国君一定明智、公允、高洁、和善，德泽四方，惠及百姓，人民信从，人神无怨，那么神会观察他的德政，并因此降下福祉。国家将要灭亡，君主贪婪邪辟、荒淫残暴，政治腐败，官员贪赃枉法，百姓离心，人神共愤，那么神也会来考察，了解他的邪恶，降下灾难。这段话看上去是在回答关于神的问题，实际上也可以看作是在谈论政治。好的国君会勤政爱民，明德慎罚，施行德政，深得民心；坏的国君则相反，坏事做尽，朝政腐败，自取灭亡。这之中没有讲到好的国君对神有什么贡献、坏的国君对神有什么损害，讲的完全是君主的德行和对民的态度。神对于国君的态度和判决，完全以民的态度和状况为标准。

《左传》还记载：“内史过往，闻虢请命，反曰：‘虢必亡矣，虐而听于神。’神居莘六月。虢公使祝应、宗区、史嚚享焉。神赐之土田。史嚚曰：‘虢其亡乎！吾闻之：国将兴，听于民；将亡，听于神。神，聪明正直而壹者也，依人而行。虢多凉德，其何土之能得！’”②虢国国君拜神请求保佑，还请求神明赐给他们土

---

① 陈桐生译注：《国语·周语上·内史过论神》，中华书局，2013，第32页。

②《左传·庄公三十二年》。

地。内史过和史嚚都断定虢国必然亡国，理由是国家要兴旺，必须听从于民心民愿，只有国家要灭亡了，才会求神拜鬼。这句“国将兴，听于民；将亡，听于神”，简直振聋发聩。须知内史过和史嚚都是史官，史官也算半个神职人员，连他们都这么说，这标志着那些明智的具有理性常识的官员已经认识到，要想强国必须依靠民众，迷信鬼神则是亡国行为。这里人与神的分量和地位已经反转了。

《左传》中记载了“曹刿论战”的故事。曹刿问鲁庄公：“你凭什么和齐国作战？”鲁庄公说：“我会把衣食分给左右的人。”曹刿说：“就你这点小惠能分几个人呀！老百姓得不到，是不会跟随你的。”鲁庄公又说：“我对神的供奉都很丰盛，以显示我的诚信。”曹刿说：“这只是小信用，不能使神灵信服，神不会保佑你的。”鲁庄公又说：“我一定会谨慎地审核案情，公正断狱。”曹刿又说：“这个才是能让百姓忠于国家的事情，可以作为作战的凭借。”由以上看来，民间贤达曹刿认为，对神忠诚无助于战争的胜利，实实在在为民做事、争取民心才是取胜的关键。

《左传》《国语》的内容越往后，对抽象的天命的谈论就越少，对德的有无、礼的执行是否严谨的谈论则多起来，也就是与现实的人事逐渐结合起来，天命逐渐显得空洞缥缈而不切实际，被比较具体的“神”“鬼”所代替。人们在论事时，主要依据社会的客观事实情况，天命神鬼似乎都成了民众意志的体现和表达。据《左传》记载，贤卿大夫们往往理所当然地认为，神是道德正义的主持者、善良正直的体现者，具有是非观念，维护传统价值观念，保护善良，排斥邪恶；神通过观察民意来评价当政者的德行，决定他们的命运。当一个政权有德时，神会来考察，对其加以褒奖和扶持；当一个天子或诸侯失德时，神也会来发挥作用，助推他们的灭亡。

《左传》记载，桓公六年（前706），楚国从随国撤军，随侯要下令追赶，大夫季梁劝止随侯：

季梁止之曰："……臣闻小之能敌大也，小道大淫。所谓道，忠于民而信于神也。上思利民，忠也；祝史正辞，信也。今民馁而君逞欲，祝史矫举以祭，臣不知其可也。"公曰："吾牲牷肥腯，粢盛丰备，何则不信？"对曰："夫民，神之主也。是以圣王先成民而后致力于神。故奉牲以告曰'博硕肥腯'，谓民力之普存也，谓其畜之硕大蕃滋也，谓其不疾瘯蠡也，谓其备腯咸有也。奉盛以告曰'洁粢丰盛'，谓其三时不害而民和年丰也。奉酒醴以告曰'嘉栗旨酒'，谓其上下皆有嘉德而无违心也。所谓馨香，无谗慝也。故务其三时，修其五教，亲其九族，以致其禋祀。于是乎民和而神降之福，故动则有成。今民各有心，而鬼神乏主，君虽独丰，其何福之有！君姑修政而亲兄弟之国，庶免于难。[①]

这段话非常精辟，里面有几个亮点：

第一，季梁对"道"的解释，是"忠于民而信于神"。统治者想着为民谋利就叫"忠"，祝、史人员真实不欺地对神祈祷就叫"信"。

第二，民为神之主，而不是神为民之主。

第三，对神祈求的祷辞，代表的是民而不是君。祝告辞中所说的"牲牷肥腯，粢盛丰备""嘉栗旨酒"等，不是指国君自己的供品，而是指老百姓的情况，如粮食是不是丰足、牲畜是不是繁殖、民力是不是充沛等。总之，这些祭祀、祝辞都是人向神汇报的内容，国君只是民的代理人。

第四，保证"务三时""修五教""亲九族"，把老百姓的事情办好，才能感动神灵，祈福才能有效，否则君主准备的供奉再丰

---

①《左传·桓公六年》。

盛，也是无效的，所以“圣王先成民而后致力于神”。

第五，要想避免发生灾难，就要努力办好民事，这是增强国力、抵御外敌的根本保证。

在当时列国的文化习俗中，流行着这样的做法：有了天灾人祸，或者君主有了灾病，就会由巫觋等神职人员向神献供祈祷。如果没有效果，负责祈祷的人将会面临惩罚。《左传·僖公二十一年》记载：“夏，大旱。公欲焚巫尪。臧文仲曰：‘非旱备也。修城郭、贬食、省用、务穑、劝分，此其务也。巫尪何为？天欲杀之，则如勿生；若能为旱，焚之滋甚。’”这记载的是有一年夏天，鲁国遇到旱灾，鲁僖公想烧死巫尪来祈雨。臧文仲认为这不是抗旱的办法，抗旱应该修城郭、务农活、节省开支等，烧死巫尪有什么用呢？如果烧死巫尪就可以抗旱的话，老天还会让他们出生吗？既然无效的话，那么烧死他们去抗旱，就会使旱情更严重。

春秋时期，在遇到重要的事情时还是经常通过占卜来决策。但是很多情况下，一些明智的君主都只把占卜作为参考，而把修德利民作为根本来考虑。鲁文公十三年（前614），邾文公打算把都城迁到峄（今山东济宁邹城东南峄山镇），占卜的史官说：“利于民而不利于君。”邾文公就说：“苟利于民，孤之利也。天生民而树之君，以利之也。民既利矣，孤必与焉。”身边的大臣说：“命可长也，君何弗为？”邾文公说：“命在养民。死之短长，时也。民苟利矣，迁也，吉莫如之！”[①]邾文公毅然迁都于峄。从中可见，邾文公的民本意识还是很强的。占卜者认为，迁都会利于民，但是不利于君，君主可能会短命。邾文公则表示，国君的职责就是养民，如果能利于民，就是最大的吉，国君的年寿长短不过是时间罢了。

《左传》《国语》中有一些正直的大臣对于君与民的关系有着

① 《左传·文公十三年》。

符合时代的进步认识。

《国语·周语》中记载了周景王时期大臣单穆公和乐官州鸠劝谏周景王的谈话。周景王在位时做了许多损害老百姓利益的事。有一次他准备铸大钱，单穆公就说："今王废轻而作重，民失其资，能无匮乎？若匮，王用将有所乏，乏则将厚取于民。民不给，将有远志，是离民也。……将民之与处而离之，将灾是备御而召之，则何以经国？"①铸了大钱没有三年，周景王又要铸大钟。单穆公借题发挥，说钟是一种乐器，有一定的度量，圣人对铸大钟一事是很谨慎的。如果周景王坚持铸大钟，则会导致民心离散。周景王不听劝谏，最终铸造了大钟。大钟铸成后他又问乐官州鸠："这个钟声律和谐吗？"乐官州鸠回复说："上作器，民备乐之，则为和。今财亡民罢，莫不怨恨，臣不知其和也。且民所曹好，鲜其不济也。其所曹恶，鲜其不废也。故谚曰：'众心成城，众口铄金。'"②

这个时期的智者，在看问题时已逐渐把重心转移到民的一边，把国家的乱象和崩溃灭亡归咎于君主的昏暴和人事的失败。

晋国的大臣把晋厉公杀死了，鲁成公问大臣，臣杀其君，这是谁的过错呢？里革说："夫君人者，其威大矣。失威而至于杀，其过多矣。且夫君也者，将牧民而正其邪者也，若君纵私回而弃民事……将安用之？桀奔南巢，纣踣于京，厉流于彘，幽灭于戏，皆是术也。"③晋国的里克也如此说："民之有君，以治义也。义以生利，利以丰民，若之何其民之与处而弃之也？"④这里反映出他们的观点，都认为君主是管理民众的社会角色，如果他们不履行君主的义务，也就没有存在的必要了。夏桀、商纣王、周厉王、周幽王这些君主的下场，都体现了这个道理。

---

①《国语·周语下·单穆公谏景王铸大钱》。

②《国语·周语下·单穆公谏景王铸大钟》。

③《国语·鲁语上·里革论君之过》。

④《国语·晋语一·献公将黜太子申生而立奚齐》。

《左传》记载，卫懿公喜欢养鹤，甚至给鹤打造了可供乘坐的专车，劳民伤财。闵公二年（前660）冬天，狄人进攻卫国。卫懿公把甲胄分给国人，让他们去保卫国家。国人都愤怒地说："怎么不让鹤去作战呢？鹤有禄位，我们又没有禄位，哪里能作战呢？"结果不问可知，卫兵一触即溃，卫懿公也丧了命。

春秋时期，晋国的宫廷掌乐太师师旷是一个智者。有一天，晋悼公说，卫国人把他们的君主赶跑了，不是太过分了吗？师旷说，恐怕君主才过分呢！然后就发表了一番关于君民关系的高论。他对于君民关系的论述堪称这个时期智者的典范。

师旷侍于晋侯。晋侯曰："卫人出其君，不亦甚乎？"对曰："或者其君实甚。良君将赏善而刑淫，养民如子，盖之如天，容之如地。民奉其君，爱之如父母，仰之如日月，敬之如神明，畏之如雷霆，其可出乎？夫君，神之主而民之望也。若困民之主，匮神乏祀，百姓绝望，社稷无主，将安用之？弗去何为？天生民而立之君，使司牧之，勿使失性。有君而为之贰，使师保之，勿使过度。是故天子有公，诸侯有卿，卿置侧室，大夫有贰宗，士有朋友，庶人、工、商、皂、隶、牧、圉皆有亲昵，以相辅佐也。善则赏之，过则匡之，患则救之，失则革之。自王以下，各有父兄子弟以补察其政。史为书，瞽为诗，工诵箴谏，大夫规诲，士传言，庶人谤，商旅于市，百工献艺。故《夏书》曰：'遒人以木铎徇于路。官师相规，工执艺事以谏。'正月孟春，于是乎有之，谏失常也。天之爱民甚矣，岂其使一人肆于民上，以从其淫，而弃天地之性？必不然矣。"①

① 《国语·鲁语上·里革论君之过》。

这里面有几点值得注意：

其一，君主像对待子女那样对待民众，民众才能像对待父母、日月那样对待君主，这两者具有相互的责任和义务。

其二，君主是可以废除的，“失则革之”。君主是“神之主”“民之望”，如果君主反过来成了“民之害”，使民众绝望，那他这个君主有什么用处呢？不废掉还留他干什么呢？

其三，君主的地位不是绝对高于庶人的。上天设立君主这个职位，又设立了他的助手，既辅佐他，又限制他，“勿使过度”。

其四，天子、公卿、大夫以至于庶人，都没有绝对的权力和自由。他们形成一个互相监督的关系，“善则赏之，过则匡之，患则救之，失则革之”。

以上事例表明，这时候所谓的天命和神，权威性越来越低，君主的地位和神圣性也在下降。君主地位的下降和神的地位的下降是有连带关系的。天的地位降低了，天子的地位也会降低，相应地诸侯的地位也会降低，而民众的地位却在上升，成了君主讨好的对象。君主如果不能善待民众，民众就会弃他而去。在当时列国的普通百姓中，还没有祖国乡邦的浓厚观念。这样，务实的政治家都不再指望求神祈祖来保证国家稳定和战争胜利，而把重点放在实实在在的明德立信、保民养民、争取民心上面。

二、春秋时期民本思想发展的几个标志性人物

春秋时期是民本思想丰富和发展的重要阶段。此时有几个人物在其中起着很重要的作用，在民本思想发展史上具有重要地位。

1. 管仲

关于民本思想的发展史，一般论著中都不会提到管仲。但实际上，管仲（？—前645）是一个非常重要的人物。在“轴心时代”这个概念里，管仲是拉开中国轴心时代大幕的第一人。因为就“轴心时代”来说，主要指的是公元前800年到公元前200年共六百年的事

情，而在这六百年中，管仲是一个划时代的人物。

“轴心时代”，是一个神话隐退、理性前进、天命神学淡化、人的关注和思考凸显的时代。作为轴心时代揭幕人的管仲，正是具有这个明显特点的人物。管仲登上历史舞台，是在春秋早期。当时的社会是一种礼俗社会，社会秩序主要由以周礼为主的社会规范来维持。而管仲是法家的先驱，他的探索是站在传统夏、商、西周三代以来形成的“王官之学”和意识形态基础之上，向以政令法规为主的法制管理模式迈出的探索。就民本思想的发展来说，这是从民本和神本并立向以民本思想为主过渡的起始点。

关于管仲的研究资料，主要有《管子》《左传》《国语》《史记》几种。

主流的观点认为，传世的《管子》是稷下先生们的文章汇编，其中包括道家、杂家、三晋法家的一些著作，不是《韩非子》中所说的“今境内之民皆言治，藏商、管之法者家有之”[①]的《管子》。但是其中的一些篇章还是比较可信的，比如《史记·管晏列传》中所说的“吾读管氏牧民、山高、乘马、轻重、九府，及晏子春秋，详哉其言之也。既见其著书，欲观其行事，故次其传”，与《左传》和《国语》中的记载以及《管子》中的相关文章如《大匡》《中匡》相印证，证明管仲的事迹是可信的。

管仲的思想虽然是以三代以来旧的思想为基础的，但他的思想的最大价值是有所突破和创新。他创新的思想中就有丰富的民本思想。通观上述关于管仲的资料，会发现一个基本事实：管仲思想中几乎没有什么天命神学的成分，没有君权神授的论述。它的所有创新的成分，几乎都是如何创建新的政令、法制管理模式，而这些新的内容，大多以“民本”为主旨；一些关于“明鬼神，祭山川”

---

① 高华平、王齐洲、张三夕译注：《韩非子·五蠹》，中华书局，2010，第714页。

的内容，只是简单提到，起到稳定与承袭的作用而已。“凡有地牧民者，务在四时，守在仓廪。国多财，则远者来；地辟举，则民留处；仓廪实，则知礼节；衣食足，则知荣辱。上服度，则六亲固；四维张，则君令行。”[①]这些论述都是非常务实的，关键是富民、省刑、保证农时、顺民留民。

管仲认为，制定政令，要从民心、民愿出发：

> 政之所兴，在顺民心；政之所废，在逆民心。民恶忧劳，我佚乐之；民恶贫贱，我富贵之；民恶危坠，我存安之；民恶灭绝，我生育之。能佚乐之，则民为之忧劳；能富贵之，则民为之贫贱；能存安之，则民为之危坠；能生育之，则民为之灭绝。故刑罚不足以畏其意，杀戮不足以服其心。故刑罚繁而意不恐，则令不行矣；杀戮众而心不服，则上位危矣。故从其四欲，则远者自亲；行其四恶，则近者叛之。故知予之为取者，政之宝也。[②]

与《左传》所记载的其他史官、大臣的思想相比，管仲的民本思想更彻底，一切从民愿出发。

从《管子·君臣上》篇中，可以看到管仲这种思想的依据：“先王之在天下也，民比之神明之德，先王善牧之于民者也。夫民别而听之则愚，合而听之则圣，虽有汤、武之德，复合于市人之言。是以明君顺人心，安情性，而发于众心之所聚。是以令出而不稽，刑设而不用，先王善与民为一体。与民为一体，则是以国守国，以民守民也。”怎么算善于管理民众？管仲认为就是听取民众的意愿，按照民众心愿去制定政令。因为民众从单个个体来看，有的看起来不精明，甚至愚蠢，但是合起来，他们就相当于神明。一

① 李山、轩新丽译注：《管子·牧民》，中华书局，2019，第2页。
②《管子·牧民》。

个君主，哪怕是商汤、周武王，想法行事也应该符合“市人之言”。“发于众心之所聚”，就是做事情要把民众的心愿作为出发点。

在《国语》的记载中，鲍叔牙向齐桓公推荐管仲说，他自己有五点不如管仲，其中两点就是“宽惠柔民”和“忠信可结于百姓”。齐桓公继位后急于用兵争霸。管仲说，首先要做的不是用兵，而是“定民之居，成民之事”。齐桓公问，那么之后就可以称霸了吗？管仲说，不可以，要先采取措施，让国家安定：“修旧法，择其善者而业用之；遂滋民，与无财，而敬百姓，则国安矣。”[①]这些都说明，管仲尽管是法家先驱，力图富国强兵、建立霸业，但是他的方针是把富民安民作为前提的。

管仲也强调德。他所说的德，不是抽象的德，而是对于民众的德政。《管子·五辅》中列举了他认为的“六德”：

> 所谓六兴者何？曰：辟田畴，利坛宅，修树艺，劝士民，勉稼穑，修墙屋，此谓厚其生。发伏利，输墆积，修道途，便关市，慎将宿，此谓输之以财。导水潦，利陂沟，决潘渚，溃泥滞，通郁闭，慎津梁，此谓遗之以利。薄征敛，轻征赋，弛刑罚，赦罪戾，宥小过，此谓宽其政。养长老，慈幼孤，恤鳏寡，问疾病，吊祸丧，此谓匡其急。衣冻寒，食饥渴，匡贫窭，振罢露，资乏绝，此谓振其穷。凡此六者，德之兴也。六者既布，则民之所欲，无不得矣。[②]

这些内容，非常详细、全面，几乎包含了传统民本思想的所有内容，甚至包含了系统的社会福利政策。

《韩诗外传》由汉文帝时韩婴所著，其中记载了齐桓公与管仲

①《国语·齐语·管仲对桓公以霸术》。
②《管子·五辅》。

的一段对话。齐桓公问管仲："王者何贵？"管仲说："天。"于是齐桓公就仰望天。管仲说："所谓天，非苍莽之天也。王者以百姓为天。百姓与之则安，辅之则强，非之则危，倍之则亡。《诗》曰：'民之无良，相怨一方。'民皆居一方，而怨其上，不亡者未之有也。"[①]《韩诗外传》的可信度还是比较高的。管仲这段话表示，他完全把民和天合二为一了，认为民就是君主的天，民众是国家的倚靠，帝王君主的命运、国家的兴亡等都取决于民众，如果民众怨声载道，这样的国家是必定要灭亡的。

2. 子产

子产（？—前522），名侨，字子产，郑国人，春秋末期郑国著名的贤大夫、政治家。子产为郑穆公之孙，又称"公孙侨"；居东里，也称"东里子产"。他思想开明，善于因势利导，改革创新。他为田洫，划定公卿士庶的土地疆界，将农户按什伍加以编制，对私田按地亩课税；作丘赋，依土地人口数量缴纳军赋；铸刑书，颁布了成文法；实行学而后入政、择能而使之的用人制度；不毁乡校，愿闻庶人议政，适当地开放言路。子产作为春秋末期很有成就的改革家，是孔子非常敬佩的人物。

在青年时代，子产就具备了政治家的素质。他留心向前辈学习。子产曾向前辈然明请教如何为政，然明说："视民如子。见不仁者诛之，如鹰鹯之逐鸟雀也。"[②]子大叔（后来子产的接班人）是更年轻的才俊，询问子产如何为政，子产说："政如农功，日夜思之，思其始而成其终，朝夕而行之。行无越思，如农之有畔，其过鲜矣。"[③]子产认为，为政就像做农活，要日思夜想，善始善终，早上怎么想，白天就怎么做。先思而后行，就像农田有田埂一样。这

① 许维遹校释：《韩诗外传集释》，中华书局，1980，第148～149页。
② 《左传·襄公二十五年》。
③ 《左传·襄公二十五年》。

样，过错就会少了。

大约在公元前543年，子产执政。他纠正郑国以前不遵盟誓、不守诚信的做法，因为："不信，民不从也。"

《左传》中关于昭公十八年（前524）的一场大火的记载，充分体现了子产不迷信、做实事的性格。早在前一年，鲁国的史官和郑国的裨灶都根据天象说，宋、陈、郑、卫将同时发生大火。裨灶对子产说，让我们拿出瓘斝、玉瓒来供奉神灵吧，郑国就不会出现火灾了。子产没有答应。转年夏天果然四国都发生了大火。裨灶说："你不听我的话，现在发生火灾了吧！如果还不听我的话，郑国还会起火的。"子产还是没答应。子大叔劝说道："宝物是为了保民的，如果大火威胁到郑国，舍了宝物能够消灾，您何必舍不得呢？"子产说："天道远，人道迩，非所及也，何以知之？灶焉知天道？是亦多言矣，岂不或信？"最终子产也没拿出宝物祭祀神灵，而火灾也没有再次发生。因为子产虽然没听从裨灶的话去求神，但是积极布置防火："使祝史徙主祏于周庙，告于先君。使府人、库人各儆其事。商成公儆司宫，出旧宫人，置诸火所不及。司马、司寇列居火道，行火所焮。城下之人伍列登城。"积极防护的工作有效避免了火灾的再次发生。

子产行政的特点是不图虚名，从民众的实际利益出发，从实际效果出发做事。他在年老病重之际，把自己的接班人子大叔叫到身边，嘱咐说："我死了以后肯定是你执政，只有很有德行的人能够以德服人，不然不如施以严刑峻法。火势猛烈，却很少伤人；水很柔，民众不拿它当回事，但被水淹死的很多。为政也是一样的道理。"孔子听说后，对子产宽猛相济的施政主张大加赞美说："善哉！政宽则民慢，慢则纠之以猛。猛则民残，残则施之以宽。宽以济猛，猛以济宽，政以是和。"①

① 《左传·昭公二十年》。

最能说明子产以民为本思想的事情是“不毁乡校”。子产勇于作为，制定和推行了许多改革措施，于是引起一些守旧人士的指责，有些人甚至恶毒咒骂子产。郑国人闲暇的时间就到乡校相聚，在一起议论执政的得失，于是有人建议毁掉乡校。子产却说：“何为？夫人朝夕退而游焉，以议执政之善否。其所善者，吾则行之；其所恶者，吾则改之，是吾师也。若之何毁之？我闻忠善以损怨，不闻作威以防怨。岂不遽止？然犹防川。大决所犯，伤人必多，吾不克救也。不如小决使道，不如吾闻而药之也。”[①]子产表现得非常开明，不但不把有反对意见的人视为敌人，反而当作自己行事的参考。他认为，这些人相当于自己的老师，说得对的就遵行，批评得对的就改正。为什么要毁掉乡校呢？做事忠善可以化解怨恨，没有听说过用暴力可以阻挡怨恨的。暴力行事，虽然可以阻止一时，但是就像防川一样，河道一旦决口，就会造成重大灾难，不如开个小口，加以引导，让批评成为一剂良药。子产的这段话体现了民本思想的精髓。子产被称为郑国第一贤相。

3. 晏婴

晏婴，是历史上齐国的名相，生年不详，在公元前500年逝世。管仲和晏婴都是齐国名相，晏婴处于春秋末期，辅佐了齐灵公、齐庄公和齐景公。管、晏二人行事风格有很大差异，号称“管奢晏俭”。管仲财力雄厚，所制定的各种政策法令显示出大刀阔斧的开拓性；晏婴力倡俭约，处处以身作则，力矫齐国的奢靡风气。但是在民本思想方面，两人都显示了前后的一致性。

晏婴具有务实朴素的思想，不太相信那些祈祷祝福的仪式的作用。公元前521年，齐景公病了一年多还没有痊愈，宠臣梁丘据和裔款就对景公说：“我们对鬼神的供奉非常丰厚，比先君还要多，但您的病一直不好，这肯定是祝、史的罪过。诸侯不知道，还以为我

---

①《左传·襄公三十一年》。

们对神不敬。为何不杀掉祝、史给诸侯一个交代呢？”晏婴则说，对于有德之君，内外关系正常、上下无怨、没有不顺的事、于心无愧，那么祝、史在祝告的时候就会说真话，在鬼神那里是有诚信的，鬼神就会高兴地接受祭祀，国家也会得到福佑；但是对于淫暴之君，行动悖乱、放纵欲望、胡作非为、肆无忌惮、不听劝谏、怙恶不悛、不畏鬼神、神怒民怨，那么祝、史如果照实祝告就成了数说罪恶，如果净说好话就是欺骗鬼神，若祝、史成了暴君的工具，那么鬼神就会不接受奉祀，反降灾祸。景公问怎么办。晏婴说："所有的山林、草木、海产，都被您派人管起来了。您到处设卡、横征暴敛，世袭的官员强买货物，政令没有准则，收取没有节制，宫室天天淫乐，宠妾肆意抢夺，边臣假传旨意、私自搜刮，诅咒您的人多不胜数。您的祝、史再善于祷告，能胜过亿万人的诅咒吗？还是先修德吧。”晏婴的观点归纳起来就是两点：一是所谓鬼神只是一套正确的理念和规范，君主的行为合乎理念和规范，鬼神就有效；君主昏暴妄为，再丰富的祭献、再优异的神职人员都没用。二是神喜欢的是君主把民众的事情做好。民为神之主，神从民愿，想求神，先爱民。

公元前548年，发生了齐庄公被崔杼杀死的事件。崔杼因为齐庄公与其妻私通，把齐庄公杀了，并宣布谁也不准给齐庄公收尸。晏婴得知崔氏之乱而来到崔宅，他的随从问他："您要为君主而死吗？”晏婴说："这件事情的来龙去脉我一点也不知道，我若死了，也不能使君主复生，况且我也不是他的婢妾，为什么要为他而死？”晏婴还对自己的随从说："君民者，岂以陵民？社稷是主。臣君者，岂为其口实，社稷是养。故君为社稷死，则死之；为社稷亡，则亡之。若为己死，而为己亡，非其私昵，谁敢任之？且人有君而弑之，吾焉得死之？而焉得亡之？将庸何归？”[①]在晏婴眼里，

---

①《左传·襄公二十五年》。

社稷的地位比君主高。君主是为社稷服务的，臣也是为社稷服务的，大臣只对社稷负责，不是君的私人仆庸。

晏婴认为，民心决定一切，也决定政权的转移和归属。昭公三年（前539），齐景公派晏婴去晋国，请求再次把齐国女子嫁到晋国去。晏婴和晋国的名臣叔向见面后，聊起各自国内的情况，晏婴说：

> 此季世也，吾弗知齐其为陈氏矣。公弃其民，而归于陈氏。齐旧四量，豆、区、釜、钟。四升为豆，各自其四，以登于釜。釜十则钟。陈氏三量皆登一焉，钟乃大矣。以家量贷，而以公量收之。山木如市，弗加于山；鱼、盐、蜃、蛤，弗加于海。民参其力，二入于公，而衣食其一。公聚朽蠹，而三老冻馁。国之诸市，屦贱踊贵。民人痛疾，而或燠休之。其爱之如父母，而归之如流水，欲无获民，将焉辟之？[①]

晏婴根据什么说姜齐必然属于陈氏呢？根据的是民心向背、君德得失。陈氏在努力地争取民心，而姜齐朝廷却在残酷地压榨百姓。民众收获的三分之一要交公，公家的粮食腐烂在仓库里，老百姓却挨饿受冻，还要承受严刑峻法。一边是归之如流水，一边是为渊驱鱼，结果将会怎样，一目了然。这里没有一句“天命”之类的话，说明在晏婴心目中早已不再考虑天命鬼神，一切都是实实在在的现实考量。后来果然发生了“田氏代齐”事件。

在晏婴的民本思想中，还有几点比较突出。

第一，省刑罚。晏婴提出了“慎狱、省刑、轻罪”的主张。由于以齐景公为首的统治阶级追求奢侈浮华，官吏贪赃枉法、暴虐残

---

①《左传·昭公三年》。

民，“藉重而狱多，拘者满圄，怨者满朝”[①]，以致在齐国国都出现了“屦贱踊贵”的残酷现象。齐景公对伤到他的竹子、槐树，惊了他的鸟，养死了他的马的人，都要处以死刑。晏婴多次向齐景公指出繁刑苛法的害处，并提出了慎狱、省刑、轻罪的主张，要求在定罪量刑时要全部降低等级。晏婴还提出了“谨听”“中听”“不能慢听”的司法主张。“听”就是审案断狱，“谨听”就是要小心谨慎地判案，“中听”就是要公正无私、宽严适当地审案和判案，“不能慢听”就是不能拖延断案决狱。用晏婴的话说就是“中听则民安”[②]，“慢听厚敛则民散”[③]。

第二，减轻民众负担。齐景公生活奢侈，荒淫无度，横征暴敛，好治宫室，聚狗马，厚赋重刑，给齐国民众造成了沉重的负担，也使民心离散，造成严重的政治危机。为此，晏婴多次批评齐景公奢侈浪费，重狗马而轻民，滥施刑罚。有一次，接连下雨十七天，齐景公天天喝酒，晏婴三次请求发放粮食，赈济灾民，都未得到允许，晏婴只好把自己家的粮食分给百姓。

第三，尚俭节欲。晏婴在尚俭节欲上折节力行，堪称模范。据《晏子春秋》记载：“晏子相齐，衣十升之布，食脱粟之食、五卵、苔菜而已。”齐景公听说后欲赐给他封邑，他坚辞不受。《左传》记载，晏婴家宅近于闹市，狭隘潮湿，齐景公要给他换房子，他婉言谢绝了。齐景公命人趁他出使晋国的时候翻新了房子，晏婴回来拜谢之后，毁掉了新宅，又恢复了原来的样子。齐景公因为晏婴的妻子年龄大，也不美丽，想把爱女嫁给他，晏婴婉拒不受。齐

---

① 汤化译注：《晏子春秋·内篇谏下·景公籍重而狱多欲托晏子晏子谏》，中华书局，2011，第82页。

②《晏子春秋·内篇问下·景公问富民安众晏子对以节欲中听》。

③《晏子春秋·内篇问下·鲁昭公问安国众民晏子对以事大养小谨听节敛》。

景公见他的马车破旧，让人给他换马车，他又推辞不受。齐景公不高兴了，说："你不要，我也不坐了。"晏婴说："您让我为百官之首，我就得在衣食住行等方面都节俭行事，这样还怕不起作用。要是我也和您一样奢侈，还怎么管理臣民呢？"晏婴厉行节俭，力挽侈风，主要是为了减轻民众负担。

第四，以民为本，整顿吏治。晏婴很重视官吏对于民众的责任，坚持以民为本。叔向曾经向他请教乱世中的处世原则，问他在乱世无道时，坚持自己的原则就会脱离民众，曲从流俗就会失去自我，到底应该怎么做。晏婴回答，"以民为本"是处事原则，道在民的一边，只要站在民众的立场，怎么会脱离道义呢？要是失去了民众，哪里还谈得到"正行"？晏婴认为，对于民众的态度是检验一个人德行的标准。他对叔向说，最高尚的思想是爱护百姓，最淳厚的行为是让百姓快乐，最卑下的思想是苛待民众，最低贱的行为是作恶多端而最终害了自己。晏婴还称那些贪婪奸臣为"社鼠猛狗"，这些人"内则蔽善恶于君上，外则卖权重于百姓"[①]，是国家政权的严重威胁。

民本思想在晏婴这里有了重要发展，他明确提出了"以民为本"的概念。

以上三位春秋时期的历史人物，在民本思想的发展中都做出了重要贡献。值得注意的是，他们都是著名的政治家，民本思想不但体现在他们的思想论述中，还体现在具体的实践中。可以说，在春秋时期，传统民本思想就逐步趋于完整了，这一阶段是民本思想发展中承上启下的重要阶段。

① 《晏子春秋·内篇问上·景公问欲如桓公用管仲以成霸业晏子对以不能》。

三、孔子的民本思想

民本思想在理论方面的全面建构，发生在春秋末期和战国时期。为什么说发生在这个时期？从历史环境上来说，到了春秋末期，大一统的周王朝的影响力已经衰微。在春秋初期，存在着霸主政治，即在统一王权解体之后，最强大的诸侯国会在尊王的旗号下，维护分散的诸侯国之间的相对稳定和秩序。号令虽然出自诸侯，但是诸侯还打着周王的名义，周礼还有一定的约束力。但是到了春秋末期，即使最强大的诸侯，也已经建立不起统一的霸权。霸权处于不断转移和争夺之中，再没有霸主能够建立起像齐桓公、晋文公那样的权威和统治力。甚至这时候诸侯的大权也进一步旁落，出现了“陪臣执国政”的局面。鲁国后期几任君主执政时期，权力已经被几家大贵族如“三桓”掌握，君权被完全架空，号令出不了自己的大院。而晋国更加直接，韩、赵、魏三大势力干脆分解了晋国，史称“三家分晋”。执着如孔子，也没有呼吁鲁国去尊王，原因很直接：霸政时代结束了。

这种情况下，思想文化的分解、发展也随之而来。先是出现了私学，并且不是一家私学。孔子聚徒讲学，讲授《诗》《书》《礼》《易》《春秋》，创建了儒家学派，这是众所周知的。郑国的邓析创建了一门法律学科，叫作“竹刑”；在鲁国，有一位“闻人”少正卯，和孔子分庭抗礼，很有影响力，甚至使得孔子门下“三盈三虚”。

这些文化种子发展的结果是形成了众多的学派，出现了百家争鸣的局面，这是民本思想发展壮大、攀上高峰的文化基础。孔子是春秋末期人，我们之所以把孔子放在这一章，是因为思想的发展相对于历史的发展有时候有一定滞后性。孔子是儒家学派的创始人，也是最早的学派创始人。百家争鸣主要发生在战国，孔子正是百家争鸣的揭幕人。

在春秋战国的百家争鸣中，民本思想的建构是一个重要的内容，墨家、法家和道家都对中国的民本思想有所贡献，但是，儒家的民本思想是传统民本思想的主干。

这一时期儒家民本思想主要由三位代表性的思想家所建构，分别是孔子、孟子和荀子。其中，孔子是倡导者、奠基者，孟子把民本思想发展到先秦的高峰，荀子做了进一步的补充。

孔子（前551—前479），名丘，字仲尼，鲁国人，是儒家民本思想的第一位代表人物。

孔子的民本思想可以分为以下几个方面：

1. 为政以德

关于德与民本思想的关系，周代之前就出现了，不过在夏、商、西周三代时期或者说春秋之前，德总是与天命、上天密切相关，作为上天对于人间的“后”“天子”的要求、作为神支持他们统治的条件而存在。但是到了春秋末期，这种关系越来越淡化，以至于人们不再相信君主能够凭借德来要求上天给予保佑，人们逐渐把君德与民心联系起来，德的对应关系，从神转向了民。君德成了争取民心的关键，这种德也变得越来越明确和具体化。除了君德，个人也有私德，德不再是君主个人的专属品质和要求。

孔子是不愿意谈论鬼神的，他怕那些统治者因为对鬼神的专注而忽略了对于民的关注。孔子认为，要尽好对民的义务，就不能对鬼神过分迷信和供奉，而要“敬而远之”，要亲民而远鬼神。季路问怎么侍奉鬼神，孔子说：“未能事人，焉能事鬼？”季路又问关于死的事情，孔子说：“未知生，焉知死？”[①]从这些话中可以看出，虽然孔子对鬼神不否定，但是也不迷信、不依赖，他主张生比死重要，人比鬼重要，民事比敬神重要。

孔子没有放松对于君主的德的要求。他认为德是君主最主要

---

① 陈晓芬、徐儒宗译注：《论语·先进》，中华书局，2011，第128页。

的政治素养。君主存在的意义，就是要普惠大众。君主只有保有德，才会起到凝聚民众的作用。德是君主稳定民众、稳定天下秩序的重要因素。鲁国的权臣季康子问政于孔子说：“如杀无道，以就有道，何如？”孔子对曰：“子为政，焉用杀？子欲善而民善矣。君子之德风，小人之德草。草上之风，必偃。”[①]孔子这番话的意思是：你执政，还用杀人吗？要依靠德行，做出表率，因为上层统治者的德行能起到感召作用，百姓会望风而服。要求百姓遵守的政令，自己先遵守；要求百姓行事守法，自身先行得正。他强调上层的表率作用：“上好礼，则民莫敢不敬；上好义，则民莫敢不服；上好信，则民莫敢不用情。夫如是，则四方之民襁负其子而至矣，焉用稼？”[②]

同时，也要用德来要求民众，引导民众提高素质，保障社会秩序。“道之以政，齐之以刑，民免而无耻。道之以德，齐之以礼，有耻且格。”[③]意思是说，用政令来引导民众，用刑法来制约民众，民众虽会免于犯罪，但是没有羞耻心。如果用德来引导民众，用礼来规范民众，民众就会既有羞耻心，又能自觉遵守社会秩序。

2. 为政以仁

“仁”这个概念，很早就与“民”建立了联系。《国语·周语中》记载了周朝大臣富辰劝谏周襄王的谈话。富辰就说“仁所以保民也”“不仁则民不至”，认为“仁”能起到亲和百姓、凝聚民心的作用。

孔子的民本思想，是以“仁”为核心的。他一再强调，君主对百姓要始终保持一个“仁”字。比如：“子贡曰：‘如有博施于民而能济众，何如？可谓仁乎？’子曰：‘何事于仁！必也圣乎！

① 《论语·颜渊》。
② 《论语·子路》。
③ 《论语·为政》。

尧、舜其犹病诸！夫仁者，己欲立而立人，己欲达而达人。能近取譬，可谓仁之方也已。’”[①]子贡问，能对民众广施恩惠、能周济民众，这样算是仁吗？孔子说，这样岂止是仁，都可以算作圣人了！仁者自己想立身于世，也会使别人立身于世；自己想做事通达，也会让别人做事通达。能把自己的好想法分享给众人，这就是仁啊！

对于诉讼，孔子说："听讼，吾犹人也。必也使无讼乎！"[②]打官司，对于民众来说是很难的事。站在民众的角度来说，尽可能不要打官司，不要提起诉讼，最好天下没有诉讼。孔子反对滥杀无辜，"'善人为邦百年，亦可以胜残去杀矣。'诚哉是言也"[③]。孔子希望统治者的"仁心"能够吸引百姓，治下的百姓都能够愉悦，"近者说，远者来"[④]。孔子还表示，不要轻易把民众送上战场，不要用没有经过充分训练的民众作战，"以不教民战，是谓弃之"[⑤]。孔子重视人，不重视财，在发生了马棚火灾事故之后，他只是问伤到人没有，不问马怎么样。

3. 重民

孔子提出，对于老百姓，一定要给予充分尊重，不要呼来喝去，随便使用。他说："道千乘之国，敬事而信，节用而爱人，使民以时。"[⑥]季康子咨询他："使民敬、忠以劝，如之何？"孔子说："临之以庄，则敬；孝慈，则忠；举善而教不能，则劝。"[⑦]孔子这番话的意思是，你庄重地对待他们，他们就对你恭敬；你孝顺老人、关爱幼小，他们就对你忠诚；你举用善人，并教导能力弱的

---

①《论语·雍也》。
②《论语·颜渊》。
③《论语·子路》。
④《论语·子路》。
⑤《论语·子路》。
⑥《论语·学而》。
⑦《论语·为政》。

人，他们就会勤奋努力。仲弓问怎么才算“仁”？孔子说：“出门如见大宾，使民如承大祭。己所不欲，勿施于人。在邦无怨，在家无怨。”[①]孔子对于“仁”没有做过一个统一的界定，因此学生们总是在不同的场合问“仁”的含义。孔子因材施教，针对不同的学生也会给出不同的回答。学生们“学而优则仕”，他们的问题有时候是“士”的问题，有时候是做官的问题，或者是代表统治者提出的问题。孔子对仲弓的回答，就是对一个未来官员的回答。他说，作为官员，一定要保持对人的高度尊敬，出门要像拜见贵宾一样，遇到所有的人都礼敬不苟；在使用民力的时候，要像办丧事一样庄重。办丧事时主人应该怎样对待来帮忙的人呢？当然应该客客气气，不能像对待奴仆一样随意。当不当官都不要心怀不满。

4. 养民惠民

子产对孔子有很大影响，孔子尊之为“古之遗爱”。他评价子产，有君子的四种品质：“其行己也恭，其事上也敬，其养民也惠，其使民也义。”[②]其中，“养民”也是君子的一种重要品质。管仲主张“牧民”，孔子主张“养民”，虽只有一字之差，但尊重意味大增。“惠民”与“养民”密切相关。惠民就要有具体措施，比如关照老弱病残、鳏寡孤独这些人群，向一些穷困窘迫的人提供帮助救济，在饥荒时免除民众的赋税、徭役等。子张问仁，孔子说，如果把五种事情推广开来，就是仁了。“恭、宽、信、敏、惠。恭则不侮，宽则得众，信则人任焉，敏则有功，惠则足以使人。”[③]具备五种品质的仁人，“恭”则不羞辱人，“宽”则得人心，“信”能得到任用，“敏”能勤奋有效率，“惠”才有号召力，能使人做事。孔子还对子张说：“尊五美，屏四恶，斯可以从政矣。”“五

①《论语·颜渊》。

②《论语·公冶长》。

③《论语·阳货》。

美”是“君子惠而不费，劳而不怨，欲而不贪，泰而不骄，威而不猛”。孔子解释说：对百姓有利的就去为他们办，可以动员他们来干，他们怎么可能会有怨？求仁得仁，怎么能算贪？君子不分众寡，不论大小，不区别对待，不敢慢待，这不就是泰而不骄吗？君子自己衣冠端正，行为稳重，人们见了就自然敬重，这不就是威而不猛吗？子张问，什么叫“四恶”呢？孔子说，还没对老百姓明白地告诫法令，老百姓犯了罪就杀，这就叫“虐”；不告诉老百姓必须做到什么，然后就问老百姓要结果，这就叫“暴”；法令没有及时传达而让老百姓误了事，这就叫“贼”；给人奖赏，该给的时候总是不痛快地给，找理由克扣，这就叫“有司”。[①]这是孔子对当官做事比较详细的讲解。

5. 安民

孔子主张修身齐家治国平天下，也就是“修齐治平”。他认为一个人自己修养好了，就要为民众谋福祉。子路问，怎样才算君子？孔子就说：“修己以敬。”子路又问：“如斯而已乎？”孔子又说：“修己以安人。”子路又问：“如斯而已乎？”孔子就说：“修己以安百姓。修己以安百姓，尧、舜其犹病诸！”[②]孔子的意思是，君子做事情，要用自己的修身去安定别人，推而广之，安定百姓。

季氏要攻打颛臾（鲁国的附庸小国）。孔子的两个学生冉有和子路是季氏的陪臣，孔子问二人为什么要伐颛臾，二人说是季氏的主意。孔子就说了一段著名的话：

> 丘也闻有国有家者，不患寡而患不均，不患贫而患不安。盖均无贫，和无寡，安无倾。夫如是，故远人不服，

---

①《论语·尧曰》。

②《论语·宪问》。

> 则修文德以来之。既来之，则安之。今由与求也，相夫子，远人不服，而不能来也；邦分崩离析，而不能守也；而谋动干戈于邦内。吾恐季孙之忧，不在颛臾，而在萧墙之内也。[①]

就是说，作为君主，要做到公平，不怕物少人寡，而怕不均衡；不怕贫穷，而怕不安定。因为均平了，就没有贫穷了；安定了，就没有倾覆之患。如果远方的人不服从，就要修德来感召他们；已经来的，则要尽量安抚他们。冉有和子路辅佐季氏，不能感召远方的人，邦国分崩离析而不能巩固，还想在国内动武，这让孔子担心季氏的麻烦，不在颛臾那里，而在内部。

孔子在这里提到了“安民”，这是一个非常重要的问题。由于战争频繁，老百姓为了躲避战乱，流动性很大，因此安定百姓是大事。孔子道出了社会安定的本质问题。孔子还说，作为官员，“所重：民、食、丧、祭。宽则得众，信则民任焉，敏则有功，公则说”[②]。

6. 庶民、富民与教民

在民本思想的发展中，管仲时期已经有了富民思想，但是教民思想尚不明显。到了孔子时期，文化得到普及推广，教化百姓的条件已经具备，所以，孔子明确提出“庶民”“富民”“教民”这样有递进关系的民本思想内容。“子适卫，冉有仆。子曰：‘庶矣哉！’冉有曰：‘既庶矣，又何加焉？’曰：‘富之。’曰：‘既富矣，又何加焉？’曰：‘教之。’”[③]孔子和冉有去卫国，孔子感叹：“人口已经很密集了！”冉有问：“这之后该怎么做呢？”孔子说：“要让百姓富起来！”冉有进一步问：“再怎么做呢？”

---

①《论语·季氏》。
②《论语·尧曰》。
③《论语·子路》。

孔子说："教之。""教之"就是对百姓施行教化，提高他们的文化层次和道德水平，这样更能体现社会文明。这几句话虽然字数很少，但是内容很重要，也很丰富，体现了孔子治国思想的完整程序。孔子是不反对富裕的。他说，如果能富贵，让他驾车牵马也无所谓，只是不能"不义而富且贵"。他对子贡经商的能力表示欣赏，他主张让民众富起来是人口繁衍之后的第二大事。

《荀子·宥坐》中记载了一个关于孔子教民的故事。孔子为鲁国的司寇，有父子俩打官司，孔子把儿子拘押起来，三个月也不判决。父亲想要停止诉讼，孔子就赦免了儿子。鲁国贵族季桓子就埋怨说："孔子跟我说必须以孝治国，现在我预备杀这个人以警示不孝的人，他又想放掉。"孔子听说后感叹道："呜呼！上失之，下杀之，其可乎？不教其民而听其狱，杀不辜也。三军大败，不可斩也；狱犴不治，不可刑也，罪不在民故也。嫚令谨诛，贼也；今生也有时，敛也无时，暴也；不教而责成功，虐也。已此三者，然后刑可即也。《书》曰：'义刑义杀，勿庸以即，予维曰未有顺事。'言先教也……"孔子认为，不教化民众，就开杀戒，是杀害无辜和暴虐的表现。对于民众，必须先施行教化，而后再杀有罪之人。

四、孟子的民本思想

孟子活跃在战国中期，是继孔子之后的第二位儒学大师。到他这里，民本思想发展到先秦的高峰，这是所有学者公认的。

在孔子之后，儒家的民本思想仍然在发展，如在儒家经典文献《大学》中，就有这样一些相关论述：

> 尧、舜帅天下以仁，而民从之。桀、纣帅天下以暴，而民从之。其所令反其所好，而民不从。

《诗》云："乐只君子，民之父母。"民之所好，好之；民之所恶，恶之。此之谓民之父母。

德者，本也；财者，末也。外本内末，争民施夺。是故财聚则民散，财散则民聚。是故言悖而出者，亦悖而入；货悖而入者，亦悖而出。

这是三段有代表性的言论。第一段是说，发号施令违背民众的愿望，老百姓不会听从。第二段强调，君主作为民之父母必须与民同好恶，要管理国家天下就要自己做出表率。第三段指出，统治者要以德治国，不要与民争利，如果夺取了民利，必然失去民心，越是横征暴敛，统治者垮台就越快。这些内容，说明儒家民本思想一直在发展，孟子的民本思想是在前人之上构建和发展的。

孟子"授业子思之门人"，他的学说继承了子思一派。他以光大儒家学说为己任，具有极强的历史使命感和社会责任感。有一段话大致可以解释孟子一生的作为和抱负。

公都子问孟子："人家都说您好辩论，为什么呢？"孟子说，他不是喜欢辩论，是不得已，天下一治一乱，由来已久："昔者禹抑洪水而天下平，周公兼夷狄、驱猛兽而百姓宁，孔子成《春秋》而乱臣贼子惧。……我亦欲正人心，息邪说，距诐行，放淫辞，以承三圣者。岂好辩哉？予不得已也。能言距杨墨者，圣人之徒也。"[①]孟子觉得当时处于乱世，一些学者如杨朱、墨子又宣扬"歪理邪说"，混淆视听，他要像大禹、周公、孔子一样，挺身而出，使天下复归于正。所以他的学说始终立意高远，以天下为己任，以民众利益为出发点。《孟子》一书中，站在民众立场上论述的内容至少占到全书的三分之一，孟子在民本思想的发展中厥功

① 方勇译注：《孟子·滕文公下》，中华书局，2010，第121页。

至伟。

孟子的民本思想，主要分为以下几方面：

1. 性善论

性善论是孟子学说的基础，也是他民本思想的理论基础。与孟子同时代的告子认为，人的本性没有善与不善的区别。孟子则肯定“人性善”，他说：“恻隐之心，人皆有之；羞恶之心，人皆有之；恭敬之心，人皆有之；是非之心，人皆有之。恻隐之心，仁也；羞恶之心，义也；恭敬之心，礼也；是非之心，智也。仁义礼智，非由外铄我也，我固有之也，弗思耳矣。”[①]

人性善，是“教民”的理论依据。人性善，就可以教育，就可以向好，就不必严刑峻法。“谨庠序之教，申之以孝悌之义，颁白者不负戴于道路矣。”[②]在整部《孟子》中，几乎没有谈到对老百姓的刑罚，他认为列国的君主们对百姓的刑罚已经够残酷的了，他不想再谈刑罚了。

人性善，也是行“仁政”的理论依据。

> 人皆有不忍人之心。先王有不忍人之心，斯有不忍人之政矣。以不忍人之心，行不忍人之政，治天下可运之掌上。所以谓“人皆有不忍人之心”者，今人乍见孺子将入于井，皆有怵惕恻隐之心，非所以内交于孺子之父母也，非所以要誉于乡党朋友也，非恶其声而然也。由是观之，无恻隐之心，非人也；无羞恶之心，非人也；无辞让之心，非人也；无是非之心，非人也。恻隐之心，仁之端也；羞恶之心，义之端也；辞让之心，礼之端也；是非之心，智之端也。人之有是四端也，犹其有四体也。[③]

---

①《孟子·告子上》。

②《孟子·梁惠王上》。

③《孟子·公孙丑上》。

人性都是善的，于是就有了善政。如果说自己没有恻隐之心、羞恶之心、是非之心、恭敬之心，那就是说自己不是人；如果说君主没有善性，就是说君主不算人。你要是承认你有善性，是人，就应该行善政，行仁政，因为有善性必行仁政。这就是性善为何是仁政的基础的逻辑。

2. 仁政与王道

孟子认为，安天下之秩序、安天下之民，必须用王道，行仁政。齐宣王请教齐桓公、晋文公的霸业故事，孟子说："儒家门派里没有称道齐桓公、晋文公的霸业的，如果你一定要听，就说说王道吧。"齐宣王问具备什么样的德行可以做王，孟子说："保民而王，莫之能御也。"[①]可见，孟子对于"王道"的衡量标准，就是"保民"。

孟子已经在论述仁政的内容中提出了传统民本思想的基本内容，他说："王如施仁政于民，省刑罚，薄税敛，深耕易耨，壮者以暇日修其孝弟忠信，入以事其父兄，出以事其长上，可使制梃以挞秦、楚之坚甲利兵矣。"你这样对待百姓，而你的对手则"夺其民时，使不得耕耨以养其父母，父母冻饿，兄弟妻子离散。彼陷溺其民，王往而征之，夫谁与王敌？故曰：'仁者无敌。'"[②]。可以说，在这段话里，孟子已经把传统民本思想在这里做了一个比较完整的表述，其要点就是"行仁政""省刑罚""薄税敛""保护农事""教化民众"。

孟子还说，当初商汤起兵讨伐夏桀的时候，民众都盼着他先来解放自己，而不是为夏桀作战，有谁会为暴君抵御王者之师呢？"今王发政施仁，使天下仕者皆欲立于王之朝，耕者皆欲耕于王之野，商贾皆欲藏于王之市，行旅皆欲出于王之涂，天下之欲疾其君

① 《孟子·梁惠王上》。
② 《孟子·梁惠王上》。

者皆欲赴诉于王，其若是，孰能御之？”[①]

很明显，孟子的王道，目标是要“保民”；要保民，必须行仁政。仁政的内容是什么呢？主要是保障民众过上安定温饱的生活。有安定温饱的生活，人就要有“恒心”。“恒心”就是内心安定，没有流离失所的恐惧。“恒心”的基础是“恒产”，民无恒产，就没有恒心。恒产，主要是土地。有了土地，就有了恒产，社会就稳定，民众就不会犯罪。“是故明君制民之产，必使仰足以事父母，俯足以畜妻子，乐岁终身饱，凶年免于死亡。然后驱而之善，故民之从之也轻。今也制民之产，仰不足以事父母，俯不足以畜妻子，乐岁终身苦，凶年不免于死亡。此惟救死而恐不赡，奚暇治礼义哉？王欲行之，则盍反其本矣。”其实，行仁政，也不难，只要本着一个原则，就是推己及人：“老吾老，以及人之老；幼吾幼，以及人之幼，天下可运于掌。《诗》云：‘刑于寡妻，至于兄弟，以御于家邦。’言举斯心加诸彼而已。故推恩足以保四海，不推恩无以保妻子。古之人所以大过人者无他焉，善推其所为而已矣。”[②]

3. 保民“小康”生活指标

从上面的叙述可以看出，孟子认为，要想百姓有生活的信心，有恒心，就要保障百姓安定温饱的生活条件。我们可以把这个生活条件视为孟子为普通民众设定的“小康”指标：上可以孝养父母，下可以蓄养妻子，在好年头能够吃饱饭，在灾年也不担心饿死。具体来说，就是：“五亩之宅，树之以桑，五十者可以衣帛矣。鸡豚狗彘之畜，无失其时，七十者可以食肉矣。百亩之田，勿夺其时，数口之家可以无饥矣。谨庠序之教，申之以孝悌之义，颁白者不负戴于道路矣。七十者衣帛食肉，黎民不饥不寒，然而不王者，未之

① 《孟子·梁惠王上》。
② 《孟子·梁惠王上》。

有也。”[①]有土地，可以保证吃饱；有桑树，可以保证穿暖；温饱之外，还可以接受基本的教化，形成一种文明的生活秩序。

4. 民为贵，社稷次之，君为轻

孟子发出了先秦民本思想的最强音，他说：“民为贵，社稷次之，君为轻。是故得乎丘民而为天子，得乎天子为诸侯，得乎诸侯为大夫。诸侯危社稷，则变置。牺牲既成，粢盛既絜，祭祀以时，然而旱干水溢，则变置社稷。”[②]这句话比之当时大多数人的认识的确大不相同，可谓振聋发聩。因为除了一些思想深刻的智士，在时人通常的意识中，关于君、社稷和民的排位，先是君和社稷，最后才是民。从没有人把民排到君主和社稷的前面，即使是一些承认“民惟邦本”的人，也没有说过民比君贵。

孟子怎么会这样说呢？因为在孟子时期，一些君主平庸甚至昏暴荒淫已司空见惯，弑君篡权已成家常便饭。在孟子眼里，君主已经没有任何神圣性，孟子甚至觉得他们大都是“率兽而食人”的独夫民贼。但是社稷就不同了。在人们心中，社稷是神圣的，君可以生死废立，社稷却是不可动摇的，因为它承载着先王的荣耀。晏婴曾经把社稷排在君主前面，认为与君相比，社稷为重。但孟子以大历史的眼光来看，社稷也是可变的。如果社稷不能保障民生，也应该变置。只有民众是永恒的，是第一位的，其他都不会永久存在。天下浩浩荡荡，君主、社稷如流水，只有民众永存，而且民众有无数个，君主也就那几个，又多荒唐残暴之君，为什么民众就要排在他们之后呢？

5. 君权合法性与暴君放伐论

《孟子·梁惠王下》中有一段比“民贵君轻”更加激进的话。有一次，齐宣王问孟子，商汤流放夏桀、武王讨伐商纣，真有此事

① 《孟子·梁惠王上》。
② 《孟子·尽心下》。

吗？孟子说文献里面有记载。齐宣王问："臣弑其君可乎？"孟子说："贼仁者谓之贼，贼义者谓之残，残贼之人谓之一夫。闻诛一夫纣矣，未闻弑君也。"

以往儒家的学说，多为忠君爱民之说。但是儒家理论里面也存在矛盾的问题，在孟子之前没有人追问，天子就能代表国家吗？天子成了国家社稷的危害者怎么办？成了民众的祸害怎么办？国家社稷成了民众的祸患怎么办？国家和民众的利益产生了分歧，甚至形成了对立，该怎么办？以前，各种官学都说君民一体、家国一体，为民父母，若保赤子，可是历史上明明有夏桀、商纣王、周幽王、周厉王这样的昏君暴君，也明明有被新王朝推翻的夏、商，他们的地位难道不是不容置疑、不可侵犯的吗？齐宣王确实给孟子提出了一个大是大非、不容含糊的问题。但是孟子给出了最为明确、决绝的回答，真是掷地有声，大义大勇。

孟子认为，仁义和民心是衡量政权和天子合法性的标准。衡量一个人有没有资格做天子，不是看他的血统，而是看他的行为合不合乎道义标准，代不代表人民利益。对于那些残害仁义的人来说，他们不仅没资格做天子，而且还是独夫民贼，人人得而诛之。人们诛之是替天行道，哪里有什么不对呢？孟子把齐宣王说得哑口无言。

孟子说"得乎丘民而为天子"[①]"桀纣之失天下也，失其民也；失其民者，失其心也。得天下有道，得其民，斯得天下矣；得其民有道，得其心，斯得民矣；得其心有道，所欲与之聚之，所恶勿施，尔也。民之归仁也，犹水之就下、兽之走圹也。故为渊驱鱼者，獭也；为丛驱爵者，鹯也；为汤武驱民者，桀与纣也。今天下之君有好仁者，则诸侯皆为之驱矣。虽欲无王，不可得已"[②]。孟子认为得到了民众的拥戴就具备了政权的合法性，失去了民心就失去

①《孟子·尽心下》。
②《孟子·离娄上》。

了政权的合法性；不要说一个君主，就是一个政权、一个王朝也是如此，该废掉就废掉，该推翻就推翻，这本身非常合乎历史正义。

孟子认为，对于官员，也应该有所考核，不合格就予以罢免。有一次，孟子和齐宣王讨论官员的问题。孟子说："假使您的大臣中，有人想出门，委托朋友照顾他的妻子和孩子，回来后他发现妻子和孩子正挨冻受饿，您说这样的朋友该怎么办呢？"齐宣王毫不犹豫地说："这样的朋友不要了。"孟子又问："狱官不能管理他的下属，怎么办？"齐宣王说："免职。"孟子紧跟着问："整个国家得不到治理，又该怎么办？"齐宣王立马"顾左右而言他"。孟子在此说了角色和职责的问题，从小到大来论述：一个朋友不称职、不履行职责，这样的朋友是没有必要再维持关系的。一个官员不称职，则应该撤职。那么一个诸侯呢？换句话说就是大王您要是不称职呢？显然，按照逻辑也是要罢免的。齐宣王明白了，不敢回答孟子的问题，于是转移话题说别的了。这就是著名的成语"王顾左右而言他"①。

在古希腊雅典，曾经流行过一种民主方法，以限制最高权力。最高执政官没有绝对的权力，如果他做的事情违背了民众的意愿和利益，人民大会就会用一种"贝壳放逐法"将他废黜，执政官即使有很大的功劳也不行。这实际是一种民众投票法。所以执政官必须讨好民众，因为他们的命运掌握在人民代表手里。孟子的思想虽然也表达了民众有权罢免天子，但没有提出具体可行的有效制约机制，所以只能是等待革命，像汤武革命，来推翻旧王朝，建立新王朝。

6. 民权思想

孟子民本思想中的民权思想，是之前的人所不具备的。

对于官员的选拔，孟子要求也赋予民众一定权利。他说，国君

---

①《孟子·梁惠王下》。

选拔和罢免官员，应该非常谨慎，应征求和听从民众意见。

> 左右皆曰贤，未可也。诸大夫皆曰贤，未可也。国人皆曰贤，然后察之；见贤焉，然后用之。左右皆曰不可，勿听。诸大夫皆曰不可，勿听。国人皆曰不可，然后察之；见不可焉，然后去之。左右皆曰可杀，勿听。诸大夫皆曰可杀，勿听。国人皆曰可杀，然后察之；见可杀焉，然后杀之。故曰国人杀之也。如此，然后可以为民父母。①

孟子主张，君主任用一个官员，除了征得身边的大臣和大夫们的同意之外，还需要征得国人的同意；要杀一个人，也需要征得国人的同意。而且，国人的意见有更大的决定意义。这既是对君主权力的制约，也是对民众权利的重视。

孟子认为，君主要求老百姓支持自己，要以自己对老百姓尽到了责任和义务为前提。如果你没有让老百姓安居乐业，没有为老百姓解决生活问题，就没有资格要求百姓去忠于你、保卫你，为你战斗。你平时不体恤老百姓，等到有战争时就把国家社稷与老百姓绑在一起，要求老百姓为你作战、为你出生入死，是不合理的。邹国和鲁国起了冲突，邹穆公问孟子："我的官员因为这次冲突死了三十三人，老百姓却没有一个为此而死的。我想杀了他们，可是杀不胜杀；不杀吧，老百姓却见死不救。这还得了吗？"孟子说："凶年饥岁，君之民老弱转乎沟壑，壮者散而之四方者几千人矣；而君之仓廪实、府库充，有司莫以告，是上慢而残下也。曾子曰：'戒之，戒之！出乎尔者，反乎尔者也。'夫民今而后得反之也，君无尤焉！君行仁政，斯民亲其上、死其长矣。"②这段话的意思是：你们官府的府库充实，平时看到老百姓饥寒交迫、流离失所，

---

①《孟子·梁惠王下》。

②《孟子·梁惠王下》。

都不救济百姓，这个时候怎么又想起依靠百姓了？你自己怎么对待百姓的，百姓就会怎么对你，这叫作“出乎尔，反乎尔”，现在是百姓以你们的方式对待你们的时候了。如果你担心百姓不帮助官员，那也很简单，施行仁政就好了。

到了孟子所处的战国时期，士人的地位空前提高，他们的才能得到很大发挥，战国时期的大环境为士人才能的发挥提供了广阔的舞台，也空前提高了士人的心气。孟子自视甚高，把自己定位为像汤武、周公一样能担当平治天下大任的圣人。他把德行和学问提高到与官爵同等的地位，他说：“天下有达尊三：爵一，齿一，德一。朝廷莫如爵，乡党莫如齿，辅世长民莫如德。恶得有其一以慢其二哉？故将大有为之君，必有所不召之臣；欲有谋焉，则就之。其尊德乐道，不如是不足与有为也。”[①]他这番话的大意为：社会上最受尊重的有三项，即权位、年龄和道德。我有道德学问，也年高德劭。我不汲汲追求名利，靠教书足以吃饭。你的高门大屋和奢侈生活，我毫不稀罕，你应该求着我才对，我凭什么在你面前低三下四？所以他能够粪土王侯，直斥君王之非，骂他们“率兽而食人”。

可以说，这种宽松的社会历史环境，再加上独立洒脱的大丈夫人格，使孟子的民本思想达到先秦民本思想的最高峰。

五、荀子的民本思想

荀子（约前313—前238），战国末期人，在齐国稷下学宫“最为老师……三为祭酒”，也是先秦儒家三圣之一。他对孟子的学说并不完全认同，有时候甚至持相反观点，如他主张性恶论，反对孟子的性善论。但在民本思想方面，他基本承袭了孟子的主张，并做了进一步的扩充。

---

①《孟子·公孙丑下》。

1. 性恶论与教民思想

与孟子不同，荀子对人性的判断与孟子截然相反，他认为人性本恶，性善说是错误的。他把人本性中的自然属性界定为人性，而把人的社会性界定为“伪”。

> 凡性者，天之就也，不可学，不可事；礼义者，圣人之所生也，人之所学而能，所事而成者也。不可学、不可事而在人者谓之性，可学而能、可事而成之在人者谓之伪。是性、伪之分也。[①]

> 今人之性，生而有好利焉，顺是，故争夺生而辞让亡焉；生而有疾恶焉，顺是，故残贼生而忠信亡焉；生而有耳目之欲，有好声色焉，顺是，故淫乱生而礼义文理亡焉。然则从人之性，顺人之情，必出于争夺，合于犯分乱理而归于暴。故必将有师法之化，礼义之道，然后出于辞让，合于文理，而归于治。[②]

荀子认为，人的自然属性与动物无异，好利而争夺，如果没有限制，就会导致社会混乱，所以必须施行教化。教化的内容，主要是教人社会化，使其言行合乎社会规范。这也是圣人制定礼义法度的缘起。如果人生而性善，那么就否定了教化的意义，一切圣人、礼义、学习，统统都没有存在的必要了。这是他教民思想的依据。

教民和保民是统一的，教民行礼义，就会使他们免于犯罪，免于受惩罚。“故不教而诛，则刑繁而邪不胜；教而不诛，则奸民不惩；诛而不赏，则勤属之民不劝；诛赏而不类，则下疑俗俭而百

① 方勇、李波译注：《荀子·性恶》，中华书局，2011，第377页。
② 《荀子·性恶》。

姓不一。故先王明礼义以壹之，致忠信以爱之，尚贤使能以次之，爵服庆赏以申重之，时其事、轻其任以调齐之，潢然兼覆之，养长之，如保赤子。”[①]荀子在此论述了教化与惩罚的关系，阐明了先教后罚的观点，认为教化民众也是为了保护民众。

2. “水则载舟，水则覆舟”

“水可载舟，亦可覆舟”是历史上的一句名言，是对于民心向背决定王朝兴亡的精辟概括，也是民本思想的有力表达。这句话的书面记录最早见于《荀子》。《荀子》一书中，有两个地方说到这句话，一是《王制》篇：“《传》曰：‘君者，舟也；庶人者，水也。水则载舟，水则覆舟。’此之谓也。”另一个地方是《哀公》篇。鲁哀公问于孔子，自己生于深宫之中，长于妇人之手，未尝懂得“哀”“忧”“劳”“惧”“危”，怎么才能理解这些事情呢？孔子回答说，你出鲁国的四门，环视四周，就会看到一些亡国的废墟旧址，你想一想它们荒废的原因，就会感到恐惧，况且我听说：“君者舟也，庶人者水也。水则载舟，水则覆舟，君以此思危，则危将焉而不至矣？”这两处都说这句话来自孔子或者《传》书，而且孔子也是听说的。这说明在孔子之前就有了这一政治性的概括，但可惜没有确切的证明材料，我们暂且将之归于荀子。

荀子说：“国家失政则士民去之。”[②]士民一去，则危亡立至，所以民心向背关乎天下兴亡。《荀子》中有《议兵》一篇，专讲军事，其中总结胜负的关键就在于民众的支持与否，“士民不亲附，则汤、武不能以必胜也。故善附民者，是乃善用兵者也。故兵要在乎善附民而已”。荀子还说：

①《荀子·富国》。

②《荀子·致士》。

且夫暴国之君，将谁与至哉？彼其所与至者，必其民也。而其民之亲我欢若父母，其好我芬若椒兰；彼反顾其上则若灼黥，若仇雠。人之情，虽桀、跖，岂又肯为其所恶贼其所好者哉！是犹使人之子孙自贼其父母也，彼必将来告之，夫又何可诈也？故仁人用，国日明，诸侯先顺者安，后顺者危，虑敌之者削，反之者亡。《诗》曰："武王载发，有虔秉钺；如火烈烈，则莫我敢遏。"此之谓也。……故王者之兵不试。汤、武之诛桀、纣也，拱挹指麾而强暴之国莫不趋使，诛桀、纣若诛独夫。故《泰誓》曰："独夫纣。"此之谓也。

荀子这里说的是，桀、纣这样的暴君，人人都想摆脱他们的统治，怎么可能会为暴君来反抗解救自己的汤、武之师呢？在天子推行德政、励精图治的情况下，民众自然亲之如父母，载舟如顺水；但在荒淫残暴的统治之下，当民众忍受不下去的时候，就会变成怒涛，掀翻整个统治。"诛桀、纣若诛独夫"，这个说法与孟子一脉相承。

3. 保民养民

《荀子》一书中，陈述保民养民的内容尤其多。

用国者，得百姓之力者富，得百姓之死者强，得百姓之誉者荣。三得者具而天下归之，三得者亡而天下去之；天下归之之谓王，天下去之之谓亡。汤、武者，循其道，行其义，兴天下同利，除天下同害，天下归之。故厚德音以先之，明礼义以道之，致忠信以爱之，赏贤使能以次之，爵服赏庆以申重之，时其事、轻其任以调齐之，潢然兼覆之，养长之，如保赤子。生民则致宽，使民则綦理，辩政令制度，所以接天下之人百姓，有非理者如豪末，则虽孤独鳏寡必不加焉。是故百姓贵之如帝，亲之如

> 父母，为之出死断亡而不愉者，无它故焉，道德诚明，利泽诚厚也。乱世则不然：污漫、突盗以先之，权谋倾覆以示之，俳优、侏儒、妇女之请谒以悖之，使愚诏知，使不肖临贤，生民则致贫隘，使民则綦劳苦。是故百姓贱之如偃，恶之如鬼，日欲司间而相与投藉之，去逐之。卒有寇难之事，又望百姓之为己死，不可得也，说无以取之焉。孔子曰："审吾所以适人，适人之所以来我也。"此之谓也。①

这段话的大概意思是，有德的君主会保民养民，体谅和救济一切弱势人群，所以民众亲之如父母，拥戴他甚至愿意为他死；一些暴君则算计和搜刮百姓，致使民众贫困、劳苦，等遇到了外敌入侵或者灾难，又指望百姓为他赴难御敌，这很可笑。

他告诫那些有国者，劫取老百姓的财产以使自身丰厚，实际上是"取利危身"，自掘坟墓，"田野荒而仓廪实，百姓虚而府库满，夫是之谓国蹶。伐其本，竭其源，而并之其末，然而主相不知恶也，则其倾覆灭亡可立而待也。以国持之而不足以容其身，夫是之谓至贪，是愚主之极也。将以求富而丧其国，将以求利而危其身。古有万国，今有十数焉，是无它故焉，其所以失之一也。君人者亦可以觉矣"②。

怎样才是治理国家的正确方式呢？荀子提出要"节用裕民"。"足国之道，节用裕民而善臧其余。节用以礼，裕民以政。彼裕民，故多余。裕民则民富，民富则田肥以易，田肥以易则出实百倍。上以法取焉，而下以礼节用之，余若丘山，不时焚烧，无所臧之，夫君子奚患乎无余？故知节用裕民，则必有仁义圣良之名，而

---

①《荀子·王霸》。

②《荀子·富国》。

且有富厚丘山之积矣。此无它故焉，生于节用裕民也。不知节用裕民则民贫，民贫则田瘠以秽，田瘠以秽则出实不半，上虽好取侵夺，犹将寡获也，而或以无礼节用之，则必有贪利纠譑之名，而且有空虚穷乏之实矣。此无它故焉，不知节用裕民也。"①

对于农民和农业来说，四时有序、保障农时、保护环境非常重要，因此我们不但要有节制地取之于民，也要有节制地取之于自然。"修堤梁，通沟浍，行水潦，安水藏，以时决塞，岁虽凶败水旱，使民有所耘艾，司空之事也。相高下，视肥垸，序五种，省农功，谨蓄藏，以时顺修，使农夫朴力而寡能，治田之事也。修火宪，养山林薮泽草木鱼鳖百索，以时禁发，使国家足用而财物不屈，虞师之事也。顺州里，定廛宅，养六畜，闲树艺，劝教化，趋孝弟，以时顺修，使百姓顺命，安乐处乡，乡师之事也。"②

荀子虽然在某些事情上批评孟子，但是在民本思想方面沿袭和发展了孟子的许多说法。如他也认为，君主不能劫民富国，否则民贫国危；诛暴君若诛独夫；要施行王道仁政……他也说过："天之生民，非为君也；天之立君，以为民也。故古者列地建国，非以贵诸侯而已；列官职，差爵禄，非以尊大夫而已。"③荀子与孟子同为先秦民本思想的集大成者，一起丰富了民本思想的内容。但是荀子也有缺陷，那就是失去了孟子那种大无畏的大丈夫气势，面对君主，不再能保持孟子那种独立人格，所以有人就说他不如孟子。对此荀子辩解说："孙卿迫于乱世，鳝于严刑，上无贤主，下遇暴秦，礼义不行，教化不成，仁者绌约，天下冥冥，行全刺之，诸侯大倾。当是时也，知者不得虑，能者不得治，贤者不得使，故君上蔽而无睹，贤人距而不受。然则孙卿怀将圣之心，蒙佯狂之色，视

①《荀子·富国》。
②《荀子·王制》。
③《荀子·大略》。

天下以愚。《诗》曰：‘既明且哲，以保其身。’此之谓也。”[1]时代不同了，环境不同了，与孟子相比，荀子变得谨慎了。荀子的民本思想表述得相对含蓄，体现出专制的迫近，预示着百花齐放的文化局面即将结束。民本思想也随着三晋法家思想的兴盛而萎缩，强权和武力逐渐决定一切，民心向背变得不那么重要了，持民本思想的思想家们也只能“明哲保身”了。

孔子、孟子、荀子代表了儒家民本思想发展的三个阶段。从民本思想的建构上来说，孔子继承和概括了之前的民本思想，有条件地、谨慎地提出了民本思想中一些原则性的内容，比如“为政以德”“安民”“惠民”“富民”“教民”等命题，初步构建了民本思想的框架。

孟子是先秦民本思想的一杆大旗，把民本思想推向了高峰。他为民考虑，替民说话，为民争利，主张施行“王道”“仁政”，保证民众基本的生活条件和安定的生产环境，提出了民众的社会生活指标。难能可贵的是，他重新定位了民、社稷和君主的关系，喊出了“民为贵，社稷次之，君为轻”的响亮口号。更为大胆的是，他提出了令统治者胆寒的“暴君放伐论”，断然宣称民众可以反抗暴政，对于那些残贼暴君，人人可以得而诛之。孟子的民本思想，给了历代有理想有独立思考精神的学者、士大夫反对和制约暴君暴政的理论依据和勇气。

荀子是先秦最后一位儒学大师，尽管他和孟子的理论多有歧见，认为人性恶，主张“隆礼重法”，但是在民本思想方面，对孟子多有补充发扬。他提出“舟”与“水”的理论，发出了搜刮民财就等于自杀的“取利危身”的警告，提出了以民为本的保农时、减民负、节用裕民等民本思想。

总体来说，儒家的民本思想是传统民本思想的核心。

---

①《荀子·尧问》。

第三章 民本思想的多元构建

战国时期，百家争鸣，百花齐放，儒家之外，还有墨家、道家、法家、杂家等，都对民本思想的繁荣发展做出了贡献。这是中国历史上一个思想发展的辉煌时期。之所以说它辉煌，不仅在于它的高度，还在于它的广度；不仅在于它的丰富，还在于它的突破和创新。“孔北老南，对垒互峙；九流十家，继轨并作。如春雷一声，万绿齐茁于广野；如火山乍裂，热石竞飞于天外。壮哉盛哉！非特中华学界之大观，抑亦世界学史之伟迹也。”[①]相对而言，战国时期，上至天子诸侯，下至庶民小人，对于天地人神，都可以讨论，没有什么禁忌，也没有告密的行径和思想异端的无端指斥。当然，商鞅、韩非和李斯主政的秦国除外。

一、墨家的民本思想

墨家的创始人是墨翟（约前468—前376），也就是墨子。他原

① 梁启超：《论中国学术思想变迁之大势》，上海古籍出版社，2001，第18页。

来是儒家弟子，后来与儒家在许多观念上产生了分歧，于是创立了墨家学派。早在孟子之前，墨家的学说就已经非常流行了，对儒家学说产生了很大的批判消解作用，以至于孟子说当时“杨朱、墨翟之言盈天下。天下之言不归杨则归墨”[①]。

墨子是下层社会的代言人，他的思想主要体现在他的著作《墨子》一书中，其民本思想一定程度上是民间民本思想的表达。其民本思想主要体现在以下几个方面：

1. 天子百官为民而立

墨子对于社会的形成、国家机构的产生和君主百官的设立，有其独到的解释。

> 子墨子言曰：古者民始生，未有刑政之时，盖其语，人异义。是以一人则一义，二人则二义，十人则十义，其人兹众，其所谓义者亦兹众。是以人是其义，以非人之义，故交相非也。是以内者父子兄弟作怨恶，离散不能相和合。天下之百姓，皆以水火毒药相亏害，至有余力不能以相劳，腐死余财不以相分，隐匿良道不以相教，天下之乱，若禽兽然。
>
> 夫明虖天下之所以乱者，生于无政长。是故选天下之贤可者，立以为天子。天子立，以其力为未足，又选择天下之贤可者，置立之以为三公。天子三公既以立，以天下为博大，远国异土之民，是非利害之辩，不可一二而明知，故画分万国，立诸侯国君。诸侯国君既已立，以其力为未足，又选择其国之贤可者，置立之以为正长。[②]

---

① 《孟子·滕文公下》。

② 方勇译注：《墨子·尚同上》，中华书局，2011，第85～86页。

墨子论述了国家和官员的缘起，其作用是“治民”。那么究竟是谁最先设立以天子为首的国家机构和官僚体系的呢？墨子的说法是“天地鬼神”：“故古者之置正长也，将以治民也。譬之若丝缕之有纪，而罔罟之有纲也，将以运役天下淫暴，而一同其义也。是以先王之书《相年》之道曰：‘夫建国设都，乃作后王君公，否用泰也。轻大夫师长，否用佚也。维辩使治天均。’则此语古者上帝鬼神之建设国都，立正长也，非高其爵，厚其禄，富贵佚而错之也。将以为万民兴利除害，富贵贫寡，安危治乱也。故古者圣王之为若此。”[①]他明确说，设置天子、诸侯、大臣官员，是为民兴利除害的，不是为了让他们作威作福的。

墨子认为天地鬼神是存在的，而且天地鬼神都是正义的，他们监视着人间的一切。他搭建了这样一个框架，就是想用天然的鬼神正义纠正人间的一切不正义。

2. 选官任贤

墨子在多篇文章中讲到，当时的官吏体系混乱不堪，存在选拔不当、考察不力等问题，官吏渎职害民，祸国殃民。墨子提到一个问题，即当时的国君诸侯都在致力于富国强兵，结果却不如人意，甚至产生了相反的效果，是什么原因呢？对此，他也给出了自己的解答：“是在王公大人为政于国家者，不能以尚贤事能为政也。是故国有贤良之士众，则国家之治厚；贤良之士寡，则国家之治薄。故大人之务，将在于众贤而已。”[②]也就是说，国家得不到治理，民众得不到饱暖，一个主要的原因是吏治败坏。要想改变这种情况，就要选贤任能。墨子认为，当时当官，主要靠三种条件：“王公大人骨肉之亲，无故富贵、面目美好者。”[③]这些条件无关乎人的道德

①《墨子·尚同中》。
②《墨子·尚贤上》。
③《墨子·尚贤下》。

和能力，无关乎德行学问，无关乎人的后天努力，完全依靠天赋条件，即使是禹汤文武也不能入选。以这种标准选拔的官员，即使像夏桀、商纣一样暴虐，也不会被弃之不用。赏不当功，罚不当罪，使百姓离心，不积极为善，没人有公益之心，没人提携教诲别人，导致饥饿的人没食物，挨冻的人没衣服，秩序混乱却得不到治理。选任官吏不能尚贤，是社会混乱的根源。

对此，应该怎么办呢？墨子主张选贤任能，改革选拔制度，扩大选拔范围：

> 故古者圣王之为政，列德而尚贤，虽在农与工肆之人，有能则举之，高予之爵，重予之禄，任之以事，断予之令。曰：爵位不高，则民弗敬；蓄禄不厚，则民不信；政令不断，则民不畏。举三者授之贤者，非为贤赐也，欲其事之成。故当是时，以德就列，以官服事，以劳殿赏，量功而分禄。故官无常贵，而民无终贱，有能则举之，无能则下之，举公义，辟私怨，此若言之谓也。[1]

就是说，不管什么出身，只要有才能，就可以被选举出来，予以高爵、厚禄、重任。“官无常贵，而民无终贱，有能则举之，无能则下之”，这几句话是革命性的建议，比当时任何学者的主张都要先进。这是一种选贤任能的政治思想，否定了传统的世袭制度以及以貌取人和以裙带关系选官的做法。

3. “三不得”是民生大患

墨子总结了百姓的三种忧患：“民有三患：饥者不得食，寒者不得衣，劳者不得息，三者民之巨患也。”[2]这三患的根源是什么，表现又是怎样的呢？

---

①《墨子·尚贤上》。

②《墨子·非乐上》。

墨子说，古代人居住简陋，建造房屋是为了遮挡风霜雨雪，即使是华丽的宫室也是如此。古圣先贤，凡是费财劳力、不能获利的事，就不做；按照常规去征发劳役、收取赋税，民众就不会受到过分的调发，也不会因为交税而困苦，所以圣王建宫室是为了方便生活，不是为了享乐。可是，“当今之主，其为宫室则与此异矣，必厚作敛于百姓，暴夺民衣食之财，以为宫室台榭曲直之望、青黄刻镂之饰。为宫室若此，故左右皆法象之。是以其财不足以待凶饥，振孤寡，故国贫而民难治也。君实欲天下之治而恶其乱也，当为宫室不可不节”。

古代人没有衣服的时候，只能穿兽皮，系草绳。圣人发现了丝、麻，不是为了美观，而是为了冬天能够保暖，夏天能够清凉而已。“当今之主，其为衣服，则与此异矣。冬则轻暖，夏则轻清，皆已具矣。必厚作敛于百姓，暴夺民衣食之财，以为锦绣文采靡曼之衣，铸金以为钩，珠玉以为珮，女工作文采，男工作刻镂，以为身服。此非云益暖之情也，单财劳力，毕归之于无用也，以此观之，其为衣服，非为身体，皆为观好。是以其民淫僻而难治，其君奢侈而难谏也。夫以奢侈之君御好淫僻之民，欲国无乱，不可得也。君实欲天下之治而恶其乱，当为衣服不可不节。”

古代的饮食，是为了填饱肚子，增加气力而已。“今则不然，厚作敛于百姓，以为美食刍豢，蒸炙鱼鳖，大国累百器，小国累十器，前方丈，目不能遍视，手不能遍操，口不能遍味。冬则冻冰，夏则饰饐，人君为饮食如此，故左右象之，是以富贵者奢侈，孤寡者冻馁，虽欲无乱，不可得也。君实欲天下治而恶其乱，当为食饮不可不节。”

古代的男女婚配，各安其家，所以民众无怨，但“当今之君，其蓄私也，大国拘女累千，小国累百，是以天下之男多寡无妻，女多拘无夫，男女失时，故民少。君实欲民之众而恶其寡，当蓄私不可不节”。

古代先王做舟车，是为了便民，可是当今之君“全固轻利皆已具，必厚作敛于百姓，以饰舟车，饰车以文采，饰舟以刻镂。女子废其纺织而修文采，故民寒；男子离其耕稼而修刻镂，故民饥。人君为舟车若此，故左右象之，是以其民饥寒并至，故为奸邪。奸邪多则刑罚深，刑罚深则国乱”[①]。

墨子指出，这五种情况都是以君主为首的统治集团过度奢侈所致，在正常需要之外增加额外负担，致使民众终日劳作却无法吃饱穿暖，饥寒交迫，不能休养生息，最终导致国家动荡，所以必须进行节制。

4. 节用裕民

对战乱和艰苦的民生，墨子表现出了极大的关注。他痛恨统治者们穷奢极欲的生活，极为同情困苦无助的下层民众。在这些方面，墨子的论述很多，比如《节用》《节葬》《非乐》《七患》《辞过》等都在谈社会、谈生活。他的这些主张可以用“节用”概括。当时的其他人，如杨朱、它嚣、魏牟等人，都主张放任耳目口腹之欲，《管子》中也有以消费促生产的思想，但是墨子极力主张节俭生活，裁减一切不必要的花费。在这一点上，他颇似晏婴，却比晏婴更加彻底。儒家极为看重的丧葬礼乐，墨子认为是在浪费社会财富。在他看来，满足基本生活条件之外的一切，都是不必要的，他的需求仅停留在马斯洛生存需求层次理论中的第一个层面上。因为墨子看到一边是贵族奢侈浪费，一边是民众饿死沟壑，所以他既愤愤不平又于心不忍。墨子是站在许多衣不蔽体、食不果腹的人的立场上讲话的，是下层民众的代言人，所以他这种提倡极简的主张就不难理解了。

墨子强调节用，主要是基于当时贫富悬殊的现实状况。王公大臣们铺张浪费，而民众贫困，国家经济凋敝，因而墨子对浪费现象

---

①《墨子·辞过》。

深恶痛绝，斥之为国家大患："国有七患……先尽民力无用之功，赏赐无能之人，民力尽于无用，财宝虚于待客，三患也……故曰：以其极赏以赐无功；虚其府库以备车马衣裘奇怪；苦其役徒以治宫室观乐；死又厚为棺椁，多为衣裘；生时治台榭，死又修坟墓。故民苦于外，府库单于内，上不厌其乐，下不堪其苦。"[①]

统治者的享乐是建立在下层百姓的"不堪其苦"上的。这些巨大的财富来自民众，是民众的血泪。墨子认为统治者的奢侈浪费是民生凋敝的主要原因。减少这些无用之物，就是减轻民众的负担，增加民众的生存机会。

墨子认为保障民众的衣暖食饱是一切问题的出发点，一切要以民众获得基本生活条件为原则。他说："'凡足以奉给民用，则止。'诸加费不加于民利者，圣王弗为。"[②]这一原则是衡量一切政治措施的标准，凡是于民众生活无实际效用的甚至是有害的措施，都应该废弃。他提出非乐、节用、节葬，目的是减轻民众负担，使民众过上温饱的生活。

他说，设立社会组织机构，比如国家和政府，干什么用呢？主要是组织社会生活，有利民生。"仁之事者，必务求兴天下之利，除天下之害，将以为法乎天下。利人乎，即为；不利人乎，即止。且夫仁者之为天下度也，非为其目之所美，耳之所乐，口之所甘，身体之所安，以此亏夺民衣食之财，仁者弗为也。"[③]社会管理者的职责是为天下谋利，而不是浪费民众的衣食资财。

统治者们穷奢极欲，制作大钟、鸣鼓、琴瑟、竽笙等来享乐，"大人锈然奏而独听之，将何乐得焉哉？……昔者齐康公兴乐万，万人不可衣短褐，不可食糠糟……是以食必粱肉，衣必文绣，此掌

①《墨子·七患》。
②《墨子·节用中》。
③《墨子·非乐上》。

不从事乎衣食之财，而掌食乎人者也”[①]。大规模的乐舞需要成千上万的乐舞人员，他们吃精美食物，穿锦绣华服，却不从事生产，只是在白白浪费衣食，所以墨子说王公大人“亏夺民之衣食之财”，是“食乎人者也”。

墨子还提倡短丧薄葬：“棺三寸，足以朽体；衣衾三领，足以覆恶。以及其葬也，下毋及泉，上毋通臭，垄若参耕之亩，则止矣。死者既以葬矣，生者必无久哭，而疾而从事，人为其所能，以交相利也。”[②]墨子说的这种丧葬条件，在当时是对待罪人的规格，与当时流行的丧葬标准反差巨大，被认为过度节俭。墨子的节葬主张，是其节用政策的一环，也是其反对浪费、重视实用理论的延伸，最终目的还是保障民众生存的物质条件。

所以墨子的结论是：“今天下士君子，请将欲求兴天下之利，除天下之害，当在乐之为物，将不可不禁而止也。”[③]墨子对现实社会和统治者给民众提供的社会生活的条件要求并不高，只要求能够保证民众最基本的生存，实现人人温饱即可，但这在当时也是难以做到的。

5. 保全民命

一般来说，探讨民本思想的论著很少谈到保民命这一思想，实际上这是民本思想的重要内容。人最重要的财富就是生命，民众的生命是民本之本。春秋战国时期，战乱大起，法家主战，主张通过战争达到统一的目的，国家强盛、统一天下就是他们追求的目标。儒家是有条件地支持战争，如孟子拥护王道之战、正义战争，反对不义战争，极力反对为了得天下、打江山而杀害无辜的行为，即使有再正当的理由也是不可以的。

---

①《墨子·非乐上》。
②《墨子·节葬下》。
③《墨子·非乐上》。

战国时社会的基本情况是战乱频仍、战争规模巨大、各国诸侯杀人如麻。依据《史记》的记载，秦赵长平之战中坑杀了降卒四十万人，秦将白起的传记中记载他杀人近百万。这些都是对普通百姓生命的残酷剥夺，是统治者对民众犯下的滔天大罪！无论是杀人者还是被杀者，都是有血肉之躯的人，都是鲜活的生命，所以，墨子坚决而鲜明地反对战争。

“非攻”和“兼爱”是墨子社会思想中非常重要的主张。二者是相互联系的，“非攻”是对战争的批判和反对，“兼爱”是对战争起源的探讨和从根本上消除战争的办法。“兼爱”比“非攻”更加深入，不局限于对战争的简单批判，而是进一步涉及社会层面的纷争。

墨子反对一切战争。他认为战争带来的只有无数灾难和损失，社会中的矛盾应该协调解决，不应该诉诸武力。无论如何，杀人就是不义的行为，就是犯罪。所以，有人杀人成千上万，却成了英雄，这不是颠倒是非吗？他举例说：“杀一人谓之不义，必有一死罪矣。若以此说往，杀十人十重不义，必有十死罪矣；杀百人百重不义，必有百死罪矣。”[①]根据法律，杀人犯的是死罪，但是，战争这一攻人之国的大规模杀人的不义行为，不但不会受惩处，反而被“誉之为义”，岂不怪哉？正所谓“一将功成万骨枯”，人们通常会崇拜那些战功显赫的英雄，却看不到战争给民众生命带来的损失。墨子对此提出了强烈质疑，他说：“入人园圃，窃其桃李，众闻则非之，上为政者得则罚之。……至攘人犬豕鸡豚者，其不义又甚入人园圃窃桃李。是何故也？以亏人愈多，其不仁兹甚，罪益厚。至入人栏厩，取人马牛者，其不仁义又甚攘人犬豕鸡豚。……至杀不辜人也，扡其衣裘，取戈剑者，其不义又甚入人

① 《墨子·非攻上》。

栏厩取人马牛。”[①]如果有人盗窃别人的桃、李，这显然是要受处罚的犯罪行为。要是抢夺别人的鸡、豚，罪就更大了。至于杀人越货，罪行更甚。亏人愈多，不仁愈大，罪就愈重，这是人人都明白的道理。战争是前边那些小罪无法比拟的大罪，而对于这样的罪行，人们不但不以为残暴，反而赞扬，认为是合乎正义的，并且“书之于竹帛，镂之于金石，以为铭于钟鼎，传遗后世子孙”[②]。这样是非颠倒，不是很荒谬吗？

墨子还揭露了战争间接造成民众死亡无数的弊端。他指出，诸侯驱使百姓攻城野战，死者不可胜数：“今攻三里之城、七里之郭，攻此不用锐，且无杀而徒得此然也。杀人多必数于万，寡必数于千，然后三里之城、七里之郭，且可得也。”[③]他说有数种情况，一是“百姓饥寒冻馁而死者，不可胜数”；二是“与其涂道之修远，粮食辍绝而不继，百姓死者，不可胜数也”；三是“与其居处之不安，食饭之不时，饥饱之不节，百姓之道疾病死者，不可胜数”；四是“丧师多不可胜数，丧师尽不可胜计，则是鬼神之丧其主后，亦不可胜数”。[④]

墨子不仅深刻地揭露了兼并战争给民众带来的灾难，更重要的是他揭示出统治者和民众在战争上存在利益冲突的事实。统治者认为战争是有利的，对于民众来说则是不利的；民众认为战争大不义，而统治者反认为义。墨子揭示的是两种完全不同的义利观和价值观，说明了割据混战的春秋战国时期统治者利益和民众利益的根本对立。

墨子还揭露了兼并战争破坏生产、毁灭社会财富的严重后果：夺民之用，废民之利。战争对物资的消耗非常严重：“今尝计军

①《墨子·非攻上》。
②《墨子·鲁问》。
③《墨子·非攻中》。
④《墨子·非攻中》。

上，竹箭、羽旄、幄幕、甲盾、拨劫，往而靡弊腑冷不反者，不可胜数；又与矛戟戈剑乘车，其列住碎折靡弊而不反者，不可胜数；与其牛马肥而往，瘠而反，往死亡而不反者，不可胜数……”[①]

兼并战争对生产的破坏也很严重。战争多发生在春秋时节，而春秋时节正是耕种收获的季节，人们忙于战争而非农作，这就荒废了农时，而那些“蚤牙之士，比列其舟车之卒，以攻罚无罪之国。入其沟境，刈其禾稼，斩其树木，残其城郭，以御其沟池，焚烧其祖庙，攘杀其牺牷，民之格者，则劲拔之，不格者，则系操而归，丈夫以为仆圉胥靡，妇人以为舂酋”[②]。战争带来的是全面的破坏，不仅破坏生产，而且杀掠民众。战争的结果是有害无益的，上不利于天，下不利于人。即使是战胜国，“计其所自胜，无所可用也；计其所得，反不如所丧者之多”[③]。

墨子的反战非攻，不仅仅是说说而已，他提出了一套办法来实践，大致是“督以正，义其名，必务宽吾众，信吾师，以此授诸侯之师，则天下无敌矣，其为下不可胜数也”[④]。具体办法主要可归结为三点：第一，各国应该以德、义为号召，立信于天下，以免于征伐；第二，各国之间联合，互相救援对抗侵略；第三，以威强止战，立足强大武力，使敌人不敢妄动。

墨子还反对人殉制度，“此存乎王公大人有丧者，曰棺椁必重，葬埋必厚，衣衾必多，文绣必繁，丘陇必巨；存乎匹夫贱人死者，殆竭家室……曰：天子杀殉，众者数百，寡者数十；将军大夫杀殉，众者数十，寡者数人”[⑤]。

以上是墨子关于重视民命的主张，他力求为民众争取最基本

---

①《史记·孟子荀卿列传》。
②《墨子·天志下》。
③《墨子·非攻中》。
④《墨子·非攻下》。
⑤《墨子·节葬下》。

的生活、生存权利。墨子对自己提出的主张，身体力行。他关注民生，奉献社会，风尘仆仆地奔走于列国之间，解决纠纷，制止战争。这种献身精神令人叹服。所以，尽管《庄子·天下》篇的作者不赞成墨子这种压抑人性的主张，认为对墨子自己来说，这种主张有可能实行，对于大多数人来说却是难以实行的，但他仍然赞叹墨子那种严格的自律精神，称赞道："墨子真天下之好也，将求之不得也，虽枯槁不舍也，才士也夫！"

二、道家的民本思想

道家的著名学者除了主要的老子、庄子、杨朱、列子等人，还有齐国稷下学宫的慎到、田骈等人。道家的重要学派黄老学派最初就流行于齐国稷下学宫，《史记》中记载慎到、田骈、接子、环渊等"皆学黄老道德之术，因发明序其指意"[①]。司马谈在《论六家要旨》中说的道家，主要就是指黄老学派。黄老学派是将老子的道家理论与战国当时的现实政治理论相结合的一个学派，以道家理论为哲学基础和方法论，以法家刑名理论为实用工具。

道家的创始人是老子，代表作是《道德经》，也就是《老子》。《道德经》一书成于何时，分歧很大，众说纷纭，从春秋末期到战国末期皆有，比如刘泽华先生认为："书中的思想大约是老聃提出来的，成书于战国前期。《老子》一书应是老子一派的共同创作。"[②]

杨朱也是道家的重要代表人物，姓杨，名朱，字子居，又称阳子居，据说是老子的弟子。杨朱生卒年不详，大约生于战国初年，先于孟子，在当时有很大影响力。

---

① 《史记·孟子荀卿列传》。

② 刘泽华主编：《中国古代政治思想史》，南开大学出版社，1992，第156页。

庄子是继老子之后道家的又一集大成者。庄子，名周，战国时期宋国人，约公元前369年至公元前286年在世，是当时著名的隐士。庄子做过漆园吏，后来有了很大名望。魏国宰相惠施是他的好友，曾劝他出仕，但他拒绝了这一提议。《庄子》一书是研究庄子思想的基本著作，然而其作者是谁，历来存在争议。一般认为《内篇》七篇是庄子本人所作，其他是他的后学所作，也掺杂了一些其他学派的文章。庄子主张自然的人性说，主张解构社会，返归自然。

1. 老子的民本思想

老子思想的核心是“道”，他用道解释万事万物，对于民本思想也是如此。尽管他没有关于民本思想的明确、系统的论述，但是通过他关于社会治理、君民关系和人性界定的相关论述，我们会发现老子是存在一定规模的民本观点的。

（1）人性本素朴，为治当无为。

老子认为，人本来是素朴的，就像赤子，只是在成长过程中身上背负了大量的社会性负担，如道德、仁义、礼法等。它们就像一道道绳索束缚住人，使人变得复杂且沉重起来。“大道废，有仁义；智慧出，有大伪；六亲不和，有孝慈；国家昏乱，有忠臣。”[①]“故失道而后德，失德而后仁，失仁而后义，失义而后礼。夫礼者，忠信之薄而乱之首。”[②]对物欲和享乐的追求使人迷失了本性，“五色令人目盲，五音令人耳聋，五味令人口爽，驰骋畋猎令人心发狂，难得之货令人行妨”[③]。

所以老子提出，要让民性顺其自然，返璞归真。“载营魄抱一，能无离乎？专气致柔，能如婴儿乎？涤除玄览，能无疵乎？”[④]“不尚贤，使民不争；不贵难得之货，使民不为盗；不见可欲，使民心

① 汤漳平、王朝华译注：《老子·十八章》，中华书局，2014，第70页。
②《老子·三十八章》。
③《老子·十二章》。
④《老子·十章》。

不乱。是以圣人之治，虚其心，实其腹，弱其志，强其骨，常使民无知无欲。使夫知者不敢为也。”[①]也就是说，让老百姓回归到孩子那样单纯、无知无欲、不争不夺、吃饱肚子就不管其他事情的素朴状态。对于知识、道德和礼法，也要做到弃绝净尽：“绝圣弃智，民利百倍；绝仁弃义，民复孝慈；绝巧弃利，盗贼无有。此三者以为文不足，故令有所属：见素抱朴，少私寡欲。绝学无忧。”[②]老子认为，在当时的社会中，复杂的社会规范和禁忌让民众迷失了本性，导致了人性异化，所以老子认为退路也是一条出路。

老子还说过：“古之为道者，非以明民，将以愚之。民之难治，以其智多。故以智治国，国之贼；不以智治国，国之福。”[③]老子认为，人们只要满足温饱的需求就行了，不必去关心温饱以外的东西，否则就给了一些所谓的智者进行种种统治的空间。

老子针对统治者提出了“无为而治”的思想。“为无为，则无不治”[④]“爱民治国，能无以智乎？……明白四达，能无为乎？”[⑤]“无为而治”的思想，是“道”在社会治理上的体现。老子认为，社会是一个具有自我调节能力的有机体，过多的干预反而会导致其复杂和混乱。他主张，不通过制定复杂的社会规范让老百姓遵守以教化他们，也不用建立过于复杂庞大的国家机构压在民众身上，统治者只需要守静、明察、清静无为，不要自作聪明、刚愎自用，更不要主动进行人为干预，那么社会自然会安定，民众自然会朴素正直。“道常无为，而无不为。侯王若能守之，万物将自化。化而欲作，吾将镇之以无名之朴。无名之朴，夫亦将无欲。不欲以

---

①《老子·三章》。

②《老子·十九章》。

③《老子·六十五章》。

④《老子·三章》。

⑤《老子·十章》。

静，天下将自定。”[①]

还有一段话，可以看作对“无为而治”的经典解释：

> 以正治国，以奇用兵，以无事取天下。吾何以知其然哉？天下多忌讳，而民弥叛；民多利器，国家滋昏；人多知而奇物滋起；法令滋章，盗贼多有。是以圣人之言曰：“我无为，而民自化；我好静，而民自正；我无事，而民自富；我无欲，而民自朴。”[②]

我们能够看出，这些话是对社会管理者说的，体现了老子的管理哲学。许多事情，越为越乱，越为越复杂，措施越多，造成的不良后果越大，还不如顺其自然。老子认为爱民治国应使用无为的方法。他把爱民放在治国的前面，民是第一位的。“无为而治”也是一种管理方式，并不等同于放任不管，而是要注意观察民众的动向，因势利导，正如“江海所以能为百谷王者，以其善下之，故能为百谷王。是以欲上民，必以言下之；欲先民，必以身后之。是以圣人处上而民不重，处前而民不害。是以天下乐推而不厌。以其不争，故天下莫能与之争”[③]。

在老子眼里，理想的社会状态是小国寡民。对此老子这样描述道：“小国寡民。使有什伯人之器而不用；使民重死而不远徙；虽有舟舆，无所乘之；虽有甲兵，无所陈之；使民复结绳而用之。甘其食，美其服，安其居，乐其俗。邻国相望，鸡犬之声相闻，民至老死，不相往来。”[④]

---

①《老子·三十七章》。
②《老子·五十七章》。
③《老子·六十六章》。
④《老子·八十章》。

（2）减轻民众负担。

老子认为，如果人人都减少物欲，生活以满足温饱为目标，那就用不到庞大的社会机构和国家机器。政府越小越好，官员越少越好，庞大的社会机构反而是导致社会贫困的重要原因。“民之饥，以其上食税之多，是以饥；民之难治，以其上之有为，是以难治；民之轻死，以其上求生之厚，是以轻死。夫唯无以生为者，是贤于贵生。”[①]老百姓饥寒交迫，是因为统治阶层过于庞大，征收的赋税太多；老百姓难管理，是因为统治者总是乱折腾；民众把生命看得轻于造反带来的后果，是因为统治者把自己的生命看得太金贵。这一切的社会问题，都源于统治者的自私、奢侈和荒淫。统治者减少了，并且不再过度地追求物欲，那么事情就解决了。

“若民恒且不畏死，奈何以杀惧之也？若民恒且畏死，则为奇者，吾将得而杀之，夫孰敢矣？若民恒且必畏死，则恒有司杀者。夫代司杀者杀，是代大匠斫也。夫代大匠斫者，希不伤其手矣。”[②]老子认为，统治者总是拿杀人来吓唬老百姓，当老百姓活不下去时，拿死来吓唬他们还有什么用呢？判处死刑的权力应该交给掌管法律的人，让他们按照法律进行裁决。如果统治者乱杀人，早晚会搬起石头砸自己的脚。“天之道，其犹张弓与？高者抑之，下者举之；有余者损之，不足者补之。天之道，损有余而补不足；人之道则不然，损不足以奉有余。孰能有余以奉天下？唯有道者。是以圣人为而不恃，功成而不处，其不欲见贤邪？”[③]人道应该效法天道，“人法地，地法天，天法道，道法自然”[④]。天之道是损有余而补不足的，社会法则也应该如此：让那些地位高的人、财富多的人斟酌损益，不要出现社会上下阶层贫富悬殊的状况。他还告诫统治者：

① 《老子·七十五章》。
② 《老子·七十四章》。
③ 《老子·七十七章》。
④ 《老子·二十五章》。

“民不畏威，则大威至；无狎其所居，无厌其所生。”[①]当民众不再惧怕统治者的威压时，大乱就会随之而来，所以统治者不要逼得老百姓无法安稳生活，否则将“水则覆舟”。老子的这些观点也是对历史的总结，因为很多统治者常常以为自己有武力可恃，就作恶多端，肆意欺压百姓，一旦百姓被逼得没有了退路，就会揭竿而起，那时统治者就悔之晚矣了。

（3）保民反战。

老子是反对战争的。虽然他没有说反对一切战争，但是他对战争持极端谨慎态度，把武力看作不祥之器，认为只有在不得已时才能使用武力。

老子说：“以道佐人主者，不以兵强天下，其事好还。师之所处，荆棘生焉；大军之后，必有凶年。善有果而已，不敢以取强。果而勿矜，果而勿伐，果而勿骄，果而不得已，果而勿强。”[②]用道去辅佐君主的人，不靠兵力强取天下，不会轻易动用武力。军队所到之处，会荆棘丛生，荒废不堪；战争过后，也必定会发生灾荒。善于用兵的人，只要达到了目标，就不会咄咄逼人。战胜了，不要觉得了不起，不要骄傲，不要夸耀，一定要低调，要觉得是不得已而为之的事。总之，即使武力再强大，也不可轻启战端。

夫唯兵者，不祥之器，物或恶之，故有道者不处。君子居则贵左，用兵则贵右。兵者不祥之器，非君子之器，不得已而用之，恬淡为上。胜而不美，而美之者，是乐杀人。夫乐杀人者，则不可得志于天下矣。吉事尚左，凶事尚右；偏将军居左，上将军居右，言以丧礼处之。杀人之

①《老子·七十二章》。
②《老子·三十章》。

众，以悲哀泣之；战胜，以丧礼处之。[①]

动用军队打仗，从来就不是好事，是不得已才使用的方式。即使战争获胜了，也没有什么值得夸耀的。称赞战争的人不是好人，乐于征伐的人不能使天下信服。在战争中，不管死的是什么人，总归是死了许多人，要为此难过哀伤。即使打了胜仗，也应该像举行丧礼一样去处置。

老子的民本思想，主要目的在于把民众从繁苛的统治下解救出来，使他们过一种原生态的生活。他认为，文明社会的一切制度都是对民众的压迫、剥削，一切礼法要求都是对人性的戕害，一切战争都是民众的灾难，只有摆脱这些东西的束缚，民众才会回归轻松自然的生活状态，回归人的本质。

2. 杨朱的“贵生”“重己”思想

杨朱主张人人都要将自己看得最重，以保护自己的生命和利益为最高准则。他不但肯定“私”领域的合理性，而且把这一点当作社会稳定、天下大治的关键因素。他的理论与我国有文字可考的最早的诗歌《击壤歌》的观点类似：“日出而作，日入而息，凿井而饮，耕田而食。帝力于我何有哉！”杨朱认为，对于民众来说，个体是天生的，每个人都有天赋的权利，自给自足，既用不着国家，也用不着君主。别说什么国家保卫了我，君主使我幸福，我不会领情，也不会服务于君主。对于个人而言，好好地活着、自由地活着、幸福地活着就是人生的意义。这是从另一个角度来看待民众与君主的关系。这也是一种民本思想，是否定君与国的民本思想。

他的“拔一毛而利天下，不为也”之说，是他这种思想的集中表达。

① 《老子·三十一章》。

伯成子高不以一毫利物，舍国而隐耕。大禹不以一身自利，一体偏枯。古之人损一毫利天下不与也，悉天下奉一身不取也。人人不损一毫，人人不利天下，天下治矣。①

墨子的弟子禽子不理解这句话，杨朱的弟子孟孙阳对杨朱这个理论做了进一步解释。他问禽子：有人侵害你的肌肤，你就能获取万金，你接受吗？禽子说可以这么做。孟孙阳进一步问他，要是斩断你身体的某一部位就可以获得一个国家，这样可不可以接受呢？禽子就默然不语了。一毫固然比肌肤价值小，肌肤又比一节身体部位的价值小，但一毫也是身体的组成部分，道理是一样的。杨朱的说法，意思是人人都有以我为主的权利，别人没有权利要求个人做损害自己的事，不管对自己的损害有多小，或者对社会的贡献有多大。再展开一些讲，就是人们既不要去奉献，也不要去索取，各自管好自己的事就可以了。换句话说，人与人之间，你不占我便宜，我也不占你便宜，这样就避免了奴役和剥削，那么“天下治矣”。如果从反面来理解，正是因为有些人总是打着利别人、利天下的旗号，剥削民众，甚至剥夺民众的生命，才致使天下大乱。这种思想，主张人人各异，与墨子的尚同思想恰恰相反，和法家的与君（不管是明君还是暴君）保持一致的思想也不同。杨朱认为，儒家、法家、墨家都强调秩序，正是这样，才导致秩序混乱；人人都不去推行秩序，恰恰就达成了秩序。杨朱的这种说法与其他几家都存在冲突，却完全合乎道家“无为而治”的主张，具有真正的个人主义的意味。

杨朱主张人应顺应本性，充实地度过一生，并且明确提出及时享乐的思想，认为这是人生的真正意义。“既生，则废而任之，究

① 叶蓓卿译注：《列子·杨朱》，中华书局，2011，第193页。

其所欲，以俟于死。将死，则废而任之，究其所之，以放于尽。无不废，无不任，何遽迟速于其间乎？”[①]有这种思想的，在先秦并非只有他一个，“纵情性，安恣睢，禽兽行”的它嚣、魏牟，也持这种主张。杨朱又托言管仲说：“恣耳之所欲听，恣目之所欲视，恣鼻之所欲向，恣口之所欲言，恣体之所欲安，恣意之所欲行。”[②]他认为生命的意义在于享受生命，这是“养生”，这样才对得起生命。这“六恣”与孔子所说的“四非”（非礼勿视，非礼勿听，非礼勿言，非礼勿动），可谓针锋相对。杨朱特别瞧不起那些守财奴，认为名利这些东西都与养生相悖。人生百年，譬如草木，身死之后，无论是禹汤之贤，还是桀纣之暴，都是一样的。

杨朱提倡的“贵己”论有“个人主义”的意味，被胡适称为“极端的为我主义”[③]。金耀基先生说杨朱“只重身上之物，而轻身外之物。换言之，他只有‘存我’观念，而没有‘存群’观念。孟子骂他‘杨氏为我，是无君也’，未免有失风度，但却是‘有的放矢’”[④]。杨朱的思想在当时具有独特的价值。当时的统治者为了自己的国家社稷，不断征发徭役，发动战争，视民众生命如草芥，严重损害了民众利益。杨朱提出的思想，是站在民众一边对统治者发出的抗议——国家是你们统治者的国家，社稷也是你们的社稷，民众为什么要听你们摆布？今天贡献财产，明天牺牲生命，这对民众有什么益处呢？民众对此有什么义务？你们给民众带来了什么？从这个角度来说，这正是民本思想的体现。那句“悉天下奉一身不取也”，更是否定了君主“以天下奉一人”的强盗逻辑。

当时，旧有社会秩序动荡，新的社会秩序尚未成形，国家对意识形态领域的控制比较宽松。正是这样的社会环境，才孕育了这样

①《列子·杨朱》。

②《列子·杨朱》。

③ 胡适：《中国哲学史大纲》，商务印书馆，2021，第142页。

④ 金耀基：《金耀基自选集》，上海教育出版社，2002，第158页。

的观点，对专制思想形成一种冲击。据孟子说，当时“圣王不作，诸侯放恣，处士横议，杨朱、墨翟之言盈天下。天下之言不归杨则归墨”①，可见当时杨朱的学说影响之大。这说明杨朱的理论在当时有广泛的社会基础，引起了社会的共鸣。

3. 庄子返璞归真的思想

庄子的思想与老子的有许多共通之处，所以后世把二人并称为“老庄”。

《庄子》一书更充分透彻地论述了道家对人的本性的见解。庄子反对人的社会性，认为社会性是对人性的束缚和扭曲，事物应该保持其自然状态：“彼正正者，不失其性命之情。故合者不为骈，而枝者不为跂；长者不为有余，短者不为不足。是故凫胫虽短，续之则忧；鹤胫虽长，断之则悲。故性长非所断，性短非所续，无所去忧也。意仁义其非人情乎，彼仁人何其多忧也？”②脚趾连在一起或者手上旁生第六指，相对于常人来说，都是不正常的。但如果硬性地将脚趾分开或将第六指切除，就违背了这个人的本然样子，给他造成痛苦。有些人自以为是世上的匠人，手里拿着仁义等标准来规范人性，矫正社会，实际上恰恰违反了人之本性。对于人性来说，仁义礼法都是不合人情的多余的东西。

“天下有常然。常然者，曲者不以钩，直者不以绳，圆者不以规，方者不以矩，附离不以胶漆，约束不以缨索。”③“常然”就是自然本性。人也有其本然状态，应该废除一切人为的规矩，遵循其自然本性。世界上的是非标准不是一定的，对于这个来说是适合的，对于那个来说就未必适合。人应该了解自己，适应自己，而不是削足适履去附和他人。“夫不自见而见彼，不自得而得彼者，是

① 《孟子·滕文公下》。

② 方勇译注：《庄子·骈拇》，中华书局，2010，第135～136页。

③ 《庄子·骈拇》。

得人之得而不自得其得者也，适人之适而不自适其适者也。”[①]每人的情况不一样，如果强求一样，就是在附和别人而放弃了成为自己的权利。就像马在自然状态下，本来生活得很好，但人把它驯化，给它戴上鞍、嚼，架上辕，灼马毛，剃马鬃，就摧残了马的本性；鸟在林间非常自由，放到笼子里就剥夺了鸟的自由；浑沌本来是没有面目的，南海之帝倏、北海之帝忽为报答他的好心给他凿七窍，但凿完了七窍，浑沌也就死了。

> 彼民有常性，织而衣，耕而食，是为同德；一而不党，命曰天放。故至德之世，其行填填，其视颠颠。当是时也，山无蹊隧，泽无舟梁；万物群生，连属其乡；禽兽成群，草木遂长。……夫至德之世，同与禽兽居，族与万物并，恶乎知君子小人哉！同乎无知，其德不离；同乎无欲，是谓素朴；素朴而民性得矣……[②]

这段话描述了一幅纯天然景象，人人自由自在，毫无心机，也无须心机。所以说，伯乐是马的圣人，但也是改变马的自然属性的罪魁祸首；尧舜是社会的圣人，但也是改变人性的始作俑者。“及至圣人，屈折礼乐以匡天下之形，县跂仁义以慰天下之心，而民乃始踶跂好知，争归于利，不可止也。此亦圣人之过也。”[③]在人类社会迈入文明的门槛时，严密的礼制和社会规范显然能够促进人的进化，使人尽快脱离蒙昧状态，具有促进人类社会形成和发展的重要进步意义。但是随着社会发展，过于烦琐和严苛的礼制和社会价值观念就成了束缚人性的枷锁。如果观照中国封建社会后期封建礼教对人性的戕害，就不能不惊叹于庄子的观点是多么有预见性，多么

① 《庄子·骈拇》。
② 《庄子·马蹄》。
③ 《庄子·马蹄》。

深刻了。

庄子认为，虽然圣人发明了许多规范，但也正是这些规范使社会上的罪恶增加了，那么消除罪恶的办法就是毁弃一切已有的人为的社会规范和概念，消除一切供享乐的奢侈品，使社会回到蒙昧状态。

> 故绝圣弃知，大盗乃止；擿玉毁珠，小盗不起；焚符破玺，而民朴鄙；掊斗折衡，而民不争；殚残天下之圣法，而民始可与论议；擢乱六律，铄绝竽瑟，塞瞽旷之耳，而天下始人含其聪矣；灭文章，散五彩，胶离朱之目，而天下始人含其明矣；毁绝钩绳，而弃规矩，攦工倕之指，而天下始人有其巧矣。故曰："大巧若拙。"削曾、史之行，钳杨、墨之口，攘弃仁义，而天下之德始玄同矣。①

在庄子看来，人不需要社会文明，不需要学习复杂的东西，不需要外在的束缚，无论是人性还是人的生活，都是越简单越好。比如，只有去除了那些能工巧匠，废除了他们的发明，人们才能找回真正的聪明。所以人要返璞归真，回归到无知无欲的自然自由状态中去。只有这样，才能保持人的纯真本性。

三、齐法家的民本思想

法家并非一个统一的群体，大致可以分为两大派别：齐法家和三晋法家。其中，齐法家继承和发展了管仲的思想，具有管仲的民本思想特色，其特点是以民众为君主和国家之本，主张顺民、富民，注重对民间疾苦的关注和对弱势群体的救济；而以商鞅、韩非为代表的三晋法家，虽然把民众看作国家的主要力量，但将民众视

① 《庄子·胠箧》。

为君主实现争霸天下、统一天下的资源和工具。我们接下来主要讨论齐法家的民本思想。

齐法家的有关思想，主要见于《管子》《战国策》等书。我们把司马迁在《史记》中提到的关于齐法家的一些篇章，视为管仲活着时留下来的文献，把其他篇章则视为齐法家的研究资料，尽管其中也有托名管仲或齐桓公的，但基本可以视为齐法家学者的著作。总体说来，齐法家主要继承了管仲的思想，体现出顺民、富民和济民的特色。

1. 民为君之本

管仲问齐桓公："你想成就大业吗？那你必须从'本'开始。"齐桓公问："什么是'本'？"管仲回答："齐国百姓，公之本也。"[①]他明确断定民众为君之本。管仲还说："夫争天下者，必先争人。明大数者得人，审小计者失人。得天下之众者王，得其半者霸。"[②]

在齐法家看来，一个政权能否得到民众的拥护，是兴衰存亡的关键。圣王得天下，是因为得人心；桀、纣失天下，是因为失去了人心。因此，"人不可不务也。此天下之极也"[③]。如果不得人心，即使拥有的土地再广大，也不过是一个独夫，即"得众而不得其心，则与独行者同实"[④]。反观古圣先王，则是"先王善与民为一体。与民为一体，则是以国守国，以民守民也"[⑤]。

管仲认为："今夫人患劳，而上使不时；人患饥，而上重敛焉；人患死，而上急刑焉。如此，而又近有色而远有德，虽鸿鹄之有翼，济大水之有舟楫也，其将若君何？……昔先王之理人也，

---

①《管子·霸形》。
②《管子·霸言》。
③《管子·五辅》。
④《管子·参患》。
⑤《管子·君臣上》。

盖人有患劳而上使之以时，则人不患劳也；人患饥而上薄敛焉，则人不患饥矣；人患死而上宽刑焉，则人不患死矣。如此，而近有德而远有色，则四封之内视君其犹父母邪！四方之外归君其犹流水乎！”[①]在这段话里，管仲重点说了三个关涉民本思想的方面，即民众怕劳苦，君主却没有节制地征发民众去服役；民众担心挨饿，君主却加重赋敛；民众害怕被判死罪，君主却加重刑罚……如果坚持种种不得人心的做法，那么要渡大河的时候，即使有船和桨，对君主来说又有什么用呢？据说齐桓公从善如流，马上就听从了管仲的建议，并发布命令：“老弱勿刑，参宥而后弊。关几而不正，市正而不布。山林梁泽，以时禁发，而不正也。”[②]正因如此，齐桓公最终成为受民众爱戴和尊敬的君主。

2. 富民

与其他学派最不同的一点是，齐法家非常重视富民。儒家虽不反对富民，但是很少说到富民和富民措施，他们普遍认为农业为本，工商为末，后来甚至强调重本抑末，重农抑商；墨家只是致力于保证温饱，不追求过多的财富；道家强调绝圣弃智，返璞归真，所以基本没有富民思想；唯有法家，主要是齐法家，强调富民。

齐法家认为，富民是为政之要务。首先，民性是趋利避害的，“故欲来民者，先起其利，虽不召而民自至”[③]，只要能做到富民，民众自然就会被吸引来。进一步而言，“足其所欲，赡其所愿，则能用之耳。今使衣皮而冠角，食野草，饮野水，孰能用之”[④]？只有富裕了，民众才会愿意被驱使。其次，富民有利于稳定民众，从而有利于强国。因为民富则易治，民贫则易流，有恒产则有恒心。

① 《管子·戒》。
② 《管子·戒》。
③ 《管子·形势解》。
④ 《管子·侈靡》。

> 凡治国之道，必先富民。民富则易治也，民贫则难治也。奚以知其然也？民富则安乡重家，安乡重家则敬上畏罪，敬上畏罪则易治也。民贫则危乡轻家，危乡轻家则敢陵上犯禁，凌上犯禁则难治也。故治国常富，而乱国必贫。是以善为国者，必先富民，然后治之。[①]

从社会治理的角度来说，社会安定和谐的前提就是要让民众安居乐业，生活富足。因为民之富裕与否关系到国家是否稳固和战争成败，“彼民不足以守者，其城不固；民饥者，不可以使战”[②]，所以齐法家认为“民不怀其产，国之危也”[③]。

《管子》一书中，把“朝有经臣”“国有经俗”“民有经产”列为国家安定的三大柱石。其中“民有经产”，是指开垦土地、饲养牲畜、种植谷物等生产之事，其中最重要的还是农事。

> 先王者，善为民除害兴利，故天下之民归之。所谓兴利者，利农事也。所谓除害者，禁害农事也。农事胜则入粟多，入粟多则国富，国富则安乡重家，安乡重家则虽变俗易习，欧众移民，至于杀之，而民不恶也。此务粟之功也。上不利农则粟少，粟少则人贫，人贫则轻家，轻家则易去，易去则上令不能必行，上令不能必行则禁不能必止，禁不能必止则战不必胜，守不必固矣。[④]

值得注意的是，齐法家不仅重视农业，还关注工商业：“故先王使农、士、商、工四民交能易作，终岁之利无道相过也。是以民

---

①《管子·治国》。
②《管子·八观》。
③《管子·立政》。
④《管子·治国》。

作一而得均。”①

另外，对于民众财富的征取，齐法家也强调要有节制，不能竭泽而渔：“故取于民有度，用之有止，国虽小必安；取于民无度，用之不止，国虽大必危。”②

关于这些道理与民本思想，包括齐法家在内的许多思想家都说过，政治家们也都知道，但是总有些取民无度、竭泽而渔的统治者不去听从，最终落得民心离散、王朝覆灭的下场。

3. 济民

齐法家的民本思想中，有着丰富的济民措施。《管子·五辅》中说：“养长老，慈幼孤，恤鳏寡，问疾病，吊祸丧，此谓匡其急。衣冻寒，食饥渴，匡贫窭，振罢露，资乏绝，此谓振其穷。”这些措施事无巨细，是比较全面、比较系统的对弱势群体的救济措施。

《管子·入国》中，还记载了齐国的“九惠之教”：“一曰老老，二曰慈幼，三曰恤孤，四曰养疾，五曰合独，六曰问疾，七曰通穷，八曰振困，九曰接绝。”

“老老”，就是官府设掌老之官。七十岁以上的老人可以免除一个儿子的征役，官府每三个月供给一次肉；八十岁以上的老人免除两个儿子的征役，官府每个月都供给肉；九十岁以上的老人全家免除征役，官府每天都供给酒肉。同时，官员还要敦促子女孝敬老人。

“慈幼”，就是国家设立掌幼之官。如果一家有三个幼孩，妇女免征役；如果有四个幼孩，全家免征役；如果有五个幼孩，则国家另有补助，直到孩子长大能生活自理为止。

“恤孤”，就是国家设掌孤之官。凡是领养一名孤儿者，一子无征；领养两名孤儿者，两子无征；领养三名孤儿者，全家免征。

---

①《管子·治国》。

②《管子·权修》。

掌孤官员还要经常了解孤儿的成长情况，避免孤儿挨冻受饿。

“养疾”，就是国家设养疾之官。凡是残疾人，国家都负责收治供养，直到他们去世。

“合独”，就是国家设掌媒之官。让鳏夫寡妇结成眷属，国家提供田宅等助其成家立业。

“问疾”，就是国家设掌病之官。士民生了病，掌病之官以君上的旨意慰问。九十岁以上的，每日一问；八十岁者以上的，每二日一问；七十岁以上的，每三日一问。庶人得病，每五日一问。病重则告知君上，君上会亲自慰问。

“通穷”，就是国家设掌穷之官。凡贫困夫妇无居处、宾客贫困绝粮，均要告知掌穷官，由掌穷官予以救济。

“振困”，凡是天灾人祸之际，则放宽刑罚，赦免罪人，开仓放粮，以抚恤百姓。

“接绝”，凡是死于国事的人，国家将提供一定资财，让亲故予以祭奠，不断香火。

这些措施具体而周到，充分展现了齐国扶弱济贫的社会福利，体现了务实的民本思想。

其实齐法家的民本措施不止于此。《管子》中有一篇《问》，其中民本措施也展现得非常详尽。《问》详细记载了一个政府对民间的调查提纲，调查问题多达六十项。其中有：“问死事之孤，其未有田宅者有乎？”“问少壮而未胜甲兵者几何人？”“问死事之寡，其饩廪何如？”“问独夫、寡妇、孤寡、疾病者几何人也？”……这些问题，大都是问民间疾苦的，也有问农事能力的、问生活水平的，还有问乡里贤良恶霸的。这体现了民本思想原则下齐法家对实际事务管理的指导，非常具有现实意义。

根据以上内容我们可以看出，除了儒家之外，先秦的诸子百家中还有很多学派对民本思想做出了贡献。

墨家代表下层民众的呼声，要求统治者使民众摆脱饥不得食、寒不得衣、劳不得息的残酷生活状态；要求统治者停止荒淫腐败的生活，不能对民众进行残酷剥削，减少战争带来的严重损害；要求改革选官制度，废除世袭制，选贤任能。

道家的杨朱提倡“贵生”“重己”。这一思想表达了一种生命的自主和自重，让民众珍爱生命，反对对个人利益的损害和剥夺，反对剥削制度对民生的野蛮干预和摧残。

道家老庄一派提倡“无为而治”“小国寡民”，反对统治阶级对民众的沉重盘剥，反对统治者为了争夺利益而轻易发动战争，反对用礼法政刑扭曲人性，呼吁一种宽松自由的生存状态。

齐法家则从富民强国的立场出发，认为要强国，先富民。只有民众富裕了，国家才能安定强大。

综上所述，春秋战国时期，尤其在战国时期，民本思想取得了突破性的发展，形成了以儒家为主体的多元构建模式，孟子将先秦的民本思想发展到了高峰。先秦民本思想成为后来民本思想的起点和发展依据，是中国政治思想史上的巨大财富。

第四章 汉代民本思想

秦灭六国实现统一，结束了割据混战的社会状态，同时也开启了严厉的思想文化管控，百家争鸣的局面不复存在。《史记·秦始皇本纪》记载，在决定统一后秦国的国策和方向的时候，丞相李斯上奏：

> 今皇帝并有天下，别黑白而定一尊。私学而相与非法教，人闻令下，则各以其学议之，入则心非，出则巷议，夸主以为名，异取以为高，率群下以造谤。如此弗禁，则主势降乎上，党与成乎下。禁之便。臣请史官非秦记皆烧之。非博士官所职，天下敢有藏《诗》、《书》、百家语者，悉诣守、尉杂烧之。有敢偶语《诗》《书》者弃市。以古非今者族。吏见知不举者与同罪。令下三十日不烧，黥为城旦。所不去者，医药卜筮种树之书。若欲有学法令，以吏为师。

这就是"焚书坑儒"的由来，体现了秦的思想文化专制。从此，秦之天下成了秦始皇个人之天下，官吏、百姓都成了暴君之臣仆，以往取得丰富成就的民本思想，有了倒退的趋势。

秦统治者以为，封住了悠悠百姓之口，就可以“以天下奉一人”，为所欲为了。但是，历史的走向不是这样的，民心向背决定政权兴亡的历史规律是不可更改的。于是，暴政之下，陈胜、吴广发出了“王侯将相宁有种乎”的呼声，揭竿而起，看似坚不可摧的阿房宫轰然倒塌，秦王朝也随之灰飞烟灭。“水可载舟，亦可覆舟”的铁律无情地颠覆了狂妄自大的秦朝统治者的统治，再次证明了民本思想是不能违背的。

汉朝建立之后，汉代的士人学者对秦朝的灭亡进行了反思。他们重拾民本思想，呼吁减赋税、轻徭役、省刑罚、听民声、尊民意、保农时……统治者轻徭薄赋，与民休息，无为而治，成就了史上著名的“文景之治”。

一、汉初的民本思想

大乱后有大治，是中国古代封建社会基本的历史走向。秦亡之后，经过一场大乱，社会又趋于稳定。前朝为什么失天下、本朝为什么得天下、从中要吸取什么经验教训、应该如何改弦更张等问题，就成了这一时期思想界的重要任务。

在先秦显学学派的政治竞争中，法家最先取得了成功。春秋时期，法家先驱管仲创立了“九合诸侯，一匡天下”的霸业；战国时期，商鞅帮助秦孝公变法，打下了统一六国的基础；战国末期，秦始皇和李斯以法家思想治秦，终于统一六国，形成了大一统的新局面。而儒、道、墨三个同样贴近社会的学派没有发挥出太大效能。

从这几家的学说来看，法家学说最适合武力定乱，道家学说最适合休养生息，儒家学说最适合太平治世。汉朝建立初期，社会呈现出一个需要休养生息的局面。战乱后，当时社会人口急剧减少，土地大量荒芜，牛马罕见，城郭破败，出现了“自天子不能具钧驷，而将相或乘牛车”的窘况。于是，继法家思想之后，适合休养生息的道家思想也进入统治者视线，为他们所重视。

1. 陆贾和“无为而治”

据《史记》记载，陆贾常在刘邦面前引用《诗》《书》，刘邦就反驳他说：“我是在马上得的天下，什么时候用得到《诗》《书》？”陆贾反唇相讥：“您马上得天下，难道也在马上治天下吗？虽用武力夺天下，但要以仁义之道治理国家，是天下的通例。如果秦朝一统天下后，实行仁义之道，效法先圣，陛下您又怎么能取得天下呢？”陆贾一席话说得刘邦“有惭色”，于是刘邦让陆贾总结汉得天下、秦失天下的成败之道，形成了《新语》一书。

陆贾认为，秦朝之所以灭亡，是因为使民太过，用刑太酷，法令太苛，导致民不堪命。“秦始皇设刑罚，为车裂之诛，以敛奸邪，筑长城于戎境，以备胡、越，征大吞小，威震天下，将帅横行，以服外国，蒙恬讨乱于外，李斯治法于内，事逾烦天下逾乱，法逾滋而天下逾炽，兵马益设而敌人逾多。秦非不欲治也，然失之者，乃举措太众、刑罚太极故也。”[①]秦并非不想治天下，只是方法没用对。那应该怎样做呢？“无为”即可。

“道莫大于无为，行莫大于谨敬。何以言之？昔舜治天下也，弹五弦之琴，歌南风之诗，寂若无治国之意，漠若无忧天下之心，然而天下大治。周公制作礼乐，郊天地，望山川，师旅不设，刑格法悬，而四海之内，奉供来臻，越裳之君，重译来朝。故无为者乃有为也。”[②]统治者要宽松治理，与民休息，因势利导，自然而然，无为就是有为，这才是正确的治理之道。

“夫形重者则心烦，事众者则身劳；心烦者则刑罚纵横而无

---

① 王利器：《新语校注·无为》，中华书局，1986，第62页。

②《新语校注·无为》。

所立，身劳者则百端回邪而无所就。是以君子之为治也，块然若无事，寂然若无声，官府若无吏，亭落若无民，闾里不讼于巷，老幼不愁于庭，近者无所议，远者无所听，邮无夜行之卒，乡无夜召之征，犬不夜吠，鸡不夜鸣，耆老甘味于堂，丁男耕耘于野，在朝者忠于君，在家者孝于亲；于是赏善罚恶而润色之，兴辟雍庠序而教诲之，然后贤愚异议，廉鄙异科，长幼异节，上下有差，强弱相扶，大小相怀，尊卑相承，雁行相随，不言而信，不怒而威，岂待坚甲利兵、深牢刻令、朝夕切切而后行哉？”①只有做到无为而治，社会才能得到真正的治理，统治者的威信才会被确立，人们也才会敬畏官长、法度，长幼有序，安居和乐。

陆贾指出，君主是老百姓效法的对象，如果君主自己做不到的事情，还让老百姓去遵守，显然是不行的。同时，一国之君作为百姓效法的对象，不能没有法度约束。以前周襄王不事后母，人们也多叛其亲；秦始皇好建高楼宫殿，大臣们纷纷效仿；齐桓公好女色，甚至姑姐妹都成了他的妻子，民间也多淫于骨肉；楚平王奢侈纵恣，以致君臣无别。所以，要想社会安定、百姓乐业，统治者应该首先做出表率，“故君子之御下也，民奢应之以俭，骄淫者统之以理；未有上仁而下贼，让行而争路者也”②。

陆贾的“无为而治”的治国政策，可谓切中了时代脉搏。实际上，汉初的很多政治家是希望“无为而治”的。百姓也早就厌倦了兵荒马乱的日子，希望做太平世人。刘邦听从了陆贾、萧何等人的建议，制定了与民休息的政策。后来曹参接替萧何做丞相，凡是刘邦和萧何制定的规矩，他都不改变，遵而行之，这就是“萧规曹随”。汉初社会因此长期安定，出现了人口繁盛、牛马成群的盛世景象。道家的“黄老无为”思想成了汉代前期的主导思想。

---

①《新语校注·至德》。
②《新语校注·无为》。

2. 贾谊的民本思想

贾谊是汉代初期一位有远见的天才政治家、政论家。他对汉朝政局走向的预判都得到了验证。他提出的措施，后来都付诸了实践，并取得了一定成效。他的民本思想在西汉时期最丰富、最深刻。但可惜的是，贾谊没有真正得到重用，而是被放逐到长沙，做长沙王太傅，死时年仅三十三岁。

贾谊的民本思想大致包括以下几个方面：

（1）民为君、国、吏之本。

贾谊在《新书·大政》中说："闻之于政也，民无不为本也。国以为本，君以为本，吏以为本。故国以民为安危，君以民为威侮，吏以民为贵贱。此之谓民无不为本也。"和以往关于民本的说法不同，贾谊在"君"和"国"之外加了一个"吏"。这是因为贾谊认为，君、国与吏在根本上是一样的，都同属除民这一"本"之外的系统，体现出官与民的区别。这个区分也是民本思想发展历程中取得的非常重要的进步。民对应的不是一个君王、一个官吏，而是一个以君主为首的庞大官僚系统，从中央朝廷到地方的统治阶层，都是民众拿赋税钱粮供养着的。正是因为民为君、国、吏之本，所以民还是君、国、吏的"命""功""力"。"闻之于政也，民无不为命也。国以为命，君以为命，吏以为命。故国以民为存亡，君以民为盲明，吏以民为贤不肖。此之谓民无不为命也。闻之于政也，民无不为功也。故国以为功，君以为功，吏以为功。国以民为兴坏，君以民为强弱，吏以民为能不能。此之谓民无不为功也。闻之于政也，民无不为力也。故国以为力，君以为力，吏以为力。故夫战之胜也，民欲胜也；攻之得也，民欲得也；守之存也，民欲存也。"贾谊把"以民为本"演绎为统治者的功业、国家的存亡都取决于民。君、国、吏的命取决于民，功业系于民，力量出于民，没有民，他们将无所附着，无所作为，无所存活。战争攻守和胜败全凭民的意愿，民欲守则胜，不欲守则败，民成为左右战争胜败的决定性因素。

在《管子》和《商君书》中，多处提到“胜民”。所谓“胜民”，就是让民众顺服的意思。但是贾谊说：“天有常福，必与有德；天有常灾，必与夺民时。故夫民者，至贱而不可简也，至愚而不可欺也。故自古至于今，与民为雠者，有迟有速，而民必胜之。”[①]这说得很明确，一个王朝如果和他的民众对立起来，成了仇敌，那么最终胜利的必然是民众，从来没有例外。这个警告实在是振聋发聩。有些统治者，一面说着冠冕堂皇的话，一面对民众敲骨吸髓，这就是在“与民为雠”。他们以为自己是聪明的，民众是愚蠢的，所以就玩弄欺骗民众。他们没意识到，当民众觉醒和行动起来的时候，他们顷刻间就会灰飞烟灭。

（2）选拔官吏要依据民意。

贾谊认为，君主是不是明君固然非常重要，但是官吏是不是良吏也关系到国之兴衰、民之治否。“故民之治乱在于吏，国之安危在于政。故是以明君之于政也慎之，于吏也选之，然后国兴也。……是故君明而吏贤，吏贤而民治矣。”[②]贾谊提出“君明而吏贤，吏贤而民治”。在他看来，吏治是国家治理的关键。明君要慎重地治理政务，就要对官吏加以选择，这样国家才能兴旺；要选任官吏，就要使民众参与，听从民众的意愿。那么民众怎么参与呢？

> 明上选吏焉，必使民与焉。故士民誉之，则明上察之，见归而举之；故士民苦之，则明上察之，见非而去之。故王者取吏不妄，必使民唱，然后和之。故夫民者，吏之程也，察吏于民，然后随之。夫民至卑也，使之取吏焉，必取其爱焉。故十人爱之有归，则十人之吏也；百人

---

① 方向东译注：《新书·大政上》，中华书局，2012，第277页。
② 《新书·大政下》。

爱之有归，则百人之吏也；千人爱之有归，则千人之吏也；万人爱之有归，则万人之吏也。故万人之吏，选卿相焉。[①]

这是贾谊民本思想非常重要的体现。从中可以看出，贾谊主张选拔官吏应该先由民众提出，君主的作用是“和之”，即君主要迎合民众的提议，对官吏予以批准任命。民众虽然地位低下，但是他们是国之根本，所以所选取的官吏必须是受民众拥戴之人。受十人拥戴，就做十人的官；受百人拥戴，就做百人的官；受千人拥戴，就做千人的官；如果受万人拥戴，就可以当选卿相。这里提到的依据民意选官，已经与民主选举非常贴近了，只是没有投票程序。贾谊实际上说到了一个有关民权的关键问题，即民众的选举权，这是贾谊的民本思想中最接近民主的地方。

（3）教民思想。

对于民众的教育，儒家是最为提倡的。在孔、孟、荀三代延续下来的传统中，教民是民本思想中的一项重要内容。而其他学派对此都不太重视：道家主张返璞归真，民众要绝弃仁义礼法等社会规范和道德观念；三晋法家主张“以法为教”“以吏为师”；墨家基本没有提出有关教民的措施。但是儒家很重视教民，贾谊受此影响，提出了系统的教民设想。

首先，贾谊分析了民的性质。他说，“民”，字义是“瞑”，即昏暗。人还没有觉醒，素质也高低不等，所以需要加以教化。只要进行教化，民就没有不受教化的。

其次，贾谊论述了教化的功用。“夫民者，诸侯之本也；教者，政之本也；道者，教之本也。有道，然后教也；有教，然后政治也；政治，然后民劝之；民劝之，然后国丰富也。故国丰且富，

---

①《新书·大政下》。

然后君乐也。忠，臣之功也；臣之忠者，君之明也。臣忠君明，此之谓政之纲也。”[①]民为诸侯之本，教化为政治之本，道为教化之本。有了道，才能施行教化；有了教化，政治才会达到效果；政事治理推行得好，民众就会受到鼓励；民众受到鼓励，劲头就足了，国家也就富足了，这样君主就获得了成功。经过教化，民就成了“化内之民”，就是掌握了封建社会伦理知识和礼法规范的社会成员，社会也会因此形成和谐秩序。

贾谊认为，秦国一味以法为教，不倡导德礼，不行教化，一切都依赖严刑峻法，使民众陷于罪者不可胜数之境。民间不讲道德，不讲伦常，恃强凌弱，互相欺诈，这些是秦亡的重要原因。所以，进行礼义教化，关系到社会秩序，关系到国家社会长治久安。在贾谊看来，礼和法又是什么关系呢？“夫礼者禁于将然之前，而法者禁于已然之后，是故法之所用易见，而礼之所为生难知也。若夫庆赏以劝善，刑罚以惩恶，先王执此之政，坚如金石，行此之令，信如四时，据此之公，无私如天地耳，岂顾不用哉？然而曰礼云礼云者，贵绝恶于未萌，而起教于微眇，使民日迁善远罪而不自知也。”[②]这段论述礼与法的关系的话非常精辟。如果没有教化在先，只知野蛮残酷是没用的。

（4）移风易俗。

儒家非常重视风俗良善，认为这是社会文明和谐的重要体现，也是民众社会生活必需的内容。贾谊觉得秦王朝在短时间内就崩溃坍塌，与秦风俗败坏有很大关系。他举例说，秦人的儿子长大了就必须分家，如果家贫，儿子就去女方家里做赘婿。如果儿子借给父亲农具，就好像儿子施舍父亲一样；婆婆借个瓢盆笤帚，媳妇就碎碎念叨。婆媳有矛盾，相向拌嘴；儿子为了利益，连父母都不顾；

---

①《新书·大政下》。

②《汉书·贾谊传》。

法律条文里，也丝毫不讲伦理。秦兼并了六国，却不知道恢复廉耻、节操和仁义，结果才过了十三年社稷就成了废墟。汉承秦制，有许多问题也遗留了下来。贾谊说西汉当时也存在许多没有廉耻、不顾伦理道德的情况。比如："胡以孝悌循顺为？善书而为吏耳。胡以行义礼节为？家富而出官耳。骄耻偏而为祭尊，黥劓者攘臂而为政。行惟狗彘也……唯告罪昆弟，欺突伯父，逆于父母乎？……"[①]"今世以侈靡相竞，而上无制度，弃礼义，捐廉丑，日甚，可谓月异而岁不同矣。逐利乎否耳，虑非顾行也。今其甚者，到大父矣，贼大母矣，踝妪矣，刺兄矣。"[②]贾谊认为，一国之民，如果不讲道德、没有廉耻，国家就不能免于祸乱，汉应该吸取秦亡的教训，对民众进行道德伦理教化。

（5）恤民。

贾谊担忧民生多艰的状况长久得不到改善，危及社稷。他说，秦实现了统一，这是历史给秦统治者带来的机遇，若能因势利导，改弦更张，与民休息，那么秦的长治久安则可以顺势而致。但是秦始皇和秦二世不怜惜百姓，反而变本加厉奴役民众，导致秦很快就崩溃了。那么汉朝呢？"今背本而以末，食者甚众，是天下之大残也；从生之害者甚盛，是天下之大贼也；汰流、淫佚、侈靡之俗日以长，是天下之大祟也。残贼公行，莫之或止；大命泛败，莫之振救。生之者甚少而靡之者甚众，天下之势何以不危！汉之为汉几四十岁矣，公私之积犹可哀痛也。故失时不雨，民且狼顾矣；岁恶不入，请卖爵鬻子。既或闻耳矣，安有为天下阽危若此而上不惊者！"[③]贾谊担心，一旦发生大饥荒，那么灾难将难以想象。所以，他主张禁末业，减赋役，忧民忧，乐民乐，关心民众疾苦，"夫忧

---

①《新书·时变》。

②《新书·俗激》。

③《新书·无蓄》。

民之忧者，民必忧其忧；乐民之乐者，民亦乐其乐”①。他说，按照礼制，国内有饿肚子的人，皇帝就不能吃饱饭；有挨冻的人，皇帝就不可以穿裘皮衣；处决囚犯，就不能奏乐享乐；遇到荒年，就不装修楼阁，行车的大路不做修整，吃饭减少菜肴品种，不能奢靡铺张，祭祀的贡品不上全，马也不吃谷物。所以，礼中包含着养民之道。户部报告统计数字的时候，皇帝只有在两种情况下才行礼祭拜：一是听到人口增加的时候；二是听到五谷丰登的时候。从整体来看，贾谊对民本思想有了更深入的思考和发展，尤其是在赋民权方面，与以往相比，增加了一些令人耳目一新的内容。对于教民这一点，他也进行了更系统的论述。贾谊的许多思想，都对后世产生了深远的影响。

二、《盐铁论》中民本思想对官本思想的批判

汉代前期，从刘邦到汉景帝乃至汉武帝前期，实行轻徭薄赋、政简刑清的政策，民本思想得到了较好的贯彻，社会基本稳定，出现了前所未有的繁荣，人口增长，人民生活逐渐富裕，社会积累了大量财富。

1. 盐铁会议的历史背景

在汉初的七十多年里，匈奴时常侵扰汉朝的北方，汉朝基本处于被动地位。汉武帝亲政之后，决定展开大规模的反击。尤其是在元狩四年（前119），卫青、霍去病率十四万人兵分两路向漠北进军，大胜匈奴。此后，匈奴向北远徙，大漠以南再也见不到匈奴单于的大本营。汉军占领了朔方以西至令居的大片土地，使汉朝的疆域延伸至匈奴旧地以北的地方。

匈奴的败退并没有使汉武帝对外征伐的行动停止。为了进一步打击西迁的匈奴，并获取大宛的汗血宝马，太初元年（前104）和太

①《新书·礼》。

初三年（前102），汉武帝两次派出贰师将军李广利率军西征。第一次无功而返。第二次算是惨胜，虽然得到了大宛汗血宝马，可是兵将也十损七八。征和三年（前90），汉军又兵分三路西出，其中李广利率七万人出五原，最终全军覆灭，李广利降匈奴。连年战争使汉朝元气大伤，民生凋敝。为了支撑庞大的战争开支，汉武帝将地方盐、铁、酒的经营权以及铸币权收归中央朝廷；在国家重要的城市设立均输、平准机构，平抑物价；打击商人，向商人征收重税，实行算缗和告缗，鼓励民间告发隐瞒财产的人，导致全国中产以上的商人大都破产。在李广利投降匈奴之后，汉武帝开始反省，意识到是自己的穷兵黩武，才误国殃民，于是痛下罪己诏，说“当今务在禁苛暴，止擅赋，力本农，修马复令，以补缺，毋乏武备而已”[①]。

汉武帝死后，汉昭帝继位。这位八岁即位、死时才二十一岁的贤君明主，在大将军霍光的辅佐下，开始纠正汉武帝时的弊政。《汉书·昭帝纪》称赞汉昭帝说：“承孝武奢侈余弊师旅之后，海内虚耗，户口减半，光知时务之要，轻徭薄赋，与民休息。至始元、元凤之间，匈奴和亲，百姓充实。举贤良文学，问民所疾苦，议盐铁而罢榷酤，尊号曰‘昭’，不亦宜乎！”汉昭帝始元元年（前86），就已“遣故廷尉王平等五人持节行郡国，举贤良，问民所疾苦、冤、失职者”；在始元六年（前81）则举行了盐铁之议，这对当时的汉朝社会有着重大意义，并产生了深远影响。

当时民众被沉重的徭役、赋税压得喘不过气来，辅政大臣桑弘羊是汉武帝时管理财政的主官，他还是坚持继续实行汉武帝时的政策，即实施盐铁官营。于是汉昭帝下令，丞相、御史为一方，从各地征集的民意代表贤良、文学为另一方，让两者进行对话讨论，从而调查民间疾苦，征求直言。这就是历史上著名的盐铁之议，也称

① 《汉书·西域传》。

盐铁会议。会上，各郡国贤良、文学认为，盐铁由官府垄断专营和平准、均输政策是造成百姓困苦的主要原因，所以他们要求废除这些政策；当时的御史大夫桑弘羊则主张继续推行这些政策。对此，双方展开了激烈辩论。后来，汉宣帝时桓宽根据这次会议的记录整理撰写了《盐铁论》一书。

这次会议，御史大夫、丞相代表官吏、君主和国家，贤良、文学站在非官方的立场，从民本思想的角度出发，为百姓争利，形成了国本、君本和民本的对立。当时汉朝的政治思想主流，已经从“黄老无为”转向了“尊崇儒术”，先秦的孔孟儒家思想也在学术界占了主流，但朝廷中以御史大夫桑弘羊为代表的一大批官员，还是秉持君本、官本的意识，奉行商鞅法家的理论。贤良、文学的发言，是“尊崇儒术”政策奉行后，儒家学者充分阐述民本思想的原则、内容，全面否定商鞅严刑峻法政策的大论辩，对代表君国官方的官员进行了猛烈批判，鲜活地体现了当时在野的儒生学者们的民本思想意识。在论辩中，贤良、文学多引用孟子的言论，而大夫们多崇尚商鞅的功业。可以说，这是一场高扬民本思想大旗的代表民意的学者与坚决维护君国利益的官僚的一场正面对决，结果是坚持民本的一方取得了小胜。

后文较为全面地叙述了双方争论的最有代表性的几个问题和有关观点。

2. 对盐铁官营政策的批判

汉昭帝让双方讨论盐铁官营、酒榷专卖、均输官署等措施，是便民还是扰民，是应该继续实施还是应该废除。

官员代表主张这些措施是利民的，应该保留。他们给出的理由是，匈奴人叛服无常，不时来侵略，为了阻止匈奴入侵，就需要备边，而备边就需要钱财支持，所以这些措施是必要的，不能废除，否则边防将士的衣食就得不到保障，那么国家的安危就成问题。此外，根据以往的经验，郡国诸侯贡献方物，运输往来繁杂，这样得不偿失，所以设均输调节远近，设平准来平抑物价，实际上是在方便百姓。

贤良、文学则认为，治国之道应该抑末利而开仁义，兴教化而移风俗，现在用盐铁官营、酒榷专卖、均输官署这些政策与民争利是不应该的。这样会导致老百姓因为争利而不务本业，社会中出现争相奢侈之风，有一些人占尽财利，而有一些人则饥寒交加，所以应该废除。对于战争，贤良、文学说，王者行仁政，仁者无敌，这样就不需要打仗了，更不需要费用了，“今废道德而任兵革，兴师而伐之，屯戍而备之，暴兵露师，以支久长，转输粮食无已，使边境之士饥寒于外，百姓劳苦于内。立盐铁，始张利官以给之，非长策也。故以罢之为便也”①。

针对官员所说的，即使是古代国家，除了农业，政府也要发展商业，以“通委财而调缓急”，贤良、文学回应，古代市商不通无用之物，工不做无用之器，商业只是农业的补充，如果政府把精力用在谋利上，实施平准、均输之策，会导致社会各阶层的人弃本从末，贪鄙偷盗，一味求利，所以这是在引导民众犯罪。对于盐铁官营方便了百姓一说，贤良、文学认为，古代制定赋税政策，都是税民所产，因民之便，但现在不收其所有，而责其所无，在买卖之间，官吏百般为难百姓，随意发号施令，弄得物价飞涨，“豪吏富商积货储物以待其急，轻贾奸吏收贱以取贵，未见准之平也”②。

官员说，为民殚精竭虑就是贤君，为君守节死难就是忠臣，现在君主和大臣都为了边防费尽心力、绞尽脑汁，算得上贤君与忠臣了。请建“酒榷”，是为了增加边防费用。君主和朝廷官员都在千方百计促进物资流通，开源谋利，以支撑战争费用，这是有功于国

---

① 陈桐生译注：《盐铁论·本议》，中华书局，2015，第8页。

②《盐铁论·本议》。

的事情。贤良、文学不但不帮着想办法，还要求废止这些措施，这让君臣怎么做“慈父贤兄”呢？官员还说，臣不变君之政，子不变父之道，盐铁、均输之策由来已久，是先王治世之功劳和德行的彰显，如果废除，就对此有妨害。贤良、文学反驳说，秦二世续建阿房宫、赵高加重秦法的严苛，都是在守祖宗之法，但是他们算不上贤君或忠臣。官员认为，盐铁官营政策是有功于国的。贤良、文学认为：“中国困于繇赋，边民苦于戍御。力耕不便种籴，无桑麻之利，仰中国丝絮而后衣之，皮裘蒙毛，曾不足盖形，夏不失复，冬不离窟，父子夫妇内藏于专室土圜之中。中外空虚，扁鹊何力？而盐铁何福也？”[①]

官员强调，盐铁官营有利于集中经营盐铁业，能够统筹制造更好的农具，对老百姓是有利的：“今县官铸农器，使民务本，不营于末，则无饥寒之累。盐铁何害而罢？”贤良、文学说，政策听上去很好，但实行起来就完全没有想的那么好了：“铁器，民之大用也。器用便利，则用力少而得作多，农夫乐事劝功。用不具，则田畴荒，谷不殖，用力鲜，功自半。器便与不便，其功相什而倍也。县官鼓铸铁器，大抵多为大器，务应员程，不给民用。民用钝弊，割草不痛，是以农夫作剧，得获者少，百姓苦之矣。”[②]官营铸造器物，很多时候只是为了应付差事，于是流于形式，这样就导致供给农民的农具根本不好用，农民实际上得不到实惠。

官员站在朝廷的立场上，体现出明显的与民对立的态度。他们认为，如果放手让老百姓获取权利，就会导致逞贪心、聚邪党，国家就会不稳定，“民大富，则不可以禄使也；大强，则不可以罚威也。非散聚均利者不齐”[③]。但是他们没有思考，国家的

①《盐铁论·轻重》。
②《盐铁论·水旱》。
③《盐铁论·错币》。

功能是什么呢？难道就是限制生产力、制约民众获取财富的权利吗？贤良、文学站在民的一方，主张藏富于民，并诘问国家和皇帝要那么多财富干什么。如果说民众富有了会使国家和君主有危险，那么三桓在鲁国专权、六卿分晋，就证明了其实是一家害百家，祸起萧墙，而非因为老百姓财富太多。官员总是把君国大事说得冠冕堂皇，以为以牺牲民众利益来满足国家利益是理所当然的。但是贤良、文学不这样认为，他们从民本的角度出发，认为民为国之本，没有民众小家的兴旺，就没有国家的强盛。如果根枯了，那么再大的树也会枯死；如果没有涓涓细流的丰沛，也不会有长江大河的奔腾。

3. 关于汉武帝功过的评价

在双方的论辩中，对于汉武帝功过的评论也贯穿其中，这是一个很重要的问题。官员夸耀汉武帝的战功，并盛赞其产生的影响。他们说，以前百姓贫苦，而汉武帝南平百越、北却匈奴，使各地财富都集中到朝廷，老百姓因此能够骑马坐车，边郡也收获了不少利益。贤良、文学则回击说："闻往者未伐胡、越之时，繇赋省而民富足，温衣饱食，藏新食陈，布帛充用，牛马成群。农夫以马耕载，而民莫不骑乘；当此之时，却走马以粪。其后，师旅数发，戎马不足，牸牝入阵，故驹犊生于战地。六畜不育于家，五谷不殖于野，民不足于糟糠，何橘柚之所厌？《传》曰：'大军之后，累世不复。'方今郡国，田野有陇而不垦，城郭有宇而不实，边郡何饶之有乎？"[①]他们指出，连年不断的战争使财富得不到积累，土地得不到耕种，百姓困苦不堪，整个社会日益疲敝。

官员说，汉武帝怜惜老百姓，所以实行三十税一的税收政策，但还有老百姓懒惰不干活。古代诸侯连年争战，民不聊生，老百姓尚且什一而籍，不违其职，现在汉武帝给他们创造了安定的生活

①《盐铁论·未通》。

环境，他们还背恩负义、逃避徭役、抗拒县官，这怎么说呢？贤良、文学说，不管税收是多少，那都是老百姓的血汗，官家丰年不多取，歉年却照旧足取，弄得老百姓“疾耕力作”，还“饥寒遂及”，这算什么恩惠呢？

说到战争，贤良、文学认为战争带来的破坏性远大于它带来的好处。因为战事频发，军费不足，就会加强赋税征收，给民众造成沉重负担，迫使他们离开故土，流亡远去。他们说：“往者，军阵数起，用度不足，以訾征赋，常取给见民，田家又被其劳，故不齐出于南亩也。大抵逋流，皆在大家，吏正畏惮，不敢笃责，刻急细民，细民不堪，流亡远去；中家为之绝出，后亡者为先亡者服事；录民数创于恶吏，故相仿效，去尤甚而就少愈者多。《传》曰：‘政宽者民死之，政急者父子离。’是以田地日荒，城郭空虚。”[①]官员说，汉武帝施惠百姓，把服徭役的年龄缩短到二十三岁至五十六岁。对此，贤良、文学说，古代三十而娶，五十就算“艾老”，不服力役，现在五十岁到六十岁的人还在服徭役，有些人在服丧期间，亲人的尸体还没埋葬，就被征去服役了，这算什么惠民呢？

对于战争的必要性，双方的认识也是对立的。官员认为，国内的民众之所以得到安定，是因为有边境的民众在顶着外族入侵的风险，而且是战争的胜利带来了安定的环境。“是以圣王怀四方独苦，兴师推却胡、越，远寇安灾，散中国肥饶之余，以调边境，边境强，则中国安，中国安则晏然无事。何求而不默也？”[②]贤良、文学则认为，解民倒悬的王道战争是必要的，民众也是支持的，“古之用师，非贪壤土之利，救民之患也。民思之，若旱之望雨，箪食壶浆，以逆王师。故忧人之患者，民一心而归之，汤、武是也”[③]，

①《盐铁论·未通》。
②《盐铁论·地广》。
③《盐铁论·伐功》。

可是现在发动的战争只是为了扩张土地。若论起来，秦国的土地开拓得够多了，也够远了，可是比起当朝来，还是差得远。但是这样大肆开拓土地对于民众并没有什么好处，土地越广大，民众的负担就越重。为了守卫这些占领的土地，就需要戍边，戍边就需要征发人员，人们便不得不远走千万里，误农时，弃本业，所以这种毫无限制的开拓疆土的宏大事业，对老百姓来说是一种负担。“今推胡、越数千里，道路回避，士卒劳罢。故边民有刎颈之祸，而中国有死亡之患，此百姓所以嚣嚣而不默也。”[①]治国之道应该由内地到边疆，近的地方亲附了，再去经营远方，先要保证百姓富足，再去体恤边疆。所以群臣上议屯田轮台，汉武帝不准，认为应该先就近务本，并下诏书，指出当今要务在于禁止苛刻残暴，制止随意征收赋税，努力务农。作为公卿，应该体会皇帝的意思，缩减开支，来帮助百姓解决急困。现在大臣们不去担忧国中的衰落，反而把精力放在开拓边疆上，这等于有许多地但不耕种，或者多种了地而不去管理，是费力无功之事。所以，治国要从近处开始，近处没治理好，就不要把钱财和精力花在遥远之地。现在国内的事情还没处理好，老百姓还得不到救济，怎么能去做那些没用的事情呢？连汉武帝都后悔发动过多战争开拓边疆，并下罪己诏，承认那是“费力而无功”，你们还要坚持吗？就拿对西域用兵的事来说，听闻西域有大宛良马，于是汉武帝就下令万里远征以求良马，结果耗时多年良马才得手。“夫万里而攻人之国，兵未战而物故过半，虽破宛得宝马，非计也。当此之时，将卒方赤面而事四夷，师旅相望，郡国并发，黎人困苦，奸伪萌生，盗贼并起，守尉不能禁，城邑不能止。然后遣上大夫衣绣衣以兴击之。当此时，百姓元元，莫必其命，故山东豪杰，颇有异心。”[②]汉武帝穷兵黩武的行为差点引起民众起

---

①《盐铁论·地广》。

②《盐铁论·西域》。

义，这样的教训还不够深刻吗？

在贤良、文学看来，任何的武力征服都不符合王道，任何帝王开疆拓土、建立武功的行为，给百姓带来的都是血腥噩梦和沉重的经济负担。他们举例说，现在山东的士兵远在胡、越戍守边郡，无不思念父母妻子，而父母哭泣悲伤，妻子怨恨惆怅。对此官府应该派使者去慰问，抚慰远戍的士兵和他们的父母妻子，但是官吏们难以尽到抚慰之责，有的甚至还侮蔑士卒，让他们干苦力，导致愁云惨雾弥漫。以往国家轻徭薄赋，公用有盈余，百姓家也富足。自从发动战争以后，民穷财尽，整个国家都陷入了困境。

4. 关于商鞅的争论

在先秦诸子百家中，儒家和法家在很多方面是对立的，同时也是互补的，其中，孟子的民本主义和商鞅、韩非的君国主义是最对立的。商鞅是三晋法家的典型代表人物，不但在理论上颇有成就，而且在实践上也取得了很大成效。官员认为，作为大臣就应该以商鞅为楷模，做出商鞅那样的事业。贤良、文学则认为，商鞅的严刑峻法给民众带来了沉重的负担，加速了国家的灭亡。如何评价商鞅，是肯定他还是否定他，就成了《盐铁论》中双方论辩的一个议题。

即使经过汉初对秦的深刻反省，即使汉武帝推行“尊崇儒术”，即使秦的种种暴行都被归咎于始作俑者商鞅，但官员仍然把君国主义的代表人物商鞅推崇为能臣典范，夸耀他的功业，认为正是他提出开疆辟地、战胜攻取的策略，才使秦国称王称霸。他们认为，商鞅相秦，“内立法度，严刑罚，饬政教，奸伪无所容。外设百倍之利，收山泽之税，国富民强，器械完饰，蓄积有余”，所以秦得以征敌伐国，开疆拓土，“秦任商君，国以富强，其后卒并六国而成帝业”。[①]商鞅的种种措施，铸就了秦国的强大和辉煌，只是由于他死后人亡政息，国家无法蓄积财富，运筹规划，秦才败落

① 《盐铁论·非鞅》。

了，所以盐铁经营权不能下放给民众。并且，官员进一步指出，秦朝灭亡是因为赵高，而不是因为商鞅，就像商朝灭亡与伊尹没有关系一样。

贤良、文学指出，伊尹以尧舜之道为立国根基，所以商绵延长久；商鞅重法酷刑，所以秦二世而亡。商鞅相国，刑罚已经很严酷了，又推行连坐之法，制定诽谤的罪名，增设肉刑，使百姓心惊胆战，手足无措；赋敛已经够重的了，又外禁山泽之资源，内生敛财百计，对此民众却没有说话讲理的渠道。商鞅急功近利，无所不为，不断向外扩张，土地的确是增加了，但就像人得了浮肿之病，水越多病越重。你们只知道他为秦国开创帝业，却不知道正是他将秦国引向了灭亡的道路。所以商鞅的功绩越大，秦灭亡得越快。商鞅力图开疆拓土，不是没有实现；蒙恬把胡人赶到千里之外，不是没有建立功业；秦威震天下，不是不强大；诸侯西向朝拜，不是不服从，但是这些实际上又成为秦亡的原因。商鞅和蒙恬，知利不知害，知进不知退，所以最终下场都很惨。

官员说，商鞅起自布衣，从魏国进入秦国，一年就被任用为相，革法明教，使秦国大治。当时的秦国，凡是出兵，必定获得土地；不用兵时，国家就富足。秦孝公封给商鞅五百里土地，可见他功如山岳，名传后世。有些人做不到，就妒忌他，吹毛求疵。商鞅被赐死，那是因为昏君背德，听信流言，不念其功，他本身没有什么罪行。贤良、文学批驳说，只要遵从道义，获得大功高位，没有人会不满。但是如果不从民心，不顺道义，那就不能怪人家指责议论。苏秦合纵连横，通理六国，功业不可谓不大，也没有人非议他，然而“今商鞅弃道而用权，废德而任力，峭法盛刑，以虐戾为俗，欺旧交以为功，刑公族以立威，无恩于百姓，无信于诸侯，人与之为怨，家与之为雠，虽以获功见封，犹食毒肉愉饱而罹其咎也”[①]。比干被剖心、伍子胥被杀，是因为他们志在匡君救民，所以他们被民众怀念。跟他们比，商鞅算不得什么，因为他立的功劳对于民众没有意义，他做的事让民众切齿痛恨。所以秦孝公死的那日，举国而攻之，商鞅走投无路，最终被五马分尸，成为天下笑柄。这不是别人杀了他，而是自己杀了自己。

官员说，商鞅出则有功，居则民富，盐铁政策给民众带来了利益。贤良、文学说，汉文帝之时，国家并没有实行盐铁官营政策，民众是富足的；现在有了盐铁官营，民众却困顿了，只见其害，未见其利。而且，利不是凭空而降的，都出自百姓。就像反穿羊皮袄背柴，虽然爱惜了毛，却磨坏了皮，损害了根本。利于彼必然损于此，就像白天长了，黑夜就短，哪来的双赢两利？商鞅法令严酷，追求利益，所以秦国民不聊生，民众都向秦孝公哭诉。吴起立了战功，楚人却向楚悼王哭诉。后来，秦、楚都逐渐衰败了。所以积累了财利，同时就结了怨恨；开拓了土地，也埋下了祸患，怎么可能像你们官员说的那样不伤害民众呢？现在朝廷沿用商鞅的政策，对外像吴起一样用兵，我们就是想不担忧也是不可能的。

综上言之，对商鞅的态度体现了君国主义和民本思想的尖锐对立。官员夸耀商鞅的功业，着眼的是统治者的荣耀，是君国的利益，而贤良、文学所着眼的是民众的疾苦。贤良、文学认为，官员热衷的那些功业、崇尚的那些荣耀，恰恰是民众疾苦的来源；君国所获得的利益，恰恰是民众付出的代价。战争不会给老百姓带来什么好处，所以老百姓没有愿意打仗的。官民的利益，在这种意义上永远是对立的，是你损我益的，国家武力强大并不一定意味着老百姓就幸福。

5. 关于官吏的论争

官吏是国家机构中国家权力的体现，是直接与民众接触的具

---

①《盐铁论·非鞅》。

体的人，直接关系到百姓的利益，所以无论在国家层面还是民众层面，他们都特别关键。

按照官员一方的说法，中央官员应该为君主尽忠，为国家尽力，像商鞅那样开疆拓土，建功立业，辅佐君主王霸天下，同时能够制定严厉的刑罚政策，树立权威，震慑民众，使他们不敢违法犯罪。地方官员则要遵纪守法，能把朝廷的政令贯彻下去，又能把赋税收上来，管理好地方治安，“明理正法”“防非矫邪”。如果能做到这些，就是好官员。

但是贤良、文学评判官吏的标准则与此不同。他们认为，中央官员不应该谄媚侍君，而应该忠于道义，敢于谏诤，矫正君主的过错，操心天下的百姓。地方官员应该体察民情，知民之所急，保境安民，防患未然，救济于危急，与民兴利，造福一方，无愧于父母之官的职位。

贤良、文学对于朝臣的正直气节很重视，他们说：“朝无忠臣者政暗，大夫无直士者位危。”[①]他们痛斥当时的朝臣多是谄谀之辈：“文、景之际，建元之始，大臣尚有争引守正之义。自此之后，多承意从欲，少敢直言面议而正刺，因公而徇私。”[②]这样的结果就是，皇帝的错误得不到纠正，其奢侈行为得不到谏诤，野心得不到遏制，官员们是在助纣为虐。

官员讽刺贤良、文学穷酸困顿，因贫穷而限制了眼界，自己没有财力也没有能力，还空谈国策，也不懂忠君之义。贤良、文学则批评官员一味从君之欲，不可谓忠。汉武帝时期的葛绎侯公孙贺、澎侯刘屈氂等“隳坏其绪，纰乱其纪，毁其客馆议堂，以为马厩妇舍，无养士之礼，而尚骄矜之色，廉耻陵迟而争于利矣。故良田广宅，民无所之；不耻为利者满朝市，列田畜者弥郡国，横暴掣顿，

---

①《盐铁论·相刺》。

②《盐铁论·救匮》。

大第巨舍之旁，道路且不通，此固难医而不可为工”[1]。这些人倒是很有财力，可是他们掠夺百姓资财，败坏朝廷风气，这样看钱多了有什么好处呢？满朝廷都是势利小人，他们造成的危局就是神仙也难挽回。现在许多好的法令得不到实行，帝王之道坏而不修，拿朝廷俸禄的官员多不称职，妨碍农业、手工业、商业发展，与民争利，导致民怨四起。官员也承认很多官吏不但不称职，还侵渔百姓；他们的生活富足，还贪得无厌，压榨百姓，欲壑难填。

汉代选举官员，一般由官员推荐察举。但是在汉武帝时期，为了筹集战争经费和人员，曾多次让富人入粟买官，让勇敢的人自荐为军官，贤良、文学认为这极大地败坏了官员队伍。他们认为，应该像古代那样，官员应通过下面的民意推荐上来，而不是由上面的统治者自行决定。“古之进士也，乡择而里选，论其才能，然后官之，胜职任然后爵而禄之。故士修之乡曲，升诸朝廷，行之幽隐，明足显著。疏远无失士，小大无遗功。是以贤者进用，不肖者简黜。”[2]这种办法叫作“三选之法”。贤良、文学认为，这样的方式能让有才能、表现好、民众认可的人才被推举上来，而不是富与贵互相转化，让居于上位的权贵决定下层民众的命运，而下层民众如果想入仕进阶，则全由上层权贵决定。这样会使士人只会往上看，既贿赂又谄媚上层官员，完全放弃自己的人格，成为自己恩主的奴才，当官后又把老百姓当作牛马奴才，大肆掠夺压榨。当今的情况是怎样的呢？“今吏道杂而不选，富者以财贾官，勇者以死射功。戏车鼎跃，咸出补吏，累功积日，或至卿相。垂青绳，擐银龟，擅杀生之柄，专万民之命。弱者，犹使羊将狼也，其乱必矣。强者，则是予狂夫利剑也，必妄杀生也。”[3]可以看出，当今的情况是，

---

① 《盐铁论·救匮》。
② 《盐铁论·除狭》。
③ 《盐铁论·除狭》。

那些富人、强者、狠者能当官，一些没有治理才能的人都追求外放当官。一到地方，他们就专横跋扈，掌握着民众的生杀之权，如同用一只狼统率羊群，给疯汉以利刃，这必然导致民众被无辜杀害。执政不由其道，民政得不到治理，很多人被杀但正义得不到伸张，导致国家越来越混乱。贤良、文学认为，汉代一郡或至千里，主政却只有一人，这种放任权力而没有制约的制度，会给民众带来极大的灾难和威胁。比较起来，古代封贤禄能，不过管理百里之地；都城在百里之地的中心，从都城到边境不过五十里；又因为一人管不过来，就设立了卿、大夫、士来辅佐和制约。这样行政治理才算完备。当今的守、相不一定有古人的德才，却主千里之政，掌握着绝对权力，主宰一郡之众的命运，擅生杀之法。千里治乱担于一肩，这么重大的责任，非贤能之士不能任，怎么能不谨慎选择呢？“故人主有私人以财，不私人以官，悬赏以待功，序爵以俟贤，举善若不足，黜恶若仇雠，固为其非功而残百姓也。”①

对于刑罚的运用，双方的看法也不同。官员说，所谓的圣人，就是“审于是非，察于治乱，故设明法，陈严刑，防非矫邪，若隐括辅檠之正弧刺也”②。他们仍然以严刑峻法为标准。贤良、文学却说，作为一个良吏，应该把教育民众放在首位，使人少犯罪甚至不犯罪，而不是使用暴力，“法能刑人而不能使人廉，能杀人而不能使人仁。所贵良医者，贵其审消息而退邪气也，非贵其下针石而钻肌肤也。所贵良吏者，贵其绝恶于未萌，使之不为，非贵其拘之囹圄而刑杀之也。今之所谓良吏者，文察则以祸其民，强力则以厉其下，不本法之所由生，而专己之残心，文诛假法，以陷不辜，累无罪，以子及父，以弟及兄，一人有罪，州里惊骇，十家奔亡，若痈

①《盐铁论·除狭》。
②《盐铁论·申韩》。

疽之相泞，色淫之相连，一节动而百枝摇”[①]。好的官员是使人不犯罪，而现在所推崇的所谓好官却善于用刀笔祸害民众，用暴力摧残民众。他们不探究立法的初衷，只放任自己的残心，罗织罪名，陷人于罪，又蔓延株连。一人有罪，吓跑乡里所有人。这哪里是在管理民众啊，这简直是虎狼在吃人啊！

由此看来，对于官员来说，他们想到的是官吏绝对服从上层管理，受朝廷控制，收得上赋税，管得住老百姓，维持社会秩序不乱。但对于贤良、文学来说，官员的职责是造福一方，保证民众的生产生活安定，维持社会公道正义，让民众满意。

6. 薄赋敛、减徭役、轻刑罚、节费用、备灾荒

薄赋敛、减徭役、轻刑罚、节费用、备灾荒，是中国古代民本思想的核心内容，是民本思想的基本体现，也是最贴近普通民众利益的事情，所以受到贤良、文学的重视。在利益方面，是损上益下还是损下保上，官员和贤良、文学双方持对立态度。

官员认为应该收取足够的赋税，让国家保持富足的财力，这样才能兴建大工程，做大事，打大仗，成大功。然而贤良、文学认为，应该减少一切不必要的开支，减少民众不必要的负担，尽量不征发徭役，也不轻易发动战争。“从文学、贤良之意，则利归于下，而县官无可为者。上之所行则非之，上之所言则讥之，专欲损上徇下，亏主而适臣，尚安得上下之义，君臣之礼？而何颂声能作也？”[②]官员责问贤良、文学，朝廷干点事情，你们就批评；官员说句话，你们就讥讽；你们是要专门损害朝廷的利益、亏害皇帝来附和小民，这样哪里还有上下秩序、君臣之礼呢？这样皇帝还能得到民众的颂扬吗？这几句话虽然不多，却非常明确地体现了官民对立的立场。也许官员平时也会把以民为本挂在嘴上，但是在他们心

---

①《盐铁论·申韩》。

②《盐铁论·取下》。

中，自己和民的利益仍然是对立的。他们认为官员就应该站在君国一边，使君主得到圣明神武的颂扬。对于贤良、文学总是为小民争利的言行，他们颇为反感。这实际上是君本和民本的对立。

（1）薄赋敛。

官员说，古代实行井田制，税收上是什一税制度。汉武帝哀怜百姓衣食不足、生活愁苦，就把税率降低到三十税一。这难道还不够惠民吗？有些人懒惰不出力，受穷是理所当然的，难道还能不劳而获吗？贤良、文学说，什一税是很中正合理的，现在虽然三十税一，可是按照顷亩出税，丰年不多收一点以免浪费，荒年却要按数收足，还要外加口赋和各种各样的徭役，一家一半以上的收入都要上交，有的全部收入都要上交，有的甚至要借贷才能交足，因此百姓虽然努力耕作，还免不了饥寒交迫。所以贤良、文学说，对待老百姓，应该先让他们富足，然后再去索取，正如《论语》所说："百姓足，君孰与不足乎？"[①]

贤良、文学认为，古代先贤在钱财花费上是克制的，征收赋税是有限度的，丰年不强取，饥年则少收；使用民力，一年不超过三天；征收税赋，不超过民众收入的十分之一，真正做到了君爱臣民，臣民尽力，上下互相谦让，所以天下平和。到了周朝末年，德政受到了冷落，统治者的嗜欲多了起来，君主奢侈靡费，于是对民间的索取也多了。民众饱受困苦，于是不服从统治者的命令，统治者又加重剥削，所以有了《硕鼠》这样的讽刺诗出现。作为君主和官员，一定要端正态度，把身段放低，体察民情。若是自己锦衣玉食、车驾肥轻，怎么能知道民众赋税的繁重？怎么能体会到民众的疾苦呢？对此，贤良、文学还举例加以说明。卫灵公隆冬时节让人挖水池，有人劝他说天寒地冻，民夫正饥寒交迫，应暂时停止这件事。卫灵公却回应道："天冷吗？我怎么没觉得？"谚语说，安

---

①《盐铁论·未通》。

全的人不能体恤处于危险中的人，肚子饱的人不会想到给饥饿的人饭吃。所以，不能和鱼肉都吃不完的人谈节约，没法劝处于安乐中的人吃苦。住高楼大厦的人怎么能体会到房屋逼仄、上漏下湿的狼狈？大富之家哪里知道吃了上顿没下顿的难处？高枕无忧、高谈阔论者更不知道那种逃租躲债、官吏上门的惊惶，在温凉的室内徘徊的人不懂面朝黄土背朝天的辛劳，骑马乘车者体会不到挑担步行的疲劳，坐船的人没有纤夫的苦恼，生活在温室的人无法感受边疆风雪苦寒的煎熬，子孙满堂的人听不到妻儿的怨哭、老母的涕零，听乐观舞者没见过流矢过耳、抛尸暴骨的惨烈景象，那些写法律文书的人没经受过鞭刑之痛，坐在车上的人体会不到步行跋涉的艰辛。当年商鞅当权，刑杀民众如割草，用兵如弹泥丸，从军者尸骨暴露在长城之下，水陆漕运的车船来往不断，人们活着去，死了回，难道他们不是父母生养的吗？难道别人的儿子就不是儿子吗？

（2）减徭役。

在文景之时，军旅不兴，罕有徭役，所以民间安居乐业。自从汉武帝兴兵以来，徭役成为民众的沉重负担。官员认为，巩固边防，保卫中央，这是理所当然的，“故饬四境所以安中国也，发戍漕所以审劳佚也。主忧者臣劳，上危者下死”[①]。为了这个目标，君主也拿出自己的私钱，减少自己的供给，来赈济贫困，补给边疆费用，却看不到老百姓的感激。

贤良、文学说，春秋以来，诸侯争霸，导致君主辛苦、民众困苦。春秋战国时期，战争是没法避免的，但是，现在天下太平，徭役本应该很少才对，为什么徭役反而更多了呢？就是不间断地打仗所致。战国时期国家小，徭役不会超过一年，而且服役的地方也不远。但是汉代就不同了，服役的地方动辄在千里万里之外，一去就是两年，人们痛苦不堪，而且这种徭役还伴随着极大的死亡率。如

---

①《盐铁论·繇役》。

征大宛时，还未交战，士兵就死了大半，转运的民夫死于沟壑者无数。现在所谓的“人口减半”，恐怕大部分都是死于战争了。徭役对于民众来说成了要命的沉重负担。官员认为，汉代的征役年龄延后到二十三岁，免除徭役的年龄提前到五十六岁，这是非常惠民的举措。贤良、文学却说，古代男子二十而冠，三十而娶，才可以服兵役，五十以上叫作“艾老”，就不服力役了，现在五十以上六十以下的还在与子孙一起服军备运输之役，又要服徭役，这算是在养老吗？古代家中有丧事者，官家三年都不上门，让其安心服丧，现在亲人的尸体还僵着，孝服刚穿上不久，就被征发服役了，这能让人守孝悌吗？

那么，怎么才是正确对待老百姓的做法呢？那就是使用民力要有节制。贤良、文学说：“夫牧民之道，除其所疾，适其所安，安而不扰，使而不劳，是以百姓劝业而乐公赋。若此，则君无赈于民，民无利于上，上下相让而颂声作。故取而民不厌，役而民不苦。”[①]所以正确的做法应该是，民间有疾苦，国家帮助百姓排忧解难，让他们安居乐业，不受打扰；使用他们但不使他们感到劳苦，老百姓才会勤勉生产，并且乐于缴纳租赋。如此，君主也不用救济民众，民众也不用希求上面降恩惠，上下相安相让，颂歌自然会响起。国家只征收一点赋税，民众不会厌烦；有一定徭役，老百姓也不觉得劳苦。

（3）轻刑罚。

刑罚也是双方论争的一个重要议题，这也是民本思想的一个重要方面。在文景时代，国家实施“无为而治”的治理政策，犯罪率相当低，据说一年只有四百起案件，司法机构几乎闲置。但是到了汉武帝时代，为了打击豪强，任用酷吏，杀人渐多。据《汉书·刑法志》说：“及至孝武即位，外事四夷之功，内盛耳目之好，征发

① 《盐铁论·未通》。

烦数，百姓贫耗，穷民犯法，酷吏击断，奸宄不胜。于是招进张汤、赵禹之属，条定法令，作见知故纵、监临部主之法，缓深故之罪，急纵出之诛。其后奸猾巧法，转相比况，禁罔浸密。……是以郡国承用者驳，或罪同而论异。奸吏因缘为市，所欲活则傅生议，所欲陷则予死比，议者咸冤伤之。”汉朝统治者又颁行三铢钱，并规定盗铸者皆死罪，结果“自造白金五铢钱后五岁，赦吏民之坐盗铸金钱死者数十万人。其不发觉相杀者，不可胜计。赦自出者百余万人。然不能半自出……犯者众，吏不能尽诛取”[①]。

在官员看来，使用刑罚、判定死罪很正常，根据春夏生长、秋冬杀藏的阴阳家理论，这也是应该的。但是，贤良、文学认为：“天道好生恶杀，好赏恶罪。……是以古者，明王茂其德教，而缓其刑罚也。网漏吞舟之鱼，而刑审于绳墨之外，及臻其末，而民莫犯禁也。”[②]这从根本上否定了严刑治国的政策。贤良、文学认为，对违法犯罪严重的官员贵族视而不见，却去找民众的毛病，单单对民众不宽容是不公的。在贤良、文学看来，刑罚越来越重，越来越繁杂，这不是民众的问题，而是国家政策和刑罚体系出了问题。法令应该简明易行，使百姓易于掌握和遵守。但是汉朝的法令在逐渐增加，后来甚至增加到了上百万字。法令滋彰的结果就是连掌管司法的人员都搞不清楚法令规条，让老百姓手足无措，这就是国家的问题。不断搜刮财富，变换币制，征发徭役，使老百姓更加苦不堪言，严重违背了设立国家机构和君主的初衷，违背了祖宗的治国理念，更是对民众的摧残。古代《春秋》一书，从不说老百姓的责任，因为百姓犯罪，根源都在统治者。“驷马不驯，御者之过也。百姓不治，有司之罪也。春秋刺讥不及庶人，责其率也。……故君

① 《史记·平准书》。
② 《盐铁论·论菑》。

子急于教，缓于刑。”[1]统治者搜刮无度，税赋繁重，奢侈腐化，就不能将罪过全归咎于老百姓。

官员认为，现在百姓犯罪，对他们的刑罚还是太轻。“今驰道不小也，而民公犯之，以其罚罪之轻也。千仞之高，人不轻凌，千钧之重，人不轻举。商君刑弃灰于道，而秦民治。”[2]官员的意思是要学习商鞅，实行严刑峻法。贤良、文学对此极为反对，他们说：“《传》曰：‘凡生之物，莫贵于人；人主之所贵，莫重于人。’故天之生万物以奉人也，主爱人以顺天也。”[3]这段话具有重要意义。世间万物，人是最珍贵的，必须重视人的生命价值，君主更应该如此，否则要君主做什么呢？应该把民众当作主体，统治机构和法律是民众所豢养的，是为了有利于民，而不是来祸害民众的。贤良、文学高扬民本主义的大旗，判明了国家与民众的正确关系。

（4）节费用。

对于百姓为什么会贫困，官员认为：一是因为需要发展商业，流通财货；二是因为百姓懒惰。他们还认为，不可以让民众太富足，因为“民大富，则不可以禄使也；大强，则不可以罚威也。非散聚均利者不齐”[4]。在他们看来，老百姓富足了，就不好管了，所以需要国家把财富收上去统一调配，不让贫富差距过大。

对此，贤良、文学的意见是，在古代，人们的生活都比较简约，吃饭只要吃饱就行，不必有大鱼大肉；穿衣只要穿暖就行，不需要绫罗绸缎。那时候，人们都好义贱利，德行高尚，不以利累己，不违义妄取，不去攀比富贵。住房，不需要高楼大屋，能遮雨避寒就行；丧葬，不需要高坟大陇，能使人得到覆盖朽烂就行；穿衣，也不讲究服饰宝玩。总之，就是朴实、务实。现在情况不同

①《盐铁论·疾贪》。
②《盐铁论·刑德》。
③《盐铁论·刑德》。
④《盐铁论·错币》。

了，“今世俗坏而竞于淫靡……旷日费功，无益于用。是以褐夫匹妇，劳罢力屈，而衣食不足也。故王者禁溢利，节漏费。溢利禁则反本，漏费节则民用给”[①]。这种奢靡之风导致民众变得劳乏与贫困。另外，无休止的战争、调发、搜刮，造成民穷财尽。因此，贤良、文学主张，要重新提倡朴厚的民风，缩减不必要的开支，避免浪费，取消繁重的征发，还老百姓一个安乐的生活状态。

（5）备灾荒。

在民本思想中，救济灾荒也是一项重要的内容。因为在当时，灾荒会导致大量人口陷入困境，甚至死亡，进而造成流民乱窜和大规模的社会动荡。从民众的利益来说，朝廷应该尽到统治者的责任，保障民众的生命安全。

对此，官员却说，天灾是没法防备的，夏天下雨、冬天下雪是阴阳五行自然变化的结果，阴过则涝，阳过则旱，天道如此，即使是商汤之时还有九年之旱，所以这并不是官府的罪过。贤良、文学则批驳道，要想风调雨顺，就要施行德政，修习内行。为政有德，福应于天，就会阴阳调和，星辰归位，风雨应时，庄稼丰收，水旱不作，“国无夭伤，岁无荒年”。他们还说：“《孟子》曰：‘野有饿殍，不知收也；狗豕食人食，不知检也；为民父母，民饥而死，则曰，非我也，岁也，何异乎以刃杀之，则曰，非我也，兵也？’方今之务，在除饥寒之患，罢盐铁，退权利，分土地，趣本业，养桑麻，尽地力也。寡功节用，则民自富。如是，则水旱不能忧，凶年不能累也。”[②]贤良、文学直言不讳，水旱灾害的发生都与统治者的德行有失和施政不当有关。因为统治者失德以及管理不善，所以出现了灾荒，饿死了人，还要说你们没有责任，那就是在狡辩！否则官员存在的价值和意义在哪里呢？

---

①《盐铁论·通有》。

②《盐铁论·水旱》。

综上所述，《盐铁论》所记述的是汉代以儒家学者为代表的民间民本思想与以御史大夫桑弘羊为代表的官本思想所进行的一场精彩对决。贤良、文学酣畅淋漓地阐扬了民本思想，与官方代表进行了全面交锋与辩驳，对以君国为本的思想进行了毫不客气的批判。其中，不乏精彩的、有创造性的论述，使民本思想得到进一步发展。这种民间对民本思想的群体性全面表达，是秦汉以后封建王朝中的唯一一次。这次辩论的发生，开明的汉昭帝功不可没。辩论结果，可以算是民间学者获胜，因为这场辩论二月举行，等到“秋七月，罢榷酤官，令民得以律占租，卖酒升四钱”[①]，榷酤制度被废止。

①《汉书·昭帝纪》。

第五章 唐代民本思想

秦汉和隋唐的更替有许多相似之处，从大的历史观来看，似乎是历史重新走了一个轮回。秦结束了战国纷争，一统天下。当时民众厌烦战乱，期盼秦能够成为一个长治久安的王朝。可秦始皇和秦二世不顾民众意愿，加重对民众的压迫和控制，最终引发了民众的反抗。西汉建立后，对秦朝的得失进行了深刻反思，凸显民本政策，才有了文景之治，有了长治久安的汉王朝。隋朝的统一是在结束了将近四百年的战乱之后。当时也是民心思定，民众渴望长治久安。可是隋炀帝和秦二世一样，开启了穷奢极欲的挥霍模式，导致民众苦不堪言，奋起反抗，隋朝迅速崩坍。唐初君臣又对隋朝的灭亡进行了深刻反思，民本思想得到重视和较好贯彻，唐朝因此崛起强大。

这两次王朝兴替有力地说明了如下事实：哪个王朝注意总结历史经验、秉持民本思想，哪个王朝就兴旺发达；哪个王朝抛弃民本思想、虐待民众，哪个王朝就会很快灭亡。

一、初唐君臣关于民本思想的讨论

在一个朝代建立之初，通常都会反思前代得失，思考长治久安之术。作为历史上不可多得的明君，唐太宗对前朝统治得失的反思极为深刻，也是最为虚心纳谏的一位君主。他希望群臣尽忠竭力，拾遗补阙，让唐朝的根基打得尽可能牢固。

唐朝初年，唐太宗积极反思历史兴亡，总结经验教训。他与房玄龄、杜如晦、魏徵、王珪、虞世南等人的议论和事迹都记载在《贞观政要》一书中，这本书为我们呈现了唐太宗时期君臣讨论民本思想的情况。

1. 君舟民水，可载可覆

以往多是一些思想家提出“水则载舟，水则覆舟”，到了唐朝，却是一国之主唐太宗反复提起这个话题。到唐朝建立之时，可资借鉴的历代兴亡之事已很丰富。贞观六年（632），唐太宗对侍臣说：“看古之帝王，有兴有衰，犹朝之有暮，皆为蔽其耳目，不知时政得失。忠正者不言，邪谄者日进，既不见过，所以至于灭亡。朕既在九重，不能尽见天下事，故布之卿等，以为朕之耳目。莫以天下无事，四海安宁，便不存意。‘可爱非君，可畏非民？’天子者，有道则人推而为主，无道则人弃而不用，诚可畏也。”魏徵回应说：“自古失国之主，皆为居安忘危，处理忘乱，所以不能长久。今陛下富有四海，内外清晏，能留心理道，常临深履薄，国家历数，自然灵长。臣又闻古语云：‘君，舟也；人，水也。水能载舟，亦能覆舟。’陛下以为可畏，诚如圣旨。”[①]对于唐太宗“有道则人推而为主，无道则人弃而不用”的见解，魏徵又重申了“水能载舟，亦能覆舟”的古训，君臣互相砥砺，深以为戒。在唐代，民本思想有着影响深远。

① 骈宇骞译注：《贞观政要·政体》，中华书局，2011，第35～36页。

随着唐朝渐渐强盛，唐太宗励精图治的精神渐减，魏徵对此多次谏诤。他曾对唐太宗说，凡要知道形象美丑，必须临水照影；凡鉴别国家的安危，必须借鉴于亡国。《诗经》中说“殷鉴不远，在夏后之世”，我们现在做事情，“必思隋氏以为殷鉴，则存亡治乱，可得而知”。要想国家长治久安，君主一定要“知存亡之所在，节嗜欲以从人，省游畋之娱，息靡丽之作，罢不急之务，慎偏听之怒。近忠厚，远便佞，杜悦耳之邪说，甘苦口之忠言。去易进之人，贱难得之货，采尧、舜之诽谤，追禹、汤之罪己，惜十家之产，顺百姓之心。近取诸身，恕以待物，思劳谦以受益，不自满以招损。有动则庶类以和，出言而千里斯应，超上德于前载，树风声于后昆。此圣哲之宏观，而帝王之大业，能事斯毕，在乎慎守而已”[①]。

无论是“殷鉴”也好，还是“隋鉴”也罢，都说明了一个历史铁律，那就是君主的奢侈会造成民众的痛苦，民众痛苦就会使君主丧失民心，失去民心的君主会被弃如敝屣，甚至还会有性命之忧。所以君主必须居安思危，慎始慎终，顺民之心，惜民之力。

2. 恤民力

通过对历史的回顾，统治者逐渐明白，国家要想长治久安，自己要想得到民众的拥护，就要珍惜民力，不兴无益的工程，不做劳民的事情，避免引起民众的反感。

唐太宗对魏徵说：“顷读周、齐史，末代亡国之主，为恶多相类也。齐主深好奢侈，所有府库，用之略尽，乃至关市无不税敛。朕常谓此犹如馋人自食其肉，肉尽必死。人君赋敛不已，百姓既弊，其君亦亡，齐主即是也。”[②]这形象地说明了民为君本的道理。唐太宗认为，民本的关键在于“不夺农时”，“凡事皆须务

①《贞观政要·刑法》。
②《贞观政要·辩兴亡》。

本，国以人为本，人以衣食为本，凡营衣食，以不失时为本。夫不失时者，在人君简静乃可致耳。若兵戈屡动，土木不息，而欲不夺农时，其可得乎”[①]。王珪回应说：“秦皇汉武之时，内修宫室，外穷兵戈，人力既竭，祸难遂兴。他们难道不想安定吗？但是安定的办法不对啊！陛下亲历隋朝的败亡，就知道必须要有所改变。”贞观五年（631），礼部尚书上奏，皇太子要行冠礼，经占卜定在二月举行为宜。唐太宗说，春耕刚刚开始，恐怕妨碍农事，要求改在十月。礼部官员说二月比较吉利，太子少保萧瑀也说要按照阴阳家的建议在二月举行冠礼。唐太宗说，阴阳家那些禁忌自己并不信奉，如果不顾天理道义，怎么能求得福佑？如果所行的都是正道，万事自然都会吉利，农时非常重要，不能耽误片刻。

战争是耗费民力、国力最大的事情。在唐初，唐太宗注重爱惜民力，竭力避免战争。唐太宗曾对侍臣说，当年占领京师时，看到隋炀帝的皇宫中美女、珍玩满院都是，隋炀帝却还不满足，横征暴敛，穷兵黩武，使百姓困苦不堪，隋朝遂致亡灭。这些都是自己亲眼所见，所以现在自己欲清净，使天下无事，这样才能徭役不兴，五谷丰登，百姓安乐。“夫治国犹如栽树，本根不摇则枝叶茂荣。君能清净，百姓何得不安乐乎？”[②]贞观四年（630），官员上报林邑国在所上奏章中言语不逊，请唐太宗发兵讨伐。唐太宗说：“兵者，凶器，不得已而用之。故汉光武云：‘每一发兵，不觉头须为白。’自古以来，穷兵极武，未有不亡者也。……隋主亦必欲取高丽，频年劳役，人不胜怨，遂死于匹夫之手。至如颉利，往岁数来侵我国家，部落疲于征役，遂至灭亡。朕今见此，岂得辄即发兵？……言语之间，何足介意！”[③]贞观五年（631），康国请求归

①《贞观政要·务农》。
②《贞观政要·政体》。
③《贞观政要·征伐》。

附，唐太宗却加以推辞，说："前代帝王，大有务广土地，以求身后之虚名，无益于身，其人甚困。假令于身有益，于百姓有损，朕必不为，况求虚名而损百姓乎？康国既来归朝，有急难不得不救；兵行万里，岂得无劳于人？若劳人求名，非朕所欲。所请归附，不须纳也。"①不为了扩大疆域而轻用民力，这使无数人命得以保全。这两个事例都说明唐太宗早年是比较务实的。

3. 重民生

唐初君臣很注意民众疾苦，特别是饥寒、灾荒这样的民之大事。

贞观二年（628），京城发生了大旱灾，又出现了蝗灾。唐太宗捉住几个蝗虫说道："人以谷为命，而汝食之，是害于百姓。百姓有过，在予一人，尔其有灵，但当蚀我心，无害百姓。"②说着就要吞吃蝗虫，吓得左右侍从急忙劝阻，劝他别因此得病。唐太宗说，他希望把灾祸转移到自己身上，并不需要躲避什么病。唐太宗还对王珪说，隋朝开皇十四年（594）发生了大旱灾，人们没有粮食吃，可是当时隋朝的府库中并不缺粮食，隋文帝不怜惜民众，不肯放粮。到了他晚年的时候，府库中还有够吃五六十年的粮食。隋炀帝自恃国库富足，竟把这些粮食当成了他肆意挥霍的资本，这也成了隋灭国的一个原因。一个国家，要富在百姓，不要富在国库，仓库储粮是为荒年预备的，不要让它成为危亡之本。

贞观十六年（642），粮食卖价很低，平均每斗五钱，有的地方甚至三钱，唐太宗得知以后就说："国以民为本，人以食为命，若禾黍不登，则兆庶非国家所有。既属丰稔若斯，朕为亿兆人父母，唯欲躬务俭约，必不辄为奢侈。朕常欲赐天下之人，皆使富贵。今省徭赋，不夺其时，使比屋之人，恣其耕稼，此则富矣。敦行礼

①《贞观政要·征伐》。
②《贞观政要·务农》。

让，使乡闾之间，少敬长，妻敬夫，此则贵矣。但令天下皆然，朕不听管弦，不从畋猎，乐在其中矣！”[①]唐太宗表示，粮食对百姓来说如此重要，自己一定会厉行节俭，只要百姓安居乐业、生活幸福，即使自己不听音乐、不打猎，也是快乐的。

4. 慎刑罚

慎刑罚，省刑，少杀人，也是民本思想的重要方面。汉以前实行残酷的肉刑，汉初文帝时废除了肉刑。但是东汉末年以后，乱世重法，又恢复了肉刑。北齐时，刑法的条文减少，死刑也减了很多。隋朝建立时，重新制定了《开皇律》，刑罚进一步减轻，废除了许多死刑条文。唐朝建立之后，唐高祖李渊很重视法律体系的制定，并进一步减轻刑罚，制定了《武德律》。唐太宗登基之后，改革了刑法条例，减少了肉刑，“自是比古死刑，殆除其半”。唐太宗又命令房玄龄与有关部门制定了律法五百条，“比隋代旧律，减大辟者九十二条，减流入徒者七十一条”，并组织制定了《贞观律》，历时十一年，“除烦去弊，甚为宽简”。[②]这部《贞观律》是中华法系的代表作，也是中国古代正式颁布的法典中刑罚最轻的一部法典。

贞观元年（627），唐太宗对侍臣说：“死者不可再生，用法须务在宽简。”怎么才能使断案平允呢？王珪说，如果选择“公直良善”的人，自然就会平允。唐太宗予以采纳，并决定从今往后，死刑的决定都需要中书省、门下省四品以上官员和尚书九卿一起议定。到贞观四年（630），全国被断死刑的仅有二十九人，刑罚几乎快要被搁置不用了。贞观五年（631），相州人李好德因为有疯疾，说了些荒谬狂妄的话。当时大理寺丞张蕴古说“好德癫病有征，法不当坐”，唐太宗听后就准备不追究了。但是张蕴古把消息悄悄告

① 《贞观政要·务农》。

② 刘昫等：《旧唐书·刑法志》，中华书局，1975，第2136～2138页。

诉了李好德，而且还和坐监的李好德博戏，唐太宗知道后大怒，就将张蕴古斩首。气消了之后，唐太宗又后悔了，就责备房玄龄说："你们吃着皇粮，需要事事尽心，现在你们遇事不谏诤，一句话也不说，你们辅佐了什么？张蕴古虽然有罪，但罪不至死，我当时盛怒，你们也不从旁劝谏，这难道是为臣之道吗？"于是唐太宗宣布"凡有死刑，虽令即决，皆须五覆奏"[①]。所谓五覆奏，就是判定死刑要向皇帝反复奏报五次，由皇帝最后下决心，以示慎重。五覆奏制度就是从这里开始的。以往的规定是三覆奏，且在一天之内，从这时起就改为五覆奏，时间也延长，改为在两天之内，以保证皇帝在心平气和之下反复思量，做出理性判断。

5. 慎选官吏

治国必须治吏，治吏先要选吏。唐太宗非常重视对官吏的选拔，他认为"致安之本，惟在得人"。

贞观元年（627），唐太宗对大臣说："致理之本，惟在于审。量才授职，务省官员。故《书》称：'任官惟贤才。'又云：'官不必备，惟其人。'若得其善者，虽少亦足矣。其不善者，纵多亦奚为？"[②]他下令，各省官员都要使他们各当其任，实行"无为而理"。房玄龄等议定文武官员总共六百四十人。唐太宗还对房玄龄说，对于那些才艺过人的乐工或其他杂务人员，只能赏赐金钱一类，不可授予官职。

贞观二年（628），唐太宗对房玄龄、杜如晦说："你们作为诸官之长，务在帮助我广开视听，访求贤良明哲，现在你们忙于处理诉讼，连审阅公文的时间都没有，哪里还能帮助我访求贤才呢？"唐太宗为官吏选任、治理之事日夜思虑，对侍臣说："朕每夜恒思百姓间事，或至夜半不寐，惟恐都督、刺史堪养百姓以否。故于屏

① 《贞观政要·刑法》。
② 《贞观政要·择官》。

风上录其姓名，坐卧恒看。在官如有善事，亦具列于名下。朕居深宫之中，视听不能及远，所委者惟都督、刺史，此辈实理乱所系，尤须得人。”[①]

贞观十一年（637），侍御史马周上疏说：“治天下者，以人为本。欲令百姓安乐，惟在刺史、县令。县令既众，不能皆贤，若每州得良刺史，则合境苏息。”[②]于是唐太宗说，既然如此，那么刺史就要由自己亲自来选任，县令则由五品以上的京官各举一人。

慎重地选拔官吏、讲究选拔人才的方法、合并减少州县、精简吏员人数，唐初做得非常用心。当时，京官精简到六百四十员。并且，因为要使官员都通达诗书礼义，科举就越来越受到重视，逐渐成为选拔官员的主要途径。

唐太宗君臣对民本思想的贯彻以及关于民本思想和治国之道的讨论，是封建社会开明政治的典型，为历代开明统治者所推崇和学习。

二、韩愈的民本思想

韩愈是唐朝重要的思想家、文学家和政治家，生活在唐朝中期。安史之乱后，唐朝已经在走下坡路。虽然安史之乱已经被平定，但藩镇割据又成为痼疾，所以唐王朝仍处于艰难恢复之中。

韩愈认为，古人所说的修身、齐家、治国、平天下的修齐治平模式完全正确，也是中华文明的正宗传统，而当时佛教盛行，老子的道学名世，禹汤文武周公孔孟所一脉相传的圣人之道衰微不彰，所以他要像当年孟子光大孔门一样，继承发扬道统于当代。他对民本思想的阐扬，正是在这种背景下发生的。

1. 君、师为民而设

韩愈在君权和国家为何出现的认识上，没有比先秦诸子更新的

①《贞观政要·择官》。
②《贞观政要·择官》。

创见，依然承袭了儒墨诸家的说法。《原道》一文集中阐述了韩愈的看法。

“古之时，人之害多矣。有圣人者立，然后教之以相生养之道。为之君，为之师”，圣人教导人们学会了穿衣、造房子、造器物、研制医药、贸易、制定礼乐刑罚，也因此有了君民关系，并形成了各自的责任和义务。“是故：君者，出令者也；臣者，行君之令而致之民者也；民者，出粟米麻丝，作器皿、通货财，以事其上者也。君不出令，则失其所以为君；臣不行君之令而致之民，民不出粟米麻丝，作器皿、通货财，以事其上，则诛。”[①]从禹汤文武之时，中国就形成了一以贯之的先王之教，形成了中华独有的礼仪文明，这是夏、商、周三代以来中国人的传统文化核心价值。先王之教以仁义道德为主，载体是《诗》《书》《易》《春秋》等；其法是礼、乐、刑、政，其民是士、农、工、贾，其对应关系是君臣、父子、师友、宾主、昆弟、夫妇。总体说来，先王之教“其为道易明，而其为教易行也。是故以之为己，则顺而祥；以之为人，则爱而公；以之为心，则和而平；以之为天下国家，无所处而不当。是故生则得其情，死则尽其常”[②]。韩愈认为，这就是中华民族自古以来的道统，君主治理国家、改善民众生活，都要靠这个道统。这个道统是世代相传的：“尧以是传之舜，舜以是传之禹，禹以是传之汤，汤以是传之文武周公，文武周公传之孔子，孔子传之孟轲，轲之死，不得其传焉。”[③]韩愈以孟子自比，想从孟子那里接过道统的大旗，把中华传统接续下去，所以他也要像孟子排斥杨、墨一样排斥他认为的异端，力图重新树立儒家道统的正统地位。

---

① 马其昶校注：《韩昌黎文集校注·原道》，上海古籍出版社，2014，第17页。

②《韩昌黎文集校注·原道》。

③《韩昌黎文集校注·原道》。

2. 排斥佛教

自东汉时向东方传播以来，佛教的影响越来越大。过去，三国尚名法，西晋尚老庄，都是以中华正统文化为主。但到了南北朝时期，佛风大盛，佛寺大增，民众出家为僧尼者以百万数，佛教庙产无数，与国家争夺税源，甚至蓄养僧兵，给民众带来了沉重的负担。唐朝以来，虽儒、道、佛三足鼎立，但佛家势力依然发展迅猛，尤其是武则天时期，大倡佛教，还在洛阳建造了巨大的佛殿明堂和天堂（礼佛堂），耗费资财无数。韩愈生活在唐宪宗当政时代，唐宪宗也笃信佛教。当时凤翔扶风县法门寺有一座佛塔，因保存有一段佛骨舍利而闻名，每三十年开塔一次，让人参观礼拜，据说这样能保佑风调雨顺，国泰民安。于是元和十四年（819），唐宪宗派遣使者把佛骨隆重地迎请回宫供养。整个长安城为之沸腾，社会各阶层人士纷纷贡献财物，甚至有民众倾家荡产、烧顶灼臂以求供养。

在这种对佛教狂热追求的氛围中，韩愈却认为，汹涌泛滥的佛教是外来文化，不符合中国传统，也不符合中国国情，不但对中国社会和中华传统危害甚大，而且直接威胁国计民生。于是韩愈上表力谏，写了著名的《论佛骨表》，列举了佛道盛行的种种危害，试图劝阻唐宪宗迎佛骨入宫。

首先，韩愈认为，佛教徒不事生产，整天打坐念佛，不耕不织，坐耗国计。韩愈说，古代民分士农工商四种职业，士人不事生产，这样不生产的人只有四分之一，但是自佛教和道教兴盛以来，又多了两个不生产的社会群体，这样生产的人少了，消费的人多了，必然增加劳动者的负担，进一步导致社会的贫困。下层生产者无法安定生活，必然引起社会动荡，甚至动摇国本。当时确实已经出现耕地荒芜的情况，国本已经不稳了。

其次，韩愈认为，狂热崇奉佛教，严重影响民众生活。在佛教迅速蔓延扩展之际，大量资财投入寺庙，香火钱无数，僧众不劳而获。于是他们的生活就奢侈起来，寺庙建筑追求壮丽，僧众衣食铺张浪费，也影响了民间风气。唐宪宗要迎佛骨入宫，更加剧了这种情况。韩愈在《论佛骨表》中上言：“焚顶烧指，百十为群；解衣散钱，自朝至暮；转相仿效，惟恐后时；老少奔波，弃其业次。若不即加禁遏，更历诸寺，必有断臂脔身以为供养者；伤风败俗，传笑四方，非细事也。”这种全民性的盲目的宗教狂热，不但严重影响了生产生活秩序，而且将在风俗文化上动摇华夏文明的基础。

韩愈认为，中国和西方异域本来就文化不同、风俗各异，若任佛教继续发展，必然导致“以夷变夏”。他主张，让僧尼还俗，烧掉佛经，把寺庙恢复为民居。当然，这是比较激进的做法。周武帝已经试行于昔日，韩愈此时再次提出，也难以奏效，但是他捍卫中华传统文化与道统的决心是坚定的。然而，也正是因为《论佛骨表》这封上书，韩愈被贬至潮州。

韩愈的排佛主张，虽然出于倡导民本思想，但不免有些偏激，后来韩愈也对自己的观点有所修正。随着时间发展，佛教经过一系列改变，逐渐中国化，并成为中华传统文化的一部分。

3. 深体民情，关注民生

韩愈并非仅关注庙堂大事，在一些小事上也能从民众的利益出发，尽量不扰民，不残民，只利民。但凡能够做到的，他都尽量去做。

《论变盐法事宜状》这篇文章更加体现了韩愈的民本思想特色。

封建时代，盐铁都是国家的重要资源，尤其是盐税占国家财政收入很大比例。唐穆宗时，户部侍郎张平叔上书，建议盐由官卖，这样有利于富国强兵。唐穆宗让大臣们讨论此事，于是韩愈就上奏了《论变盐法事宜状》，逐条驳斥张平叔的说法。第一，韩愈站在百姓的角度分析利害：“臣今通计所在百姓，贫多富少，除城郭外，有见钱籴盐者，十无二三。……今令州县人吏坐铺自粜，利不关己，罪则加身。不得见钱及头段物，恐失官利，必不敢粜。变法之后，百姓贫者无从得盐而食矣。”[①]如果盐由官卖，最终会导致官利少、百姓贫者不得盐等诸多弊端。第二，如果由官府卖盐，若是边远村庄，只有几户人家，也要设立官员，那么必然要由村民供应官员饮食，利少弊多。第三，送盐下乡，运输也是问题。“不和雇则无可载盐，和雇则害及百姓，此又不可也。”[②]第四，百姓买官盐，实际上已经间接交税了，不再需要通过繁杂的交税手续交税。“国家榷盐，粜与商人；商人纳榷，粜与百姓：则是天下百姓无贫富贵贱皆已输钱于官矣；不必与国家交手付钱，然后为输钱于官也。”[③]第五，对于张平叔说的“百姓贫虚”，官府卖盐可解民困，韩愈认为：“臣以为百姓困弊，不皆为盐价贵也。……改用新法，百姓亦未免穷困流散也。……以臣所见，百姓困弊日久；不以事扰之，自然渐裕：不在变盐法也。”[④]解决百姓之贫要从长计议，绝不是通过官府卖盐就可以解决的。最终，经讨论，官员们认为韩愈说得切实，张平叔的提议就被否决了。韩愈的这些辨析，都是从百姓切身利益出发的，力求谨慎制定政策，不伤害百姓。

韩愈在思想体系上，基本继承了孔孟儒家的民本思想，虽然创新较少，没有太大突破，但是在本末问题上，并不像大多思想家那样，一味强调重本抑末，偏重农业，抑制商业。韩愈认为，社会分工是必然的，农、工、商、医等分工都是必要的，而且没有轻重贵贱的分别。在封建社会中，韩愈能持有这一观点是难能可贵的。此外，他还认为，天命的支持与否关系王朝的存亡，所以他支持唐宪宗举行封禅，赞其“巍巍之治功也。宜定乐章，以告神明，东巡泰山，奏功皇天”[⑤]。但是，我们应该看到，当时主要的任务不是要让

---

①《韩昌黎文集校注·论变盐法事宜状》。
②《韩昌黎文集校注·论变盐法事宜状》。
③《韩昌黎文集校注·论变盐法事宜状》。
④《韩昌黎文集校注·论变盐法事宜状》。
⑤《韩昌黎文集校注·潮州刺史谢上表》。

民本思想有所突破，而是要捍卫传统的民本思想。在这方面，韩愈民本思想的举措具有积极意义。

三、柳宗元的民本思想

柳宗元也是唐朝重要的思想家、文学家和政治家，与韩愈大约是同一时期的人。柳宗元是一个天才式人物，《新唐书·柳宗元传》称他："少精敏绝伦，为文章卓伟精致，一时辈行推仰。"韩愈在《柳子厚墓志铭》中称赞他："俊杰廉悍，议论证据今古，出入经史百子，踔厉风发，率常屈其座人；名声大振，一时皆慕与之交……"

柳宗元本有大志，想"励材能，兴功力，致大康于民，垂不灭之声"①，但是因改革受挫，屡遭贬黜，于是将精力转向著述，发誓"贤者不得志于今，必取贵于后"②。他的文章见解独到，思想深刻，议论精辟，文字精练。在民本思想方面，他的"吏为民役"之说可谓真知灼见、意涵深远，为封建时代所罕见。

柳宗元的朋友薛存义要赴任零陵，柳宗元为之饯行，并对他说：

> 凡吏于土者，若知其职乎？盖民之役，非以役民而已也。凡民之食于土者，出其十一佣乎吏，使司平于我也。今我受其直、怠其事者，天下皆然。岂唯怠之，又从而盗之。向使佣一夫于家，受若直、怠若事，又盗若货器，则必甚怒而黜罚之矣。以今天下多类此，而民莫敢肆其怒与黜罚，何哉？势不同也。势不同而理同，如吾民何？有达于理者，得不恐而畏乎？③

① 尹占华、韩文奇校注：《柳宗元集校注·答贡士元公瑾论仕进书》，中华书局，2013，第2192页。

②《柳宗元集校注·寄许京兆孟容书》。

③《柳宗元集校注·送薛存义序》。

这段话值得探讨一番：做官吏的人，你知道你的职责吗？官吏是民众的仆役，不是去役使民众的。种地的民众，拿出十分之一的收入雇人做官吏，让他们为自己维持公平与秩序。现在官吏拿了他们的钱，又不为他们尽心做事，到处都是这样。这些官吏不仅懒政不做事，还偷盗民众的财产。如果你家里雇了一个人，拿了你许多报酬，却误了许多事，还偷你的东西，你早就生气了，处罚他，甚至赶走他。但现在官吏多是这样，百姓都不敢发怒和解雇官吏，这是为什么呢？是因为形势不一样啊！不过，虽然形势不同，但道理是一样的。如果老百姓知道了这个道理，那他们能不可怕而值得敬畏吗？柳宗元的这些话，是以前没有人说过的。前人一直在说的是，对于民众，天地作之君、作之师，君出令等。但他们没有认识到，从社会分工看，君主和官吏都是缴纳税赋的民众雇的力役，民众与官吏的关系是雇佣关系，官吏不好好做事的话，民众就有权罢免他们，罢免他们就像主人罢免雇工一样合理。现实社会中被雇的人不但拿了钱不干活，甚至还偷东西，这说的就是官吏们。而且柳宗元暗示，老百姓也应该知道这个道理。柳宗元对当时的黑暗政治和腐败吏治进行了揭露和批判，他的这一思想已经接近“主权在民”的思想，这比法国启蒙思想家们提出的时间更早。

柳宗元所认为的好官是什么样子的呢？他在文章中接着说：“存义假令零陵二年矣，早作而夜思，勤力而劳心，讼者平，赋者均，老弱无怀诈暴憎，其为不虚取直也的矣，其知恐而畏也审矣。”[①]他认为假如薛存义去零陵任职两年了，日夜思虑，不光劳力，而且尽心，判决诉讼公平，收取赋税合理，当地的老人孩子都诚实和睦，没有民怨，那薛存义肯定没有白拿老百姓的钱，肯定也是深刻知道老百姓“恐而畏”了，那么他就是一个好官。

柳宗元的很多文章都闪耀着民本思想的光辉。他同情民众，憎

---

①《柳宗元集校注·送薛存义序》。

恨黑暗腐败的统治。在《捕蛇者说》中，他说永州所产的蝮蛇奇毒无比，一个捕蛇者的上两代都死于捕蛇。当他建议捕蛇者放弃这种有生命危险的事情去种地时，没想到捕蛇者竟然“汪然出涕”，说宁死也不种地，当农民只会更苦，每当听到官吏敲门逼债抓人的声音就心惊肉跳，然而看到罐子里的蛇还在，就又可以心安理得睡觉了。这说明，当时农民的处境比捕蛇者更加危险不堪。他最后的感叹是“苛政猛于虎也”，当然也毒于蛇蝎。

在唐朝民本思想的发展过程中，唐初君臣关于民本思想的讨论和反思影响最大，也最有典型性。因为这是执政者们的讨论，是帝王将相们的感悟，他们的讨论和思考会贯彻到施政中去，对整个社会和民众起到良好的作用。唐朝君臣关于民本的讨论既有理论性，也有实践性。在这些讨论中，唐太宗是核心人物，既是倡导者，也最具权威性。唐朝出现“贞观之治”，出现盛唐局面，与这种关于民本思想的深入讨论和实践密不可分。民本思想在其中发挥了巨大作用，影响也很深远。唐朝的民本思想，不仅仅对唐代政治具有积极意义，对以后历代统治者和思想家都产生了重要影响。

第六章 宋明时期民本思想

宋太祖赵匡胤结束了五代十国的混乱局面，统一了中原地区。他深知这个局面来之不易，因此分外珍惜，采取了许多措施来稳定新王朝，包括重视民生、稳定民心等诸多举措。

一、宋太祖赵匡胤的民本思想

在赵匡胤夺取政权之后，许多外地守将和官员处于观望状态，对赵匡胤有所了解的人就对他们说，赵匡胤和以前五代的那些皇帝不一样。

在五代时期，统治者大都残暴好杀，不顾惜民众的生命。赵翼在《廿二史劄记》中曾记载："五代之乱，朝廷威令不行，藩帅劫财之风，甚于盗贼，强夺枉杀，无复人理。"[①]又说："五代乱世，本无刑章，视人命如草芥，动以族诛为事。""而民之生于是时，

① 赵翼：《廿二史劄记校证·五代史·五代藩帅劫财之习》，中华书局，2013，第503页。

不知如何措手足也。”[①]而赵匡胤禁止乱杀人，他要求，不管是百姓还是降兵，都不能乱杀。在黄袍加身时，他就与拥戴者约定：回到京城，要保持安静，不得妄杀。在平定叛乱的过程中，也不加害于百姓和降兵。

据《续资治通鉴长编·卷二》记载：“五代以来，典刑弛废，州郡掌狱吏不明习律令，守牧多武人，率恣意用法。”建隆二年（961）发生了一件案子：农民马从玘杀死了他无恶不作的儿子，防御使仇超、判官左扶等人把马从玘一家都判了死刑。赵匡胤对这种滥用刑罚的行为极为愤怒：“令有司劾之，并除名，杖流海岛。自是，人知奉法矣。”[②]建隆三年（962），他对宰臣说：“五代诸侯跋扈，多枉法杀人，朝廷置而不问，刑部之职几废，且人命至重，姑息藩镇，当如此耶！”于是下令，各州此后凡判了死刑的，必须“录案闻奏，委刑部详覆之”。[③]后来，在发兵攻取南唐时，他专门任命性格仁厚的曹彬做主帅。曹彬辞行的时候，赵匡胤对曹彬说：“南方之事，一以委卿，切勿暴略生民，务广威信，使自归顺，不须急击也。”他又给曹彬一把剑，说：“副将以下，不用命者斩之。”[④]一旁的副将潘美等人都不敢仰视。因为在平定后蜀时，王全斌曾经诱杀蜀兵两万七千人，又在破城之后纵兵杀掠，赵匡胤对此深恶痛绝，所以这次他不但专任曹彬，还警告潘美等人不可妄杀。赵匡胤还设立了封桩库，积累钱帛，准备优先以和平赎买的方式买回燕云十六州。

五代之时，各地藩镇官吏都是武人，他们崇尚武力，滥杀无辜，于是赵匡胤让文人担任知州，管理州的行政事务，自此州不再隶属于藩镇，节度使也逐渐成为一个虚衔。“自宋太祖易以文臣

①《廿二史劄记校证·五代史·五代滥刑》。

② 李焘：《续资治通鉴长编·卷二》，中华书局，1995，第46页。

③《续资治通鉴长编·卷三》。

④《续资治通鉴长编·卷十五》。

牧民，而后天下渐得苏息，历代因之，皆享国久长，民不思乱。岂非设官立法之善，有以出水火而登之衽席哉。”[①]武人粗暴，轻于杀戮；文人则更善于动脑子，破案子，所以以文人代替武人管理民政，效果要好得多。

同时，赵匡胤严厉惩贪，安抚百姓，救济贫困，减轻民众负担，宋代社会很快就稳定了下来。赵匡胤对于肆意劫掠的乱象采取严厉措施加以制止，严惩贪腐行为。比如，建隆三年（962），辛巳，“右卫率府率薛勋掌常盈仓，受民租，概量重，诏免勋官，配隶沂州，仓吏弃市”；癸巳，“诏开封府捕蔡河务纲官王训等四人，磔于市。以训等用糠核土屑杂恶军粮”；已亥，“广济县令李守中坐赃，决杖配海门岛”。[②]从以上材料可以看出，赵匡胤惩处贪官的力度很大。

但与明太祖朱元璋大杀贪官不同，宋太祖赵匡胤对一些功臣和一些有能力的官员的违规行为还是以惩戒教育为主。比如将领王全斌，尽管他在南征后蜀的战争中出现掠夺民财、滥杀无辜的行为，但是赵匡胤还是留了他的性命。再如，张美在宋太祖评定昭义节度使李筠叛乱的战役中有大功，被封为安国节度使，镇守同州。在同州时，朝廷让商人向关中贩卖木材，同州每年都拿出数十万缗铜钱，借贷给民间贩木商人。长史向他们索要十分之一的红利，称之为率分钱，每年都能得钱数百万之多，唯独张美分文不取。张美也因此以廉洁闻名，受到朝廷的嘉奖和人们的颂扬。后来他被调到沧州。一段时间之后，有人告发他强娶民女为妾，并掠夺铜钱四千余缗。赵匡胤问告状者：“张美没来沧州的时候，沧州乱不乱？”告状者回答说：“乱。”赵匡胤又问：“张美来了之后呢？”告状者说：“不乱了。”赵匡胤说：“这么说来，张美对沧州百姓有大功

---

①《廿二史劄记校证·五代史·五代藩郡皆用武人》。

②《续资治通鉴长编·卷三》。

啊！你要告倒他也容易，我可以立即罢免他，不过这样对沧州老百姓不一定好啊。”赵匡胤命令张美归还此人被强娶的女儿，还令官员给了他五百缗，让他回家了。随后，赵匡胤招来张美的母亲让她责备张美犯的错误，并给她一万缗，让她告诉张美，以后想要钱，直接上报到朝廷，不要搜刮老百姓。张美改过从善，后来以政绩卓著闻名。对于违规行为，赵匡胤并不是一味地纵容。在此案中，赵匡胤一方面对比张美至沧州前后沧州的变化，让告状者明白张美的功劳，借以安抚民心；另一方面警示张美的违法行为，敦促他改正错误，双管齐下，收到了很好的效果。

唐末以来，历代乱主悍将杀人如麻，草菅人命。赵匡胤力矫积弊，戒杀轻刑，在乾德元年（963）接受了吏部尚书张昭等人的建议，申明了基本的刑罚制度，使管理体制向法制化过渡。这与以往相比是一个极大的不同，为后世打下了“仁宋”的基调。

后周显德末年，朝廷经常派官员到各州丈量民田。这些官员经常作威作福，不秉持公道，民众不堪其苦。北宋建立之后，赵匡胤也想丈量土地，不过他对大臣说，派官员去丈量田地，是为了“勤恤下民”，“而民弊愈甚，得非使臣图功幸进，致其然哉？今当精择其人，以副朕意”。[①]赵匡胤了解民间疾苦，爱护百姓，不会轻易动用民力。建隆二年（961），朝廷征发了三万人疏浚五丈渠，以通东方漕运。赵匡胤表示，这项工程是不得已而为之，也是为民减轻负担的长久之计，否则“烦民奉己之事，朕必不为也。开导沟洫以济京邑，盖不获已耳”[②]。他知道京师依赖运河供给并非长久之计，所以有迁都的打算。由于迁都计划受阻，运河的开挖和维护便成为北宋的国家大事。

赵匡胤很注意了解民间疾苦，命令凡是朝臣出使，回来的时

①《续资治通鉴长编·卷二》。
②《续资治通鉴长编·卷二》。

候，都要详细汇报民间的情况。平定后蜀后，对于那些烦苛害民的政令，他一律废除，并下诏“自今其勿复令部曲主掌事务，及于部内贸易，与民争利，违者论如律”[①]。

总之，作为宋代的创建者、奠基者，赵匡胤在王朝建立之初就稳定局势，重视民间疾苦，一边推进全国的统一，一边给百姓创造一个稳定的生活环境，消除积弊，恢复生机，为继任者树立了一个好的榜样。通观北宋的皇帝，除了宋徽宗之外，都比较遵守皇帝规范，勤于政务，关心民众，遵循民本思想。通观北宋的臣僚，除了宋徽宗、宋钦宗之时，基本没有大奸大恶大贪之人。赵匡胤作了一个表率，北宋朝廷基本形成了“以民为本”的共识。

二、范仲淹改革中的民本思想

北宋一代，贯穿始终的三个基本问题是：人才、积贫、积弱。北宋的改革也主要是围绕这三者展开的。但不管是改革派还是保守派，他们在围绕改革发生争执、辩论时，都没有人反对和否定民本思想，并且都以是否符合民众的利益为依据。

庆历二年（1042）五月，欧阳修上疏说：“从来所患者外藩，今外藩叛矣；所患者盗贼，今盗贼起矣；所忧者水旱，今水旱作矣；所仰者民力，今民力困矣；所急者财用，今财用乏矣。”[②]庆历三年（1043）五月，欧阳修又说：“今兵戎未息，赋役方烦，百姓嗷嗷，疮痍未复，救其疾苦，择吏为先。”[③]又说：“伏念兵兴累年，天下困弊。饥荒疲瘵，既无力以振救，调敛科率，又无由而减省，徒有爱民之意，绝无施惠之方。若但能逐去冗官，不令贪暴，选用良吏，各使抚绥，惟此一事，及民最切。”[④]这时候宋仁宗也很

①《续资治通鉴长编·卷七》。
②《续资治通鉴长编·卷一百三十六》。
③《续资治通鉴长编·卷一百四十一》。
④《续资治通鉴长编·卷一百四十一》。

急切，他对辅臣们说：“惟民间疾苦，尤须省察，有以利天下者，在必行之。”[①]当时欧阳修、范仲淹、韩琦、富弼、余靖等人都属于改革派，对于局势的认识比较一致。他们都认为冗官冗兵冗费是当时的大问题，造成了国家的危局，甚至出现了民为盗贼的情况。余靖上言说：“方今官多冗费，民无私蓄，一岁不登，逃亡满道……近闻解州、邓州群贼入城，劫略人户……”[②]但是，他们渐渐把问题的焦点集中到官吏的问题上来。范仲淹、韩琦说：“臣等窃以天下郡邑，牧宰为重。得其人则致化，失其人则召乱，推择之际，不可不慎。……能政之处，民必蒙福，谬政之下，民必受弊。……今四方多事，民日以困穷，将思为盗，复使不才之吏临之，赋役不均，刑罚不当，科率无度，疲乏不恤，上下相怨，乱所由生。”[③]范仲淹、韩琦所说的具有一定的代表性。可以说，范仲淹、韩琦等改革派的思想都是以民本思想为基调的，他们认为整顿吏治是改善民生的关键，这是庆历新政的逻辑。

庆历三年（1043）九月，宋仁宗把范仲淹、韩琦、富弼等人都提拔起来，让他们拿出打造太平盛世的办法来。范仲淹上疏提出十点对策，其中六项是有关改革官吏选拔淘汰制度的。如第四条“择官长”说：“臣闻今之刺史、县令，即古之诸侯，一方舒惨、百姓休戚实系其人，故历代盛明之时，必重此任。……臣请特降诏书，委中书、枢密院且各选转运使、提点刑狱共十人，大藩知州十人；委两制共举知州十人……如此举择，则诸道官吏庶几得人，为陛下爱惜百姓，均其徭役，宽其赋敛，各使安宁，不召祸乱。”[④]第五条是“均公田”：“臣闻《易》曰‘天地养万物，圣人养贤以及万

① 《续资治通鉴长编·卷一百四十一》。
② 《续资治通鉴长编·卷一百四十一》。
③ 《续资治通鉴长编·卷一百四十一》。
④ 《续资治通鉴长编·卷一百四十三》。

民’，此言圣人养民之时，必先养贤……”[①]第六条是“厚农桑”：“臣闻‘德惟善政，政在养民’，此言圣人之德，惟在善政，善政之要，惟在养民，养民之政，必先务农。”[②]他提出兴修水利，劝课农桑，并制定具体措施，颁给州县官执行。

范仲淹的《上十事疏》是以范仲淹为代表的改革派的新政纲领，其中也包含了具体的民本思想，所提出的措施都有很强的针对性。虽然执行过程短暂，但起到了良好的作用。然而，由于保守派的反对和破坏，改革很快就失败了。

三、王安石的民本思想

王安石改革是北宋政治史中一件影响深远的大事。人们对于王安石改革的争议很大。改革的支持者多是当时的改革派，而反对者则不光是当时的反对派，还包括以后的许多保守派。支持者认为，王安石变法富国强兵，取得了显著成效，是成功的。反对者认为，王安石变法变乱祖制，搜刮民财，搅扰天下，破坏国本。

在王安石变法中，富国强兵是主要目标，但是王安石并不想在加重民众负担的基础上去实现富国强兵。他早在《上仁宗皇帝言事书》中就指出，当时积贫积弱是因为天下没有人才，不会理财，有会理财者，民不加赋而天下足。

王安石具有很强的民本意识。他早年目睹了民众的下层生活，深感民生多艰，对于地主土地兼并和官吏刻剥、欺压百姓之事深恶痛绝。他在《兼并》一诗中写道：“俗吏不知方，掊克乃为材。俗儒不知变，兼并可无摧。利孔至百出，小人私阖开。有司与之争，民愈可怜哉。”[③]王安石曾经就制定青苗法的目的阐述道：“盖人

① 《续资治通鉴长编·卷一百四十三》。

② 《续资治通鉴长编·卷一百四十三》。

③ 王安石：《临川先生文集》，中华书局，1959，第114页。

之困乏，常在于新陈不接之际。兼并之家乘其急，以邀倍息，而贷者常苦于不得常平广惠之物收藏积滞，必待年俭物贵然后出籴，而所及者，大抵城市游手之人而已。通一路之有无，发贱敛以广蓄，积平物价，使农人有以赴时趋事，而兼并不得乘其急。凡此皆以为民，而公家无所利其入，是亦先王散惠兴利，以为耕敛补助，裒多益寡，抑民豪夺之意也。”[①]青苗法的原则是公家不取利，不摊派，于青黄不接时发贷，而于收两税时还回。后来公布细则时，增加了收二分息的规定，但也不重。其免役法的初衷也是这样。王安石说：“又论理财，以农事为急，农以去疾苦，抑兼并，便趣农为急，此臣所以汲汲于差役之法也。”[②]

但是具体执行时，新法产生的效果和当时的初衷大相径庭。河北安抚使韩琦上疏说：“我准许发布青苗法诏书，是为了给予小农实惠，不是让地主趁着小农着急而要求比平时多几倍的利息，以达到土地兼并的目的。现在让百姓借一千钱，归还一千三百钱。这是官家自己发放本钱来获取利息，与诏书本意相违背。”于是他转而反对新法，许多原来赞成的官员也发生了动摇。司马光更是反对派的一面旗帜。但是他们反对王安石变法的依据仍然是民本思想，认为新法的实施损害了民众的利益。

实际上，之所以出现这种情况，并不是因为王安石背弃了民本思想，而是与宋神宗有关。宋神宗登基之时年龄尚不到二十岁，年轻气盛，想尽快扭转积贫积弱的局面，富国强兵。他没有耐心去按照王安石设计的次序进行改革，而欲尽快见效，于是急功近利。例如在用人上，他起用了一些同样急功近利的人，违背了王安石的初衷，推行了摊派加息的政策，于是出现种种弊端，王安石也无可奈何。

---

① 杨仲良：《皇宋通鉴长编纪事本末》第二册，黑龙江人民出版社，2006，第1160页。

②《续资治通鉴长编·卷二百二十》。

四、王阳明的民本思想

明代的王阳明是一位伟大的思想家、军事家和教育家。他在民本思想方面也很有建树。他把心学融入民本思想之中，使民本思想具有了新的精神。

他的民本思想主要体现在这样几个方面：

第一，“亲民”与“善治”。

王阳明认为，“亲民之学不明，而天下无善治矣”，亲民是善治的前提和基础。所有的善治，都要以亲民为前提。若不把善治与亲民结合起来，那就失去了衡量的标准，再“善治”也是没有意义的。这体现了王阳明的民本观念。

亲民是实现善治的途径。作为国家，“务要治官如家，爱民如子”，以民众的利益为利益，以民之好恶为好恶。社会治理中必须重视民心和民意，他主张，“人君之举动，当以民心为心”“惟民之所欲是从耳”“以便吾民之所愿是顺耳”。他倡导在治国理政中以民为核心，采取一系列增进民生福祉的举措，忧民之所忧，“所以忧之者，虽各以其职，而其任之于己也”。他主张恪尽职守，为民兴利除弊，维护民众利益。无论是初到庐陵任职，平定宸濠之乱，还是担任南赣巡抚，平定匪乱，他都“垂怜小民之穷苦”。王阳明平定叛乱时，并不大开杀戒，他认为其中的很多人都是良民，只不过是官逼民反，所以他要“破心中贼”。他保证那些叛贼的生命安全，给他们创造基本的生活条件，让他们安下心来。他忧民疾苦、济民时困，为当地的百姓减免繁重的赋税劳役。他曾上书朝廷：“故宽恤之虚文，不若蠲租之实惠；赈济之难及，不若免租之易行。”他认为谋求善政的关键在于为民谋福祉。

第二，知行合一的行政观。

王阳明是心学的集大成者。他提倡“致良知”，并提倡在所有的事情上都要去践行，去“格物”，用“良知”指导行政。他主张“致吾心良知之理于事事物物”。他从民心考虑问题，认为“但举大事，须顺民情”“得民之所恶”“得民之所好”“得民之所趋”“得民之所忽”“得民之所患”“得民之所同”“平民之所恶”“从民之所好”“顺民之所趋”“警民之所忽”“拯民之所患”“复民之所同”等。总之，就是要站在民众的心理和利益的角度去想问题。民众喜欢的、欲求的，就努力去创造；民众厌恶的、恐惧的，就努力去消除。他认为，统治者要充分重视民众的力量，采取爱民、敬民、恤民、乐民、富民等政策举措，依据“良知”行政。王阳明说，“人须在事上磨，方能立得住”，做官不能唯上，不能搞名堂、胡折腾，要从民众利益出发做事。这些充分体现了王阳明的爱民情怀。

第三，士农工商四民共同发展。

在中国传统社会中，重农抑商是一项基本意识。孟子很推崇文王，认为文王创建的西周，就是以农为主的典型。不仅是儒家，法家也是如此。商鞅、韩非等思想家都认为，要想使农民安心耕战，就不能让商人的地位高过农民，也不能让人从经商中获益。他们主张，国人只能从一个渠道获取利益或官爵，那就是从事耕战，他们称为“利出一孔”。

王阳明顺应了明代社会的经济发展，提出了士农工商四民平等、共同发展的新理念，认为“士以修治，农以具养，工以利器，商以通货，各就其资之所近，力之所及者而业焉，以求尽其心。其归要在于有益于生人之道，则一而已”。四民虽然社会分工不同，但是从人的需要来说，都是平等的，应该获得同样的发展权利。这个观点一改汉以来视商人为“贱民”的观念，积极肯定了工商的社会价值，指出士农工商作为不同的社会阶层，对于促进经济、改善民生、稳定社会都起到了积极作用。在“重农抑商”的传统社会，这种把被视作“贱民”的商人摆到与士大夫阶层同等重要位置的平等观，具有超越时代认识的先进性。

第七章 明末清初思想家的民本思想

明朝灭亡，清朝统治者入主中原，士大夫在亡国之余，痛定思痛，对几千年以来的一整套传统政治制度和文化进行了反思。这种反思与以往不同。以往的背景虽然也是王朝更替，但大多数时候还是汉人的王朝，衣冠没变，文化没变，只不过是王朝统治者姓氏的变化而已，对于民众来说，变化不大，在哪一朝都照样生活，都是种地吃饭，照旧交粮纳税。但是这一次不同，清朝统治者要求剃发改装，“留发不留头，留头不留发”。以往孔子所担心的“披发左衽”成了现实。士大夫们意识到，此时的亡国与以往的亡国是不一样的，应该有所区别。是什么导致了文化的灭亡和改变，灭亡的王朝应该对文化、历史负什么责任，是他们需要思考的问题。当时几个重要的思想家都有着强烈的家国情怀，有着相近的抗清经历，也都有着一样的历史责任感和使命感，他们的反思和关于民本思想的论述超过了以往的深度。

一、顾炎武的民本思想

顾炎武，字宁人，明末清初思想家、学者，被学术界尊称为亭林先生。顾炎武青年时代科举屡次不中，于是绝意仕进，锐意经国济世的学问，凡是有关民生利害的知识都在他的研究范围之内。清朝统治者入关后，他曾经组织抗清；明亡后，他弃家远游，考察山川形势，结交江湖豪杰。晚年定居华阴，拒不接受清朝的征召。

顾炎武做学问的目的是明学术、正人心，拨乱世以兴太平之事，这也正是顾炎武民本思想的主旨。

1. 国与天下的辨析

顾炎武对于家国与天下的关系进行了深刻的分析和论述。他认为，“国”和“天下”是不同的概念：

> 有亡国，有亡天下。亡国与亡天下奚辨？曰：易姓改号，谓之亡国；仁义充塞，而至于率兽食人，人将相食，谓之亡天下。……是故知保天下，然后知保其国。保国者，其君其臣肉食者谋之；保天下者，匹夫之贱与有责焉耳矣！①

在顾炎武看来，所谓国或国家，不过是一家一姓的王朝，可能是李家王朝，也可能是赵家王朝，还可能是朱家王朝。他们利用老百姓的鲜血和头颅打下所谓的“江山”，把老百姓纳入自己的统治之下，高高在上，作威作福。社稷也好，江山也罢，对于老百姓来说实际上关系不大。因为这一家倒了，江山又由那一家接过去了。总之，兴，百姓苦；亡，百姓照样苦。政权轮流转，一姓王朝虽然亡了，可是中华大地这片山河还在，这些老百姓还在，消亡的不过是某一个皇帝家族以及附着在这个家族上的统治者势力而已。统治者在面临政权危机的时候，总是想把自己和民众绑在一起，声称自己是民之父母，似乎国家一亡老百姓也就不存在了，要百姓与他共

---

① 顾炎武：《日知录·正始》，上海古籍出版社，2011，第527页。

存亡，绑着百姓殉葬。其实，正如孟子说的，你们既有肥肉，又有壮马，锦衣玉食，醉生梦死，何尝想到过百姓？想到民众的生死疾苦？平时压迫老百姓的，不是你们吗？你们遇到敌人来争夺政权了，统治要垮了，就让百姓起来保卫你们的政权，这可能吗？不过分吗？说得出口吗？不是妄想吗？出乎尔，反乎尔。你怎么对待百姓，百姓也该怎样对待你。

但是“天下”不同。国亡了，天下依然存在，山河依然存在，百姓依然存在，文化依然存在。王朝改姓，无关百姓，无关文化，全体百姓并无替他们殉葬的责任和义务。“亡天下”则意味着整体社会传统和文化的丧亡，意味着整个社会的沦丧、民族文化的改换。因此，“亡天下”与每个人都有关系，每个人对此都有责任，即使匹夫匹妇亦有守土之责。清朝统治者入关，又是下令剃发，又是要求换服，明朝遗老无不痛心疾首，觉得老祖宗的传统都被倾覆了，大好河山成了外族的江山，华夏神州成了夷狄的天下，圣人成了他们以往鄙视的蛮夷的奴仆。因此，在他们看来，这是一场全民族的浩劫，这样的灾难是全天下人的奇耻大辱。

顾炎武的民本思想，就是在这样的状况中建构的。顾炎武在他的著作中总是提到民众，比如解释《易经》，就有许多关于民众的议论。但是，关于亡国和亡天下的剖析和区分，是顾炎武民本思想中最有创新性的部分。

2. 民权思想

顾炎武认为，分封制与郡县制是天下分权与集权的问题。古代社会是公天下，所以分封诸侯，分权天下；秦朝奉行专制独裁，于是设立郡县制，权力集中于中央，最后集中于一人。“古之圣人，以公心待天下之人，胙之土而分之国”[①]。夏、商、周三代是公天下，秦以后是家天下，公权力私有化。以古代的情况视之，权力集

---

① 《亭林文集·郡县论》。

中于一家一人的极权制度存在很大弊端，需要分权，所以顾炎武反对郡县制。但顾炎武又指出，古代地方行政制度由分封制演变为郡县制，也有它的必然性，“此固其势之所必至，秦虽欲复古之制，一一而封之，亦有所不能”[①]。

那么顾炎武的要求是什么呢？他指出：“郡县之失，其专在上。”[②]权力太集中于上，“天下之事，无大小皆决于上”，乃至“一兵之籍、一财之源、一地之守，皆人主自为之也”。[③]由于是自己一家统治天下，所以君主不敢相信任何人，于是防范措施一天多于一天，设立种种机构监督别人，又设立机构监督那些监察机构。如明朝，设了锦衣卫，但不能完全信任，又设了东厂，设了东厂犹嫌不足，又设了西厂，还要再设内行厂。于是地方官员束手束脚，但求无过，哪里有精力和心情为百姓做事？权力极端集中于上，必然造成极端无权于下。“是以言莅事而事权不在于郡县，言兴利而利权不在于郡县，言治兵而兵权不在于郡县”[④]。在这种情况下，守令能做什么事情呢？“是故天下之尤急者，守令亲民之官，而今日之尤无权者，莫过于守令。守令无权，而民之疾苦不闻于上，安望其致太平而延国命乎！”[⑤]

顾炎武建议：“寓封建之意于郡县之中，而天下治矣。”[⑥]既然分封制已经不可恢复，那就吸取两种制度各自的优点，在郡县制中贯彻分封制的分权精神、公天下精神。“所谓天子者，执天下之大权者也。其执大权奈何？以天下之权，寄之天下之人，而权乃归之天子。自公卿大夫，至于百里之宰，一命之官，莫不分天子之权，

---

①《日知录·郡县》。
②《亭林文集·郡县论》。
③《日知录·法制》。
④《日知录·守令》。
⑤《日知录·守令》。
⑥《亭林文集·郡县论》。

以各治其事，而天子之权乃益尊。”[①]天子只是最大权力的持有人，他要把这权力分解，给所有官员权力以处理天下的事情，这样才能有力地管理社会、治理全国，才能真正体现天子的权威。

可见，顾炎武的初衷是总结明亡教训，分析为什么清兵一入关就如入无人之境。他已经看出，权力太集中于中央，导致地方的官吏没有权力，什么事情都做不成，敌人来时，没有抵抗之力。因此，他想让地方有实权，所有官员分权共治，各负其责，最终能为国守土，为民做事，这是最重要的民本。但顾炎武只是提出了问题，提出了建议，关于具体实施的措施，并没有作进一步阐述。

二、黄宗羲的民本思想

黄宗羲，号南雷，明末清初经学家、思想家、地理学家、天文历算学家、教育家，被称为梨洲先生。他父亲是东林党领袖黄尊素。受他父亲影响，黄宗羲一生刚正不阿，坚持气节，不受清政府的招揽。他的思想先进，思维超前，被称为中国思想启蒙之父。他曾经组织抗清，在四明山与清兵周旋。明亡后，他转而致力于学术，在中国传统政治、经济、社会组织等方面深入研究，成果卓著，主要著作有《明夷待访录》《宋儒学案》《明儒学案》等。

1. 对君臣关系的论述

黄宗羲反思的焦点是封建社会的君臣关系。在两千多年的封建社会中，君臣关系每况愈下，君主的地位越来越高，权力越来越大，臣的地位越来越低，权力越来越小。以往的君主，有的将大臣尊为师友，信之敬之，如周武王对姜尚、齐桓公对管仲、刘备对诸葛亮、唐太宗对魏徵、宋神宗对王安石…… 姜尚被尊为“师尚父”，管仲被尊为“仲父”，诸葛亮被尊为“相父”……大臣们得到君主的充分尊重。

---

① 《日知录·守令》。

唐代，三公大臣还可以在政事堂坐而论政。从宋代开始，宋太祖就撤去了执政大臣的座位，从此大臣在皇帝面前就只能站着了。到了明朝，朱元璋起于寒微，对大臣特别忌讳，他废掉丞相，独揽大权，设立内阁，又使其仅做秘书工作。特别是明朝的廷杖制度，非常恶劣，在朝堂上随时折辱大臣，剥夺人的尊严。极端的专制造成了极端的黑暗，明朝后期君不临朝，宦官弄权，忠言不闻，滥杀官员，甚至凌迟剥皮，人人自危，官员上朝，常担心当日是自己的末日。黄宗羲深切感到，君主把整个民众都当成奴隶，把整个天下都当成一家私产，君主专制对整个中华民族都是一个大祸害。

黄宗羲在《明夷待访录·原君》中说，在远古时期，没有君主，人各自利，有自然灾害，有人挺身而出，牺牲自己而利天下之人，这样的人就被立为君主。所以早期的君主是比别人多吃苦的，不是享乐的，但后来的君主就不同了：

> 以为天下利害之权皆出于我，我以天下之利尽归于己，以天下之害尽归于人，亦无不可。使天下之人不敢自私，不敢自利，以我之大私为天下之公。始而惭焉，久而安焉，视天下为莫大之产业，传之子孙，受享无穷……①

这是什么原因呢？黄宗羲认为，是人们的认识变了。“古者以天下为主，君为客，凡君之所毕世而经营者，为天下也。今也以君为主，天下为客，凡天下之无地而得安宁者，为君也。”②这是根本的区别。为了打自己一家的江山，不惜牺牲千万民众的利益，造成尸山血海的景象。“屠毒天下之肝脑，离散天下之子女，以博我一人之产业，曾不惨然！曰‘我固为子孙创业也’。其既得之也，敲剥天下之骨髓，离散天下之子女，以奉我一人之淫乐，视为当然。

---

①黄宗羲：《明夷待访录·原君》，浙江古籍出版社，1985，第2页。
②《明夷待访录·原君》。

曰‘此我产业之花息也’。然则为天下之大害者，君而已矣。向使无君，人各得自私也，人各得自利也。呜呼，岂设君之道固如是乎！”[①]黄宗羲得出的结论是，相比于古代，后来君主的存在，不仅不利于民众，还是祸害天下的祸根。

黄宗羲认为，这种变化的分界线就是秦朝。秦朝前和秦朝后，人们对于君主的态度截然不同。古人对于君主拥戴如父母，后来人对于君主“视之如寇雠，名之为独夫”。人们把自私自利的君主视为独夫民贼，是理所当然的。到了清朝，还有些小儒以君臣之义说“君叫臣死，臣不死不忠”这类话，说汤武不该诛桀纣，说伯夷、叔齐不该不食周粟。黄宗羲认为这些都是无稽之谈，这些人把天下人的牺牲看得轻如鸿毛。他质问道：“岂天地之大，于兆人万姓之中，独私其一人一姓乎？”[②]

黄宗羲总结历史发展的规律说，一家打下江山，为了自家王朝延续，他自然要千方百计地保江山，但是他一人之智能胜过天下人之智吗？显然不可能，所以几世过后，灾难就降临到他子孙身上。像崇祯皇帝在自杀前，要杀他的女儿，说：“谁让你生在我家呢？”黄宗羲的结论是：“是故明乎为君之职分，则唐、虞之世，人人能让，许由、务光非绝尘也；不明乎为君之职分，则市井之间，人人可欲，许由、务光所以旷后世而不闻也。然君之职分难明，以俄顷淫乐不易无穷之悲，虽愚者亦明之矣。”[③]许由、务光是尧舜时代的两个高人，他们拒绝尧舜禅让天下给他们。黄宗羲认为，弄明白了君主的职责，古人不接受禅让，也算不上多么高尚；搞不懂君主的职责，就想当帝王，只是为了一时享乐，换来的是无穷后患。

---

①《明夷待访录·原君》。

②《明夷待访录·原君》。

③《明夷待访录·原君》。

黄宗羲还分析了臣的性质、地位以及君臣关系。他说，君与臣都是天下的管理者，地位上虽然有差别，但是在性质上并没有区别。臣出仕，不是对君主一人负责，而是对天下民众负责。“缘夫天下之大，非一人之所能治，而分治之以群工。故我之出而仕也，为天下，非为君也；为万民，非为一姓也。”黄宗羲举例说，古代有公侯伯子男五级爵位，天子和公之间就像公侯伯子男之间的爵位差别一样，只是高了一级，并不是性质发生了改变。“出而仕于君也，不以天下为事，则君之仆妾也；以天下为事，则君之师友也。”①

他说，过去，官员们一般都形成了“食君之禄，忠君之事”的观念，把臣定义为君主的附庸，甚至是君主的奴隶，君叫臣死，臣不得不死，君叫臣去搜刮百姓满足私欲，臣就做走狗当工具，根本想不到官吏受民众委托为民做事的本原使命。

> 世之为臣者昧于此义，以谓臣为君而设者也。君分吾以天下而后治之，君授吾以人民而后牧之，视天下人民为人君囊中之私物，今以四方之劳扰，民生之憔悴，足以危吾君也，不得不讲治之牧之之术。苟无系于社稷之存亡，则四方之劳扰，民生之憔悴，虽有诚臣，亦以为纤芥之疾也。②

官吏完全站在君主一边，只向君主负责，只从君主的利益出发考虑问题和做事，不但不为民众负责，反而成了君主残害民众的帮凶，这就是官吏没认清自己的地位和性质的结果。黄宗羲就是要纠正官吏的这种不正确的观念，让官吏从君主的附庸恢复为独立的人格，然后才能为民做事。

---

①《明夷待访录·原臣》。

②《明夷待访录·原臣》。

2. 关于法律性质的分析

黄宗羲的另一主要思想是对法的反思。

在《明夷待访录·原法》一文中，他说："三代以上有法，三代以下无法。"为什么这样说呢？二帝三王知道天下之民需要休养生息，所以授田以耕种，兴学校以教民，制定婚礼防止淫乱，造兵甲以防战乱。这些法都是为了民众，不是为了哪一家的私利。后来的帝王得了天下之后，唯恐国命延续不长，就绞尽脑汁地制定保江山之法。"然则其所谓法者，一家之法，而非天下之法也。是故秦变封建而为郡县，以郡县得私于我也；汉建庶孽，以其可以藩屏于我也；宋解方镇之兵，以方镇之不利于我也。此其法何曾有一毫为天下之心哉！而亦可谓之法乎？"三代之法是天下之公法，后来的法却把天下藏在筐里，想把一切利益和资源都聚敛起来。抱着怀疑的态度去用人，于是就用另一个人去监视他；抱着怀疑的态度去做事，于是就用另一件事来防范；觉得天下人都在窥其大位，于是法律越来越繁密，岂不知乱也酝酿在其中，这就是"非法之法"。

荀子曾说："有治人，无治法。"黄宗羲却认为，"有治法而后有治人"，必须改革法治，在某种情况下，法治的改革比选拔官员更重要。如果有了好的法律制度，那么即使人差一些，也不至于太出格。当然，关于究竟什么样的法才算是天下之法，黄宗羲没有说清楚，也不可能说得清楚，但是他毕竟看到了这一问题。不从根本上改变一家之法的痼疾，皇帝换得再多也是没用的，还是会陷到死循环中去。他说，经过秦和元的两次流变，古代明君所提倡的恻隐仁爱之心已荡然无存。因此，必须进行全面改革，轻微的改革已经没什么用处。"苟非为之远思深览，一一通变，以复井田、封建、学校、卒乘之旧，虽小小更革，生民之戚戚终无已时也。即论者谓有治人无治法，吾以谓有治法而后有治人。自非法之法桎梏天下人之手足，即有能治之人，终不胜其牵挽嫌疑之顾盼，有所设施，亦就其分之所得，安于苟简，而不能有度外之功名。使先王之法而在，莫不有法外之意存乎其间。其人是也，则可以无不行之意；其人非也，亦不至深刻罗网，反害天下。故曰有治法而后有治人。”过去的思想家们，几乎没有人从法的正义性角度出发思考问题，法家只要求依法办事，并没有质疑法的正义性。黄宗羲则明确提出，法的制定应该从老百姓的利益出发，使法律成为保护老百姓利益的法律，而不是维护某家江山社稷的法律。

3. 对学校功能的论述

黄宗羲民本思想的伟大之处，还在于他对学校的论述。

第一，他在《明夷待访录》的《学校》篇中，论述了学校在社会中极其重要的作用。“学校，所以养士也。然古之圣王，其意不仅此也，必使治天下之具皆出于学校，而后设学校之意始备。”这说明学校的意义，不仅在于养士，还在于培养管理社会事务的人才。

第二，学校应具有独立地位。黄宗羲认为，学校应该是理性之地，具有独立客观的地位，即使对天子的旨意也有独立评价的权利。“盖使朝廷之上，闾阎之细，渐摩濡染，莫不有诗书宽大之气，天子之所是未必是，天子之所非未必非，天子亦遂不敢自为非是，而公其是非于学校。”这个观点也很有创见性。学校里的自由宽松气氛，将感染朝廷和城乡，形成理性氛围，排斥迷信膜拜权威的思想和行为；即使是天子的意见和决定，也不是天然正确的，也是可以议论批评的；天子也要受到舆论的制约，在一些事情上也要咨询学校。

第三，学校应纠正政事之失。学校应该有门下省和谏院的功能，对于一些事情应该进行评判。上至天子，下至郡县官员，都应该执弟子之礼定期入学听讲受教，提升处理政事的能力。皇帝之子也要到学校接受教育，以了解民情。

第四，学校应有教民之功能。古代教民的职责在天子，因为天子授田于民。现在没有授田之法，百姓也不再由官方教育，天子还被称为“君父”，就名不符实了。应该大力发展教育，把寺院改为学校，把寺产改为校产，让边远之地的儿童都能上学。

总之，黄宗羲的民本思想，广阔深远，超出以往传统的民本思想，发人深思。如果沿着这个方向继续思考和追问下去，中国的民本思想将出现新的突破，中国的启蒙思想将会取得更加巨大的成就。可惜，统治者防民之口甚于防川，明末清初的启蒙没有深入下去，直到晚清维新思想家才有所突破。

综上所述，明末清初的思想家，出于亡国灭文化之痛，对以往的政治体制、法制以及君主和民众的关系进行了深刻反思，他们的认识达到了前所未有的高度和深度。他们认为，天下是所有人的天下，而非一家一姓的私产；法制应是天下人的法制，而非一家一姓的私法；臣僚是天下民众的管理者和服务者，而非皇家奴仆。社会想恢复活力和繁荣，就必须对国家体制和法律制度进行全面改造。在黄宗羲眼中，学校是自由的，甚至具有议政和监督的作用。这些是前人未论及或者稍有涉及却未深入阐述的观点，黄宗羲将其明确提出，并深入探讨。

第八章 清末民本思想

清朝统治者入主中原后，一面以武力血腥镇压中原人民的反抗，一面大兴文字狱，编纂《四库全书》，以控制汉族人的思想，同时恢复科举，拉拢汉族人。民本思想的发展陷入了沉寂阶段。

清朝末期，出现了千年未有之大变局，中国面临着西方列强的入侵和西方文化的渗透。国家危亡之际，一些仁人志士痛定思痛，逐渐觉醒。他们在中国的屡屡惨败中思考：为什么西方"蕞尔小国"，漂洋过海远道而来，竟能迫使中国割地赔款？他们有什么法宝，竟能使堂堂中华引以为傲的皇权体制领导下的"天朝上国"不堪一击？问题到底出在哪里？对此，很多思想家都进行了探讨，并进一步发展了民本思想。

一、龚自珍的民本思想

龚自珍，字璱人，号定盦（一作定庵），晚年又号羽琌山民，浙江仁和（今杭州）人，清代思想家、诗人和文学家，改良主义的先驱者。他曾任内阁中书、宗人府主事和礼部主事等官职，主张革除弊政，变法图强，抵制外国侵略，并全力支持林则徐禁除鸦片。

1. 文化与国民精神

龚自珍痛感国势日下，积重难返，急盼国家恢复生机。他曾有诗说：“九州生气恃风雷，万马齐喑究可哀。我劝天公重抖擞，不拘一格降人才。”他痛恨文字狱造成国人思想僵化、畏首畏尾、毫无理想和创新精神的严重后果。他在《咏史》诗中写道：“避席畏闻文字狱，著书都为稻粱谋。田横五百人安在，难道归来尽列侯？”他对当时的“衰世”情况描述说：

> 人心混混而无口过也，似治世之不议。左无才相，右无才史，阃无才将，庠序无才士，陇无才民，廛无才工，衢无才商，抑巷无才偷，市无才驵，薮泽无才盗，则非但鲜君子也，抑小人甚鲜。当彼其世也，而才士与才民出，则百不才督之缚之，以至于僇之。僇之非刀、非锯、非水火；文亦僇之，名亦僇之，声音笑貌亦僇之。僇之权不告于君，不告于大夫，不宣于司市，君大夫亦不任受。其法亦不及要领，徒僇其心，僇其能忧心，能愤心，能思虑心，能作为心，能有廉耻心，能无渣滓心。又非一日而僇之，乃以渐。或三岁而僇之，十年而僇之，百年而僇之。才者自度将见僇，则蚤夜号以求治，求治而不得，悖悍者则蚤夜号以求乱。[①]

这是一种令人绝望的景象。在长期的奴化统治下，整个国人完全丧失了精气神，不但缺少有思想有才华的官员士人，连有点机灵劲儿的工匠和小偷都没有了，大家都浑浑噩噩，就像行尸走肉。这就像慢刀子杀人，一点点令人窒息，一点点把人的灵魂抽光。所有人的思考能力甚至思想感情都没有了，不会愤怒、思考或者忧虑。

---

① 龚自珍：《定盦文集·乙丙之际箸议第九》，商务印书馆，1939，第8页。

这就是当时民众的状态。在这种让人窒息、生机泯灭的状态下，国家的情况也像“日之将夕，悲风骤至”“将萎之华，惨于槁木”。

龚自珍强调了一个新问题，也是以往民本思想从未提出的一个问题，那就是民众的精神状态。以往的民本理论和有关论述，都强调民众的生存权利、生产条件，要求轻徭薄赋，减刑罚，没有关注到民众的愤怒、忧虑等情感方面的反应与需求。这是民本思想从关注民众的经济方面向关注精神方面的重要转折，意味着民本思想已经从经济层面开始延展到精神、文化方面。此前“著书都为稻粱谋”的陈述，实际上也意味着思想解放的要求。他希望“山中之民，有大音声起，天地为之钟鼓，神人为之波涛”[①]的局面出现，对中国进行根本性的涤荡，一洗中国颓废局面。

君臣关系方面，龚自珍认为，传统的君臣关系过分拉大君臣之间的距离，大臣叩拜君主，处于奴才地位，不利于大臣人格的独立，应该修改那些烦琐的、旨在加强皇权威严的礼仪，使大臣直起腰来，有一定尊严，这样他们才能够负起自己的职责。另外，君主专制也是社会衰败的重要原因。君主要“重内外大臣之权”，下放权力，与臣共治天下，同时要制约君主权力，加强臣僚的职责。“内外官吏皆忘其身家以相为谋，则君民上下之交，何事不成？何废不举？”[②]这已经有一定程度的为民赋权、为君主立宪的意识了。他在《上大学士书》中，不但提倡“居上位”者有“议政权”，而且提出“居下位”者也可以“探吾之是非”。这篇文章是一篇思想自由和言论自由的宣言，为当时士大夫评议时政提供了理论依据。

为了造就人才，他提议废除八股取士，废除阉割、扼杀中国民性、民智的那些陈腐制度。他说，八股考试是束缚文人士子精神和

---

① 龚自珍：《龚自珍全集·尊隐》，上海人民出版社，1975，第88页。
② 《龚自珍全集·明良论一》。

创造力的枷锁，“万索相因”，千篇一律，不仅消耗人的精神和时间，还扼杀人的聪明才智。即使是考中科举的人，由于精力消耗于科举之中，也只学会了谋取利禄，早就不知道利国利民了。

2. 民生与民权

在封建社会，土地是民生最为根本的问题。针对清末土地兼并严重的情况，龚自珍指出，土地兼并和贫富分化是对民生的严重威胁，是导致社会危机的重要原因，“自乾隆末年以来，官吏士民，狼艰狈蹶，不士、不农、不工、不商之人，十将五六……自京师始，概乎四方，大抵富户变贫户，贫户变饿者，四民之首，奔走下贱，各省大局，岌岌乎皆不可以支月日，奚暇问年岁”[①]“小不相齐，渐至大不相齐；大不相齐，即至丧天下”[②]。小不相齐，就是贫富差距比较小。大不相齐，就是贫富悬殊。如果贫富悬殊，就要天下大乱了，因此龚自珍提出“田相齐”的做法。他提议仿照古代的宗法制，划分大宗、小宗、群宗、闲民四个等级，按宗授田。这种方法虽然不是按人口平均分配土地，但是能使土地在一定程度上得以重新分配。在此基础上，还要减轻农民赋税负担，兴修水利设施，发展生产，禁种鸦片，富国强民。在贫富分化严重的问题上，他认为贫富的存在是绝对的，就是夏、商、周三代时期也存在着贫富差异，就像拿容器取水，“君取盂焉，臣取勺焉，民取卮焉”。分配总会不一样，但是不可太悬殊，不能“贫者日愈倾，富者日愈壅”。要做到富者不可太富，贫者也不可太贫，一定要保证民众的基本利益，保证社会的稳定与平和。

龚自珍的民本思想还有另一个创新，即提出了官与民的身份转换问题。在中国传统社会中，官就是官，哪怕退休了，这一身份也还在，退休后是退休官僚，官民之间有一道鸿沟，存在着不可

① 《龚自珍全集·西域置行省议》。
② 《龚自珍全集·平均》。

弥合的界限。许多人认为，官员即使退休也高人一等，能上不能下，永远是特权阶级。有的人也认为，传统社会的矛盾就是官与民的矛盾，就是统治者与被统治者的矛盾。龚自珍说："龚子渊渊夜思，思所以掸简经术，通古近，定民生，而未达其目也。"①他苦苦思考，古代也有君主，也有官员，也有礼乐刑法，为什么民众不惊骇？过去的学者都认为，天子、百官和民众的出现，是自上而下的，但是他得出的结论是，这种秩序是自下而上的："儒者失其情，不究其本，乃曰天下之大分，自上而下。吾则曰：先有下，而渐有上。下上以推之，而卒神其说于天，是故本其所自推也，夫何骇？本其所自名也，夫何疑何惧？儒者曰：天子有宗，卿大夫公侯有宗，惟庶人不足与有宗。吾则曰：礼莫初于宗，惟农为初有宗。"②过去人们认为秩序是自上而下形成的，实际上，正确的说法应该是自下而上形成的。先有下后有上，自下往上推，就逐次建立了各级官僚机构和社会等级秩序。正因为这是下层百姓逐级推上来的，所以很自然，民众不会觉得反常，也不会惊怪。儒家认为，天子和卿相大夫都有宗族制度，庶人没有。龚自珍却认为，礼最初就是由宗族而起的，农民恰恰是最早拥有宗族的人。龚自珍是想说明：君权神授、皇权神圣、天降圣人这一类事，都是编造的神话；其实现有的秩序就是从最普通的农家发展起来的，还是应该从这个最基本的要素来考虑现实问题；既然卿相官员都来自民，那么也应该回归于民。

他的官民身份转换的设计，是以农宗土地制度为依据的。农宗土地制度是龚自珍别出心裁的设计。宗法制度是土地分配制度的依据，大宗、小宗、群宗、闲民，各以宗授田，代代传承。在农宗土地制度中，闲民没有土地，是专门的生产者，是佃农。宗法制在

① 《龚自珍全集·农宗》。
② 《龚自珍全集·农宗》。

其中起到管理土地、组织生产的作用，“请使农之有一亩、一宅，如天子之有万国天下。姑试之一州，州蓬跣之子，言必称祖宗，学必世谱谍。宗能收族，族能敬宗，农宗于是州长久”[①]。在农宗土地制度的基础上，他设想每个人都是农民，但是按照宗法制度中的地位、土地制度的多少，可以有一定的区别。各种身份的农都可以读书、出仕。在这个原则下，“本百亩者进而仕，谓之贵政之农；本仕者退而守百亩，谓之释政之农；本不百亩者进而仕，谓之亢宗之农；本仕者退而不百亩，谓之复宗之农。仕世绝，本大宗者复为大宗，本小宗者复为小宗，本群宗者复为群宗，本闲民复为闲民，贵不夺宗祭，不以朝政乱田政”[②]。这段话的意思是，有百亩的人做了官叫作“贵政之农”，卸任后回归农的身份可以称为“释政之农”；若占田不足百亩者，出仕做官叫作“亢宗之农”，归农后叫作“复宗之农”。从宗法的角度说，不做官了，还是回归原来的宗属，不因为做过官而在祭拜时提升自己的宗法身份，不因为做了官仗着朝廷制度而变动基本的农宗土地制度。这里面包含了两方面的要素：第一，宗法制和田制都是稳定不变的，是社会稳定的基础。第二，官员和农民的身份在一定情况下是可以相互转换的。当了官也还有“农”的身份，退休了，就回归“农”的身份，可以上，可以下，不能当了官，就有一辈子的特权，高不可攀。且龚自珍特别强调，退休官员不能有特权，不能破坏田制。

龚自珍是晚清开风气之先的人物，也是民本思想转折的标志性人物。梁启超说，“晚清思想之解放，自珍确与有功焉；光绪间所谓新学家者，大率人人皆经过崇拜龚氏之一时期；初读《定庵文集》，若受电然”[③]。

---

① 《龚自珍全集·农宗》。

② 《龚自珍全集·农宗》。

③ 梁启超：《清代学术概论》，岳麓书社，2010，第71页。

龚自珍所在的时代，虽然西学东渐风气未盛，但山雨欲来之势已现，龚自珍已经嗅到西方的风气，但对于西方的文化还没有深入了解，他还是苦苦在传统文化的磨道里寻新求变。他正确地探索到了一些问题之所在，并开了一些药方，但是他没有接触过西方近代社会科学，因此空想居多，解决不了实际问题。

二、严复的民本思想

严复，字又陵，福建侯官（今福州）人，是中国历史上第一个比较系统地介绍、引进西方诸国政治、经济、文化、科技的思想家、翻译家。

严复的民本思想，与龚自珍相比，又达到了一个新高度。1866年，严复考取了沈葆桢创办的福州船政局海军学堂，学习海军军舰驾驶，接触了西方的自然科学。1877年，严复被派往英国学习。他阅读了大量自然科学和社会科学的著作，对西方文化有了比较深入的了解。他翻译出版的《天演论》《群学肄言》，向国内介绍了达尔文的物竞天择学说、斯宾塞的社会学；他发表的《论世变之亟》《原强》《救亡决论》等文章，对中国文化做了较为全面的批判，提出了一系列改革变法主张，对中国的思想界产生了很大影响。

1. 关于“群”与“民”素质的思考

严复介绍达尔文理论说，人作为一个群体物种来看，也是一个和自然界其他物种、同类物种竞争的物种，适者生存。“物竞者，物争自存也；天择者，存其宜种也。意谓民物于世，樊然并生，同食天地自然之利矣。然与接为构，民民物物，各争有以自存。其始也，种与种争，群与群争，弱者常为强肉，愚者常为智役。……动植如此，民人亦然。民人者，固动物之类也，达氏总有生之物，标其宗旨，论其大凡如此。”[①]严复的思想逻辑是，当时的中国人已经成为人类中的弱种，中国面临着被豆剖瓜分的危机，民为国之本，救民必须强国，救国必先强民。

他又介绍了斯宾塞的社会学理论。他说，荀子早就说过，人与其他动物的根本区别在哪里呢？就是人“善群”。文化礼仪等人类赖以生存壮大的社会秩序，都是人类“善群”的结果，善群者存，不善群者灭。“善群”就是善于组织起来，形成分工合作，整合成强大的力量。当时的西方国家之所以更强大，就是因为更“善群”，社会组织得更好。相对而言，我们的民众不太“善群”，不太懂“合群”之道，长此以往，必然被“善群”的民族所征服、所驱使。因此，他呼吁国家必须倡导群学，否则国家制定法令制度就没有目标，即使进行改革，也会越改越乱，落了窠臼，不是因循，就是莽撞。

严复说：“所谓群者，固积人而成者也。”[②]“国者，有机之体也；民者，国之么匿也……”[③]群是由人聚集而成的，国家就像有机体，民就是个体。国家的兴盛与衰亡，民起着决定性作用。如果民的素质差，人人自私愚昧，奴性十足，国家虽有百千亿兆之众，也是一盘散沙，凝聚不成力量。一旦遇到外来攻击，就不可救。但如果国民素质高，善于团结凝聚，即使人少，也会形成强大力量。他考察那些欧洲强国，“其立国垂统，虽各有特别之精神，至其教民以先公后私，戒偷去懦，以殉国为无上光荣者，则一而已矣”[④]。严复主张，国家的强盛有赖于国民个体的健康，这种健康不光是身体健康，更重要的是精神智力的健康。“是以今日要政，统于三端：

---

① 严复：《严复集·原强修订稿》，中华书局，1986，第16页。
② 《严复集·原强》。
③ 《严复集·导扬中华民国立国精神议》。
④ 《严复集·导扬中华民国立国精神议》。

一曰鼓民力，二曰开民智，三曰新民德。”[①]因为严复认为，“中国者，固病夫也。……今夫民智已下矣，民德已衰矣，民力已困矣。……是故虽有善政，莫之能行。善政如草木，置其地而能发生滋大者，必其天地人三者与之合也，否则立槁而已”[②]。这里的民智是指民众的文化思想水平，民德是指民众的文明道德水准，民力是指民众的身体素质与财力，民智排在最前面。民的素质大致包括三种：民智、民力与民德。这些素质就是民的“本”。如果这些国民素质不提高，就是有好的政治制度他们也接受不了，制度就移植不活。他认为，当时的中国落后溃败，固然应该标本兼治，但是如果不着重治本，光治标也收不到应有的效果。“至于其本，则亦于民智、民力、民德三者加之意而已。果使民智日开，民力日奋，民德日和，则上虽不治其标，而标将自立。”[③]这就是从根本上改变国民素质的思想。

2. 对传统君民关系的批判

中西发生直接冲突以来，中国屡战屡败，后来采取“师夷长技以制夷”的国策，“中学为体，西学为用”，但还是没有什么大的改变。人们不禁追问：为什么我们有了轮船大炮，还是打不过西方国家？为什么日本海军装备并不强于清朝，怎么清朝海军还是一败涂地？人们转而思考文化和体制上的差距。严复在西方阅读了大量政治学、社会学、经济学方面的著作，对这方面体会得更为深刻。

严复说，社会组织在行政上应该屈私以为公，尊重公共权力，西方强国无不如此。但是，中国社会自秦以来就是家天下体制，一代就是一家一姓王朝。他们把私利置于天下百姓利益之上，天下百

① 《严复集·原强修订稿》。

② 《严复集·原强》。

③ 《严复集·原强》。

姓都成了一家奴仆与私产，怎么还能有积极性、创造性？“中国自秦以来，无所谓天下也，无所谓国也，皆家而已，一姓之兴，则亿兆为之臣妾。其兴也，此一家之兴也；其亡也，此一家之亡也。天子之一身，兼宪法、国家、王者三大物。”[①]皇帝具有至高无上的权力，没有人能约束他，也没有制度约束他，不论他品性如何，人们只能去适应他。“怒则作威，喜则作福，所以见一国之人，生死吉凶，悉由吾意，而其民之恐，怖詟服乃愈至也。”[②]显然，这里严复继承了黄宗羲的思想。

在《辟韩》中，他还从国家起源的角度论述了民为贵、君为轻的思想。这篇文章批驳了韩愈《原道》中的观点，同时阐述了自己的观点。他说，韩愈在书中说，君主出令，大臣执行令，小民就拿他们的生产成果供给这些统治者。如果君臣不能尽其职责，就是失职。小民不能以生产成果供上，就要“诛”。严复批评韩愈：你这么说，那么尧、舜、禹和夏桀、纣王、周幽王等有什么区别呢？你为什么不说“君不能为民锄其强梗，防其患害则废；臣不能行其锄强梗，防患害之令则诛”呢？孟子的民贵君轻学说是天下通义，你不说这个，眼睛里只有一人，没有民众。自秦以来，凡是做皇帝者，都是天下最骄横跋扈、最能欺夺的那个人。韩愈学说推崇那个最骄横跋扈、最能欺夺的人，让天下百姓费尽苦力供其嗜欲，稍不如意就要杀要诛，这难道合天理吗？若如韩愈所说，天下之人都“以之为己，则顺而祥；以之为人，则爱而公；以之为心，则和而平”，那么为什么还要让这最骄横跋扈、最能欺夺的人在我们头上剥削我们、作威作福，还时不时要威胁杀掉我们呢？君主体制的设立，是不得已而为之，怎么可以将其作为道之原？韩愈还算是知“道”之人吗？

---

① 严复译：《法意·第五卷·第十四章》，商务印书馆，1931，第29页。

② 《法意·第六卷·第十六章》。

那么，可以不要君主统治吗？不行。为什么？因为“其民不足以自治也”。他说，西方的民众，多数事情都由自己处理，依赖政府处理的事情仅十之有三，其中最重要的两件就是军事和刑罚。中国民众没有自治的能力。如果将来有一天，出现了那样的圣人，他会说：“我不是非要在这个位置上，因为民的自治能力还不足。”不足在哪方面？“才未逮，力未长，德未和也。”

如果哪一天民众能自治了，“吾将悉听其自由”。当务之急是“求所以进吾民之才、德、力者，去其所以困吾民之才、德、力者”。“秦以来之为君，正所谓大盗窃国者耳。国谁窃？转相窃之于民而已。既已窃之矣，又惴惴然恐其主之或觉而复之也，于是其法与令猬毛而起，质而论之，其什八九皆所以坏民之才，散民之力，漓民之德者也。斯民也，固斯天下之真主也，必弱而愚之，使其常不觉，常不足以有为，而后吾可以长保所窃而永世。”他将西方与中国民众的传统意识进行了对比。西方人说：“国者，斯民之公产也；王侯将相者，通国之公仆隶也。”而中国尊王的人说：“天子富有四海，臣妾亿兆。”正因为这样，“则西洋之民，其尊且贵也，过于王侯将相，而我中国之民，其卑且贱，皆奴产子也。设有战斗之事，彼其民为公产公利自为斗也，而中国则奴为其主斗耳，夫驱奴虏以斗贵人，固何所往而不败”？

可以看出，严复在西方政治思想的熏陶下，已经深刻认识到，中国的专制体制是中国落后腐败的根本原因。这个体制不但窃取了民众的权利，还制定了种种法令以维护统治者的江山永固，千方百计削弱民众的意识、能力、文明程度，使之成为愚民、贱民，便于他们欺骗。这样的民众，早已在精神力量上处于绝对劣势，一帮家奴怎么可能打败强悍外敌呢？

3. 提高民众素质的构想

怎样才能迅速提高民众的素质呢？严复提出的强民办法有三。

第一是尊贵民众。

尊贵民众，首先就是予民自由。严复认为，从学术、刑法、政令来看，东西方在理论上并没有根本性差异，但是西方的学说行得通，中国的学说行不通，根本就是民自由不自由的问题。“民之自由，天之所畀也，吾又乌得而靳之！”①西方人认为：“唯天生民，各具赋畀，得自由者乃为全受。故人人各得自由，国国各得自由，第务令毋相侵损而已。侵人自由者，斯为逆天理，贼人道。其杀人伤人及盗蚀人财物，皆侵人自由之极致也。故侵人自由，虽国君不能，而其刑禁章条，要皆为此而设耳。”②人身权和财产权得到保障的自由之民，必然自信而勇敢，积极而奋进。他们彼此之间会平等交往，在自由平等的社会组织中生活，发挥自己的聪明才智，既能实现自己的利益，又可以促进上下沟通顺畅，繁荣发展。“自其自由平等观之，则捐忌讳，去烦苛，决壅敝，人人得以行其意，申其言，上下之势不相悬，君不甚尊，民不甚贱，而联若一体者，是无法之胜也。”③

在严复看来，强国是救亡的关键，强民是强国的前提，自由是强民的最重要的条件。“是故富强者，不外利民之政也，而必自民之能自利始；能自利自能自由始；能自由自能自治始，能自治者，必其能恕、能用挈矩之道者也。”④根据他的推论，能恕、能用絜矩之道者就能自律，能自律就能实现自治，能自治者就能实现自由。

第二是推行强民力、开民智、新民德。

既然民众自利、自治就能强国、富民，那为什么不能马上行动起来呢？因为当时的中国没有自由，也没有具备这种素质的民。当时民众普遍闭塞、力困、德衰，不堪施政。最初的努力应该从“强民力、开民智、新民德”开始，这是治本。民为国本，开民智、强

---

①《严复集·辟韩》。

②《严复集·论世变之亟》。

③《严复集·原强》。

④《严复集·原强》。

民力、新民德为新民之本。要让民众成为本，就要大力改造民众的生存环境和思想意识。

中国的社会，自秦以来一直是家天下体制，普通民众一直处在受压迫受奴役的底层，没有自由，没有地位，没有希望，更没有自治。而西方的资本主义工业文明，是以平民为主体的资产阶级领导的工业化过程，西方社会在自治程度、组织形式上都远远高于中国传统社会。中国若欲自强、存在于世界民族之林，除了引进西方科学技术之外，还要改造中国的社会制度，强民、尊民，给民众平等自由，提升民众的文化素质、道德素质、身体素质。这样才可能强大国本，否则一切都是空谈。

第三是废除八股，提倡西学。

严复看到了中西方学术上的根本差距，主张对中华传统文化及其体制来一次根本否定，倡导建立在逻辑、经验基础上的西方学术体系。

自隋朝开始设立科举制度到19世纪末，科举制度已经延续了一千三百多年；明朝创造八股取士的考试模式，在中国也延续了四百多年。严复认为，这种制度是导致士人智力衰弱、国家萎靡的重要原因，有三大害：一是“锢智慧”，二是“坏心术”，三是“滋游手”。“夫数八股之三害，有一于此，则其国鲜有不弱而亡，况夫兼之者耶！”他认为，当时天下最明显的一个事实是，中国必须变法，不变法必亡。但是变法以什么最为紧急？“莫亟于废八股。夫八股非自能害国也，害在使天下无才。”不但八股，“举凡宋学汉学，词章小道，皆宜且束高阁也”。[①]

同时，严复又提出，有破就要有立，应该从根本上学习西方科学知识体系。西方的工业文明是建立在先进科学技术基础上的，而这些科学技术又是建立在经验实证和逻辑推理的科学方法上的。所

①《严复集·救亡决论》。

以要学习西方的先进科学知识，必须学习西方的科学方法。他说，观察西方的名学，发现他们有“内籀”（归纳）和“外籀”（演绎）两种方法。这种建立在经验、逻辑基础上的西方学术是博大、恒久的高明之学，是有利于发明创造的务实之学。

纵观严复的民本思想，有这样一些特点：

一是与救亡密切相关，所论述的出发点往往都以救亡为背景。

二是对专制政体的批判更加深入、尖锐，对君臣和民众的关系认识也更为透彻，更明确地把专制统治君主称为“窃国大盗”，“最强横、最能欺夺”的恶人。

三是民本思想大大拓展。从严复提出的“开民智、强民力、新民德”的方案来看，他不光主张保证老百姓的生活条件，而且还着重注意到民众的智力提高、人格健全和精神状态，这是以往民本思想家们所常忽视的。

四是提到了自由。这是一个前所未有的突破，是在以往的民本思想中从没有出现过的概念。在中国的传统中没有西方意义上的人的自由概念，而严复认为这恰恰是民众最重要的权利。他还提出人的自由权是天赋的权利，无论君主和体制都是无权限制的。这种自由权是发展民众才力、提高智力、和合民德的重要保障。

总之，严复的思想提出了一些新概念，包含了从西方引进的一些民主思想，使中国民本思想出现了质的变化。

三、康有为的民本思想

康有为出生的时间略晚于严复，是中国近代著名的大儒、思想家、教育家、改革家。康有为在二十二岁时游香港，折服于西方人的城市管理能力，由此开始大量阅读西方著作，大讲西学。1895年，甲午战败，康有为带头上书，请求拒签《马关条约》。后来主持“百日维新”，失败后逃到日本，后在青岛去世。他的思想主张主要体现在他的《孔子改制考》《新学伪经考》和《大同书》等作品中。

1. 三世进化学说

康有为在社会发展观上，主张社会发展阶段论。他吸收了公羊学派的“三世说”，认为社会总是在不断发展变化的，所以需要不断调整社会政策，不断改革来适应社会变化。

康有为认为，孔子是主张改革的宗师。康有为解释说，《春秋》把人类社会划分为“据乱世”“升平世”和“太平世”三个历史阶段。“乱世者，文教未明也。升平者，渐有文教，小康也。太平者，大同之世，远近大小如一，文教全备也。”[①]人类社会的发展就是遵循着这种路线，从一个阶段向更高级的社会形态演化的，最后进入一个人人平等自立的理想社会。康有为把理想社会最后的状态定义为“仁”。社会越是进步，越接近于仁，到了最后的太平世阶段，也就达到了“至仁”的社会。“每变一世，则愈进于仁。仁必去其抑压之力，令人人自立而平等，故曰升平。至太平，则人人平等，人人自立，远近大小若一，仁之至也。”[②]

按照康有为的说法，这三个阶梯性的社会形态是逐步演进、循序而进的，不可以跃进，也不可以急功近利。可见，在社会发展中，不仅是社会形态会出现变化，民众的权利、智力素质和身体素质都会逐渐提升。

2.《大同书》中社会与民的理想

在康有为的《大同书》中，对三种社会形态中各种民的地位和权利都做了一些表述，可以说制定了一种“人类社会进化表”。

第一阶段：据乱世。

人类多分级。

---

① 康有为：《春秋董氏学》，广西师范大学出版社，2016，第79页。

② 康有为：《春秋笔削大义微言考》，广西师范大学出版社，2016，第66页。

有帝，有王，有君长，有言去君为叛逆。

以世爵、贵族执政，有去名分爵级者，以为谬论。

有爵，有官，殊异于平民。

官之等级极多。有天子、诸卿、大夫、士。

有皇族，极贵而执政。

……

女子依于其夫，为其夫之私属，不得为平人。

一夫多妻，以男为主，一切听男子所为。

族分贵贱，多级数，不通婚姻。种有黄、白、棕、黑贵贱之殊。

黄、白、棕、黑之种，有智愚迥别之殊。

……

白、黄、棕、黑之种不通婚姻。

主国与属部人民贵贱迥殊。

有买卖奴婢。

第二阶段：升平世。

人类少级。

无帝王、君长，改为民主统领，有言立帝王、君长为叛逆。

无贵族执政，虽间存世爵、华族，不过空名，无政权，与齐民等。

无爵，有官，少异于平民，而罢官后为民。

官级稍少。

有统领、大夫、士三等。

皇族虽未废而仅有空名，不执权。

……

女子虽不为夫之私属而无独立权，不得为公民、官吏，仍依于其夫。

一夫一妻，仍以男为主而妻从之。

族虽有贵贱而少级，婚姻渐通。

棕、黑之种渐少，或化为黄，只有黄、白，略有贵贱而不甚殊异。

……

棕、黑之种甚少。各种互通婚姻。

主国与属部人民渐平等，不殊贵贱。

放免奴婢为良人，只有仆。

第三阶段：太平世。

人类齐同无级。

无帝王、君长，亦无统领，但有民举议员以为行政，罢还后为民，有言立统领者以为叛逆。

无贵族、贱族之别，人人平等，世爵尽废，有言立贵族、世爵者，以为叛逆。

民举为司事之人，满任后为民，不名为官。

官级极少。

只有大夫、士二等。

无皇族。

……

女子有独立权，一切与男子无异。

男女平等，各有独立，以情好相合，而立和约，有期限，不名夫妇。

无贵贱之族，婚姻交通皆平等。

黄、白交合化而为一，无有贵贱。

诸种合一，并无智愚。

……

诸种合一无异，互通婚姻。

无主国属部，人民平等。

人民平等，无奴婢，亦无雇仆。[①]

从上面的对比看，据乱世相当于清朝统治的社会，升平世相当于过渡期，太平世相当于现代化社会。

太平世社会已经是民主社会，人人平等，官员由民众选举，不做官了就回归平民身份，不再称呼官名。而且官级极少，只有二等。婚姻方面，表现为男女平等，女子有独立人格，虽有婚约但完全取决于感情。在人种方面也完全平等，互相通婚，殖民统治地区的宗主国与属国之间也完全没有界限……

从以上几位明末清初著名思想家的民本思想来看，普遍体现出这样几个特点：

一是他们关于民本思想的论述是与变法救亡紧密联系在一起的。他们的民本思想都产生在国家贫穷落后、危机四伏的时期，外来势力的威胁越逼越紧，觉醒的人们大声呼喊——要挽救中华民族的危机，需要重新审视民的地位。

二是他们的思想或多或少都受到西方思想的影响，不再单纯从中国传统思想的累积中寻求出路。有些人开始睁眼看世界，想了解西方的情况，看西方列国是怎么强大起来的。

三是他们的民本思想已经与古代的民本思想有了明显的区别，不再那么强调民众的基本生存条件和物质生活保障，而是对国人精神的改造和振作特别重视，认为精神和文化的落后也是根本性的落后，如果仅仅是物质方面的满足，并不能从根本上改变中国的落后状况，也不能挽救中国灭亡的命运。

四是不仅仅赋予民众以物质的权利，还提出了赋予民众自由、

① 康有为：《大同书》，华夏出版社，2002，第150～152页。

平等等权利。如严复的关于自由、赋权、兴科学、废八股等的思想，已经在逐渐向“德先生”和“赛先生”演变了。

这几点新变化已经基本突破了古代的传统民本思想，开始进入民主思想的范畴了。可以说，这些学者对民本思想的新探索和深入思考，已经为传统民本思想向后来的民主思想转变开辟了道路，并做了启蒙工作。

第九章 民心、民声与民本

在民本思想中，了解民间疾苦、倾听民间呼声是一个重要方面。有时候民间“鼓腹讴歌”，有时候“民怨沸腾”，明智的君主了解民情后调整自己的政策，改掉自己的不当行为，罢免引起强烈民愤的官员，使社会归于平稳，使一个王朝之舟在民众组成的大水之上不至于倾覆，这是一种传统。每一个新创建的王朝，最初的君主往往胸怀宽广，能够听进大臣的意见，甚至还会主动访问一些父老，但每到王朝末期，政治黑暗，君主暴虐无道，不纳忠言，闭塞言路，杀害谏臣，最终自取灭亡。

一、听取民声的制度性设置

要听取民间呼声的意识，很早就有了。《尚书·皋陶谟》中说，“天聪明，自我民聪明。天明畏，自我民明威”。聪是指听力好，明是指善于观察。上天善于听取民间呼声，观察民情，根据民众的意向来判断事情的好坏。因此，国君理政也应顺应民意。

1. 三代多渠道听取民声民意

夏朝末年，夏桀暴虐，宠爱妹喜，滥杀无辜，民众不堪其苦。民间发出痛苦的呼声：“你这个太阳啊，什么时候灭亡，我们愿意与你同归于尽。”商汤听到了这句话，断定夏桀已经众叛亲离，丧失了抵抗力，决意起兵灭夏。

商人重视民众的意愿，害怕民众怨恨。据《尚书·商书·西伯戡黎》记载，西伯战胜黎国后，大臣祖伊非常害怕，跟纣王说：“今我民罔弗欲丧，曰：‘天曷不降威？’大命不挚，今王其如台？”可是纣王不以为意，认为他是从上天那里接受的大命，民众不能拿他怎么样。他的统治最终被推翻。

周人更加重视民意。《尚书·周书·泰誓》中周武王说：“天视自我民视，天听自我民听。”这是当时关于统治者重视民意的最明确的表达。周武王认为，天是民的后台，民意将转化为天意。尊重民意，就是尊重天意。他说纣王“自绝于天，结怨于民”，所以要讨伐他，灭商就是替天行道，解民倒悬。灭商之后，他就找夏遗民厚父和殷遗民微子了解祖训民情。

在《左传》和《国语》中，都重点记载了厉公弭谤的历史事件。

在周厉王时期，有个荣夷公特别喜欢聚敛钱财，周厉王特别欣赏他，二人可谓臭味相投。大臣芮良夫就劝谏厉王说：“王室是要衰落了吗？荣夷公这个人，好独占厚利而不知防备大难。利是天地间形成的，要是有人独占起来，那么危害就来了。天下的东西天下人用，怎么可以独占呢？这样一定会惹起民愤。好利又不知道防患于未然，这样统治天下，国运能够长久吗？做天子的要广开财源，利天下之人，普惠天下之民。即使这样，天子还应该时刻畏惧，害怕招来怨恨。如今您却要独享利益，这怎么可以呢？民众要是这么做，就会被称为盗贼；您要是这么做，拥护您的人就会少了。如果让荣夷公当政，周朝就会败落。”周厉王不听，反而任用荣夷公为卿士。

周厉王暴虐，做了不少坏事，导致民怨沸腾。召公对周厉王说，老百姓已经怨声载道了。周厉王大怒，找来一个卫国的巫师监控舆论。谁要是咒骂周厉王，被捉到了，就要被处死。于是人们在路上相遇时，只能用眼睛相互示意，什么都不敢说。这成了后来常用的一个典故，叫作“国人莫敢言，道路以目”。明明这是很危险的征兆，周厉王却因此得意，跟召公说：“我能消除民间怨言，现在没人敢说我的坏话了。”召公郑重说道：

> 防民之口，甚于防川。川壅而溃，伤人必多，民亦如之。是故为川者决之使导，为民者宣之使言。故天子听政，使公卿至于列士献诗，瞽献曲，史献书，师箴，瞍赋，矇诵，百工谏，庶人传语，近臣尽规，亲戚补察，瞽史教诲，耆艾修之，而后王斟酌焉，是以事行而不悖。民之有口，犹土之有山川也，财用于是乎出；犹其有原隰衍沃也，衣食于是乎生。口之宣言也，善败于是乎兴，行善而备败，所以阜财用衣食者也。夫民虑之于心而宣之于口，成而行之，胡可壅也？若壅其口，其与能几何？王不听，于是国莫敢出言。三年乃流王于彘。①

这个召公，即召穆公。他把民间舆论和统治稳定的关系，阐述得非常精辟，因此“防民之口，甚于防川”这句话流传了几千年，被奉为经典。他的意思是说，堵住民众的口，比堵塞河流的后果还要严重。河流一旦决口，会造成很大的伤亡，而民众的愤怒之川一旦决口，君主就会失去民心，动摇王朝的根基。所以看管水库的人会适当泄洪，管理民众也要引导民众把怨言说出来，让民众有发泄的渠道，才能缓和社会矛盾。君主处理政事，要让官员进献讽谏的

---

①《国语·周语上·召公谏厉王弭谤》。

诗歌，乐师进献民间歌曲，史官进献史书，少师进献箴言，盲人朗诵讽谏的诗篇，平民把意见报给君主，左右近臣尽心规劝，元老重臣指教劝诫，然后君主对各种意见进行研究斟酌，这样君主做事才不会荒唐。民众有口，就像大地有山川，财富用度都是从山川中产生的。民众发表言论，君主才能知道国家政事的好坏。民众认为好的就推行，民众认为坏的就防范，这样才能使财富增加。民众发表言论，是把民心化为言语表达出来，怎么可以堵呢？

召公不仅说了川与民口的比喻，还说了民像大地山川一样是客观存在的，是不可改变的，统治者要改变自己以适应民众，而不能妄想扭转民众，更不能欺压民众，还不许民众有怨言。民声可以兴国，也可以亡国。对于民声，不仅不应去堵，还要广开言路，积极地引导民众把心里话都说出来。为了这个，先王采取了许多措施，让各种人员从各方面反映民情，以供君主做出正确选择。由此可见，民声是多么重要。可惜的是周厉王不听，国中没有人敢说话，结果发生了国人暴动，他被国人流放到了彘地，最终死在了那里。

此后，周厉王弭谤的事情被历代当作打压民意、拒谏饰非而遭到民众反对的典型案例，让历代统治者引以为鉴。

召公说的这一整套体制，春秋时期的大乐师师旷也曾对晋侯说过："天生民而立之君，使司牧之，勿使失性。有君而为之贰，使师保之，勿使过度。是故天子有公，诸侯有卿，卿置侧室……以相辅佐也。善则赏之，过则匡之，患则救之，失则革之。自王以下，各有父兄子弟以补察其政。史为书，瞽为诗，工诵箴谏，大夫规诲，士传言，庶人谤，商旅于市，百工献艺。故《夏书》曰：'遒人以木铎徇于路。官师相规，工执艺事以谏。'正月孟春，于是乎有之，谏失常也。天之爱民甚矣。岂其使一人肆于民上，以从其淫，而弃天地之性？必不然矣。"[①]王身边的人可以直接进谏，士

①《左传·襄公十四年》。

可以传言，庶人也可以吐槽，甚至有专人敲着木铎沿街搜集民间疾苦。可以说，为了及时听到民间的呼声、了解民众的疾苦，以调整法令政策，维护王朝的稳定，历代统治者都不断总结历史经验，进行了许多制度性设计。

汉文帝时的贾山也说过相似的话，除了史、工、瞽、公卿、士、庶各有进谏的方式和渠道之外，"然而养三老于大学，亲执酱而馈，执爵而酳，祝鲐在前，祝鲠在后，公卿奉杖，大夫进履，举贤以自辅弼，求修正之士使直谏"[①]。

召公、师旷、贾山虽然分别处于三个时代，但都提到了古代的这些制度，而且所说的内容差不多，说明这些制度是真实存在的。

2. 列士献诗制度

《诗经》中的《国风》是多个诸侯国诗歌的汇集。《毛诗序》中说："上以风化下，下以风刺上，主文而谲谏，言之者无罪，闻之者足以戒，故曰风。"汉人也认为采风制度有政治谏议功能，《汉书》里面至少有两处说到采诗制度。《汉书·艺文志》说："古有采诗之官，王者所以观风俗，知得失，自考正也。"《汉书·食货志》说："孟春之月，群居者将散，行人振木铎徇于路，以采诗，献之大师，比其音律，以闻于天子。"何休在《春秋公羊传解诂·宣公十五年》里说得更细致："男女有所怨恨，相从而歌。饥者歌其食，劳者歌其事。男年六十、女年五十无子者，官衣食之，使之民间求诗。乡移于邑，邑移于国，国以闻于天子。故王者不出牖户，尽知天下所苦，不下堂而知四方。"这里至少传达了这样几个信息：诗是采自民间的；采诗是官方允许甚至组织的；采集到的诗经过层层转达到了天子那里，供天子参考。有一些诗反映作者自身的各种苦难，逐级由专人转交到天子那里。上海博物馆藏的战国楚简也记载了这个问题，其第三简中说："邦风其纳物也

---

①《汉书·贾邹枚路传》。

溥，观人俗焉，大敛材焉。”[1]这句话的意思是国风这种诗歌包容量大，内容广泛，对于了解国情很有效。据此可知，在春秋时代采风观俗的制度应当是可以确定的。据说原来曾有古诗三千余首，现在《诗经》三百篇，是经过孔子精心挑选编辑之后的。

3. 汉代乐府采风制度

到了汉代，实行乐府采诗的制度。据《汉书·礼乐志》记载，至武帝，“乃立乐府，采诗夜诵，有赵、代、秦、楚之讴”。《汉书·艺文志》也说：“自孝武立乐府而采歌谣，于是有代赵之讴，秦楚之风，皆感于哀乐，缘事而发，亦可以观风俗，知薄厚云。”许多乐府民歌都有讽谏的意义。所谓“感于哀乐，缘事而发”，就是说，乐府民歌的作者面向现实生活，根据人们在各种各样的遭遇中所表现出来的喜怒哀乐而进行创作。它们真实而具体地反映了当时的社会面貌、人民的思想感情和民间疾苦，是《诗经》现实主义优良传统的继承和发扬。

现存下来的汉乐府民歌，有些反映了劳动百姓的苦难和他们的反抗斗争。如，《东门行》记载了善良的百姓在饥寒交迫、走投无路的情况下，被逼走上反抗的道路。《十五从军征》揭露了战争和徭役给百姓造成的灾难与痛苦。诗中主人公十五岁从军，八十岁才返乡，只见荒坟累累、满目凄凉，老人万念俱灰，不知如何度过孤苦残年。《妇病行》描写一个贫苦家庭的妇女，临终时叮嘱丈夫好好抚养孩子，但最终丈夫无奈违背了妻子的遗愿，狠心抛弃了自己的孩子，深刻地反映了社会下层民众的痛苦。《上山采蘼芜》写了妇女无辜被弃的不幸。此外，还有的写官家豪富对民众的欺凌和上层社会的腐朽与无耻等。明代诗歌理论家胡应麟在《诗薮·古体上·杂言》说：“惟汉乐府歌谣，采摭闾阎，非由润色。然质而不俚，浅而能深，近而能远，天下至文，靡以过之。”汉乐府民歌真

---

① 刘信芳：《孔子诗论述学》，安徽大学出版社，2003，第16页。

实而生动地反映出民众的社会生活和爱憎，具有高度的思想性与艺术性。

这种先秦和汉代讽谏制度的特点，大致是人人可谏，民间传言、庶人传言都可以。在邹忌讽齐王纳谏的故事中，街市上的人也可以批评施政措施，甚至批评齐王。这种做法恐怕并不是齐威王独创的。

二、监察制度和言官制度

秦以后，起着反映民心、民意功能的官员主要是御史、谏官等，机构主要有谏院、御史台、都察院等。

1. 御史台与谏院的设置沿革

御史这种官员，在战国时韩、赵、魏、齐、秦都曾设置过，职责主要是书写记事，兼有讽谏职能。到了秦朝，设御史大夫和副手御史中丞，副丞相级别，具有监察职能。汉承秦制，御史的职能开始向监察方面转移，增设治书御史、侍御史。丞相可以向地方派监察御史。东汉开始，御史中丞地位提高，与尚书台、谒者台并称三台，直接对皇帝负责。御史号称天子耳目，负责为皇帝搜集官情、民情等，无所不查。曹魏以后，御史具有风闻言事的权力，就是只要听说，虽没有亲见或核实，就可以弹劾官员。如果弹劾的事情最终没有被查实，谏官也可免责。隋代御史中丞改称御史大夫，下设治书侍御史两人、检校御史十二人，巡察各地官员。后来又设司隶台和谒者台，与御史台并列为三台。唐朝时因为三台职责重叠混乱，只留御史台（也称为宪台），设御史大夫，内设台院、察院、殿院，分别纠察百官。其中，御史台本部主管监察朝廷百官及参与重大案件审理，殿院主管朝班礼仪，察院主管监察地方官吏和地方风俗。宋代，形式上承唐制，但是由于宋代谏院颇受重视，地位显赫，御史台的重要性有所下降。御史台官员与谏院官员合称台谏官。元代，废除了唐宋以来的御史台三院制，中央设殿中司和察院；地方上设二十二个监察区，各设肃政廉访使。从名字就知道，肃政廉访使的职责是负责访查地方官员的违纪行为和民情。明代，中央设都察院，长官是左右都御史；地方上设十三道，每道置监察御史七至十一人，共一百一十人；还不定期派出巡按御史。这个大的格局，到清代没有大的变化。

司马光曾说："古者谏无官，自公、卿、大夫至于工、商，无不得谏者。汉兴以来始置官。夫以天下之政，四海之众，得失利病，萃于一官使言之，其为任亦重矣。居是官者，当志其大，舍其细；先其急，后其缓；专利国家，而不为身谋。"[①]其实谏官在西汉还不是常规设置，到东汉始成定制。六朝时期，门下省负责进谏。到了唐朝，唐太宗非常重视谏议制度，进谏职责由中书、门下两省承担。门下省设左谏议大夫四名、给事中四名、左散骑常侍四名。中书省设右谏议大夫四名、右散骑常侍四名。唐代还设立了拾遗、补阙两种官职，各分左右，左隶门下省，右隶中书省。

2. 宋代的台谏制度

宋代皇帝对于大臣专权特别警惕，对大臣的权力严格控制。宋朝的中央政府三权分立，行政、军政和财政分别由中书省、枢密院和三司掌管。御史台与谏院合称台谏，官员称为"台谏官"或者"言官"。唐代御史台不兼言职，但到了宋代，就和谏院一样负有规谏之责。两个机构趋向合一，掌管纠察官邪、肃正纲纪，大事庭辩，小事奏弹。凡是朝政得失、百官任用、三省六部各司事有失误，都可以谏正，并且有风闻言事的特权，御史台逐渐成为与中书省、枢密院和三司并立的重要机构。"凡台官言事许风闻者，谓耳目不及之事即许风闻。"[②]宋朝统治者有意对大臣的权力进行制衡，

① 钟基、李先银、王身钢译注：《古文观止·谏院题名记》，中华书局，2011，第710～711页。

②《续资治通鉴长编·卷一百四十八》。

防止权力太过集中，想出了一个自鸣得意的法子，即“异论相搅政策”，意图在士大夫之间产生不同的政见，从而使其互相制约，强化君权。在这种情况下，台谏官主要是皇帝的耳目，负责抨击权贵，与两府大臣互相监督。如司马光所说：“又国家置台谏之官，为天子耳目，防大臣壅蔽。”[①]台谏官的官职虽不一定高，但非常重要：“其所弹治者必废，所称援者必进，既为上所信属，故其职特为要剧。”[②]宋仁宗曾明确下诏：“自今除台谏官，毋得用见任辅臣所荐之人。”[③]在朝廷上，他们可以毫无忌惮地责备、指控任何大臣，如可以当面责备宰相。为了保持权力的独立性，他们需要和大臣保持距离，凡事维持异议。因此，他们的选拔任用都有着特殊的规定。在这种体制下，台谏官们非常敢言，且以正直敢言为荣，以畏缩阿附为耻。这种风气已经成了一种群体性的标志。

台谏官不仅敢于指斥宰相，而且对皇帝自身的问题也不客气。宋仁宗通过中书省任命张贵妃的伯父张尧佐为三司使、宣徽使，御史中丞王举正、包拯等言官在宋仁宗面前极力反对，“且于殿庑切责宰相”。从宋仁宗说他们“进对之际，失于喧哗。在法当黜”[④]来看，场面不是一般的激烈，最终此事被迫废止。熙宁三年（1070），左正言监察御史李常指责朝廷发放青苗钱，“流毒四海”，又指责宋神宗“一宫殿之费百余万，一宴游之费十余万，乃令大臣剥肤椎髓掊敛百姓”[⑤]。这些话或有夸大不实、耸人听闻之嫌，但是皇帝并没有治他们重罪，仅是撤职而已。

宋朝优待言官，赋予言官很大的议论、弹劾权力，有效地防止了大臣专权，也有效地制约了大臣的贪腐和懒政行为，起到了替皇帝鞭

---

①《续资治通鉴长编·卷二百六》。
②《续资治通鉴长编·卷一百九十四》。
③《续资治通鉴长编·卷一百五十一》。
④《续资治通鉴长编·卷一百六十九》。
⑤《续资治通鉴长编·卷二百十》。

策官吏的作用，对民众利益起到了维护作用。同时，他们也对皇权本身构成了制约。他们动辄以禹汤文武、祖宗家法来监督皇帝、指责皇帝，使皇帝尽可能地约束自身。在宋代，没有一个皇帝敢否认祖宗家法，没有一个皇帝敢否认民本思想，台谏官起了重要作用。

3. 明代了解民情的制度

明代，在制度上也有独特的创建。可以说，朱元璋为了免受官员蒙蔽，也是想尽办法。

第一，洪武十年（1377），特别设置了通政使司。这个机构的职责很明确，是皇帝的喉舌之司，负责通上下之情。据《明史·职官志·通政使司》记载，朱元璋说："政犹水也，欲其常通，故以'通政'名官。"

第二，允许民众上访上诉。在当时，凡是官员欺压百姓、贪赃枉法的，允许百姓在特定的时间一起赴京告御状，一切地方关防不得阻挡截访。如果有污吏恶吏和豪绅恶霸，则允许地方父老和精壮男子将其绑送至上级衙门。

第三，创建了建言民情会议制度。明太祖朱元璋起自民间，对于朝廷弊政有很深的了解。他知道朝廷因为官僚主义和吏治腐败，民情、民间疾苦难以上达，所以多次下诏征求直言，广开言路。如洪武十年（1377），朱元璋下诏，天下臣民，凡言事者，实封可直达御前。身份不限，具体内容不限，凡是民间弊病，都可以直接反映。这件事情由礼部来掌管，反映上来的事情由礼部负责处理。早在洪武五年（1372），明朝廷就明确规定，礼部的主客部"掌贡献、建言、四夷朝贡、赏赉"[①]。建言民情会议制度就是在此基础上建构起来的。

"明初鼓励天下军民上言四方利弊，上言者的身份和言事内

---

① "中研院"历史语言研究所：《明太祖实录·卷七四》，校印本，1962，第1361页。

容几无限制。洪武时期，明廷即为议处四方建言创设了一项会议制度。这类会议由礼部主持，参议者至正统末年固定为九卿堂上官和六科掌印官。会议举行的频率，正统时期规定每月一次，成弘时期基本是一年两次。简单事项，会议时直接作出决定；需查议者，会后由各该管部门详议复奏。明代前中期言路顺畅，与这种专门会议有直接关系。只是到了嘉靖中期，国家多故，这类会议渐趋弛废。”[①]与以往历代相关制度相比，明朝的这种制度有以下创新：

第一，以往朝廷广求直言，多局限在中央朝廷中的大臣，最多扩展到各级官僚机构，而明朝这个“建言民情会议”，“凡天下官吏军民人等建言民情”，一律不予限制。

第二，以往国家下诏开言路咨询民情，多限定于某个方面或者某个区域，而明朝的“建言民情”没有局限。

第三，按照事情的轻重缓急定期议事。

据《明孝宗实录·卷十六》记载：“会议旧有成规，有半年一议者，有半月一议者，亦有五日内即议者，大要酌事势缓急而为次第也。有会一二衙门议者，有会部院省寺大臣并掌科给事中议者，有兼会公侯伯、都督并翰林院、詹事府、国子监、十三道御史议者，亦因事势轻重，而欲各伸所见也。”[②]也就是说，关系到哪些部门，哪些部门就要派官员参加会议，提出解决措施。

上书人员的身份各种各样。据史料记载，确实有普通百姓上书。据学者李小波研究：成化元年（1465）六月二十五日的上书人中，有“山东商河县老人张泰”；成化四年（1468）十二月二十四日的上书人中，有“江西南昌县老人周宽”；成化十年（1474）八月八日的上书人中，有“江西庐陵县县民王集典”；成化十五年（1479）二月二十五日的上书人中，有“四川内江县观音里民吴

① 李小波：《论明代的建言民情会议》，《史学月刊》2020年第10期。
② 《明孝宗实录·卷十六》。

濬”；同年九月十八日的上书人中，有“湖广五开卫溆浦屯小甲周祯”。这些人都是普通百姓。[1]

百姓上言的事情，会不会流于形式，石沉大海呢？

宣德三年（1428），礼部尚书胡濙等奏，“近磁州判官张偀等及耆民四十人各言郡县官吏军民利病凡二百余事”。礼部会议议定后，认为“有益于民可行者八十事”。[2]这些事都由各有关部门具体落实。

成化十五年（1479）会议后，礼部曾这样记录：

> 一件　禁约冠带散官违法……前件，行巡按御史禁约。
>
> 一件　禁豪强以除民患。浙江严州府寿昌县省祭官吴贵言……前件，合准所言。
>
> 一件　欺公玩法禁革为民官员。四川成都府内江县观音里民吴濬言……前件，行巡按御史禁约。[3]

上面几个例子，都是核准后落实执行的情况，其中那个平民吴濬的建议也得到了采纳。

明朝的这项制度，在收集民情、落实民本思想方面是一个创举，也起到了一定的作用。但是后期，随着吏治腐败，百姓不再敢发表自己的言论，这项制度就流于形式了。

三、广开言路

广开言路，就是把了解社会情况的渠道拓宽，使朝廷和皇帝能

---

①李小波：《论明代的建言民情会议》，《史学月刊》2020年第10期。

②《明宣宗实录·卷四一》。

③李小波：《论明代的建言民情会议》，《史学月刊》2020年第10期。

够及时掌握国家的真实情况，及时了解民间的疾苦，以保持国家社会运行的稳定。这种意识和需求，实际上很早就有。《尚书·虞书·皋陶谟》中说："天聪明，自我民聪明。天明畏，自我民明威。"《尚书·周书·说命上》中说："惟木从绳则正，后从谏则圣。"不论是上天，还是天子，都需要听从劝谏，听从民众的意见。

1. 明君与明察

英明的帝王都非常重视言路畅达，希望自己能够听到正直言论、官声民情、社会弊端，了解国家的真实情况。他们甚至鼓励官员们上书直言，不要沉默。一些明智的臣僚也会尽量劝勉帝王采纳诤言，广开言路。

战国时期的邹忌就劝谏齐威王广纳谏言。《战国策·齐策一》记载：邹忌身高八尺，形象光彩照人，但是比起城北的徐公则远远不如。但他问他的妻妾和客人，他和城北徐公谁更美，他们都说邹忌比徐公美。后来他见到了徐公，觉得自己确实不如徐公美。于是他上朝对齐威王说："明知道我不如徐公美，可是我的妻妾和我的客人都说我比徐公美。这是因为我的妻子爱我，我的小妾怕我，我的客人有求于我，所以他们都不说实话。现在齐国这么大，宫里的人偏爱您，诸侯们怕您，四境之内都有求于您。由此看来，您被蒙蔽得非常厉害。"齐威王听后，立即下令："不论是朝廷官员，还是百姓，凡是能当面指出我的过错的，受上等奖赏。能上奏章规劝我的，受中等奖赏。能在公共场合批评我，传到我耳中的，受下等奖赏。"大家见批评齐威王不但不受打压，还有奖赏，于是都挖空心思提意见，结果几个月之后，人们想批评他，都找不到理由了。燕、赵、韩、魏等国听说这个事情后，都到齐国朝见。齐国就这样达到了"最强于诸侯"。

实际上，在春秋战国时期善于听取大臣谏议、信任臣民的诸侯不少，为什么？因为当时社会形势处于持续变动之中，各诸侯国强者争霸，弱者图存，局势复杂多变，诸侯国的地位随着人才的流动而上下变化，如管仲到齐国为相，齐国就强大起来，创建了霸业。但是一些不听谏言、自以为是的诸侯国，就衰落下去，甚至国破家亡。《韩非子·喻老》中就说了一个不听别人的建议，最终病重身亡的故事：扁鹊是春秋时期的名医。他在拜见蔡桓侯时，对蔡桓侯说："您生病了，病在表皮里，不治就会严重。"蔡桓侯不以为然，还笑话扁鹊把没病的人当作病人来治，是想显示他的医术高明。十天后扁鹊又拜见蔡桓侯，说他的病已经在肌肤，不治会深入体内。蔡桓侯不予理睬。过了十天，扁鹊又来拜见他，说是病已在肠胃，不治会继续严重。蔡桓侯很不高兴，依然不回应。又过了十天，扁鹊见到蔡桓侯，扭头就跑。蔡桓侯派人问他怎么回事。扁鹊说，蔡桓侯的病，前面都还能治，现在已经病入膏肓，谁也没办法了。果然，蔡桓侯过了几天就死了。这个道理是说，一些君主不愿听实话，自以为是，结果就是自取灭亡。不仅仅治病是这样，治理国家也是一样。一个国家之所以能够强大，是因为当权的统治者能够采纳众人的意见，及时改正错误，实施正确的政策。如果堵住了言路，不但病情得不到医治，民情也无从了解，民众就会抛弃这个政权。

《汉书·贾邹枚路传》记载，汉文帝时贾山曾经上书说，秦始皇以摧枯拉朽之势灭六国，之后巡游全国，到处刻石陈述自己的功绩，自以为天下平定，可以为所欲为了，于是把自己作为始皇帝，想从一世传到万世。结果呢？他死后才几个月就天下大乱，很快秦朝就灰飞烟灭了。为什么秦始皇处在灭国的险境之中，他却不知道呢？因为天下人都不敢告诉他。"其所以莫敢告者何也？亡养老之义，亡辅弼之臣，亡进谏之士，纵恣行诛，退诽谤之人，杀直谏之士，是以道谀偷合苟容，比其德则贤于尧舜，课其功则贤于汤武，天下已溃而莫之告也。《诗》曰：'匪言不能，胡此畏忌，听言则对，谮言则退。'此之谓也。又曰：'济济多士，文王以宁。’”①

朝廷的大臣就是一个智囊集团，不集中所有人的聪明才智，仅仅依靠皇帝一个人，是不可能把国家治理好的，所以明智的皇帝，都不断倡导广开言路。言路通畅，下情才能上达，民情才能得到反映，国家政策才能适时调整，政权被颠覆的危险才能降低。

在很大程度上说，开言路与闭言路是开明与专制的体现，也是民众疾苦较轻与深重的体现，还是一个王朝兴亡的衡量标准。所以，英明的君主都力图让百姓安居乐业、国泰民安。民安了，国家就太平，国祚就绵长。

2. “指鹿为马”与“仗马之鸣”

历史上有些奸臣，总想宠权固位，蒙蔽皇帝。有两个著名的例子，一个是赵高的“指鹿为马”，一个是李林甫的“仗马之鸣”。

《史记·秦始皇本纪》记载，秦始皇死后，赵高专权。他对秦二世胡亥说：“你年龄小，我也没有威望，大臣不服，可以找借口杀掉一些官员，任用一批低层官吏，树立自己的权威。”胡亥听从了赵高的建议，杀掉了一批公子和大臣，于是宗室的人都非常害怕。群臣也不敢进谏，只要进谏就会被认为是诽谤，大臣们都明哲保身，平民也很恐惧。不久，陈胜、吴广起义，各地郡县纷纷归附。有地方官员跟秦二世上报这一情况，秦二世大怒，后来又有上报的，说是群盗已经抓捕一空，不用担心。后来，赵高又劝说秦二世：“您年少没有威望，如果在朝廷上和公卿议政，万一说错话，徒留笑柄，不如不上朝决事。”于是大臣们都难以见到秦二世。起义军已经进逼咸阳，秦二世却仍浑然不知，赵高怕真实情况泄露，就设了一计。他进献了一头鹿给秦二世，说这是一匹马。秦二世左看右看，这明明是一头鹿，怎么说是马？可是，一些大臣为了讨好赵高，就随声附和说是马。也有少数大臣不愿违背自己的良心，说

---

①《汉书·贾邹枚路传》。

那是鹿。赵高就把那些说实话的人抓起来治了罪，剩下的人就更不敢说真话了，秦二世也就听不到任何真实情况了。这就是著名的“指鹿为马”的故事。当假话公然横行的时候，说真话就是罪过。后来，秦二世略知道一点消息，赵高害怕秦二世治他的罪，就开始造反，命令他的女婿率兵杀进宫去。当箭射中胡亥的床帐后，胡亥才察觉。胡亥的左右或逃或降，只有一个宦官留在身边。胡亥问这个宦官，为什么不早告诉他真相。那人说：“正因为我没告诉你，才活到现在。要是早告诉你，你早就把我杀了。”秦朝无法挽救地走向灭亡。

在唐玄宗统治前期，他知人善任，励精图治，开创了开元盛世；后期沉溺于享乐，懒于理政，不喜欢听取谏言，受到了奸臣的蒙蔽。当时有个人叫李林甫，非常有心计，人称他“口如蜜，腹有剑”。他善于结交宫中太监、嫔妃，窥探唐玄宗的心思和喜好。而对于那些妨碍自己上升的人，他则设计加以排除。与之相关的一个著名的典故是“仗马之鸣”。“仗马”是指皇帝车驾仪仗的马，体貌雄俊，训练有素，是皇帝出行的陪衬，饲养规格非常高。但这种马不能鸣叫，一旦鸣叫就会被从仗马队伍中剔除。李林甫想要堵塞唐玄宗的耳目，自己独揽大权，于是公开把各位谏官召集在一起，对他们说：“如今明主在上，我们群臣遵从旨意做事都来不及，哪里用得着多说话呢？各位没有看过仗马吗？它们平时吃的是三品官的食料，但是一旦在仪仗中叫一声就被拉出去了，到时候后悔就晚了。”自此之后，谏诤的路就绝了。谏诤路绝，皇帝就无法做出正确判断，祸乱随之而至。后来安禄山叛乱之前，唐玄宗几次派人去探听，所去之人都被收买，只说安禄山的好话。到后来，叛兵攻向长安，告急文书像雪片一样飞来的时候，唐玄宗还在下令：“敢言安禄山反者，斩！”真是莫大的讽刺。

以上两例，虽然主要是宫廷斗争的事情，但是如果连战报和官吏任免等大事皇帝都不知情，那么民间疾苦就更不可能上达。在权臣一手遮天的黑暗下，哪里有老百姓申诉的空间呢？

3. 思想文化专制与民本思想的破坏

民本思想的实现需要最高统治者的倡导和践行，需要下层民众敢于说话，把民间疾苦和需要改变的地方反映到决策层面，也就是朝廷。但是，这需要统治者拥有一定的胸怀。如果这个人虚怀若谷、心怀民众，他就比较容易接受忠言诤言，使朝政能够修正、改善。如果他心胸狭隘、多疑多忌，这种情况下进谏就是有风险的事，如隋文帝杨坚、明太祖朱元璋。

一开始，隋文帝是一个励精图治、乐闻善言的皇帝，但是后来逐渐脾气暴躁、用刑严厉。朱元璋打天下时从善如流，善于听取别人的意见，还为不能找到隐居的高人智士而感到遗憾，但当了皇帝后，心胸就狭隘起来，猜忌心重，用刑越来越严厉，又因为自己出身低微，怕别人讽刺他，嘲笑他，大兴文字狱。

文字狱是指统治者故意曲解文字作品给文人定罪，从而迫害知识分子的冤狱，是极端专制的产物。这里的“狱”，就是刑事案件。有时，因为说了犯禁忌的话导致犯罪，大致也可以归为文字狱范畴。文字狱给民本思想的发展和贯彻制造了极大障碍。

文字狱的起因，一般是文人或者有点文化的人因为不赞同最高统治者的言行政策，惹怒了皇帝或者统治者。那么按照过去某段时间的说法，凡是士大夫不都是统治者吗？其实并不是。早在春秋战国时代，就已经把不做官的人称作“民”了，如《国语》和《管子》中，都说到管仲治齐，首先提出“四民定业”的政策。“四民”是哪四民？士、农、工、商。而且，文字狱主要的功能是思想控制，而针对的主要人群就是士人。因为士人能写文章、诗歌、对联、谜语、隐语等，而且他们所写的东西能够在民间流传，很容易对统治者不利。

（1）秦朝的思想专制。

文字狱的鼻祖，大概可以追溯到周厉王。周厉王禁止国人在一起议论时政，压制国人的言论，最终引起了国人暴动。后来秦国一统天下，不仅统一国土，还要统一度量衡，统一文字，更要统一思想文化。秦始皇统一全国后，认为自己“德兼三皇，功过五帝”，于是就将“皇帝”定为自己的尊号，使“皇帝”一词成为华夏最高统治者的正式称号。他巡游各地，刻石立碑，为自己歌功颂德。到了秦统一后的第八年，秦始皇置酒咸阳宫。仆射周青臣把秦始皇大大吹捧了一番，说秦始皇一统天下、推行郡县，百姓安居、国祚永存，是古今第一伟大的皇帝。博士淳于越看不下去，就弹劾周青臣阿谀奉承，建议秦始皇继续实行分封制。不料丞相李斯直接批驳淳于越，说淳于越是愚儒，并指责儒生不学习，不推崇今天的学问和学说，反而学习古代的，而且借古讽今，混淆视听，惑乱民心，是影响秦朝统治稳定的因素。李斯还建议：秦史以外的各诸侯国的史书全部烧掉，官方藏书以外的涉及诸子百家的私人藏书全部烧掉；以后有人再敢妄谈《诗》、《书》、百家语者，处以死刑；胆敢厚古薄今者，杀全家；以上这些情况，主管官员如果知情不报，也要一同治罪；发布命令后三十天内必须完成烧书任务，否则就要受黥刑并发边流放。这就是著名的“焚书议”。李斯的目的就是防止这些人议论政事，扰乱人心，动摇秦的统治。李斯认为只有这样做才能达到思想统一，天下才能长治久安。

次年，又发生了“坑儒”事件。秦始皇在攫取巨大权力和享受荣华富贵之后，十分怕死。在统一中国之后，他异想天开地要寻求长生不死药。方士侯生、卢生等人迎合其需要，答应为其找到这种药。按照秦律，诺言不能兑现或者所献之药无效者，要处以死刑。侯生、卢生自知找不到长生不死药，不但逃之夭夭，而且说秦始皇天性刚愎自用，专任狱吏，事情无论大小，都由他一人决断，贪恋权势等。秦始皇听后，怒不可遏，以“或为妖言以乱黔首”的罪名，下令进行追查，并亲自圈定四百六十余人活埋于咸阳。这就是“坑儒”事件。

焚书坑儒，在历史上臭名昭著，受到了历代官民的一致否定，即使再残暴的君主也没有人敢冒天下之大不韪替他翻案。这是一次极为酷烈的文化镇压，是中华文明史上一次文化浩劫，先秦辉煌灿烂的思想文化遗产遭到严重毁灭，再难重现。

事情的发展往往在暴君民贼的意料之外。镇压民意、消除异议的血腥措施并没有巩固暴秦政权，揭竿而起的也并不是读书人。秦朝君臣想用这种倒行逆施来巩固政权，结果适得其反，加速了秦的灭亡。不是读书人的陈胜、吴广、刘邦、项羽等人发动民众起义，埋葬了秦朝。不同的声音没有了，导致君主盲目自信，自以为无所不能、英明无比、一贯正确、不容置疑，结果在危险的道路上越走越远，错误得不到纠正，危险得不到补救，秦朝终于土崩瓦解了。

（2）明朝的文字狱。

北宋的文字狱，引起关注的只有“乌台诗案”。南宋秦桧专权，利用文字狱打击异己，排斥政敌，但未产生严重危害。真正大兴文字狱的是明、清两朝。

明朝兴起文字狱的主要原因是朱元璋以一介平民成为皇帝，由底层的“匪”“贼”“和尚”成为至高无上的天子，其内心的自卑与外在身份的高大产生冲突，使他极为敏感，老是怀疑有人看不起他的出身而有所讥讽。朱元璋出身低微，家境贫困，早年没有机会学习文化知识，但他知道文人会利用笑话、成语和文章等来讽刺、诽谤别人。在这些有文化的人面前，他内心深处有一种自卑和疑忌心理，总是想从字里行间发现人们的恶意，所以文字狱在朱元璋洪武年间特别严重。

杭州府学教授徐一夔所写的《万岁贺表》，其中有“光天之下”“天生圣人，为民做则”等语句。朱元璋听了勃然大怒，在他看来：“生”者，僧也；“光”者，秃头也；“则”字，近贼也。这是在讥讽他做过僧人，剃过光头，当过贼人。于是，将徐一夔满门抄斩，株连五十多人。徐一夔所写的明明是一篇为朱元璋歌功颂德的文章，结果变成了屠族灭门的惹祸根。朱元璋统治时期，仅因为“光”“则”等字就杀了很多人。怀庆府学训导吕睿为本府所作的《谢赐马表》中有“遥瞻帝扉”四字，以表示尊敬，朱元璋却说“帝扉”是影射“帝非”。祥符县学教谕贾翥在《正旦贺表》中有“取法象魏”四字，被朱元璋读成“去发像鬼”，认为暗示自己曾去发为僧，为大不敬。尉氏县学教谕许元写的《万寿贺表》中有“体乾法坤，藻饰太平”一句，朱元璋认为“法坤”谐音“发髡”，“藻饰太平”谐音“早失太平”，是在讥讽他做过僧人，诅咒他早失太平。还有个印度高僧释来复受到朱元璋盛情款待，临行时写《报恩诗》，其中有“殊域及自惭，无德颂陶唐”一句，万万想不到的是，朱元璋把“殊”字理解成“歹”和“朱”，认为释来复在说自己是歹人，不配做皇帝。释来复冤死，导致明王朝和印度的交恶。

这样的例子比比皆是。在这样的环境下，无妄之灾会突然降临，人们担惊受怕，谨小慎微，避祸唯恐不及，哪里还敢直抒胸臆，纵论天下大事呢？很多文人为避祸，选择拒不做官。但这也不行。在明朝，让你做官却不做，犯“不为君用”罪。据统计，明初死于朱元璋刀下的文人有数万之众。自秦始皇以来，对文人尚未有这么严重的摧残。

之后，文字狱在明朝历代皇帝统治时期均存在，明成祖永乐时期和明世宗嘉靖皇帝时期较为严重。

明成祖朱棣夺得皇位后，因名臣方孝孺不予配合，诛方孝孺十族，并下令：“藏方孝孺诗文者，罪至死。”甚至连与方孝孺有关的诗文也要被查禁。一切有关建文帝的文字都不许出现，还鼓励告密。后来下令：“但有亵渎帝王圣贤之词曲、驾头杂剧，非律所该载者，敢有收藏、传诵、印卖，一时拿送法司究治。”又说，这等词曲，限他五日内烧毁，敢有收藏的，杀全家。许多杂剧是从元朝流传而来的。比如，睢景臣的《哨遍·高祖还乡》，就直言刘邦是个白喝酒、吃饭赊账不给钱的无赖。这样的剧本，元朝都没有禁止，皇帝朱棣却禁止了。

明世宗嘉靖十六年（1537），在应天府的考试中，考生不满现实，讥讽时事，议论朝政，考官的评语也有错误，于是嘉靖帝大怒，将考官下了诏狱，罢官为民，查办府尹，甚至停止会试。广东呈报的试卷格式有错，“帝”“圣”字没有另起行、顶格写，皇帝下诏，所有考生，凡是有答题内容不严肃、乱开玩笑、不遵旧制者，一律罢黜。

颜钧是明代的进步思想家、王阳明的学生，被朝廷认为思想诡怪，狂妄自大，下南京狱，差点被杀。李贽是明代一位影响力较大的进步思想家，对儒家思想进行了严厉的批判，他的书流传范围很广，影响很大。万历十三年（1585），他被礼部给事中张问达控告下狱，最终死于狱中。他死后，其著作虽然多次被焚毁，但仍然流传不衰。

（3）清朝的文字狱。

清朝的文字狱，除了稳固统治，还有征服和压迫的性质。清朝在南下征服过程中，制造了惊人的血腥屠杀，“扬州十日”“嘉定三屠”杀人无数；又实施了剃头去发、更改衣饰等摧毁民众自尊心和文化特质的暴行。清朝统治者用文字狱这种血腥暴力方式威慑文人，不许反抗，不许不满，不许妄议，不许思考。

清朝的文字狱从清朝统治者一入关就开始了。顺治二年（1645），江阴人黄毓祺写的诗中有“纵使逆天成底事，倒行日暮不知还”一句，被指意在反清复明，遭抄家灭门戮尸；两年后，广东僧人函可因携带一本记录抗清事迹的《再变记》被查获治罪；次年，毛重倬因为刻书的序文中沿用了崇祯年号而被指控“目无本朝”“目无正统”，并被治罪。由此，清廷规定：“自今闱中墨牍必经词臣造订，礼臣校阅，方许刊行，其余房社杂稿概行禁止。”这是最早的言论审查条例。

清朝第一个大规模的文字狱是康熙二年（1663）的“《明史》案”。明朝天启年间，内阁首辅朱国桢退休回到浙江乌程，写了一本《皇明史概》。清初，当地有个富户庄廷鑨把书稿买来，请人整理成了一部《明史》。该书在叙述南明的事情时用的是明朝年号，提到满族的事时还用明朝时的说法，如“建州女真”“夷寇”等，后被小人告发。当时，康熙尚未亲政，鳌拜责令彻查。康熙二年（1663）五月，此案结案，杭州城大开杀戒，凡作序、校阅及刻书、卖书、藏书者均被处死，被杀者共七十余人，另有数百人被发配充军，已故的庄廷鑨被破棺戮尸。此案先后牵连千余人。类似的还有翰林院编修戴名世写的《南山集》，也是因使用明朝年号遭查。此案牵连三百多人。

雍正六年（1728）九月，发生了吕留良案。起因是落魄文人曾静想策反岳飞后人岳钟琪反清复明，派弟子张熙去游说。岳钟琪奏报了朝廷。曾静交代是受了吕留良的著作的影响。吕留良是浙江石门人，与黄宗羲、黄宗炎为友，对清朝采取不合作态度，著有《吕晚村诗集》《吕晚村先生文集等》，案发时已经去世四十五年。雍正认为吕留良的罪状有这样几条：一是视清朝统治者为异类，曾静谋反是受他华夷之辨学说的影响；二是蔑视清廷，留恋南明；三是借助灾异现象，造谣清朝统治不稳；四是对康熙有非议，中伤先帝。结果，吕留良后人及有关人等都受到严厉惩罚，或抄家杀头，或发配为奴。后来，雍正下令收录此案的上谕以及曾静、张熙的供词等，编成《大义觉迷录》，即忏悔录，由雍正亲自编著，颁行全国，欲让民众人人“觉迷”，自愿接受其统治。

雍正时的文字狱大案还有年羹尧案和查嗣庭案。年羹尧是雍正时的名臣，因功高而骄，成了雍正的心头之患。雍正三年（1725）二月，因年羹尧在奏表中把“朝乾夕惕”写成了“夕惕朝乾”，雍正就说他居功藐上，心怀不轨。年羹尧被令自裁，亲族、同党或斩或贬，牵连甚广。次年（1726）秋天，又查处查嗣庭科场试题案。

据说，查嗣庭为当年科举出的题是“维民所止”，雍正认为其中“维止”寓意是“雍正去头”，又罗织其日记中文字所有“悖逆之词”四十二种，定罪大逆不道、怨诽诅咒。查嗣庭下狱病死后被戮尸，家产被籍没，儿子遭处斩，胞兄查嗣瑮、侄子查基被流放三千里，族人或被流放或为奴，有关的官员统统被革职。由于查嗣庭案的主要当事人都是浙江人，雍正认为浙江文风不正，于是特设浙江观风整俗使，专职监管士人，又下诏停止浙江乡试、会试，直到两年之后才解除禁令。

乾隆时文字狱更加严重，共兴起文字狱一百三十余起，其中四十七起案犯被处死刑，许多捕风捉影、牵强附会的案子也胡乱判定。乾隆十六年（1751），由于历任左都御史、吏部尚书、刑部尚书等要职的孙嘉淦正直敢言，为民请命，民间就出现了一份假冒孙嘉淦的名义写的奏稿，其中有“五不解，十大过”，直指乾隆皇帝及其臣僚，全国争相传阅。朝廷下令彻查，有许多人因此遭受无妄之灾，仅四川省就有二百八十余人受牵连，境内骚然。

文字狱是中国统治者的专制工具。朝廷禁止臣民妄议朝政，于是有些人就把内心的情感和看法、想法写在文章中，或者显明，或者隐晦，统治者则鼓励告密、揭发，千方百计发现和打击那些不服从自己的人，并发明了“腹诽”“怨望”“谤讪”“指斥”种种罪名。这些罪名的存在维护了皇帝和权臣的权威，但是阻断了民意、民情的上达，阻断了统治集团内部的纠错机制，也排挤了民本思想的存在空间。文字狱猖獗的时代、这些罪名盛行的时代，往往都是民众生存状态每况愈下的时代。

文字狱不仅压制人的反抗精神、磨灭人的健康人格，还扼杀人的思想生机、毁灭国家民族的科学精神。康熙十九年（1680），名医朱方旦根据自己的多方试验，发现了人脑才是思维中枢，而不是过去认为的“心”。这在科学发展史上或者国人的认识史上都应该是重要发现，但最后他竟被以“妖言惑众”之罪处斩，所有著作一律焚毁。乾隆年间，举人王锡侯耗费十七年心血，针对《康熙字典》的不足，编成了《字贯》刊行，体例新颖，很有学术价值，但是被人告发，说康熙、雍正的庙讳和乾隆的名字在书中没有避讳，结果王锡侯被按“大逆”律处斩。连字典中也要对帝王的名字进行避讳，遑论其他。就这样，明中叶以来的文艺和科技复兴，被文字狱扼杀中断了。这是中国近代社会停步不前、落后于世界的重要原因之一。

第十章 历代明君的民本思想与实践

在中国，无论是奴隶社会还是封建社会，都是专制政体。黄宗羲所论说的夏、商、周三代是公天下，是分权制，天下为公，这只是他为了反对当时家天下的皇权体制的理想化构建而已。事实上，无论是西周天子还是秦汉皇帝，都没有本质的区别，都不是人民公仆。不过，在民本思想的认识和实践方面，不同的帝王还是有很大差别的。

在奴隶社会或者封建社会，社会结构呈金字塔状，天子或者皇帝是高居于社会顶端的一个特殊人物，掌握最高权力，不受世俗权力约束。由于他掌握了无限的权力，所以这个特殊人物的品行和作为就成了社会运行的决定性因素。在中国历史上，太平盛世一般都有比较英明的君主在主导。明君一般都有这样的特点：善于反思历史的成败兴亡经验；善于兼听纳谏，听取大臣好的建议；具有民为邦本的明确意识，采取安民利民的政策；严格管理官吏，减轻民众负担。他们能够认识到民心向背对于一个王朝的根本意义，能够从社会的发展、王朝的长治久安等方面来考虑问题，可以利用他生杀予夺的至高权力来控制、督促臣下，使民众有一个相对稳定的生产生活环境，使社会呈现出生机和活力，使生产力获得比较充分的发展，使社会出现太平盛世。历史上的“文景之治”“元嘉之治”“贞观之治”“康乾盛世”都属此类。

一、反思历史

明君都具有明显的民本意识，明白民为国之本，“水能载舟，亦能覆舟”的道理。商汤、周公、汉高祖、唐太宗、宋太祖、明太祖、清圣祖等都是我国历史上著名的明君。他们往往是旧一代腐败王朝的推翻者、新一代统治的建立者，经历了社会巨变，亲身主导或参加了埋葬旧王朝的战争，知道自己王朝是依靠什么力量建立的、旧王朝是因为什么灭亡的，能够从历史中吸取经验教训。

中华民族是一个善于反思的民族，具有悠久的反思传统。早在先秦时期，人们就开始系统地总结、反思历史。比如《尚书》，尤其是《商书》《周书》部分，大部分内容都在总结历史经验教训，探讨治理之道。“民惟邦本，本固邦宁”这一古代民本思想的集中表述就出现在《尚书·夏书·五子之歌》之中，而且这种思想贯穿全书。历代明君大都能遵循以民为本的理论来建构新的王朝、教育子孙。这样除了能保障自己的王朝长治久安之外，也能实现安定天下百姓，使百姓过上安居乐业生活的初心。

商汤灭夏成功之后，发布了一篇《汤诰》，说：“惟皇上帝，降衷于下民。若有恒性，克绥厥猷惟后。夏王灭德作威，以敷虐于尔万方百姓。尔万方百姓，罹其凶害，弗忍荼毒，并告无辜于上下神祇。天道福善祸淫，降灾于夏，以彰厥罪。肆台小子，将天命明威，不敢赦，敢用玄牡，敢昭告于上天神后，请罪有夏。聿求元圣，与之戮力，以与尔有众请命。上天孚佑下民，罪人黜伏，天命弗僭，贲若草木，兆民允殖。俾予一人辑宁尔邦家，兹朕未知获戾于上下，栗栗危惧，若将陨于深渊。”[①]此段话的大意为：上天始终关注下界百姓，夏王虐待百姓，百姓无辜，祷告于天，天于是降灾给夏。我昭告了上天，请求惩罚夏，为民请命。上天保佑百姓，就像自然养育草木。上天使我安定天下百姓，我不知道做得对不对，心里一直战战兢兢。商汤自己总结，他之所以起兵讨伐夏桀，主要是因为看不得民众处于水深火热之中。他之所以能够取得胜利，是因为有夏朝百姓的支持，“因夏民以代夏政”。

西周灭商之后，以武王、周公为代表的周初统治集团也对商朝的灭亡进行了深刻、痛切的反思。他们认为，无论夏朝也好，商朝也好，朝代前期的先王们都是圣明的，都是有德的，是关注民生、民意的。可是到了后来，有些王就抛弃了先王们的美德，开始胡作非为，虐待百姓。失去了民心，也就失去了上天的支持，于是汤武革命获得了成功。他们的这个理论不仅是给商遗民一个解释，让他们服从新王朝的统治，也是在建构本朝的统治模式，告诫本朝统治者，必须保有德行、敬天保民、代代不忘初心，才能保证王朝的长久统治。

秦朝统一后，理应像商、周一样进行历史经验教训的总结，却没有进行。因为秦朝建立新王朝的经历和三代鼎革有所不同，或许秦朝统治者觉得，秦朝的天下是靠武力打下来的，与民心无关。秦朝在统一六国的过程中，六国的民众是抵触的，所以他们不屑于争取民心，讨好民意。秦朝统一后，把各地的关隘拆除，把天下兵器收集到咸阳铸成十二个大铜人，把六国富户贵族迁到咸阳，甚至焚书坑儒，控制思想，控制舆论。他们以为，社会不安定的因素来源于可用于造反的兵器和不同的学说，只要把兵器没收，把思想控制住，把不同声音消灭了，天下就太平了。所以，他们没有减轻民众的负担，没有放松对民众的压迫，没有尊重民众的生命，反而变本

①《尚书·商书·汤诰》。

加厉，最终迅速灭亡。

这个反思是在汉代进行的。

汉高祖起自下层，所以能够看到民间的疾苦和社会的黑暗。他灭秦灭楚之后有点傲慢，这时候陆贾就引用《诗经》里的警句去谏止他。刘邦不屑地说："我骑马打天下，用什么《诗》《书》？"陆贾也不客气地回怼："您在马上打天下，但是您能在马上治天下吗？"一句话说得刘邦无言以对。后来，刘邦就让陆贾说说《诗经》《尚书》到底有什么用处。于是，陆贾简要整理历史，将古来国家之兴亡、历代政治之成败的事情和道理，写成一篇篇文章上报给刘邦，一共写了十二篇。刘邦每看一篇，总是点头称善，非常认同这些历史经验教训的总结。后来陆贾的这十二篇文章被编辑成册，命名为《新语》。刘邦虽然不喜欢读书，但是认同陆贾《新语》中的道理。他说："秦始皇设刑罚，为车裂之诛，以敛奸邪，筑长城于戎境，以备胡、越。征大吞小，威震天下，将帅横行，以服外国，蒙恬讨乱于外，李斯治法于内，事逾烦天下逾乱，法逾滋而天下逾炽，兵马益设而敌人逾多。秦非不欲治也，然失之者，乃举措太众、刑罚太极故也。"他认为，"道莫大于无为，行莫大于谨敬"，"故无为者乃有为也"。[①]汉代前期的"无为而治"成为国策，成为数十年的主流统治思想，就是从这里发端的。

刘邦虽然是个粗人，但是位明主。他听进去了这些历史经验，认同了陆贾等人的思想，认同了"无为而治"的治国理政路线。他采取了与民休息、发展生产、安定民生的许多措施，使汉朝出现了生机勃勃的发展局面。

唐太宗是历史上著名的明君之一，对历史的反思极为主动、深刻。在《贞观政要》这本记载唐太宗君臣事迹的书中，唐太宗屡屡与大臣们谈论隋朝的灭亡教训，以及李氏能够推翻隋朝、登上王位

---

①《新语校注·无为》。

的原因，从历史教训中寻求治国经验教训。如《贞观政要·政体》中记载，贞观六年（632），唐太宗与大臣讨论历史经验时说，古往今来帝王的更迭如同走马灯，有道则被人们拥戴为皇帝，无道就被人赶下帝位，因此自己深感畏惧。魏徵则适时地提醒他牢记和谨遵“水能载舟，亦能覆舟”的道理，居安思危，不变初心。贞观九年（635），唐太宗对侍臣说，隋朝平定京师之后，国库丰盈，但隋炀帝还是不满足，横征暴敛，穷兵黩武，使百姓不堪忍受，终于导致了国家的灭亡。所以唐太宗总是务求清净，不折腾，不兴建，不兴兵，让老百姓过太平日子。

他不仅自己注意吸取历史经验，还责成臣僚总结历史经验，要经常提醒他，不重蹈覆辙。他对臣僚说，君和臣，同安共危、休戚与共，君主嘉纳忠言，臣进直言，君臣合契，是自古以来很重要的事。如果君主自以为能干，而大臣也不纠正君主的过错，王朝想要不灭亡是不可能的。君主失去了国家，大臣哪能独善其身呢？隋炀帝暴虐，臣下都噤口不言，因此他自己不知道哪里做错了，遂至灭亡，而那些只知道一味讨好的大臣也被杀，因此要吸取教训，不要被后人笑话。他评价隋文帝生性多疑、事必躬亲、独断专行，导致君臣离心，终至亡国。他要求他的官员敢于直谏，还下令官府各部门，如果他下的诏令有不妥当的，官员应该坚守职责，上奏理由，不能不管对错，一味奉行。他明确指出要依靠集体的智慧，依照程序和制度办事，依靠个人的聪明才智不如依靠整套机构。

明朝朱元璋也如前代艰难开创王朝的皇帝一样，非常重视总结历史经验，探究元朝灭亡的原因。洪武二年（1369），朱元璋率大军攻克元大都，得到元朝的历史实录，立即下诏编修《元史》。他认为，元朝虽然灭亡了，但元朝的历史应该被记录下来，因为历史能够记录成败，警示后人。而且要求实事求是，“毋溢美，毋隐恶，庶合公论，以垂鉴戒”[①]。他还召见元朝旧臣，与他们讨论元朝在政事方面的得失。他说，对民众宽厚，为政宽简，是好事。但是，宽简不等于放纵。元失去天下就是因为过于宽松放纵，导致朝廷暗弱，威福下移，所以他要反元政，尚严厉，重典治国。这个“严厉”，主要是针对官员、豪强的。

朱元璋的民本意识与唐太宗相比有所后退。在他这里，“君为民主”的观念增强了，“君舟民水”的意识减弱了。在《明太祖实录》里面，很少见到他谈论民心在王朝兴亡中的决定性作用，而常常强调君主作为民主的责任。他虽然对儒家学说非常重视，但他不认可孟子的观点。他读《孟子》时，读到“君之视臣如土芥，则臣视君如寇雠”这种石破天惊的言论，不禁勃然大怒，认为这不是臣子应该讲的话，下令取消孟子配享孔庙的待遇，并不许大臣进谏，有进谏者以“大不敬”罪论处。“大不敬”是中国古代十大恶罪之一，可见朱元璋的愤怒程度。虽然最后并没有真的把孟子的牌位从孔庙“四配”的位置撤下来，但对《孟子》一书进行了大量删减。这说明朱元璋以及他所建立的明朝，专制程度比唐宋更加强化了。这种强化，预示着明朝民本思想的淡化。他取消丞相制度、大兴文字狱，后来的皇帝又设立各种特务机关，导致民本思想的氛围进一步恶化。

二、积极纳谏

纳谏是一个国家机构能够良性运行的条件之一，因为君主无论多么英明伟大，无论工作能力多强，他也只有一个人，只有一个头脑，他的决策不可能总是正确的，所以需要整个集团的力量。尤其在皇权特别集中的封建时代，这种机制尤其重要。善于纳谏，关键在于广泛听取不同意见，通过比较之后做出正确选择。作为君主，

①《明太祖实录·卷三九》。

采纳什么样的谏言，是极为重要的，甚至关系国家兴亡。所谓“良药苦口利于病，忠言逆耳利于行”，有时候越是那些批评意见，越有价值。

1. 善于纳谏是明君的必备品格

善于纳谏是明君的必备素质之一，也是国家兴旺的重要因素。

周公善于纳谏，“一沐三捉发，一饭三吐哺，起以待士”[①]，求贤若渴，因而西周兴旺。周厉王不但听不进大臣的劝谏，还抓捕谏言的人，最后被国人赶跑了。商朝纣王自恃聪明，荒淫无度，残害忠良，最终众叛亲离，身死国灭。

齐桓公能建立“九合诸侯，一匡天下”的伟业，成为五霸之首，正是得益于他善于纳谏。齐桓公从齐国返回之后，想任命鲍叔牙为相，鲍叔牙拒绝，并推荐管仲，说自己有五点不如管仲：“宽惠柔民，弗若也；治国家不失其柄，弗若也；忠信可结于百姓，弗若也；制礼义可法于四方，弗若也；执枹鼓立于军门，使百姓皆加勇焉，弗若也。”[②]于是齐桓公接受鲍叔牙的建议，不计一箭之仇，重用管仲，尊重管仲，最终成就了春秋霸业。一开始，齐桓公急于强兵称霸，但是管仲劝他先把民生问题解决好，把国内的事情做好，再去考虑称霸的事。齐桓公接受了管仲的建议，任用管仲进行改革，重民生，顺民意，聚民心。在管仲的帮助下，齐国逐渐走向强盛。

而齐桓公悲惨的下场与没有听从管仲的进谏直接相关。在管仲去世之前，齐桓公去看望他，问他有什么告诫，管仲劝他疏远小人。齐桓公问他最信任的竖刁、易牙、开方是不是可以倚重。管仲说：“竖刁阉割自己接近您，易牙杀了自己的孩子做成菜给您吃，公子开方背弃自己的国家，多少年不回去看望亲人。这些人都不近

---

① 《史记·鲁周公世家》。

② 《国语·齐语·管仲对桓公以霸术》。

人情，貌似绝对忠诚，实则包藏祸心，您一定要把他们赶走。”结果齐桓公当时答应了，但管仲死后又把他们找了回来。后来，齐桓公的儿子们争夺君位，彼此攻杀，这几个人在其中各拥一方作乱，把生病的齐桓公封在宫里活活饿死了。一代霸主，因为不听劝谏，落得这样的下场，令人唏嘘。

秦始皇能以摧枯拉朽之势统一六国，靠的也是群体的智慧。没有统一之前，秦国曾经下过逐客令，驱逐在秦国的一切外国士人。李斯上了著名的《谏逐客书》，秦王看后醍醐灌顶，把逐客令取消了，开始重用李斯，最终统一天下。可是他当了皇帝之后，就目空一切起来，谁的话也不信，甚至焚书坑儒，不允许民间谈论《诗》《书》。这种排斥异见、狂妄自大的行为导致群臣噤口不言或一味奉承，他的错误就得不到纠正了。

汉高祖刘邦善于听取别人的意见，博采众人智慧，善于任用各类人才，用众人之能，这便使他在各种重大决策面前显得智慧超群、果断、机智。他在总结自己战胜项羽的经验时说：“运筹帷幄方面，我不如张良；指挥军队方面，我不如韩信；管理国家百姓方面，我不如萧何。但是我能够集中他们的智慧，用其所长，这是我能够夺取天下的原因。而项羽身边只有一个范增，还不能都听从范增的意见，所以项羽非败不可。”

历代善于纳谏的明君有不少，但是最为人所称道，且对进谏与纳谏、君臣关系认识最深刻的是唐太宗。唐太宗能够被人视为明君典范，善于纳谏是一个重要原因。

他对纳谏的重要性有深刻认识。他不断回顾和反思历史，知道听取各方面意见的重要性。唐太宗体悟到自己对于治理天下缺乏经验与才识，于是访问群臣，听取他们治理天下百姓的意见，丰富自己的见识。他常对身边的大臣说：“夫以铜为镜，可以正衣冠；以古为镜，可以知兴替；以人为镜，可以明得失。”[①]他认识到，国家的兴亡往往和大臣的进谏直接相关。因此，他极力鼓励群臣进谏规劝。他还意识到，纳谏一定要虚心，要让身边的人敢于直言极谏。他思考为什么一些前朝大臣不大胆进谏呢？他把原因归结为恐惧。史书记载，唐太宗威仪严肃，所以大臣们在他面前总是战战兢兢，以致举止失措。于是唐太宗就和颜悦色地鼓励说话的人放松，说希望能听到真切的意见。在唐太宗的倡导下，大臣们都敢于直言，甚至一个地方小官也敢于在唐太宗面前说出自己的意见。这也成就了唐太宗与魏徵这对明君和贤臣的佳话。据统计，魏徵向唐太宗先后提出二百多条意见，几乎条条一针见血。唐太宗即使不能一下子接受魏徵当时的谏言，事后经过反思，也总能克制自己的脾气和欲望，接受正确的意见。唐太宗可谓从谏如流的典范。

2. 诚恳主动要求臣僚进谏

有些帝王，纳谏往往是被动的，因为许多谏言都是不好听、不顺意的，但是唐太宗主动纳谏，并表现出很大的诚意。他一再表示，君与国、君与臣，不是对立的，而是休戚相关的，如果臣僚见君主有过错，缄口不言，等国家败亡时，大臣也一样会遭殃。有一次，唐太宗问魏徵：“近来大臣们怎么都不议论政事了？”魏徵说：“古人曾说过，不被信任的人进谏，会被认为是毁谤；被信任而不进谏，就叫作空拿俸禄而不尽职。懦弱之人，虽然忠直但不能说；被疏远之人，怕不被信任不便说；贪恋禄位之人，怕于己不利不想说。所以大家就应付着混日子。”唐太宗认为魏徵说得很对，官员们不是不想尽忠竭力，而是这件事实在是太难了。“朕今开怀抱，纳谏诤。卿等无劳怖惧，遂不极言。”[②]

《贞观政要》记载了好几则唐太宗奖赏直言极谏的官员的事

---

① 《贞观政要·任贤》。

② 《贞观政要·求谏》。

例。比如奖励张玄素劝他不要修洛阳乾元殿、李大亮上书反对他到边疆搜集猎鹰等，其中对魏徵的褒奖更多。在唐太宗的诚心要求下，确实有许多臣僚都大胆上言，提出意见和建议，使他在位的大部分时间内出现了政治清明、言论宽松的局面，也出现了许多以直言敢谏闻名的大臣，如魏徵、王珪、虞世南、杜如晦等，甚至一些皇帝身边的女性如长孙皇后也因为进谏名留青史。

3. 持之以恒纳谏

一些君主在王朝建立初期或者刚亲政时期，还能够励精图治，从谏如流，但是过了一段时间之后，就不再能听进去逆耳之言。唐太宗经常总结历史经验，看到了这一点。

贞观三年（629），唐太宗说，君臣是一体的，治乱安危，休戚相关。君主采纳忠谏，大臣进直言，君臣和谐，自古称美。如果君主自以为贤能，什么事情都能正确处理，大臣不匡正，不亡国是不可能的。隋炀帝暴虐无道，大臣们缄口结舌，他不知道自己犯的错，最终走向灭亡，虞世基等谗臣也随之被杀。前事不远，我们能不吸取教训吗？魏徵说，历史上，帝王在艰苦创业的时候，容易虚心纳谏，太平安乐了，就不再虚心纳谏，臣下恐惧，不再敢谏。总体看来，唐太宗是遵守了自己的诺言的，他的一生中大多数时候都善于接受别人不同的意见。

即便唐太宗纳谏如流，也有失误的时候。贞观五年（631），唐太宗一气之下错杀大理寺丞张蕴古就是一例。随后唐太宗很后悔，责备房玄龄等大臣不犯颜直谏。可见唐太宗在错了之后，能吸取教训，及时采取措施，避免再出现这种情况。

兼听则明，偏信则暗。进谏，需要勇气和智慧；纳谏，需要胸襟和气度。善于纳谏，采纳不同的意见，是保证一个君主处事公正、一个王朝协调运行和繁荣昌盛的基本条件。最难能可贵的是，君主取得一定的成绩之后还能够持之以恒地纳谏。

三、树立民本意识

明君、仁君普遍具有较强的民本意识。远古的尧舜禹汤被后世推崇为以仁孝为主要特征的君主，但由于缺少相关的史料记载，他们的面目比较模糊。周文王是史迹较为清晰的明君仁王。据《史记·周本纪》记载："西伯曰文王，遵后稷、公刘之业，则古公、公季之法，笃仁，敬老，慈少。礼下贤者，日中不暇食以待士，士以此多归之。伯夷、叔齐在孤竹，闻西伯善养老，盍往归之。太颠、闳夭、散宜生、鬻子、辛甲大夫之徒皆往归之。"由于周文王仁爱，一些诸侯有了争执，都来请周文王主持公道。据西汉毛苌注释，虞国和芮国的诸侯在田地问题上争执不决，也来找文王。他们进了西岐地界，看到农民让畔，路人让路，男女分开走路，年轻人尊重、关爱老人，官员互相谦让，这让他们两个觉得自己很狭隘，说"我等小人，不可履君子之庭"，惭愧而退。周文王用以民为本的政策和行动打下了繁荣昌盛的基础，奠定了灭商的根基。周文王的仁政与德政，为后世树立了榜样，提供了典范。后来孟子的仁政理论有不少就是取法文王，或是根据文王的做法进行了进一步的建构。

1. 汉代明君的民本意识

汉代的仁政是以秦的暴政为镜的。秦代徭役繁重，汉代则轻徭薄赋；秦代严刑峻法，汉代则政简刑清；秦代中央集权，汉代则分封诸侯……这种鲜明对比，尤以汉文帝时最为明显。

汉文帝刘恒，是刘邦的第四子，被封为代王，在北边驻守。汉大臣灭掉吕氏家族，请刘恒为帝。对于刘恒来说，这是意料之外的事，他再三谦让，才登上帝位。像汉文帝刘恒这样的皇帝，对社会对民事比较了解，具有较强的民本意识，不会奢侈无度，对自己约束比较严格，对百姓比较宽松。

对于君与民的关系，汉文帝有着清晰的认识。他认为，君主是代表上天来“养治”民的，如果不称职，就会受到上天的告诫。汉文帝二年（前178）十一月，出现了日食；到了十二月，又出现了日食。连续出现了两次日食，汉文帝认为这是严重不祥的预兆，发布诏令说：“朕闻之，天生蒸民，为之置君以养治之。人主不德，布政不均，则天示之以灾，以诫不治。乃十一月晦，日有食之，适见于天，灾孰大焉！朕获保宗庙，以微眇之身托于兆民君王之上，天下治乱，在朕一人，唯二三执政犹吾股肱也。朕下不能理育群生，上以累三光之明，其不德大矣。令至，其悉思朕之过失，及知见思之所不及，丐以告朕。及举贤良方正能直言极谏者，以匡朕之不逮。因各饬其任职，务省繇费以便民。朕既不能远德，故憪然念外人之有非，是以设备未息。今纵不能罢边屯戍，而又饬兵厚卫，其罢卫将军军。太仆见马遗财足，余皆以给传置。”[①]诏令的大意为：民众是天然存在的，为了“养治”他们，所以才设置了君主。如果君主无德，措置不公，上天就会降灾。这次日食，说明灾害非常严重，说明我君德缺失严重。接到诏令，都要思考我的过错以及我想不到的地方，把我的过错全告诉我。要举荐贤良方正能直言极谏的人，以匡正我的不足。各级官员务必要省徭役，缩减花销，以方便民众。我没有给远方的人送去恩惠，心里不安，担心边远地区有人犯罪，所以没有取消军事守备。现在既然不能撤销边防，还让军士加强守备，那就把卫将军统帅的兵撤掉吧。太仆留下够用的马匹之外，其他的都给驿站。

这道诏令说明，汉文帝是极为重视天变和民意的，这是古代“敬天保民”思想的延续。重视民生、重视天变，才能从天变中检讨自己，进一步减轻民众负担。天人合一、天人感应，是中华民族古老的哲学理念，在《管子》的《四时》《五行》中都有详细的阐释，但是大概到了汉代才开始被皇帝重视。汉文帝的作为正是这种理论的具体

---

①《史记·孝文本纪》。

实践，为后世树立了典范。此后的明君、仁君，都很重视灾异的意义探究，并做出深刻检讨和改进。在历史上，一般来说，为了应对灾难和天谴，君主会减少享乐，如戒荤、撤乐。若是淫雨成灾，往往被解释成有冤狱，或是宫中女人太多，阴气太重，于是皇帝就会下诏“虑囚”，平反冤狱，释放一些罪行轻的人或放出一些宫女。若是出现旱灾，皇帝就会检讨是不是用刑过于严酷，是不是赋税、徭役过重，于是就减轻刑法、赋税、徭役。君主有时会反省祈祷，希望上天赦免自己的过错，让灾害停止。中国的传统政治中对君主没有实质性的制约机制，于是天命天罚几乎成了唯一的制约。但这也要因人而异：信天命的，这种制约就有效；不信天命的，如一些暴君，这种制约就无效。

2. 隋文帝的民本意识

隋文帝和汉文帝有些相像，他对于民与国家的关系有比较正确的理解。据《隋书·高祖纪》记载，他上台之后，“大崇惠政，法令清简，躬履节俭，天下悦之”。他也是一个非常勤政的君主，自称“朕惟夙夜祗惧，将所以上嗣明灵，是以小心励己，日慎一日。以黎元在念，忧兆庶未康，以庶政为怀，虑一物失所”。他对于民生情况很是在意，地方发生了灾情之后，能够及时救济灾民，减免赋税，减轻民众负担。隋文帝行事节俭，经常裁减冗费和冗员。他也有和刘邦建长安宫殿类似的故事：开皇末年，隋文帝让杨素负责建造仁寿宫，嘱咐他一定要朴素，不要奢华，不要追求宏伟壮丽。可是建成之后，这个宫殿完全超出了他的预期，而且为赶工期，累死了许多人。于是隋文帝大怒，说“杨素为不诚矣！殚百姓之力，雕饰离宫，为吾结怨于天下”①，拂袖而去。他能够积极听取臣僚谏言。据《隋书》统计，隋文帝朝有记载的谏议共四十三次，纳谏三十六件，拒谏五件，结果不明的有两件，纳谏率为百分之八十四。诸如治道、用人、边疆、移风易俗等方面，隋文帝几乎

①《旧唐书·封伦传》。

能做到全部采纳。他在《遗诏》里总结一生说："所以昧旦临朝，不敢逸豫，一日万机，留心亲览，晦明寒暑，不惮劬劳，匪曰朕躬，盖为百姓故也。"在隋文帝的总评中，《隋书》的作者写道："薄赋敛，轻刑罚，内修制度，外抚戎夷。每旦听朝，日昃忘倦，居处服玩，务存节俭，令行禁止，上下化之。开皇、仁寿之间，丈夫不衣绫绮，而无金玉之饰，常服率多布帛，装带不过以铜铁骨角而已。虽啬于财，至于赏赐有功，亦无所爱吝。乘舆四出，路逢上表者，则驻马亲自临问。或潜遣行人采听风俗，吏治得失，人间疾苦，无不留意。尝遇关中饥，遣左右视百姓所食。有得豆屑杂糠而奏之者，上流涕以示群臣，深自咎责，为之撤膳不御酒肉者殆将一期。及东拜太山，关中户口就食洛阳者，道路相属。上敕斥候，不得辄有驱逼，男女参厕于仗卫之间。逢扶老携幼者，辄引马避之，慰勉而去。至艰险之处，见负担者，遽令左右扶助之。其有将士战没，必加优赏，仍令使者就家劳问。自强不息，朝夕孜孜，人庶殷繁，帑藏充实。虽未能臻于至治，亦足称近代之良主。"[①]从这些具体实际中可以看出，隋文帝非常亲民，厉行节俭，重视民生，所到之处，不驱赶百姓，看到百姓吃糠咽菜，为之流泪自责。隋朝在短期内就发展起来，并积累了大量财富，与隋文帝的节俭裕民是分不开的。

3. 宋仁宗的民本意识

在中国历史上，宋仁宗赵祯是仁君的典型。在宋代之前，没有"仁宗"的庙号，后人大概觉得他"仁"的特质太突出，只有以"仁"来概括才是最适当的，就为他定了这样一个庙号。宋仁宗是宋朝第四个皇帝，此前是太祖、太宗和真宗。宋朝自960年开国之后，宋太祖、太宗时基本上把疆域拓展完毕，把官僚体系构建完成，使外部环境，内部经济、文化政策大体稳定。景德元年

① 魏徵等：《隋书·高祖纪》，中华书局，1973，第52页。

（1004），辽兵大规模南下入侵，宋真宗在寇准的护持下亲征，与辽订立了“澶渊之盟”。此后，宋辽之间维持了一百二十年的和平，仅在与西夏交界处有些小规模冲突。

宋仁宗的“仁”，一个突出的表现是肯听取直言，让臣下对民生疾苦和朝政存在的问题直言不讳。在历代皇帝中，宋仁宗的开明温和是很受称道的。据说宋太祖赵匡胤有三条祖训，刻在祖庙的碑上，其中一条就是不杀言官士大夫。每个新皇帝继位以后，都要到祖庙里去接受祖训，宋仁宗是执行得较好的一个。有时候臣僚的谏诤可以用激烈来形容，但宋仁宗并不因为臣僚的言辞激烈而处罚他们。明道二年（1033），宋仁宗想废掉善妒的郭皇后，谏官群起反对。范仲淹、孔道辅带头阻止，当时宰相吕夷简嘱咐有关部门不得接受谏官们的奏疏，导致群情汹汹，把宋仁宗逼得不敢和反对者当面对质。有一次，地方大员王德用送了两位美人给宋仁宗，宋仁宗非常喜欢，就留下了。谏官王素知道了，就进谏宋仁宗不要贪恋美色。宋仁宗接受了谏言，立即给了两个美人每人三百贯钱，将其遣散出宫。

天变、地震、蝗灾这类事情，宋仁宗一般都是要听取臣僚意见的，这是一种传统。而臣僚也会利用这种时机把对国事的看法、担忧和建议提出来，甚至把内心的不满表达出来。这是一个可以对皇帝直抒己见的机会，而宋仁宗就是给他们机会发泄却不追究责任的一个开明皇帝。如景祐元年（1034），监察御史孙沔上言：“累岁已来，和气犹郁，水旱相荐，虫螟屡生，粟麦不登，田畴几废，九夏多寒，三冬无雪，星变上天，河决东郡，疾疫流离，生灵困惫，民乏兼日之食，廪无积岁之储……夫天下之本在民，民之豪者皆兼并，而贫者无置锥；天下之大在兵，兵之下者负饥寒，而骄者不敢役。郡守县令，臧否无别，冗食万千，蠹耗靡穷。邪佞退而复兴，忠谏黜而未用。”[①]孙沔的批评非常尖锐，把事情说得非常

①《续资治通鉴长编·卷一百十五》。

严重，好像统治者非常不堪，宋朝马上就要灭亡一样。这种时候，宋仁宗并不会因为官员的过激言辞而降罪于他们，反而反省自己，甚至下诏罪己。如明道二年（1033），“诏以旱蝗作沴，去尊号中‘睿圣文武’四字，告于天地宗庙，令中外直言阙政”[①]；宝元元年（1038），由于接连出现星变、地震、蝗灾等情况，下诏：“朕躬之阙遗，执事之阿枉，政教未臻于理，刑狱靡协于中，在位壅蔽之人，具官贪墨之吏，仰谏官、御史、搢绅、百僚密疏以陈，悉心无隐，限半月内实封进纳，朕当亲览，靡及有司，择善而行，固非虚饰。”[②]仅仅过了八天，又下诏让转运使和提点刑狱公事上报导致灾异的吏治腐败、贪赃枉法等情况。庆历八年（1048）又下诏：“翰林学士、三司使、知开封府、御史中丞曰：‘欲闻朕躬阙失，左右朋邪，中外险诈，州郡暴虐，法令非便民者，及朝廷几事，其悉以陈。’”[③]这种了解民情、尊重民意的做法，在宋仁宗的执政生涯中一以贯之，成为一种风格。光禄寺主簿苏舜钦说：“盖陛下即位已来，屡诏群下，勤求直言，使百僚转对，置匦函，设直言极谏科。”[④]权御史中丞王畴说：“又国家开广言路，任用台谏官，以求天下公议。”[⑤]右司谏韩琦也曾说：“今下至闾里之人，犹能扬言而非之，投书而谤之……”[⑥]这说明，宋仁宗要求不仅谏官大臣可以上书，缙绅、平民百姓也都可以上书直言。总之，宋仁宗一朝，“诏求直言”“广开言路”，不绝于书。

宋仁宗能够得到“仁”的庙号，他的日常行为也是一个原因。他尊重人，心疼人，善良仁慈，为下人考虑，不追求奢华。有一

---

①《续资治通鉴长编·卷一百十二》。
②《续资治通鉴长编·卷一百二十一》。
③《续资治通鉴长编·卷一百六十三》。
④《续资治通鉴长编·卷一百十八》。
⑤《续资治通鉴长编·卷一百九十四》。
⑥《续资治通鉴长编·卷一百二十一》。

次，宋仁宗在外面散步时，时不时回头看一下，随从们都不知道为什么。一回宫，他就急着找水喝。嫔妃问他为什么不和随从说。他说，他回头看了几次，都没看到他们带水壶，他要是那时候要水，就会有人受罚。据《二程外书·传闻杂记》记载，有一次在用膳时，宋仁宗被饭里面的沙子硌了牙，这时他的第一反应不是生气，而是赶紧嘱咐身边的人说："别跟别人说我吃出沙子了，这要是被别人知道了，做饭的人就得被判死罪。"《续资治通鉴长编·卷一百十三》中记载，宋仁宗亲自和吕夷简说："我吃饭，不要求复杂讲究；衣服也多用普通布料缝制，经过多次洗涤都旧了，宫人们甚至因此取笑我。厨师送来的膳食中有虫子，我怕责任人受罚，就没指出来。"这都体现了宋仁宗宽厚仁慈的性格。这种宽厚仁慈施行在民众层面，就是仁政。

民本思想在宋代比较受统治者认可，以民为本成了不言自明的观念，历任君主都没有质疑过。具体的实践主要体现在减轻民众的徭役赋税负担、救济灾民、取消对民众的一些不合理的索取、减省开支、提高官员素质、制定便民措施、减轻刑罚等方面。在宋仁宗统治期间，他采纳臣僚建议，下达了大量的这种诏令。宋仁宗在位的四十二年，相对来说，是中国历史上比较宽松的时期。《宋史·仁宗本纪》这样评价和赞美宋仁宗："在位四十二年之间，吏治若偷惰，而任事蔑残刻之人；刑法似纵弛，而决狱多平允之士。国未尝无弊幸，而不足以累治世之体；朝未尝无小人，而不足以胜善类之气。君臣上下恻怛之心，忠厚之政，有以培壅宋三百余年之基。子孙一矫其所为，驯致于乱。《传》曰：'为人君，止于仁。'帝诚无愧焉！"这段话的意思是，宋仁宗在位期间，吏治好像并不严明，但没有任用残酷压榨百姓的人；刑罚好像松懈，但断案的基本都是公正的人；国家未尝没有弊病，但总体上仍属于治世；朝廷未尝没有小人，但是始终保持了正气为主；君臣上下的仁爱之心、忠厚之政，打下了宋朝三百年的根基。对于一个君主的最高评价就是“仁君”了，这一点，宋仁宗是当之无愧的。

的确，宋仁宗没有汉武帝那么雄才伟略，没有隋文帝那么勤政，没有唐太宗那么英明神武，没有朱元璋那么厉行反腐，他对民众的仁爱和宽厚是一贯和平凡的，但正是在这种平凡中贯彻着民本思想，在安定平和中体现着一个君主对民众的仁慈。这样的皇帝，已经是给百姓带来实惠的难得的好皇帝了。

四、重视民生

历代文化，都赞美关心民生、听取民意的君主。商周所谓的“德”，主要是“敬天保民”，而“敬天”的内涵也包含了“保民”的内容，因为他们设定天是民众的监护者，上天是以民心向背来决定世间政权是否转移的。凡是能称作明君的，都比较关注民生。例如西周能够代商，就是因为周文王对民众特别好，周武王也继承了这个传统，获得了民心。孟子说，周文王经营西岐，农民仅为国家耕作九分之一的公地，林泽不禁，关税不征，罪不及妻子，对于鳏寡孤独老弱病残都予以优先救助，尊重老人，声闻天下，四方百姓都归之如流水。姜太公就是慕名而至的其中一人。

1. 汉初明君的民生措施

秦末农民战争和楚汉相争大大摧残了生产力，使人口锐减，到处是一片破败景象。据《史记·平准书》记载：“自天子不能具钧驷，而将相或乘牛车，齐民无藏盖。”秦朝末年人口大约有两千万，战后只剩下二三百万；满目荒凉，牛马奇缺，连天子都找不齐四匹毛色一样的马，有的大臣只能乘坐牛车。西汉初年民众的生活困境，可想而知。

《汉书·食货志》也说：“汉兴，接秦之敝，诸侯并起，民失作业，而大饥馑。凡米石五千，人相食，死者过半。……上于是约法省禁，轻田租，什五而税一，量吏禄，度官用，以赋于民。而山川园池市肆租税之入，自天子以至封君汤沐邑，皆各为私奉养，不领于天子之经费。漕转关东粟以给中都官，岁不过数十万石。孝惠、高后之间，衣食滋殖。文帝即位，躬修俭节，思安百姓。”对于这段史料，以前人们主要关注的是汉高祖刘邦“什五税一”的轻税政策，对于刘邦厉行节俭则没有重视。其实这里面还说到了许多方面，如“量吏禄，度官用，以赋于民”，是说按照当时的官员薪俸和政府的实际费用总数征收税赋，这样老百姓就不用缴纳额外的税赋；“皆各为私奉养，不领于天子之经费”，是说各位皇亲国戚，凡是已有封邑的，都自己经营，不再从皇帝那里领取经费，这样就减少了朝廷的支出；从关东转运来的粮食，每年只不过几十万石；惠帝和吕后当政期间，百姓们都是埋头生产致富，没有什么徭役征发。这也可以说，汉文帝节俭无为的生活作风并不是他的首创，“文景之治”的基础，肇始于高祖刘邦。

汉初定都长安时，长安很简陋，需要修建皇宫。汉高祖刘邦要出去巡查，临行前嘱咐主管此事的萧何，一定要本着节俭的原则，不要奢侈。结果回来以后看到宫殿高大壮丽，就很生气，把萧何批了一顿，认为老百姓遭受战乱，本来就够苦了，怎么能因为自己建造皇宫而劳民伤财？萧何解释说，天子以四海为家，非壮丽无以重威，刘邦才消了气。

面对天下残破的境况，刘邦听从臣僚建议，采取了“与民休息”的政策。

其一，复原军队，按照功绩赐予土地和爵位。凡是愿意留在关中的免徭役十二年，愿意回原籍的免徭役六年。军人爵位在大夫以上的加一级，无爵或在大夫以下的，一律晋爵为大夫，并免除本人及全家徭役。于是大部分军人获得了土地，成为地主或自耕农。

其二，鼓励在战乱中流亡的人回归乡里，恢复故爵田宅，在战乱中获得无主荒地的也予以承认。

其三，因为饥饿自卖为奴婢的人，一律恢复为庶人。

其四，减轻田租，定比例为十五税一。

其五，稳定农民，重农抑商，限制商人奢侈炫耀，不许他们穿丝、乘车、做官、炫富，加倍缴税。

其六，制定简约的《九章汉律》，代替严苛的秦法律。

这些措施使社会松弛下来，经济逐渐复苏。让流民归家、工商归业，把劳动力转移到生产上来；鼓励民众安心农业生产，减少赋税负担，减轻刑罚力度，真正做到了“轻刑薄赋”。

后来，汉文帝、汉景帝继续遵循“无为而治”的国策，多年不增加官员，不兴建工程，不增加花费，农民的税赋从十五税一减到三十税一，有时甚至全年免缴，所以才出现了流芳青史的“文景之治”。

据史料记载，汉文帝刘恒登基之后做的第一件惠民的事就是大赦天下，“赐民爵一级，女子百户牛酒，酺五日”[①]，表示皇恩浩荡。册立皇后的时候，又“赐天下鳏寡孤独穷困及年八十已上孤儿九岁已下布帛米肉各有数”[②]。“上从代来，初即位，施德惠天下”。对于民众来说，最实在的惠民政策莫过于减免赋税。这方面，汉文帝做得较好。他先后在文帝二年、文帝十二年、文帝十三年共三次下诏减免赋税，从免除一半的田租到完全免收，给民众带来了实实在在的好处。汉文帝时与匈奴进行和亲，他厚待赵佗的兄弟以争取赵佗去帝号称臣，尽量避免战争，节省开支，谋求安定和平的环境。

汉文帝还厉行节俭。他在位二十三年间，宫殿里基本没增加什么东西。有一次，他想建一座露台，得知费用需要百金时就说，百金相当于十家中等家庭之产，他住着先帝的宫廷，常常觉得羞愧，还修什么露台呢？他自己穿的就是平常的粗布衣服，宠爱的慎夫人穿的衣裙不能拖地，帷帐不得装饰刺绣，以表率天下。汉文帝

---

①《汉书·文帝纪》。

②《史记·孝文本纪》。

筑霸陵，禁止使用金属器物，更不用说金银，而是一律用砖瓦。为了不劳累百姓，不筑大坟包。临死前，他在遗诏中说："现在流行厚葬、重服，我不赞成，我做皇帝德行不厚，没有为老百姓带来什么好处，现在让老百姓为我哀哭服丧，是在增加我的罪过。我在位二十多年，天下安宁，没有兵戈，我常常害怕犯错，给先帝带来羞辱，幸而得终天年，有什么可哀伤的呢？"下令天下吏民：限服丧三天，在此期间不禁止任何婚嫁、祭祀、饮酒、食肉，不重新修缮霸陵，把所有夫人以下的宫人都遣回家乡，一切从简。汉文帝被历代史家称颂，也被历代君臣作为以民为本的典范。

汉景帝沿袭了汉文帝无为而治的国策，在长期和平稳定的环境下，社会积累了大量的财富。据《汉书·食货志》记载，官府仓库陈粮充积，以至于腐烂；国库里铜钱长期不动用，锈结在一起；民间富足，风俗淳厚。这就是历史上著名的"文景之治"。

2. 隋文帝的民生措施

隋朝初期，由于南北朝时期数百年战乱频仍，导致经济凋敝，百姓负担沉重。隋文帝采取了许多办法稳定民心，如减轻赋税、徭役，检括户口，使大量被迫依附豪强的人口成了编户齐民。

据《隋书·食货志》记载，"高祖登庸，罢东京之役，除入市之税"。开皇二年（582），隋颁布了新的均田租调法令，规定一对夫妇为"一床"，纳租粟三石，调绢一匹或布一端，棉三两或麻三斤；单丁和奴仆、部曲、客女减半；丁男每年服徭役一月。次年，规定成丁年龄由十八岁推后到二十一岁（但是十八岁授田不变），每年服役减为二十天，调绢由原来的一匹（四丈）减为两丈，如果不服役，可以以庸代替（折合成绢）。还规定丁男到了五十岁，不用再服役，改为收庸。这些规定意味着民众的赋税负担减少，服役年限缩短，人身自由程度增加。因为由十八岁改为二十一岁成丁，就可以晚三年服徭役，晚缴纳成人赋税。此前一般规定六十岁为老，隋规定五十岁为老，退出为丁的年限是最早的。

开皇三年（583），为了减轻各地百姓往边境上运输的劳苦，隋文帝命朔州总管赵仲卿在长城以北大兴屯田，又在河西积谷营田。开皇十二年（592），管钱粮的官员奏报说府库皆满，连廊庑下都堆满了钱粮布匹。隋文帝说："我减轻赋税，赏赐人从不吝啬，怎么还会有那么多钱粮布匹呢？"得知是入多于出，积累下来的，就下诏："既富而教，方知廉耻，宁积于人，无藏府库。河北、河东今年田租，三分减一，兵减半，功调全免。"[①]他宁愿把这些钱粮布匹都给百姓，也不留在国库里。也是这一年，当时京师所需要的粮食，需要从蒲、陕、虢、熊、伊、洛、郑、怀、邵、卫、汴等十三州运来，而船运的主要水道——渭水深浅无常，有时干涸不能行船，这成了百姓的巨大徭役负担。隋文帝命宇文恺率领水工修建广通渠，此渠从大兴城到潼关三百余里。自此，基本解决了关内的粮食问题，也使这些州的百姓免除了转运之苦。各州出现灾害、饥荒，就开仓赈济。在隋文帝时期，各地受灾后开官仓救济的记载很多，不管官品高低都被授予可以开仓救济灾民的权力。

开皇五年（585），襄阳县公长孙平报告说，去年天旱，关内歉收，陛下爱惜百姓甚于子女，运来山东之粟，设置常平之官，开放仓廪，普加赈济。缺粮的人，都获得丰足。鸿恩大德，前古未比。……但经国之理，须存定式。于是奏令各州百姓及军人，共立养仓。收获之日，随其所得，各出粟及麦，依托社造仓窖贮存起来。"即委社司，执帐检校，每年收积，勿使损败。若时或不熟，当社有饥馑者，即以此谷赈给。自是诸州储峙委积。其后关中连年大旱，而青、兖、汴、许、曹、亳、陈、仁、谯、豫、郑、洛、伊、颍、邳等州大水，百姓饥馑。高祖乃命苏威等，分道开仓赈给。又命司农丞王亶，发广通之粟三百余万石，以拯关中。又发故城中周代旧粟，贱粜与人。买牛驴六千余头，分给尤贫者，令往关

① 《隋书·食货志》。

东就食。其遭水旱之州，皆免其年租赋。”[①]历史上起到重要赈灾救荒作用的社仓就是从这时候开始设立的。隋文帝时期灾害不少，但并没有因此出现大量人口死亡的情况，这与隋文帝施行惠民养民的政策分不开。

隋文帝杨坚取代北周，建立隋朝。有人认为杨坚欺负小孩子，夺了外孙的皇位，但要是从以民为本的角度评价此事，隋取代北周是正确的历史选择。北周宣帝宇文赟是个性情暴戾的人，登基之后，不问政事，不恤民意，只对兴建工程感兴趣，所规划的洛阳宫观建筑，远超汉魏；率性更改宫廷礼仪，酒色无度，肆意杀人，让内侍秘密探访群臣动静，“自公卿以下，皆被楚挞，其间诛戮黜免者，不可胜言。……于是内外恐惧，人不自安，皆求苟免，莫有固志，重足累息，以逮于终矣”[②]。杨坚反其道而行之，“大崇惠政，法令清简，躬履节俭，天下悦之”[③]。隋文帝的惠政主要是减免赋税，救济灾民，赦免囚徒，大赦天下。一个逞凶暴，一个施德惠，民心向背，就决定了历史的走向。

隋文帝还废除了盐和酒的官府垄断，受到了百姓的欢迎。同时，他又厉行节俭，身体力行。据历史记载，他躬行节俭，六宫嫔妃穿的衣服都是经过多次洗涤的。乘坐的车子旧了坏了，就让人修补，不换新车。若不是举行典礼宴会，一顿饭只有一个肉菜。有人送干姜时用布袋装着，惹得他大发脾气，大加谴责；后来又有人进香，用毡袋包着，他就让人把这个官员打了一顿，因为包装得太过分。皇帝这样节俭，御下又非常严厉，上行下效，朝廷和官府都形成了节俭的风气。隋文帝在位时期，屡屡减免赋税、徭役和兵役。尽管比以前征收的赋税少了，民众负担减轻了，但是国库的积累反

---

①《隋书·食货志》。

②李延寿：《北史·周本纪》，中华书局，1974，第381页。

③《隋书·高祖纪》。

而增多了。

正是隋文帝惠民养民的政治主张，让隋文帝仅仅在位十三年就迎来了隋朝的盛世——开皇之治。可以说，隋文帝当政时期，在历史上很值得称道。

3. 唐太宗的民生措施

经过了隋末战乱，唐初社会也是一片残破。武德晚年，户数不到隋盛时九百万户的三分之一。黄河下游，“萑莽巨泽，茫茫千里，人烟断绝，鸡犬不闻”[①]。唐太宗为了发展生产，恢复经济，根据当时的情况制定了均田令和租庸调法，轻徭薄赋，让百姓休养生息。

关于土地的田令规定：

第一，丁男和十八岁以上的中男，每人可获得永业田二十亩、口分田八十亩；年老及残疾者口分田减半，寡妻和妾可得口分田三十亩。

第二，有封爵的贵族和五品以上官员可根据品级获得永业田五顷至百顷，有军功的人可请受勋田三十顷至六十顷。

第三，田地充裕的叫宽乡，不足的叫狭乡，狭乡口分田减半授予，狭乡人可以在宽乡遥受田亩。五品以上官员的永业田和勋田只可在宽乡获得。

第四，庶人死后家贫无以供葬的准许出卖永业田，迁出的准许出卖口分田；官员的永业田、勋田、赐田均可出卖，买地不能超过限额。

第五，在职官员，按照情况不同，有十二顷到八十亩的职分田，以地租补贴俸禄，离职时要移交后任。

田令规定限额是为了防止土地兼并，但是如果在土地特别多的情况下，超额占地，法律不予处罚。因为隋末战争导致人口锐减，

---

①《贞观政要·直谏》。

出现了大量无主荒地，开发这些土地有利于恢复唐朝经济。唐田令承认了一些农户对于无主土地的所有权，允许无地农民申请授田，对唐初农业发展和农村恢复起了推动作用。唐初的赋役制度规定，每年服役时间限二十天，超期服役十五天免除调，超期服役三十天租调全免。如果遭受了灾情，还规定了具体减免办法。对徭役日期的限定和补贴，使农民有更多的时间从事生产。

唐太宗对于民生格外关注，经常和大臣讨论如何使百姓安居乐业，过得更富足。贞观初，唐太宗对侍臣说："为君之道，必须先存百姓。若损百姓以奉其身，犹割股以啖腹，腹饱而身毙。若安天下，必须先正其身，未有身正而影曲，上理而下乱者。朕每思伤其身者不在外物，皆由嗜欲以成其祸。若耽嗜滋味，玩悦声色，所欲既多，所损亦大，既妨政事，又扰生人。且复出一非理之言，万姓为之解体，怨讟既作，离叛亦兴。朕每思此，不敢纵逸。"[①]唐太宗说，君主的首要职责，是安定百姓。君主搜刮百姓，就像割自己的肉一样，肚子饱了，命也没了。他常思考：伤害自身的是什么？他得出结论，就是各种不良的嗜好和欲望。有时候一句话说不好，就会使民心涣散、怨言四起、众叛亲离。每想到此，就不敢放纵了。

据《贞观政要·仁恻》记载，贞观二年（628），关中大旱，出现了严重的饥荒，唐太宗说："水旱不调，都是做皇帝的失德所致，我德行不好，上天应该惩罚我，老百姓凭什么遭这个罪呢？听说都有卖儿卖女的，我很难过。"于是派御史大夫巡视灾区，用国库的金银赎回那些被卖的孩子。

据《贞观政要·务农》记载，唐太宗对身边的大臣说："凡事皆须务本，国以人为本，人以衣食为本，凡营衣食，以不失时为本。夫不失时者，在人君简静乃可致耳。若兵戈屡动，土木不息，而欲不夺农时，其可得乎？"王珪回答说："昔秦皇、汉武，外则

---

①《贞观政要·君道》。

穷极兵戈，内则崇侈宫室，人力既竭，祸难遂兴。彼岂不欲安人乎？失所以安人之道也。亡隋之辙，殷鉴不远，陛下亲承其弊，知所以易之。然在初则易，终之实难。伏愿慎终如始，方尽其美。”唐太宗说：“公言是也。夫安人宁国，惟在于君。君无为则人乐，君多欲则人苦。朕所以抑情损欲，克己自励耳。”显然，唐太宗明白君主在安民宁国中具有决定性的作用。王珪则认为，说起来容易，做起来难；坚持一时容易，持之以恒难。希望太宗不仅意识到，还要付诸行动；不仅一时做得好，还要一以贯之。

唐太宗也提倡勤俭节约。唐太宗其实是一个兴趣广泛、喜欢热闹、热衷打猎的人，但是他知道，如果皇帝稍稍奢侈，上行下效，社会上就会奢侈成风。他为了让老百姓过上好日子，保持俭约的作风，为天下表率，尽量克制自己的这些欲望。他说：“国以民为本，人以食为命，若禾黍不登，则兆庶非国家所有。既属丰稔若斯，朕为亿兆人父母，唯欲躬务俭约，必不辄为奢侈。朕常欲赐天下之人，皆使富贵。今省徭赋，不夺其时，使比屋之人，恣其耕稼，此则富矣。敦行礼让，使乡闾之间，少敬长，妻敬夫，此则贵矣。但令天下皆然，朕不听管弦，不从畋猎，乐在其中矣！”[①]唐太宗认为，百姓都想富贵，他让百姓安心生产，百姓就会富起来；他让百姓家庭和睦、邻里和谐，百姓就会尊贵。若是天下能够这样，他即使不打猎、不听音乐也是高兴的。

唐太宗在兴建营造方面，也尽量节省。他说，自古以来，帝王凡是兴造建筑，必须顺应民意。大禹凿九山，老百姓没有怨言，因为这符合大家共同的利益；秦始皇建宫殿，老百姓怨气冲天，因为这是为了满足他的私欲。唐太宗本来想建造一座宫殿，材料都准备好了，一想到秦始皇的前车之鉴，就不造了。古人说，“不作无益害有益”“不见可欲，使人心不乱”。唐太宗意识到，若是放纵骄

① 《贞观政要·务农》。

奢的欲望，国家危亡的日子就会马上到来。在唐太宗的倡导和率领下，自王公以下，住宅、车服、婚嫁、丧葬，凡是和他的官职品级不相符者，一律停止。“二十年间，风俗简朴，衣无锦绣，财帛富饶，无饥寒之弊。”①

在远古时代，丧葬是比较简朴的。但是后来一些帝王拥有了巨大的社会财富，就奢侈铺张，对于丧葬也就越来越讲究，希望在死后还能够和生前一样，享受丰富的物质生活。如秦始皇建骊山陵，仅劳力就要七十万，且需常年劳作，其奢华和工程浩大程度惊人，消耗的都是民众的血泪和生命。唐太宗对于厚葬不以为然。贞观十一年（637）时，他对侍臣说：“我听说死亡就是生命的终结，是让人返璞归真；葬埋就是埋葬尸体，目的是不让人们看到。上古的风俗，没听说必须高坟大墓、重棺厚椁。唐尧、秦穆公、孔子等人，都没有起高坟；到了秦始皇，奢侈无度，竟然拿水银来象征江海；季平子、桓魋这些人，陪葬珍宝无数，结果导致坟墓被挖掘，暴尸荒野，真是可悲啊！现在勋戚之家多流于习俗，百姓之家也跟着仿效，富裕的超越法度、相互炫耀，贫穷的即使倾家荡产也赶不上。这种现象对死者毫无好处，对社会危害还很大，应该惩治革除。”所以他下令，从王公到百姓，丧葬都要按照相关规定来执行；对于违反规定的，即使是京城五品以上的官员及元勋贵戚之家，也要记录下来上报。

《贞观政要·政体》中记载，唐太宗刚继位时，灾害不断，粮食价格飞涨，突厥入侵，民众生活不得安宁。唐太宗很担忧民众的疾苦，于是精心治理国家，崇尚节俭，大力布施恩德，深得人心。在唐太宗的治理下，官吏清廉谨慎，皇亲国戚不敢欺凌百姓，商人、旅客在外不用担心有盗贼抢夺，监狱里经常空着，牛马漫山遍野，民众夜不闭户。这些富足安宁的状态，就是史书称美的“贞观

①《贞观政要·俭约》。

之治”。

4. 宋仁宗的“仁政”

与唐太宗相比，宋仁宗确实没有时常对君民关系、官民关系进行反思，也没有许多民本方面的名言，宋仁宗的“仁”主要体现在日常生活和日常施政中，他用实际做法体现出他对民众利益的重视和维护。

宋仁宗的仁政惠施主要体现在以下几个方面：

第一，救灾赈灾。对于老百姓来说，平时穷一点还能勉强度日，但是一旦灾害到来，尤其是大灾害，就是灭顶之灾，而这在旧时是常常发生的。这时就需要朝廷及时应对。贾谊在其《新书》中就数次说到，汤有九年之旱，但是老百姓都熬过来了，为什么呢？因为社会存积了足够多的粮食，政权又能够积极应对。朱元璋问少年朱高炽，汤有九年之旱，为什么没有发生灭绝性灾难？朱高炽回答说，因为有圣人的安排。这个回答受到了朱元璋的赞赏。历史上导致人口大量减少的原因主要有三：饥荒、瘟疫和战争。所以自古以来如何应对灾害，就成为朝廷考核官员、历史评价帝王的重要指标。对民众负责的君主会重视灾害，及时了解情况，救济民众，尽量减少人口的死亡；而一些暴君、昏君和庸官则不重视民众的生命，不但不救助、安抚民众，反而掩盖灾情，掩盖死亡人数，甚至倒行逆施，造成二次灾害。

宋仁宗没有把人的责任推给自然灾害，反而戒惧警醒，反省自己的行为，甚至自我检讨，下罪己诏书，修德改过，以图上天不再降灾。至和元年（1054），知谏院范镇就曾说过：“陛下每遇水旱之灾，必露立仰天，痛自刻责，尽精竭虑，无所不至……”[①]这说明，宋仁宗的态度是很积极的。宋仁宗对于救济灾害（包括水灾、旱灾、蝗灾、地震、大火、瘟疫等）很用心，发布了很多关于这方

①《续资治通鉴长编·卷一百七十六》。

面的诏令，甚至亲自研究如何救灾。通过对《宋史·仁宗本纪》中的记载进行粗略统计，宋仁宗在位四十二年，所下诏令共三百多次，其中关于救灾赈灾的诏令是最多的，多达八十五次。

第二，减免租赋。有些时候减免租赋的措施会与救灾赈灾的措施一起发布。《宋史·仁宗本纪》中关于减免租赋的诏令有很多。

第三，减免徭役。徭役是民众的沉重负担，主要有治河、兴建工程、转运粮草等。宋代把主户分为五等，一、二等户都是有势力的富豪之家，他们往往有办法逃避徭役；五等户不具备赔偿能力，按规定免役，于是徭役主要由三、四等户承担。服徭役者往往是没有出外经验的农民，所运货物极易损坏、丢失，往往因为赔偿而破产。宋仁宗执政期间看到了这些现象，制定了相关措施，大量减免徭役。

第四，大赦与录囚。大赦就是赦免所有的罪人（有时候不包括犯“十恶”大罪的人，即“十恶不赦”）。录囚也叫滤囚，就是重新审查犯罪记录，释放那些罪行轻微的人。大赦往往出现在举办重大典礼或有大喜事时，如皇帝登基、皇子出生等。录囚多出现在发生灾情、天变，举办一些次要的典礼或有喜事时进行。宋仁宗的录囚诏书常常是“录系囚”或者“录囚，流以下减一等（或徒罪减一等），杖以下释之”。宋代刑罚规定有五等刑制：笞、杖、徒、流、死。“笞刑”“杖刑”最轻，打过就放人，所以一般在押的都是徒刑、流刑、死刑之徒。《宋史·仁宗本纪》中记载，宋仁宗在位期间大赦十二次，录囚七十五次，每年平均两次。但因恩赦太多，也有过滥的批评声。

第五，重视医药防疫。宋仁宗特别重视医术，曾让针灸妙手王惟一监铸针灸铜人，编写《铜人腧穴针灸图经》。他还成立了校正医书局，征集天下医书，编著了本草名著《嘉祐补注本草》《图经本草》《简要济众方》等，并将这些医书颁行各地。他多次组织医生研究药方，颁发给灾区，由政府施药或者治病、防疫。

第六，整顿官吏，设立宽恤民力司。按照传统，出现天灾，君臣要检讨所作所为，有时候君主要做自我检讨，有时候要从臣僚身上找原因。所以宋仁宗的诏令中常常有关于这方面的内容，主要是吩咐转运使巡视地方，去发现地方官有没有诸如贪赃枉法、危害百姓之类的事情。嘉祐五年（1060）五月，设立“宽恤民力司”。这是访问民间疾苦的专职机构。

第七，诏求直言民事。这里所说的诏求直言，全是有明确要求的。如皇祐四年（1052）十月，“以诸路饥疫并征徭科调之烦，令转运使、提点刑狱、亲民官条陈救恤之术以闻”[①]。

第八，节俭。宋仁宗一生节俭，卧室陈设朴素，餐食简单，从不大兴宫殿。南宋施德操所撰的《北窗炙輠录》记载了一件很能说明宋仁宗节俭的事情。有一夜，宋仁宗在宫中听到有丝竹歌笑声，就问是从哪里传来的。宫人说是从民间酒楼上传来的，并借机说：“皇上您听，民间如此快活，皇宫中却冷冷清清。”宋仁宗说：“正是因为我这里冷清，他们才得以快活。如果我这里奢华了，他们就会冷清了！”

第九，出内藏钱救灾。内藏钱属于天子私财，宋仁宗常常拿出用作军事、救灾等重大开支。据统计，宋仁宗曾经十一次拿出内藏钱用于救灾。如，“河北水，诏蠲民租，出内藏钱四十万缗、绢四十万匹付本路，使措置是岁刍粮”[②]。

第十，便民。这个内容比较广泛，主要是为百姓解决一些具体困难。比如，京城发生了渴死人的事件，宋仁宗下令凿井三百九十眼等。

第十一，加恩。这主要是指一些小恩惠，比较零散。比如尊老是中国古代传统，宋仁宗很注重尊老的传统，天圣元年（1023），

① 脱脱等：《宋史·仁宗本纪》，中华书局，1977，第233页。
② 《宋史·仁宗本纪》。

“赐城中民八十以上者茶帛，仍复其家”[①]。

第十二，撤乐、避殿、减膳。撤乐、避殿、减膳是皇帝对灾难的一种回应，对死难民众表示哀悼，希望天灾早日结束。宋仁宗在灾害发生后，会立即撤乐、避殿、减膳，希望借此消灾弭难。

第十三，祈雨。祈雨也属于一种救灾活动。在宋代，天久旱不下雨时要举行祈雨活动。有时皇帝会亲临现场举行祈雨仪式，有时会委托官员代表进行祈雨，而宋仁宗亲临亲为的居多。

第十四，建立救灾设施。庆历元年（1041），要求各地建立义仓；嘉祐二年（1057），又令天下设置广惠仓。义仓和广惠仓等都是救灾设施，由专人管理，对特定的群体进行救济，在灾害发生时能够及时发挥作用，使得受灾人员和老幼疾贫者皆有所养。

应该说明的是，以上列举是不完全的，但是这些已能展示出宋仁宗施行仁政的概貌。宋仁宗就是在这样的日子中忙碌着，是封建社会中一个平凡而伟大的君主。的确，他没有汉武帝那样的雄才大略，也没有唐玄宗那样多才多艺，但是对百姓，却是数十年如一日的宽厚、仁爱。宋仁宗驾崩的时候，开封军民“大肆同悲，数日不绝”。

5. 明太祖和明仁宗的民生措施

明初，经过元末战乱，民生凋敝，人口锐减，“往年大姓家，存者无八九”。在北方，大量元朝统治者的官田、贵族的庄田、废弃的寺田等成为无主土地。洪武元年（1368），朱元璋号召流民回乡，农民归耕，承认农民现在耕种的土地和即将开垦的土地归农民自有，并免除三年徭役、赋税。次年，又下令将北方各城市附近荒闲土地分给无地农民耕种，每人十五亩，再给二亩种蔬菜的土地，有余力者不限顷亩，皆免除三年租税。洪武二十七年（1394）下诏，如有余力，额外开垦的荒地归其自有，永不征收赋税。这种办

①《宋史·仁宗本纪》。

法前后施行七十余年，对经济发展起到了很大的促进作用。另外，原来那种“驱丁”“军驱”一类的称呼消失了，许多奴隶获得了普通人的身份。如，在明初，四川一次就有两万三千多户改为民籍和军籍，数量相当于四川全部民户的四分之一。

朱元璋在民间的时候，见州县官吏多不体恤民众，往往贪财好色，饮酒废事，对于民间疾苦漠然视之，所以他对于官吏的治理特别严厉。同时，他有一种农民的朴实，所以特别同情下层民众。有一天退朝后，他指着宫中空地对皇子说：“这些地不是不可以建宫殿，现在只种蔬菜，是不忍伤民之财，劳民之力。纣王崇饰宫室，不体谅人民，身死国亡；汉文帝时国家富足，要建一个露台，为了百金之费而放弃，一奢一俭，治乱分明，你们都要记在心里。”随即将山东、燕南、河东、山西、北京、河南、潼关、唐、邓、光、息等处税粮一概免除。有一次从钟山回来，步行走到淳化门时，他感慨地对随从说：“农民和农业是国家的根本，一切物资都依赖他们，他们那样辛苦，作为官吏，你们都感念过吗？一样是人，身处富贵而不知贫贱之艰难，古人都引以为戒。穿衣应该想到织女的勤，吃饭要想到农夫的苦。”他想到老百姓的生活不易，就尽量减少老百姓的负担，多次减免赋税。比如，在洪武元年（1368）八月发布的诏书中，他让官员就当年受灾地区的情况详加勘查，只要受灾，租税全都免除；准许开垦各地荒地，永为己业，免税三年；镇江府所属所有租税以及次年夏税全部蠲免；山东、河南、两浙、闽广新附之地，凡元代亏欠，系官钱粮未征到官者全部勾销。由于他出身农民，对民生有特殊感受，因而能够切实顾及农民的利益。洪武二年（1369）正月下诏说：“朕思其民，当元之末，疲于供给，今既效顺，何忍复劳。已将山东洪武元年税粮免征。不期天旱，民尚未苏，再免今年夏秋税粮。近者大军平燕都、下晋冀，朕念北平、燕南、河东、山西之民，久被兵残困，于征敛尤甚。齐鲁今年税粮亦与蠲免。其河南诸郡，自归附以来，久欲济之，奈西北未平，出师所经，拟资粮饷，是以未遑。今晋冀既平，理宜优恤，其北京、河南，除徐、宿等州已免税粮外，西抵潼关，北界大河，南至唐、邓、光、息，洪武二年夏秋税粮一体蠲免，有司更加存恤，以副朕怀。”[①]由此可见，朱元璋减轻民众负担的措施是很有诚意的，力度、规模都很大。

以上多是列举一个王朝初期开国君主的民生措施，其实继位守成之君的民生措施也很重要。在一个王朝经过了长期运行之后，往往会产生许多弊病，诸如吏治败坏、土地兼并、贫富分化、豪强横行等。朝廷出现危机，民众陷入困境，这时候君主能够秉持民本思想，关注民生，就更难能可贵了。

明仁宗朱高炽，是明太祖朱元璋的孙子、明成祖朱棣的长子，1425年即位，做皇帝只有一年，却赢得了仁宗的庙号。据《明史·仁宗本纪》记载，他在做太子的时候就端庄稳重，好学善问，和儒臣讨论学问总是不知疲倦。朱元璋让他和周、晋、秦王的世子批阅章奏，他只看关于军民困难的。朱元璋问他，尧、汤时遇到天灾，老百姓依靠什么呢？他答：“依靠圣人的恤民之政。”朱元璋感叹说他有给老百姓做皇帝的见识了。永乐二年（1404），朱高炽被立为太子，朱棣外出征伐，就让他监国，裁决一切政事。天下出现水旱灾害，他都能及时发布德政，遣使赈灾，因而声名大振。1425年，朱高炽即位。上位伊始，他就颁布了一系列的措施：停止宝船下西洋、迤西市马及云南、交趾采办等劳民伤财、无益民生的活动；裁撤冗官；官吏流放隶属军籍的释放还乡；河溢开封，免税粮，派右都御史王彰前往抚恤；官府所用的物资直接到产地采购，不许科派损害民众利益，违者严惩；派出监察官员法纪的官员三十五人出掌州县……这些措施革弊政，树新风，受到了民众的欢迎。

①《明太祖实录·卷三八》。

他还鼓励臣僚提出批评谏言，赐予三位敢于负责的大臣杨士奇、杨荣、金幼孜银章，表彰他们的协力工作，鼓励他们大胆直谏，如果有不便说的，可以用印密封上奏。有一次，通政使请求由给事中收纳各地关于下雨情况的奏报。明仁宗说，祖上让各地上奏下雨情况，就是为了掌握水旱灾害状况，以施惠民之政，如果积压到通政司，又让他们收纳，就等于不想让上面的人知情了。从此他要求，只要雨泽章奏一到，立即报知。随后他又下诏："条政令之不便民者以闻。凡被灾不即请振者，罪之。"[①]这充分说明了明仁宗对于灾区灾民的重视程度。夏天，明仁宗听说山东和淮、徐一带的民众缺粮，而官府还在征收夏税，就在西角门让大学士杨士奇起草诏书，免掉夏税。杨士奇说，此事需要经过户部和工部。明仁宗说，部门官员考虑国家的用度，肯定会犹豫不决，而"救民之穷当如救焚拯溺，不可迟疑"。命令杨士奇即刻在门楼上起草诏书，盖上玉玺马上执行。随后对杨士奇说，现在你可以通知户部、工部的官员了。明仁宗虽然在位不到一年就去世了，但在此之前便已经表现出了作为一个仁君的品质。而且，他在短暂的执政生涯中大行仁政，赢得了人们极高的赞誉。《明史·仁宗本纪》最后说："在位一载，用人行政，善不胜书。使天假之年，涵濡休养，德化之盛，岂不与文、景比隆哉。"

五、安民息兵

自古明君，尤其是那些开国的帝王，一般都有着很强的军事才能。比如，刘邦具有很强的驾驭战争的能力，唐太宗战无不胜，宋太祖赵匡胤历经南征北战，朱元璋大败群雄。这些人都知道战争对于社会来说意味着什么，对于老百姓的生命来说意味着什么，所以都珍惜民力，爱惜民命，不轻易发动战争，罕用武力。这是对生命

① 张廷玉等：《明史·仁宗本纪》，中华书局，1974，第110页。

的尊重，是对生命价值的珍视。因为战争是危险的事情，战争一旦开始，就会有大量的无辜民众死于非命，就会破坏社会经济，毁灭社会财富。作为一个爱民的君主，是不会轻易言战的。无论商汤也好，周武王也好，都是在桀纣残虐生灵到了不可容忍的程度才起兵的。他们进行战争的目的，不是争胜斗狠，而是扫除残暴、安定社会、解民倒悬。而新王朝建立之后，会尽力避免战争、稳定民众、安定社会。

1. 战争是凶器

《论语》一书中几乎没有关于如何打仗的军事理论。《孟子》一书中虽然多处谈到战争，但孟子主张用王道统帅战争，只有在秉持王道、解救苦难的时候才能发动战争，因为“仁者无敌”“得道多助，失道寡助”“天时不如地利，地利不如人和”，必须是民心支持的战争才是正义的战争。齐宣王问孟子，燕国是不是可以攻取，孟子说：“取之而燕民悦，则取之。古之人有行之者，武王是也。取之而燕民不悦，则勿取。”[①]诸子百家中最反对战争的是墨子。墨子说，有人杀死了一个人，国法不容，是犯罪，怎么诸侯讨伐人家的国家，杀人无数，反而还有人赞美呢？道理不是一样的吗？这不是更大的犯罪吗？他不但从理论上批判不义战争，还在行动上坚决制止诸侯间的战争。他列举战争给百姓带来的种种灾难，说明战争的危害性，到处平难解纷，阻止战争。老子也反对战争，他认为“兵者不祥之器，非君子之器，不得已而用之”[②]，因为“师之所处，荆棘生焉；大军之后，必有凶年”[③]，即使打胜了，也不值得夸耀，反而应该怀着一种悲哀的心情悼念，因为无论胜败，都死了很多人。

---

①《孟子·梁惠王下》。
②《老子·三十一章》。
③《老子·三十章》。

在人类社会发展的历史中，战争如影随形，中国也不例外。尤其是春秋战国时期，群雄争霸，战火连年，民不聊生。秦国在统一战争中，打了许多大仗，杀了很多人，仅《史记·白起王翦列传》中有明确记载的就有八十九万，还不算零星的。有人估计，秦在统一战争中杀人超过二百万。灭秦之战和楚汉之争中，死人数百万。西汉建立时，人口仅八百万。经过二百年左右的发展，西汉人口增加到五千九百多万。经过两汉中间那段战乱时期，到东汉初年时已是"百姓虚耗，十有二存"。据《东汉会要》记载，东汉中元二年（57），人口为二千一百万；到东汉永寿二年（156），人口增至五千六百万；经过东汉末年的董卓之乱、军阀混战，到曹魏景元四年（263），灭掉蜀国，人口合起来才不到八百万。一百多年过去了，人口反倒少了百分之八十多。隋朝人口最多的时候是大业五年（609），有四千六百万人（也有人说实际超过五千万），然而到了大业十四年（618），经历了隋末战乱，人口就锐减到了九百多万人，也就是说，九年间人口减少了百分之八十。

人口是社会发展的重要指标，历代帝王都很重视人口的增长，而战争是导致人口减少的最主要因素。历代帝王都想方设法安定民生，增长人口，如汉朝甚至制定了法令，若是女子到了该出嫁的年龄不出嫁，要五倍征税。

2. 汉武帝与罪己诏

从汉初一直到汉武帝第一次出击匈奴之前，七十多年间几乎没有大规模战争（中间虽有吴楚七国之乱，不过不到两个月即平定）。汉高祖之时，北方匈奴的首领是冒顿单于，经常侵扰汉朝的北疆。汉高祖派韩王信在晋阳镇守，后到马邑。韩王信知道汉高祖对他抱有疑虑，就勾结匈奴，有背汉之心。刘邦亲率大军讨伐，韩王信投降匈奴，并引匈奴军南下侵略汉地。汉高祖七年（前200），刘邦率三十万大军亲征。匈奴知道汉军马少，就故意示弱，引诱刘邦深入，并发挥骑兵优势，把刘邦困在白登山达七天之久。在丞相陈平的秘计之下，汉高祖才得以逃脱。此后，汉朝采取“和亲”的方式，缓和了与匈奴的关系。

吕后执政时，虽然匈奴不断挑衅，但她依然执行着刘邦制定的和亲政策，没有对匈奴贸然开战。汉文帝、汉景帝时期，继续执行和亲政策，同时积极加强边疆防备，继续推行休养生息政策，减轻赋税、徭役等，发展农业生产，出现了文景之治。

到汉武帝时，经过了七十多年的休养生息，人多马壮，汉武帝就开始着手彻底驱逐匈奴，使其再也不敢侵扰汉朝边境。先是在元光二年（前133），汉武帝命人诱使匈奴犯境，在马邑附近埋伏三十万军队，企图一举消灭匈奴主力。匈奴十万人来攻，发现了汉军的图谋，中途退兵。后来经过公元前127年、公元前121年、公元前119年三次大规模的北伐战争，终于把匈奴赶到了大漠以北，解除了匈奴的威胁。但是，动辄几十万人参与战争，耗费无数，死人无数，《汉书·昭帝纪》称“海内虚耗，户口减半”，汉朝民众为之付出了巨大代价。

如果说前面的战争是为了驱赶匈奴，解除匈奴在西北边境的威胁，那么后来对于西域的用兵就属于征服战争了。民众被迫运送粮草，苦难深重，死人无数。据《汉书·西域传》记载，汉武帝意识到连年战争给民众带来的生命损失和沉重负担，有所悔悟，下发了历史上有名的《轮台罪己诏》。诏书说：“有关部门奏请增加赋税，每个百姓多缴三十钱做边防经费，这是给困境中的老弱孤独增加负担；又有人奏请派兵屯田轮台，那里地广人稀，路途遥远，军队行动困难。以前我犯了糊涂，对匈奴的意图判断依靠占卜望气。他们都说出击匈奴是吉兆，并占卜李广利最适合为将，后来发现根本不是这样。李广利军大败，将士们或战死，或被俘，或四散逃亡，我内心非常悲痛。现在又奏请派人远赴轮台屯垦，还要修筑堡垒、哨所。这是劳民伤财的建议，朕不忍心听！当务之急在于严禁各级官吏对百姓苛刻暴虐，废止擅自增加赋税的法令，鼓励百姓致力于农业生产，恢复为国家养马者免其徭役、赋税的法令，这是为了补充战马的损失，不使国家军备削弱。各郡国二千石官员都要制定本地繁育马匹和补充边境物资的计划，在年终呈送全年公务报告时一并报送朝廷。”他封丞相为富民侯，表示此后不再对外用兵，维持边防现状。

罪己诏是帝王向上天承认自身错误、晓谕天下臣民的文书。罪己诏在中国古代诏书中虽不占重要地位，但不曾间断过。历代因自然灾害下罪己诏的较多。自然灾害主要有地震、旱灾、水灾、火灾、疾疫等。古人认为，人事与天象、自然之间关系密切，人事会反映到自然现象上。如果君主能够爱民养民，就会感召天地和气，风调雨顺；如果行政不按节令，处理事情违反道义、伤害民众，冤狱泛滥，就会招致旱涝灾害、地震星变等种种异常现象。皇帝害怕上天的惩罚，就会在出现异常现象的时候下诏自责，自我检讨，征求直言；而大臣想劝谏皇帝，制止皇帝的胡作非为，也会利用这样的机会直言极谏。这种情况被董仲舒归纳成“灾异遣告”，即皇帝犯了过错，天会降灾，加以警示；犯了严重错误，会提高警告级别，显示异象；如果君主怙恶不悛，上天就不再警示，表示要抛弃当前朝廷，改朝换代了。“灾异遣告”这种传统对皇权有特殊的制约作用。

据说，罪己诏起源于禹、汤，但中国历史上首次明确颁布罪己诏的是汉文帝，而汉武帝的罪己诏最著名。一方面司马光在《资治通鉴》中给予了汉武帝高度评价；另一方面也因为汉武帝一生强势，雄才大略，自以为是，能够下罪己诏是非常难能可贵的。其实，汉武帝还有更沉痛的检讨，如征和四年（前89），他对大臣们说：“朕即位以来，所为狂悖，使天下愁苦，不可追悔。自今事有伤害百姓，靡费天下者，悉罢之！”[①]对于《轮台罪己诏》，有人认

① 司马光：《资治通鉴·汉纪十四》，中华书局，1956，第738页。

为汉武帝并没有追悔，只是调整了政策，但征和四年（前89）这份诏书实实在在证明，汉武帝对自身进行了深刻反省，态度真诚。汉武帝的罪己诏成为帝王自我反省、纠正错误的范例。汉武帝下罪己诏，意味着朝廷政策的转变，不再穷兵黩武，继续休养生息，汉朝经济得到发展，汉王朝转危为安。

3. 唐宗宋祖的息兵避战

唐太宗被人称为最能打仗的帝王。但他和秦始皇不同，他意识到战争给民众带来巨大灾难，因此在唐朝建立之后，就致力于维持和平，尽量不用兵。

武德九年（626）冬天，当时唐太宗刚登基，突厥颉利、突利两个可汗率领二十万大军气势汹汹来到渭河便桥之北，派他的将领执失思力觐见李世民，探听长安的虚实。执失思力态度傲慢，虚张声势。李世民质问他："我和突厥郑重和亲，你们背约，凭什么侵我州县，自夸强盛？"大臣们怕激怒突厥可汗，纷纷请求李世民按照礼仪把执失思力放回去。李世民说："要是这样放他回去，他一定以为我们怕他。他们趁我刚刚登基，率兵到此，我们如果闭门拒守，敌兵必然纵兵大掠，强弱之势，在此一举。"于是他单骑独出，隔着渭河向突厥可汗喊话，表示对他们的蔑视。突厥可汗疑惧不敢动，又见唐军继出，军容严整，大为恐惧，只好盟约而退。李世民以他非凡的胆略，避免了一场血战。

贞观四年（630），有人奏称：林邑为蛮夷，所上的奏章不敬朝廷，请求发兵讨伐。唐太宗说："兵器是凶器，不得已才用它。自古以来穷兵黩武的人，没有不灭亡的。苻坚自恃兵力强大，一心想吞并晋朝，兴兵百万，结果自取灭亡。隋炀帝一心想夺取高丽，连年征战，人民怨声载道，最后死在匹夫手中。攻打林邑要翻山越岭，那些地方瘴气弥漫、瘟疫横行，若是士兵们染上瘟疫，即使消灭了林邑，对我们又有什么好处呢？话语中的不恭敬，不必在意。"唐太宗拒绝用战争的方式对待对朝廷出言不逊的林邑，最终也没有发兵讨伐。贞观五年（631），康国请求归附唐朝。唐太宗对侍臣说："有很多前代帝王为了追求虚名，致力于开疆拓土，导致百姓困顿不堪，对自己也没有多少好处。即使对自己有好处，但对百姓有损害的事情，我也不会做，更何况只是追求虚名而损害百姓利益的事呢？康国若是归顺了朝廷，有急事的时候我们肯定得去救助。但是军队远行万里，必然会劳役百姓。以劳役百姓来求得的虚名，不是我想要的。"于是，他最终没有接受康国归附的请求。唐太宗本身以战争起家，几乎战无不胜，但是他还是尽可能不用兵，不去为了追求让人艳羡的开疆拓土之功而劳役百姓，这是非常难能可贵的，也是历代帝王很少能做到的。

唐太宗虽然主张尽量不用兵，但也强调要做好战备工作。他在所著的《帝范》一书中说："夫兵甲者，国家凶器也。土地虽广，好战则人凋；中国虽安，忘战则人殆。"[①]唐太宗吸取历史教训，采用开明的民族政策，以百姓的利益为根本，不轻易动武，但同时也不怕战，赢得了百姓的拥戴。

赵匡胤的做法也值得肯定。赵匡胤在平定南方之后，停止了向北进攻。五代时燕云十六州被石敬瑭送给了契丹，要不要武力收回，是个问题。燕云十六州是北方屏障，敌人占据此地，若想进攻南方，长驱南下就能直接威胁汴京。有些人就想趁开国之初锐气正盛之际夺回燕云十六州，但赵匡胤并没有这样做。因为北方的契丹，国土面积大，弓马强健，民风彪悍，一旦开战并不能保证宋朝能赢。如果不能赢，刚建立的宋朝就有可能垮台。另外，赵匡胤非常珍惜民众的生命。他在派人征服后蜀的时候，对将领王全斌王全斌的滥杀无辜极为不满。在出师伐南唐的时候，他一再嘱咐曹彬不能乱杀，曹彬因此非常谨慎，约束军士没有妄杀。对燕云故地，赵匡胤采取了另一种做法，就是赎买。他建立了封桩库，想逐年积累

①《贞观政要·征伐》。

财帛，在适当的时候赎回燕云十六州。这其实是解决领土问题的另一种思路，想用不流血的方式和平解决，从民本的角度来说，应该是值得赞赏的。宋真宗时期，辽兵南下，宋真宗与之订立了“澶渊之盟”，虽然需要每年给辽赠送财帛，但也维持了一百二十年的和平。这一做法，如果从保民的视角来看，效果还是显著的。

六、善于任贤

君主要想成事，就要依靠人才，所以有作为的君主一般都会选贤任能。选贤任能，一方面是选用管理朝廷事务的中央官员，一方面是选用临民理政的地方官吏。地方官吏直接管理民众，决定民众生活质量甚至民众生死，所以也非常重要。选贤任能，能指能力，而贤主要指德行，德行放在首位。但光有官德是不够的，还要有能力，能做事，敢于担当，兴利除弊。

1. 人才决定成败

西周分封，周公代表周王朝分封诸侯，一再郑重叮嘱他们到达封国之后，要认真吸取前贤的管理经验，以民为重，明德慎罚。

齐桓公任用管仲，倾心相托，言听计从，声言凡是军国大事，先禀仲父。管仲推荐了宾须无、宁戚、隰朋、王子成父几个人，分别掌管刑法、粮草、外交、军事。他认为这些人都是一方人杰，各有所长，能撑起国家机构的主要事务。齐桓公完全听从管仲的建议，事实证明这些人都很称职。

齐威王善于用人。他暗中考察官员，掌握官员的情况。他把官员集中起来，当众宣布烹了投机钻营、阿谀奉承的阿大夫，奖赏务实肯干、受民众拥护的即墨大夫。他选拔任用了邹忌为相、田忌为将、孙膑为军师，结果齐威王时，“齐最强于诸侯”。

魏文侯也善于用人。他把田子方、段干木、卜子夏视为老师，重用吴起、西门豹、李悝、魏成、乐羊等人，使魏国在战国之初成为最强大的国家。

汉高祖知人善任。他对百战百胜的军事天才韩信大胆委任，对运筹帷幄、决胜千里的谋士张良言听计从，对能够镇国家、抚百姓的萧何委以后勤大事。按刘邦自己的说法，论某一项长处，他比不上其中任何一个人，但是他能够集合众人的智慧打败力拔山兮的项羽。

汉文帝、汉景帝之时，实行的是分封制，各诸侯国自行任命低级官员，高级官员还是由中央任命。汉武帝时削藩成功，权力基本收归中央，各地官员才逐渐由中央任命。汉文帝、汉景帝非常重视人才，任用了大批良吏。在有为君主和大批良吏的共同治理下，汉朝的政治、经济、文化得到了快速发展，实现了文景之治，就像《汉书·循吏传》中所说："是故汉世良吏，于是为盛，称中兴焉。"[①]

人才能决定一个国家的兴亡。诸葛亮在《出师表》中说："亲贤臣，远小人，此先汉所以兴隆也；亲小人，远贤臣，此后汉所以倾颓也。"[②]这句话展现出了人才的重要性。诸葛亮的出山，就是在刘备三次上门诚恳邀请才成行的。到了隋朝，隋文帝对于官吏的任选还算严谨，但到了隋炀帝时期，就迅速堕落，"天子事巡游而务征伐，具僚逞侧媚而窃恩权。是时朝廷无正人，方岳无廉吏。跨州连郡，莫非豺虎之流；佩紫怀黄，悉奋爪牙之毒"[③]。在这种情况下，小人佞幸大行其道，而正直肯做事的官员退避三舍，一个兴盛的王朝迅速衰落，继而轰然倒塌。

2. 唐太宗的用人思想

唐太宗对于贤能人才的选用，可以用求贤若渴来形容，而且对于贤能与国家、民众的利益关系有着更深刻的认识。

① 《汉书·循吏传》。

② 陈寿：《三国志·蜀书·诸葛亮传》，中华书局，1959，第920页。

③ 《旧唐书·良吏列传》。

贞观二年（628），正是李世民登基不久，他对大臣说："为政之要，惟在得人，用非其才，必难致治。今所任用，必须以德行、学识为本。"[①]贞观十三年（639），他说："朕闻太平后必有大乱，大乱后必有太平。大乱之后，即是太平之运也。能安天下者，惟在用得贤才。"[②]封德彝是尚书右仆射，唐太宗让他推荐人才，封德彝许久没有推荐。唐太宗问起来，封德彝说，不是他不用心，是没有杰出人才。唐太宗很不满意，说："用人就好像使用器物，挑选器物要选取它的长处。古代能使国家达到大治的帝王，难道是向别的朝代去借的人才吗？我们只应当担忧自己不了解别人，怎么可以冤枉当今一世的人呢？而且哪个朝代没有贤人？只怕你错过而不知道罢了。"一席话把封德彝说得十分羞愧。

唐太宗就是一个能够发现人才、容纳人才、信用人才的人。魏徵原是太子李建成手下的人，很有才干，早年为李建成出谋划策。唐太宗夺得皇位后，对魏徵不计前嫌，倾心委任。而魏徵也是尽忠竭诚，知无不言，言无不尽，全力辅佐唐太宗，为唐太宗开创贞观之治做出了很大贡献，也成就了君臣之间的一段佳话。唐太宗曾说："贞观以前，从我平定天下，周旋艰险，玄龄之功无所与让。贞观之后，尽心与我，献纳忠说，安国利人，成我今日功业，为天下所称者，惟魏徵而已。古之名臣，何以加也。"[③]由此可见唐太宗对魏徵的重视程度。

其实，魏徵只是其中一个例子，李世民爱惜人才，不拘出身，他手下的很多人才是从敌对阵营中吸纳来的，如王珪也曾是李建成的人，而尉迟恭、屈突通、封德彝等是原来隋朝刘武周的人。

打天下需要人才，所有开国皇帝都知道延揽人才，因为没有人

①《贞观政要·崇儒学》。
②《贞观政要·择官》。
③《贞观政要·任贤》。

才，就不会成功夺取天下。而建立新王朝之后，如何发现人才、对待人才，为百姓选好父母官，是更长远、更重要的事情。

朝廷官员关系到国家政策的落实，对于民众的安危苦乐具有决定性的影响；州县官吏是直接的亲民官，对于老百姓的利益有直接的影响。贞观元年（627），唐太宗就对大臣房玄龄等说："致理之本，惟在于审。量才授职，务省官员。故《书》称：'任官惟贤才。'又云：'官不必备，惟其人。'若得其善者，虽少亦足矣。其不善者，纵多亦奚为？……当须更并省官员，使得各当所任，则无为而理矣。卿宜详思此理，量定庶官员位。""玄龄等由是所置文武总六百四十员。"[①]唐太宗认为，选用官员，一定要慎重，要量才使用。而且，他认为官不在员额完备，但一定要任用贤才，任用适当的人。如果所任非其人，官员数量再多也是没用的，因此他要求精简官吏。房玄龄等人编制了文武官员任职方案，把总数定在六百四十人。对于官员的德能，他也非常上心。贞观二年（628），他对侍臣说："朕每夜恒思百姓间事，或至夜半不寐，惟恐都督、刺史堪养百姓以否。故于屏风上录其姓名，坐卧恒看。在官如有善事，亦具列于名下。朕居深宫之中，视听不能及远，所委者惟都督、刺史，此辈实理乱所系，尤须得人。"[②]可见他对地方官员的重视和用心。

应该说，正是在唐太宗的高度重视和不懈督导下，朝廷大臣也非常重视官吏的选拔，形成了非常精干、宁缺毋滥的官员队伍，也形成了唐初清明的政治风气，史称"太宗皇帝削平乱迹，湔洗污风，唯思稼穑之艰，不以珠玑为宝，以是人知耻格，俗尚贞修，太平之基，率由兹道"[③]。

---

①《贞观政要·择官》。
②《贞观政要·择官》。
③《旧唐书·良吏列传》。

3. 朱元璋知人用人

明君比较重视人才，善于任用良吏。在专制体制下，只有皇帝对官员队伍提出严格的要求并时时关注，才能比较有效地促进官吏队伍的廉洁和勤政，一定程度上改善民众的生活处境。朱元璋也非常重视官吏的选择。

朱元璋对人才并不求全责备，他知道“尺有所短，寸有所长”的道理。他说：“任人之道，因材而授职，譬如良工之于木，小大曲直各当其用，则无弃材。夫人亦然，有大器者或乏小能，或有小能不足以当大事用之者，在审查其宜耳。骅骝之材，能历险致远，若使攫兔，不如韩卢；铅刀之割，能破朽腐，若解全牛，必资利刃。故国家用人，当各因其材，不可一律也。不然，则人材不得尽其用，而朝廷有乏人之患矣。”①

在打天下的时候，朱元璋求贤若渴。每打下一地，他必访当地贤才，咨询进取方略和建议，发现人才就千方百计请出来为己所用，李善长、刘伯温、宋濂等人都是这样才为朱元璋所用的。正因如此，朱元璋有了他的智囊集团，打天下、治天下都如臂使指。

立国之后，朱元璋更是树立了“治天下以人才为本”的理念。他说：“朕惟天下之广，固非一人所能治，必得天下之贤共理之。向以干戈扰攘，疆宇彼此，致贤养民之道，未之深讲。虽赖一时辅佐匡定大业，然怀材抱德之士，尚多隐于岩穴，岂有司之失于敦劝欤？朝廷之疏于礼待欤？抑朕寡昧不足以致贤欤？将在位者壅蔽使贤者不上达欤？不然，贤士大夫幼学壮行，思欲尧舜君民者，岂固没世而已哉！今天下甫定，愿与诸儒讲明治道，启沃朕心，以臻至治，岩穴之士有能以贤辅我以德济民者，有司礼遣之，朕将擢用焉。”②

---

①《明太祖实录·卷三四》。

②《明太祖实录·卷三五》。

朱元璋的这种诚意是无须怀疑的。但是，这时候他的用人标准已经变了，打天下需要的是能征善战的人，而治理国家对于他这种性格强硬、挑剔的人来说，往往需要的就是循吏了，要通过规范的选拔机制来培养、选拔和任用人才。

七、慎刑薄罚

刑罚是对具体犯罪的个人或团体做出的惩罚。历史上的明君一般都会认识到生命的价值，意识到君主保民安民的责任，尽量申明法令，减轻刑罚。而且，有些明君本身就是开基创业之主，他们推翻旧王朝本身就是为了改变过去的刑罚酷滥的统治，建立一个宽松的社会环境。这时候，法就成为首先要变革重建的方面。

法可以分为三个层面：一是法治思想；二是刑罚的力度；三是刑罚的形式。这里主要围绕民本问题展开讨论。

1. 秦以前的法治思想

慎罚明刑始终是民本政治的重要特征。首先对这个问题进行强调的是西周初期的统治者们。他们看到了商纣王的暴虐滥刑，体验到了这种残暴给人民带来的痛苦，所以他们一建立新王朝就反思，认为这是商纣王被推翻的一个重要原因，他们要吸取教训，应该“明德慎罚”“敬天保民”。在刑罚方式上，废除了纣王时的炮烙、虿盆、剖心、醢、脯、焚等酷刑。

西周初期的统治者制定了一整套的礼乐制度，强调用道德礼仪为教化手段和犯罪的预防手段以维持社会秩序，而把刑罚作为不得已而用之的底线。孔子所概括的“导之以政，齐之以刑，民免而无耻。导之以德，齐之以礼，有耻且格”[①]，实际上也是西周以来的法治经验总结。作为法家先驱的管仲，立足在这种以礼为主的立场上，对法治管理进行了探索。孔子在法治思想上立场中庸，赞成郑

①《史记·酷吏列传》。

子产宽猛相济、辩证使用的做法。荀子是沿着这条线发展的，主张隆礼重法，两手兼顾。

与以教化为主的思想相反的是法家的主张。法家的代表人物是商鞅和韩非。商鞅主张“壹言”“壹刑”“壹教”，即统一言论、统一刑罚、统一法治教育。秦国一直都是循着这条线下来的，中途虽然曾有吕不韦广招门客、撰写杂家著作《吕氏春秋》，但严厉的法治思想在秦国始终牢牢地占据主导地位，在秦始皇统治时期，更是登峰造极。

秦朝的法制极为烦琐，法网严密，法令繁多，有“秦法繁于秋荼，而网密于凝脂”的说法，而且用刑极重，囚徒极多，如为秦始皇修建陵墓的囚徒就有七十万之多。后来人们说起来，都说秦朝“弃灰于道者黥”“有敢偶语《诗》《书》者弃世。以古非今者族”“劓鼻盈蔂，断足盈车，举河以西，不足以受天下之徒”，以杀人多者为忠臣，可见秦代刑罚酷滥到了什么程度。

2. 汉朝的轻刑措施

汉高祖刘邦进入咸阳之后，鉴于秦朝刑罚酷滥导致的严重后果，提出了极简法治的主张。据《史记·高祖本纪》记载，他把关中的父老、豪杰召集起来，郑重宣布：“以后不论是谁都要遵守三条法律：杀人者要处死，伤人者要抵罪，盗窃者要判刑。除此之外，秦朝繁重苛刻的法律均可废除。”这三条法律被后世称为“约法三章”。他还派出大批人员去宣传这个“约法三章”。“约法三章”的极简法治得到了百姓的大力支持，收到了良好的效果。刘邦得到了百姓的信任和拥护，最终取得天下，建立了西汉王朝。

汉代前期的刑罚体制大体是沿袭秦朝的，被称为“汉承秦制”。但实际上，所谓汉承秦制只是形式上的，法治精神上已经完全不同了。秦是制造恐怖，镇压人民的反抗，汉则是保护人民，维持社会秩序；秦是用暴力驱使劳动人民服苦役，汉则是与民休息；秦是要保证法网的严密，汉则是无为而治，最好一件案子不出，一件诉讼也没有。所以，汉初就没有制定汉朝独有的法律，只是在原来战国时魏国李悝制定的《法经》六章“盗、贼、囚、捕、杂、具”的基础上，又增加了“户、厩、兴”三章，称《九章汉律》。它被誉为律令之宗，汉以后的历代法律大多以它为蓝本。汉初的统治者不断减轻刑罚，无为而治，与民休息。《汉书·外戚传》记载，“窦太后好黄帝、老子言，景帝及诸窦，不得不读《老子》尊其术”。《汉书·惠帝纪》记载，惠帝四年（前191），诏令“省法令妨吏民者；除《挟书律》”。吕后时期，废除了诛三族罪、妖言令等。

据《汉书·刑法志》记载，汉孝文帝即位以来，一以贯之地实行“躬修玄默，劝趣农桑，减省租赋”。将相都是些老功臣，都很质朴，鉴于秦朝的酷政，都崇尚宽厚。整个社会，官吏安其职，人民乐其业，财富不断增加，户口不断增长。民风朴厚，法网宽松，“禁罔疏阔。选张释之为廷尉，罪疑者予民，是以刑罚大省，至于断狱四百，有刑错之风”。“断狱四百”，就是一年之间，仅仅发生了四百件诉讼和刑事案件。案件数量之少可见一斑。在这种氛围下，一个人如果犯罪被惩罚，是很耻辱的事情。

汉景帝即位后，在此基础上继续实行轻刑慎罚的政策，继续减轻刑罚，同时还特别强调用法要谨慎，提高了司法过程中的公平性，对特殊罪犯还予以特殊照顾。比如，汉景帝元年（前156），减轻了笞刑，把笞五百改为笞三百，把笞三百降为笞二百。之后，汉景帝还是觉得太重，于是下令将改完后的笞三百又改为笞二百，笞二百又改为笞一百。又说，笞刑，主要目的是教训，要制定笞杖的尺寸。于是，大臣们议定：笞杖都取材于竹子，长五尺，大头直径一寸，小头直径半寸，中间削平竹节。笞的部位一律在臀部，中间不得换人行刑。这样，被判笞刑的人的性命才得以保全，废除肉刑的改革才算真正完成，实现了实质性减刑。

到汉武帝时期，朝廷逐渐放弃了“无为而治”的指导思想。据

《汉书·刑法志》记载："及至孝武即位，外事四夷之功，内盛耳目之好，征发烦数，百姓贫耗，穷民犯法，酷吏击断，奸宄不胜。于是招进张汤、赵禹之属，条定法令，作见知故纵、监临部主之法，缓深故之罪，急纵出之诛。其后奸猾巧法，转相比况，禁罔浸密。律令凡三百五十九章，大辟四百九条，千八百八十二事，死罪决事比万三千四百七十二事。文书盈于几阁，典者不能遍睹。是以郡国承用者驳，或罪同而论异。奸吏因缘为市，所欲活则傅生议，所欲陷则予死比，议者咸冤伤之。"很明显，汉武帝的行为导致了法律繁杂，刑罚加重，奸吏横行。到了西汉末期，法令越来越烦乱，汉元帝、汉平帝都曾下诏要求精简，但没有根本性的改善。

汉光武帝刘秀做出了很大改进。汉光武帝虽然沿袭了西汉的传统，但做出了巨大的革新。这时的法律指导思想是重视人的生命价值，贯彻"天地之性，人为贵"的思想，赦免奴婢，减省刑罚。在刚登基的建武二年（26）三月，他就下诏大赦天下，并说："顷狱多冤人，用刑深刻，朕甚愍之。孔子云：'刑罚不中，则民无所措手足。'其与中二千石、诸大夫、博士、议郎议省刑法。"[①]据《后汉书·光武帝纪》统计，他一共大赦天下六次，并多次下诏减轻刑罚。《汉书·刑法志》说："自建武、永平，民亦新免兵革之祸，人有乐生之虑，与高、惠之间同，而政在抑强扶弱，朝无威福之臣，邑无豪杰之侠。以口率计，断狱少于成、哀之间什八，可谓清矣。"这表明，按照人口比例，刘秀时期被判罪的人的数量比西汉末年减少了十分之八。虽然没有达到汉文帝时期那种程度，但是也算是轻刑了。

3. 隋唐的轻刑举措

隋文帝、唐高祖、唐太宗在位时期，刑罚也大幅度地减轻。

从三国到隋，中间经历了四百年的战乱和分裂对峙。总体来

① 范晔：《后汉书·光武帝纪》，中华书局，1965，第29页。

看，刑罚越来越轻，越来越严谨，越来越体系化。在南北朝对立时期，北方律法优于南方律法，其中以北齐律法最优。到了隋朝，隋文帝在北齐律法的基础上，进行了深度修律，制定了《开皇律》。据《隋书·刑法志》记载，开皇元年（581），隋文帝命高颎、裴政等人修定律法，并指示“取适于时，故有损益”[①]。开皇三年（583），又由于当时“人多陷罪”的情况，命令苏威、牛弘等更定新律，“除死罪八十一条，流罪一百五十四条，徒杖等千余条”。最终定为十二卷五百条的《开皇律》，是一部刑罚适中的律法，史称“刑网简要，疏而不失”。

隋朝是从北周过渡来的，所以隋继承的是北周的法典。《开皇律》废除了北周律法的磬、枭、裂等残酷死刑，把死刑法定为绞、斩两种；把北周五等流刑改为三等，并把距离缩短为一千里、一千五百里、两千里，一律不加鞭笞；把北周一到五年的五等徒刑改为一年、一年半、两年、两年半、三年，并取消附加的鞭笞刑；改北周鞭刑为杖刑，杖六十至一百五等；改北周杖刑为笞刑，笞十至五十五等。其他“以轻代重、化死为生”的条目还有很多。隋文帝大兴惠政，除暴虐、残酷之法，推动了刑罚往轻刑的方向发展。但是，隋文帝这个人性格并不宽厚，一旦犯罪的人较多，就会失去耐心。到了后来，他“意每尚惨急”“用法益峻”“不复依准科律”，以至于到“命盗一钱以上皆弃市”的程度。[②]这样即便法典规定的刑罚较轻，也已没有多大意义。隋炀帝时期，又修了《大业律》，比之《开皇律》，更加轻简，删除《开皇律》中的“十恶之条”，“其五刑之内，降从轻典者，二百余条。其枷杖决罚讯囚之制，并轻于旧”。[③]隋炀帝时期的这本法典虽然规定的刑罚很轻，但

① 《隋书·刑法志》。

② 《资治通鉴·隋纪二》。

③ 《隋书·刑法志》。

是他只是沽名钓誉、标榜仁政，并不遵守法典的相关规定，说的和做的不一致，所以法典成了摆设。

唐朝的《唐律疏议》是中华法系的代表法典。它承前启后，总结了前代的法治经验，吸收了优秀内容，对后代乃至海外产生了深远影响。这是唐朝君臣共同努力的结果。

唐高祖李渊，作为开国皇帝，其实是很有作为的君主，只不过被李世民的光芒所掩，不太突出。《旧唐书·刑法志》记载："高祖初起义师于太原，即布宽大之令。百姓苦隋苛政，竞来归附。旬月之间，遂成帝业。既平京城，约法为十二条。惟制杀人、劫盗、背军、叛逆者死，余并蠲除之。及受禅，诏纳言刘文静与当朝通识之士，因开皇律令而损益之，尽削大业所用烦峻之法。又制五十三条格，务在宽简，取便于时。"他因为除烦去苛，得到了百姓的拥护。又发布了"十二条"，使法律尽可能宽松简约，适合当时的社会情况。武德七年（624）五月，发布了《武德律》，诏书说："所以禁暴惩奸，弘风阐化，安民立政，莫此为先。"制定法律的目的是"补千年之坠典，拯百王之余弊，思所以正本澄源，式清流末，永垂宪则，贻范后昆"[①]。

唐太宗即位后，以宽仁治天下，在刑罚方面慎之又慎。唐太宗与大臣讨论修订旧法。戴胄、魏徵说旧律刑重，应该把绞刑的五十种罪改为断右趾。唐太宗觉得前代废除肉刑很久了，若是恢复砍脚的刑罚，于心不忍。古代旧五刑中虽然有"腓""刖"刑，但既然已经进化为新五刑了，再出现断右趾，就成了六刑。后来就将断右趾改为流三千里，附加劳役二年。

在旧律中，兄弟分家之后，有人做了官，已分出去的弟兄们不能享有福荫，可是如果犯了法，却要一起受罚。唐太宗就说，反逆这种罪，有两种情况，一种是兴师动众造反，一种只是说说，一概

---

①《旧唐书·刑法志》。

连坐，不合理。于是将前一种情况定为祖孙兄弟俱没，将后一种情况定为判处流刑。

唐太宗制定《贞观律》，历时十一年之久，很是用心。《贞观律》共十二篇五百条，把北朝以来的刑制变迁成果固定下来，把旧五刑“劓、墨、剕、宫、大辟”改定为新五刑“笞、杖、徒、流、死”。“笞”刑五等，笞十到五十；杖刑五等，杖六十至一百；徒刑五等，每等递加半年，从一年至三年；流刑三等，流两千里、两千五百里、三千里；死刑两种，绞、斩。有品级的官员，还可以按照“八议”“官当”享受优待；八十以上、十岁以下及残疾人，犯了死罪的，可以请求从轻处理；抢劫和伤人的，可以用铜来赎；其他不予责罚；九十以上、七岁以下，无论犯什么罪，都不入刑。史书记载：“比隋代旧律，减大辟者九十二条，减流入徒者七十一条……凡削烦去蠹，变重为轻者，不可胜纪。”[①]“自是比古死刑，殆除其半”是对唐太宗大幅减免死刑之举的高度赞誉。

唐太宗还规定：刑部要每月一奏报京城的囚徒情况，从春分到立秋，各种节令不得奏决死刑。凡是给囚犯戴的枷锁，都规定尺寸轻重。杖都要削去疤节，长三尺五寸。讯囚杖，大头直径三分二厘，小头二分二厘。常行杖，大头二分七厘，小头一分七厘。笞杖，大头二分，小头一分半。笞杖打腿，决杖分别打在背、臀、腿三处。要按罪量刑，如果把人判重了，就把犯人的罪加到法官身上，按减三等处罚；如果把人判轻了，法官要承担罪人该承担的罪，按减五等处理。起初，唐太宗按照古代的做法，死罪要求由中书门下五品以上官员共议。后来错杀了大理寺丞张蕴古、交州都督卢祖尚，唐太宗很是后悔，于是对侍臣说：“人命至重，一死不可再生。昔世充杀郑颋，既而悔之，追止不及。今春府史取财不多，

①《旧唐书·刑法志》。

朕怒杀之，后亦寻悔，皆由思不审也。”[①]他说，以前处决死刑犯，规定刑部来重复奏请三次，而短时间内都来不及思考，三次有什么意义呢？今后要实行“五覆奏”。

唐代刑罚相较于以往大大减轻。唐代的法律经过《武德律》《贞观律》《永徽律》逐渐完善，形成了中华法系的代表性法典《永徽律疏》。《永徽律疏》成了后来历代法典制定的参考范本，不管是《宋刑统》《大明律》，还是《大清律例》，无不以《永徽律疏》为基本参照。宋代恢复了肉刑，如刺墨、凌迟等；明代增加了许多法外之刑，如剥皮实草等，还有锦衣卫的许多酷刑；清代出现了拶、站笼、族诛等刑，保留了凌迟等酷刑。后来这些朝代的刑罚，都比唐朝要严酷。

在漫漫的历史长河中，一些有抱负、有情怀、有历史危机意识和民本意识的君主帝王，或者要立德立功立言，或者为了自家的江山社稷，或者为了让天下百姓安居乐业，认真总结历史经验，实践民本思想，实施惠民政策，保国安民，留下了一些丰富的实绩和成果，留下了许多明君盛世的佳话，为民本思想丰富光大做出了突出贡献。必须承认，不管他们是出于什么目的，只要是践行了民本思想，就对人民有利，对中华民族和中华文明的发展和延续有利，就值得继承和发扬。如果只简单认为他们是被动、被迫地在历史残酷的教训下，才勉强对人民采取了“让步政策”，把他们对发展生产、重视民生的政策和行动，说成只是为了延续他一姓朝代的利益和生存才那么做的，这是失之偏颇的。

---

①《旧唐书·刑法志》。

《尚书·商书·汤诰》中说："其尔万方有罪，在予一人；予一人有罪，无以尔万方。"天子把自己看作天下第一人，替天行道，管理百姓。但他一个人不可能事无巨细，事事亲力亲为，他需要一个庞大的管理体系。这就出现了官僚，由他们具体管理和处理有关民众的事务。即使在尧舜时代，也已经有了国家机构的"四梁八柱"，如管军事的、管农业的、管刑罚的等。随着国家规模越来越大，人口越来越多，就更需要职责清楚、权限分明的官僚体系。这些官吏对于民众的生活、福祉来说，至关重要。在中国历史上，的确有一些能力强、责任心强的官吏，充分利用自己的地位和权力，出色地履行了官员的职责，兴利除弊，保境安民，济贫振困，移风易俗，为民造福，践行和丰富了民本思想，在历史上留下了光辉的记载。

第十一章 历代名臣的民本实践

一、历史上的官吏职能思想

可以说，有国家就有官吏，有官吏就有关于官吏的职能规定和角色要求。统治者都设法让各级官吏发挥自己的职能，保证社会的正常运行。

1.《尚书》中的官民关系思想

《尚书·虞书·皋陶谟》中记载了禹和皋陶的对话。皋陶认为官员应该有“九德”：“宽而栗，柔而立，愿而恭，乱而敬，扰而毅，直而温，简而廉，刚而塞，强而义。”在这里，皋陶提出了官员应具备的九种美好德行。他认为，如果具有这九种德行，就能够把事情办好。他还说：“无教逸欲有邦，兢兢业业，一日二日万几。无旷庶官，天工，人其代之。天叙有典，敕我五典五惇哉！天秩有礼，自我五礼有庸哉！同寅协恭和衷哉！”他认为，诸侯不能贪图享受，而是要勤政；官职都是上天确定的，应该由有能力的人来担任；要维护正常的伦理关系和层级秩序，君臣之间要和衷共济，保证国家的正常运转。在《尚书·商书·汤诰》中，商汤告诫臣服于他的地方诸侯："凡我造邦，无从匪彝，无即慆淫，各守尔典，以承天休。"《尚书·商书·咸有一德》中，伊尹告诫太甲："任官惟贤材，左右惟其人。臣为上为德，为下为民。"就是说，君主任用官吏，要任用贤能之人；官吏要为君主推行德政、教导民众。《尚书·商书·盘庚中》说，"古我先后，罔不惟民之承"。这就意味着官吏也把顺承民意作为自己的职责。《尚书·商书·说命中》记载，殷高宗五丁任命傅说时，傅说说："明王奉若天道，建邦设都，树后王君公。承以大夫师长，不惟逸豫，惟以乱民。"就是说，上天设立君主和百官，不是为了君主的安逸，而是为了管理民众。还说："惟治乱在庶官。官不及私昵，惟其能；爵罔及恶德，惟其贤。虑善以动，动惟厥时。有其善，丧厥善；矜其能，丧厥功。惟事事，乃其有备，有备无患。无启宠纳侮，无耻过作非，惟厥攸居，政事惟醇。"这里把设立君主和百官的意义说得非常清楚。国家的治乱兴衰，关键在于各级官僚。选官要选贤任能，官吏要勤政为善，不可懒政渎职。

西周初期的统治者一再告诫所分封的诸侯，要他们明德保民，恪守官德官规。在《尚书·周书·立政》一文中，周公对成王阐述了设官分职的意义和原则。他说，大王要经常教导官员们谨慎勤政，选贤任能。夏朝时的先王们都很称职，到了桀就背弃了以前的规矩，不再使用以前任用官员的法则，所以最后灭亡了。成汤从政务、理民和执法三个方面选拔人才、考核官吏，能够很好地任用和管理各级官员，但是纣王抛弃成规，任用性情残暴、只知用刑的人，最后丢失了天下。文王、武王时期，用敬奉上天的诚心，为老百姓建立官长，设立任人、准夫、牧作为官长，负责管理政务、法律、臣民三事；还设置了各级官员，如保卫国家的官员、负责征收税赋的官员、专门管理夏商遗民的官员等。这些官员各司其职。文王通过这些官员，为民众大建功德。这些记载证明，三代时期，在国家机构层面已经明确了官僚机构的设置和功能，对官员提出了系统的要求。

西周对官吏最重要的要求就是“明德保民”。“德”的内涵是什么？“周公所说的‘德’内容极广，在当时看来，一切美好的东西都可包括在德之中。归纳起来有10项：1.敬天。2.敬祖，继承祖业。3.尊王命。4.虚心接受先哲之遗教，包括商先王先哲的成功经验。5.怜小民。6.慎行政，尽心治民。7.无逸。8.行教化，‘惠不惠，懋不懋’。惠，爱。懋，勉。大意是，用爱的办法引导教育那些不驯服的人，勉励那些不勤快的人使之勤勉。9.‘做新民’，重新改造殷民，使之改邪归正。10.慎刑罚。”[①]从中可以看出，这里面后6条内容都与善待民众有关。这个“德”，主要是指官吏对民众的德政。

2. 春秋战国时期的吏治思想

先秦有一本记载周朝官制礼制的著作叫《周礼》（也叫《周官》），详细地记载了周朝的官吏架构和官员职守，并对官吏的设置、职责、行政规范、官员角色做出了系统规定。

在春秋前期，管仲对管理机构进行了改革，从礼治向法治方面转化。他实施“四民分居定业”，把国家按照职业功能重新划分，选任鲍叔牙、王子城父、弦子旗、宁戚、隰朋等贤人，分别管理直谏、军事、刑狱、农业、外交等方面的事务；按照区划把民众组织起来，作内政而寄军令，实施“三选之法”选拔考核官员，责成官员定期述职，考核的内容主要有是否选拔了贤能的人才、是否惩治了作恶的乡霸、是否表彰了为善的乡人、是否增殖了人口、是否开辟了土地……这些也在历史上推动了中国职官制度的发展。在《管子》一书中，《牧民》《山高》《立政》《五辅》等篇章有更加详细的论述。在春秋时期，除了管仲之外，还有晏婴、郑子产等一

① 刘泽华主编：《中国古代政治思想史》，南开大学出版社，1992，第9页。

些贤相典范。他们重视吏治，体察民情，节俭务实，身为表率。晏婴力矫君过，仁厚爱民，躬行节俭，为民挽回损失。郑子产不迷信神，不迷信古人，不墨守成规，敢于随时代改革，因势利导，使郑国在大国中保持了尊严和地位。他留下了许多事迹和名言，如不求神以避火灾、不毁乡校去压制舆论、不迷信德治而能辩证为政等，连孔子都很钦敬他。

孔子主张，为政以德，为政以宽，自己能做到的才能责成老百姓做到，自己都做不到就不能去责怪老百姓做不到。官员应该是民众的楷模，“其身正，不令而行；其身不正，虽令不行”[①]。对于百姓，官员的职责就是庶之、富之、教之，让民众有尊严地活着。官员要尊重民众，不能随意役使民众，“使民如承大祭”，应该格外谨慎，并把礼和敬随时放在心上；官员应该具有“恭、宽、信、敏、惠”五种品德。

战国时期，魏国一马当先，首先进行了改革，选贤任能，用李悝为相，主持变法，制定相关制度，使魏国迅速发展；用西门豹治邺，发展水利，大获成功；用吴起守西河，使秦人不敢东向。齐威王初期，他先是不动声色地考察了地方官员的治绩和官声，然后大会群臣，奖赏了安民力农、政绩卓著的即墨大夫，惩罚了投机钻营、行贿巴结的阿大夫，选用了有能力的邹忌为相，让所有国人都可以给朝廷提意见，端正了官场的风气，明确了官员的努力方向。

战国时期，孟子的思想非常有代表性。孟子认为，民为贵，社稷次之，君为轻。民众是第一位的，国家排在百姓的后面，国君在最后。作为官员，应该把民众的利益放在第一位，把国家的利益放在第二位。选任官员，要征求民众的意见。“左右皆曰贤，未可也。诸大夫皆曰贤，未可也。国人皆曰贤，然后察之；见贤焉，然

---

①《论语·子路》。

后用之。”[①]他说：“五霸者，三王之罪人也；今之诸侯，五霸之罪人也；今之大夫，今之诸侯之罪人也。天子适诸侯曰巡狩，诸侯朝于天子曰述职。春省耕而补不足，秋省敛而助不给。入其疆，土地辟，田野治，养老尊贤，俊杰在位，则有庆，庆以地。入其疆，土地荒芜，遗老失贤，掊克在位，则有让。一不朝，则贬其爵；再不朝，则削其地；三不朝，则六师移之。是故天子讨而不伐，诸侯伐而不讨。”[②]孟子这番话的大意是，天子督责诸侯，诸侯督责大夫，最终是要看春天耕作是否及时，秋天征敛是否减少，土地是否得到开垦，田地是否得到治理，养老尊贤、选贤任能等是否得到落实。如果是，给予奖赏；如果否，则要追责甚至讨伐。孟子问齐宣王，如果一个人远行，把妻儿托付给朋友，回来之后发现妻儿在挨冻受饿，该怎么办？齐宣王回答，与他绝交。孟子又问，狱官不能管好他的下属该怎么办？齐宣王说，免职。孟子又接着问，如果一国没治理好，该怎么办？于是“王顾左右而言他”[③]。为什么齐宣王不回答？因为按照逻辑继续推论，就应该改立诸侯了。“诸侯危社稷，则变置。”[④]官员和诸侯都要把民众的事情做好，行仁政，保民生，让百姓有恒产，能够应付灾年；有土地和桑、麻、鸡、猪，能够养老人和妻儿；让民众接受教化，能够懂得社会秩序和社会伦理。这样才是称职的，否则就应该换人。孟子以民为中心的吏治思想，是比较先进的，具有旺盛的生命力，被后世的思想家不断继承和发展。

3. 秦国和三晋法家的官吏管理思想

秦国商鞅变法，施行严刑峻法，不仅仅对民众如此，对官吏也是如此。官吏犯法，与民同罪，因为他要执行“壹言”“壹刑”“壹教”的统一政策。在商鞅看来，官吏是执行法律的工具，

---

①《孟子·梁惠王下》。
②《孟子·告子下》。
③《孟子·梁惠王下》。
④《孟子·尽心下》。

是国家机器的组成部分，不需要有思想、有分辨力、有同情心。

韩非的法治思想与商鞅一脉相承。韩非有一种“利益交换”理论，认为社会中人的一切行为，都是一种利益交换行为。人与人之间的关系，本质上是利益关系。他说，作为君主，身边的任何人都不可信，妻妾不可信，子孙不可信，大臣更不可信。他们每一个人都在盯着君主，盘算着怎样取悦君主，从君主那里获得权位和利益。所以，君主对所有人都要严加防范，随时提防。

后来的李斯提出了“督责之术”，不但把枷锁套在了各级官吏的身上，也套在了自己的脖子上。秦二世在位时，极尽荒淫，不理朝政，不见大臣，李斯上《督责书》，得到了秦二世的认可。督责，就是布置一些艰巨的任务，命令限期内完成；到期完不成，负责的官吏要承担相应的罪责。官吏好坏、称职与否，就据此考核。督责，不光是皇帝督责丞相、大臣，丞相、大臣也要督责各级官吏。“于是行督责益严，税民深者为明吏。”“刑者相半于道，而死人日成积于市。杀人众者为忠臣”。[①]从这两句话来看，督责的主要目的是搜刮民间赋税，督建工程，驱使老百姓。督责的结果，就是官吏成了酷吏，成了虎狼，民众成了受害者。暴君有多么贪婪，官吏就有多么残暴；皇帝有多么昏庸，官吏就有多么荒谬。他们只管执行，不管事情合理与否，一切为了不被督责，不被撤职，保住官帽，还顺便中饱私囊。他们从不同情民众，珍惜人命。这时，这架庞大的国家机器就成了一只巨大无比的嗜血饕餮，将人民置于砧板之上。“赋敛重数，百姓任罢，赭衣半道，群盗满山”[②]。税收增至数倍，民众疲于徭役，行人半是刑徒，山里都是活不下去落草为寇的草民，这就是督责的结果。当国家机器变为一架绞肉机之后，不仅民众，就连官吏也成了牺牲品。李斯就是被赵高陷害，全族被

①《史记·李斯列传》。
②《汉书·贾山传》。

灭的。在这种情况之下，民众面对的是一片黑暗，没有一点光亮，没有任何尊严。

4. 汉代的官民关系思想

真正从官员的角度论述官员的职责和功能始于汉代。贾谊对于官制、官德、官民关系的论述非常精辟。

贾谊认为，民不但是国家的根本，也是官吏的根本。他在《新书·大政上》中说："闻之于政也，民无不为本也。国以为本，君以为本，吏以为本。故国以民为安危，君以民为威侮，吏以民为贵贱。此之谓民无不为本也。"[①]不但如此，民也是国家、君主和官吏的"命"，因为民能决定官吏是贤还是不肖。民还可以评价官吏能不能，"此之谓民无不为功也"。这就是说，国家所有的功业，官吏的功绩、命运，都是由民决定的，所以他呼吁："故夫民者，至贱而不可简也，至愚而不可欺也。故自古至于今，与民为雠者，有迟有速，而民必胜之。"他的意思是，民虽然在社会的最底层，但是不可欺负。与民为敌，没有不惨败的。历来祸福，必然是由民决定的。作为官员，应该怎么做？"夫民者，唯君者有之，为人臣者助君理之。故夫为人臣者，以富乐民为功，以贫苦民为罪。故君以知贤为明，吏以爱民为忠。"官员是帮助君主理民的，民幸福快乐，就是官吏的功劳；民遭受贫苦，就是官吏的罪过。君主选贤任能，是君主的职能。忠于民，才是官吏的"忠"。这句话非常重要。官员怎样才是忠？孔子说"臣事君以忠"，而贾谊说，官员爱民就是"忠"，而不是一味维护君主才是忠。正因如此，老百姓有功，即使有疑问也要赏；老百姓的罪行不确定，那就一定不能定罪。君主有过错，官员一定要谏止；民有过错，则要尽量宽恕，进行教化。什么是富，什么是贵？民喜欢你富，你才是真富；民以你为贵，你才是真贵。不然，就算是纣王那样的天子，也是人人唾骂。他慨叹道：

① 《新书·大政上》。

“夫民者，万世之本也，不可欺。凡居于上位者，简士苦民者是谓愚，敬士爱民者是谓智。……与民为敌者，民必胜之。”[①]民永远是国家社会的根本，不可欺负。尊重民是明智的，欺压民是愚蠢的，与民为敌的人必将被民抛弃。

贾谊认为，管理队伍是社会治理的关键，选任官吏是君主的职责。只有任用贤能，国家才会得到治理，得到安定。

> 故民之治乱在于吏，国之安危在于政。故是以明君之于政也慎之，于吏也选之，然后国兴也。故君能为善，则吏必能为善矣；吏能为善，则民必能为善矣。故民之不善也，失之者吏也；故民之善者，吏之功也。故吏之不善也，失之者君也；故吏之善者，君之功也。是故君明而吏贤，吏贤而民治矣。[②]

但是如何选官呢？贾谊认为，必须征求民的意见，让民参与。他说，作为一个英明的皇帝，选官必须让民参与进来。民赞誉的、拥护的，就选任；民非议的、给民带来苦难的，就弃用。“故王者取吏不妄，必使民唱，然后和之。故夫民者，吏之程也，察吏于民，然后随之。”[③]这是贾谊对于选拔官员的建议，真正体现了民为贵的思想，非常可贵。他的办法是让民推举他们所拥护的人，上级考察属实，就予以任命；拥护的人越多，可以做的官越大。这就具有了民选官员的意味，可惜没有形成制度或机制。

汉代的官吏还是有理想的。他们吸取了秦朝暴戾亡国的惨痛教训，认识到官吏爱民才算忠于国家社稷，才有利于王朝的长治久安。到汉光武帝，这一思想认识又进一步落实到实践中。后来经过

---

①《新书·大政上》。
②《新书·大政下》。
③《新书·大政下》。

了东汉以后长期的战乱，到唐宋时期又有了更具体的论证和发展，所以唐宋吏治思想的发展更加完备。但是，思想归思想，认识归认识，在封建体制下，只有当皇帝比较清醒的时候，正确的吏治思想才会得到贯彻，对于官吏的管理才会比较严格规范，才能落实民本思想。而当皇帝本身昏庸残暴或者奸恶权臣当道的时候，吏治又会败坏。在一个王朝的生命周期中，一般开国皇帝是比较清醒的，吏治也比较清廉。王朝前期，一些君主即使平庸，也还能延续开国皇帝的思想，维持一种比较平稳和正常的吏治。但是，随着暴虐亡国的历史逐渐淡化，随着社会财富的增加和祖先教训的遗忘，一些皇帝就逐渐骄奢淫逸起来，自以为是，听不进忠言，一些制度如灾异遣告、群臣谏议等逐渐失效，上行下效，吏治就逐渐败坏。到后来，徭役、赋敛逐渐加重，官吏们中饱私囊，官吏就成了搜刮民脂民膏的工具。为了贯彻上面下达的搜刮目标，他们都成了凶恶的虎狼。孔子说“苛政猛于虎也”，柳宗元也慨叹“苛政猛于虎也”，苛政就是暴君污吏的明证。

5. 唐与明清之际对官吏性质的辨析

唐太宗对官吏的认识、对君臣关系的认识，是历代皇帝中最深刻的。

首先，他认为只凭皇帝一人根本不能统治天下、管理好民众，皇帝要借助官吏队伍来完成对一个国家的管理，所以君臣一体，互相成就、相辅相成才能形成一个清正的朝廷，才能造就一个治世。

其次，他认为皇帝的重要职责是选拔称职的官吏、选拔人才，所以他一再敦促臣僚举荐人才。宰相封德彝很长时间没有举荐人才，就受到了他的严厉批评。他自己不拘一格用人才，甚至从李建成、李元吉等敌对阵营那里网罗人才。他经常把要考察的人名写在左右，留心他们的所作所为，如若觉得确实可用，是个人才，就大胆使用。

再次，他认为任用官员，在精不在多，宁缺毋滥。贞观年间，朝廷大开选举，选拔人才，其间有人伪造身份妄图仕进。唐太宗下令，让所有诈伪者限期自首，否则一经发现，就要处以重刑甚至死刑。他敦促房玄龄等消减全国朝野官员的员额，使其一减再减，直降到六百四十员。这样一方面减轻了人民的负担，另一方面使官员队伍更加精干。

最后，他严格管理官吏，有错必究，有罪必罚。他吸取隋朝“官人百姓造罪不一”的教训，特别强调公平、公正。《贞观政要·公平》记载，唐太宗说：“故知君人者，以天下为心，无私于物。”他说，“法者非朕一人之法，乃天下之法”。他还特别赞同诸葛亮“开诚心，布公道；尽忠益时者虽雠必赏，犯法怠慢者虽亲必罚”①的做法。因此出现了魏徵所说的“贞观之初，志存公道，人有所犯，一一于法”的情况。正是在这种严格约束之下，官吏人人知自奋，不敢为非作歹，民众才得以安居乐业。

柳宗元对官民关系做了深刻的揭示。他提出了“吏为民役”的思想，明确指出了官吏应该怎样做才算是好官。他指出，社会需要分工，官吏只是民众用自己的财物雇用来做公共事务的人。若是一些人把做官当成作威作福、搜刮民财的特权，就完全违背了设官的初衷。就像一个人作为佣工，在主人家又偷懒又蛮横，还欺负主人，是没有道理的。官员们都应该明白这个道理，认真工作，为民做事而不是作威作福。

在明朝，朱元璋把自己的大部分精力都放在从严治吏、厉行反贪上面。他认为必须管住官吏的贪腐，才能减轻民众的负担，于是“严犯赃官吏之禁”“重惩贪吏”。他觉得为官最常见的罪过就是贪赃枉法。他不但在《大明律》中规定了严厉的治贪条令，还亲自撰写过四次《大诰》，共二百三十六条，重点就在于惩治贪官和豪强。《大诰》中规定了严酷的条令，并规定犯者处以族诛、凌迟、

① 《三国志·蜀书·诸葛亮传》。

枭令、墨面、文身、挑筋、去指、去膝盖、剁指、断手、刖足、阉割等刑。朱元璋还要求家家都要有一本《大诰》，人人都要知道其中的内容。如果犯了罪，家中有《大诰》，就罪减一等；没有，就罪加一等。并命令学校开设《大诰》课程，在科举中设计相关题目。乡民聚会也要宣讲《大诰》，凡守令贪酷者，许民赴京陈诉。官吏贪赃至六十两以上者，枭首示众，剥皮，装上草，做成人形。府、州、县、卫官署之左特立一土地庙，为剥皮场所，称作“皮场庙”。官府公座旁各悬一剥皮实草之袋，触目惊心。在这么严酷的刑罚之下，仍然有人控制不住贪欲。如洪武十八年（1385）郭恒“盗卖官粮”一案，朝野牵连数万人，皆论死罪，不避权贵；同年，“诏尽逮天下官吏之为民害者，赴京师筑城”①。不对权力进行有效的监督制约，再严厉的惩治法令也会成为空文。

对官民关系反思得最透彻、论述得最深刻的是黄宗羲。他在《明夷待访录》中的论述，可谓痛切。他认为天下官吏欺压民众，导致民众痛苦的根在于封建帝制，在于家天下制。皇帝原本应该对天下大众负有管理职责，他却把天下当成了自己的私产。他的一切措施都是为了保证自己家族的统治稳固，为了自己家族的享乐和特权。官吏则成了他的家丁奴仆，都要为他的统治服务。君与官吏原本都是管理社会的。“天下不能一人而治，则设官以治之；是官者，分身之君也。”②官吏出仕做官，不应该只为君主服务，而是为天下民众做事。各级官吏与君主一样都是社会的管理者，只不过级别不同，皇帝不过是最高级别的官而已。后来皇帝把天下视为私产，成了天下主宰，而官吏都没有正确认识官吏与君主的关系，把自己当成了皇帝的家奴，认为臣就是为君而设的，官吏的权力都是君给的，他们为君主服务，对君主负责，所以百姓的疾苦与他们关

①《廿二史劄记校证·明史·重惩贪吏》。

②《明夷待访录·置相》。

系不大。“今以四方之劳扰，民生之憔悴，足以危吾君也，不得不讲治之牧之之术。苟无系于社稷之存亡，则四方之劳扰，民生之憔悴，虽有诚臣，亦以为纤芥之疾也。”[①]既然官吏是皇家的奴仆，那么他们就只对皇帝负责，只对皇家效忠，而民众的病苦死活与他们关系不大，民众的评价如何对他们的去留影响不大，他们的眼睛只需向上看，让上级满意就行。

按照黄宗羲的分析判断，只有打破君主的家天下体制，使权力公有，让官吏民选，才能最终解决这个问题。

二、古代吏治与法治

官吏与民众最重要的联系就是管理，在古代称作“牧民”。这个词语本身就带有一定的歧视性，预设民众是愚昧的，官员是文明的，官员管理民众就像放牧牛羊一样，如果没有官吏的教化驯养，民众就会陷入混乱。当地方官就是做“亲民官”，到任理事称为“临民”，具有居高临下的意味。从社会分工方面来说，社会确实需要管理，设官分职是必要的，但是如果没有有效的权力监督机制，官吏就会成为社会的祸害、鱼肉民众的虎狼，因此需要有一些制约措施和机制。

1. 官吏与“人治”

明智的君主对于君国与民众的关系有比较正确的认识，所以他们会明白，民众是水，君主是舟，水可载舟，亦可覆舟。为了不出现覆舟的结果，保住江山社稷，他们应该建立一个比较负责任的官员队伍，让民众有一个安定的生活环境，有基本的生活保障，来维持社会的稳定。从他们的角度来说，官员贪污腐败、侵渔民众，会导致民怨沸腾、江山不稳，所以需要制定一些制度，来限制官员的权力，使他们能够勤政、断案公平、导民为善，保证所管理的地方

① 《明夷待访录·原臣》。

的田地得到开辟、人口得以繁衍、赋税能够按时缴纳。

对于官吏好坏的评价，就看他是否充分履行了为官的职责，是否胜任了本职工作。从民本的角度来考察，保农时、轻徭役、薄赋敛、轻刑罚、教民向善、安分守法、按时救济、保障社会安定，能做到这些的就是好官。官吏考核制度，最重要的也应该是这些内容。

每个朝代对官员的选拔制度虽然有所差别，但是选官宗旨大体一致，就是选贤任能。贤，主要指德行；能，主要指能力。《周礼·天官冢宰》提出考核吏治的六条标准，即廉善、廉能、廉敬、廉正、廉法和廉辨。这六条标准基本上包含了“公正廉明”的四大核心要素。秦律虽然严苛，但是也有“五善”标准，即忠信敬上、清廉毋谤、举事审当、喜为善行和恭敬多让。秦的法律规定虽然如此，但在选任官吏方面更重视军功，到后来官员选拔中的“敬”“善”因素就只是具文而已了。到了汉代，在官吏选拔方面更重视个人品德，实行层层推荐，比如推荐贤良、文学、孝廉、直言极谏等。这种选官制度一直延续到南北朝时期。到了隋唐，创立了科举制度，选官制度才有了根本改变。

中国的吏治有个明显的特点，就是儒家的思想影响很深。具体体现就是人治，从孔子、荀子以来都是强调人治。人治大体上有以下几个特征：第一，提倡清官廉吏的贤人政治。对于一些爱民的清官极为推崇，尤其是形成了清官崇拜现象，在法律制度方面却少有建树。这种情况的长期存在，就是以人治为核心的吏治的典型表现。第二，惩治贪官污吏。官吏的清廉与否与民众息息相关，明君对待贪官污吏从来都不手软。尤其是出身社会下层的皇帝对贪污黑暗特别痛恨，如朱元璋惩治贪官尤其严厉。第三，施行德政，造福一方。人治方式所推崇的就是一个好官造福一方。荀子曾说：“有乱君，无乱国；有治人，无治法。……故法不能独立，类不能自行，得其人则存，失其人则亡。法者，治之端也；君子者，法之原也。故有君子则法虽省，足以遍矣；无君子则法虽具，失先后之施，不能应事之变，足以乱矣。”[①]这里是说，法是死的，是不可能尽善尽美的，人是执法的决定性因素。官员的素质最重要，如果官员是君子，面对不完备的法律也会把法律很好地贯彻下去；如果官员不是君子，即使有很好的法律也会把事情做坏。有些官员能够为民解决问题，不误农时，为民造福，这就是“循吏”“良吏”，就是朝廷提倡的好官。

2. 吏治与法治的关系

在法家看来，官员负责贯彻国家法令，能够严格贯彻法令、不徇私情的官员就是好官。《管子·任法》说：“夫生法者，君也；守法者，臣也；法于法者，民也。”法令执行得好，就是好的吏治，否则就是不好的吏治。对于法令公不公正、合不合理、残不残酷，从不考究，也不允许有人质疑。商鞅变法时，有的人说新法好，有的人说新法不好，他下令把这些人都治罪流放，理由是民不该妄议法令，只能无条件履行。但是儒家则认为，官吏是人，法令需要靠人来贯彻执行，法令不可能尽善尽美，官吏可以斟酌执行。人比法更重要，澄清吏治，可以弥补法的不完善。并且儒家认为，法应该以礼为理论依据。一件事情，若无明确的法律条文规定，则应依照孔子著的《春秋》来裁决。这在汉代叫作“春秋决狱”。并且，对于考核地方官的政绩，《春秋》也是重要的评价依据。

古代的吏治因朝代的不同和时势的演进而不同。即使同一个朝代的吏治制度，前期和后期往往也有很大不同。如秦朝的吏治，并不是一开始就那么严酷，在嬴政亲政之前还是比较宽松的。这时吕不韦执政，招纳了许多士人，撰写了《吕氏春秋》，总结了统治经验，其中不乏真知灼见。秦律的一些内容应该也是这时候制定的。据《睡虎地秦墓竹简·为吏之道》记载，这时还讲官德，如要求官

① 《荀子·君道》。

吏必须“精洁正直”“审悉毋私”“临财见利，不取苟富”“毋喜富”“毋恶贫”“正行修身”等；还要求“五善”，即忠信敬上、清廉毋谤、举事审当、喜为善行和恭敬多让。这些要求与儒家的要求相似。但是随着秦统一天下，焚书坑儒，社会形势就严峻起来。到了秦二世，更以“税民深者为明吏”，以“杀人众者为忠臣”，吏治就大大地败坏了。[①]隋文帝时，对官吏的要求还是很严格的，但是到了隋炀帝时，原来比较清明的选官任官局面完全被破坏了。唐初，对官吏的管理也相当严格，唐太宗要求任用官吏，必须以德行、学识为本。可是到了唐中期，尤其是李林甫、杨国忠当政时期，就完全丧失了以前那种清正风气。这成为一种历史规律。主要是一个新王朝的开创者，为了新王朝的建立出生入死、殚精竭虑，所以格外珍惜这来之不易的成果，他们希望自己的江山稳固、国祚绵长，于是对自己要求比较高，对官员管束得比较严，对民众也比较爱惜。这样就形成了王朝前期清正的政风。这样的时候，在君主的带动、鼓励下，出现了一批能员贤臣、循吏清官。到了王朝的中期，随着帝王的骄奢，大臣的苟合取容，奸人的排挤良善、狼狈为奸、以权谋私，吏治风气自然败坏。越是到了王朝末期，社会越来越黑暗，吏治越来越腐败，整个国家机器就成了民众头上越来越沉重的枷锁。

总之，吏治的好坏与法治的好坏、社会的治乱，是密切相关的，与王朝的周期也密切相关。在人治高于法治的古代社会，若是君主重视依法治吏，吏治就比较清明，反之吏治就败坏。如果吏治败坏了，就会使纲纪倒置，法度废弛，最终导致政亡人息。

三、名臣与循吏

总结封建社会的官吏，从民本的角度可以分为这样几类：能臣

---

① 《史记·李斯列传》。

和贤臣，循吏和清官，奸臣和贪官。

我们把有担当、有作为的大臣称为“能臣”，把敢于谏诤、敢于批评矫正君主错误行为的称为“贤臣”，把善于亲民理政的称为“循吏”，把清正廉洁的称为“清官”，把阿谀奉承、助纣为虐、祸国殃民的称为“奸臣”“佞臣”，把贪污受贿的称为“贪官”。从朝野关系来看，我们把在朝中建有重大功业、发挥重大作用的能臣和贤臣归为名臣，把贤能的地方官员归作循吏。但是，这只是一种大致的划分方式，有些名臣也是循吏。在旧史书中，也大致上是这样划分的。

1. 名臣

《礼记·礼运》记载，选任官吏时，要“选贤与能”。贤更偏重德行，能更偏重能力，有一些人同时具备这两种优点。他们就是那些在王朝中起到重大作用、卓有建树的官员，也是历史上的名臣。在国家治理中，这些大臣能够辅佐皇帝创建基业，安邦定国，为民造福，在践行民本思想中起到重要作用，如姜子牙、周公、管仲、诸葛亮、萧何、苏绰、长孙无忌、魏徵、赵普、王安石、范仲淹、张居正这些杰出人物。姜子牙和周公辅佐周武王灭商立国，奠定了周王朝数百年基业。管仲帮助齐桓公壮大了齐国，成就了春秋霸业。管仲把民心看作国家强大的基础，认为制定政策法令都应该从民众的角度出发，这样才能得到民众的拥护，命令才能贯彻得好。他的指导思想是“仓廪实而知礼节，衣食足而知荣辱”。民众富足了才会有恒心，才会安土重迁，才会道德素质高，好管理。萧何不但帮助刘邦夺得了天下，建立了汉朝，还制定了汉代的基本制度，采取与民休息的政策，是汉初三杰之首。诸葛亮实行仁政，以一己之力，力撑蜀汉，智慧卓绝。苏绰辅佐西魏掌权者宇文泰，拨正统治集团的航向，坚持以民为本，严格治吏，为承继西魏的北周统一北方以及隋统一全国创造了条件。唐初有一个能臣集团，包括房玄龄、杜如晦、长孙无忌、魏徵等人。他们各有特长和建树，魏徵和房玄龄是其中最著名者。赵普在构建宋代政治格局方面卓有贡献。范仲淹和王安石、张居正都是王朝中期的改革家，有胆有识，对宋代或明代的延续和改变做出了贡献。总体来看，这些杰出人物能正确对待国家、君主和民众的关系，对历史的兴衰规律有比较清醒的认识，认为民众就是天下，得民心者得天下，民心安时天下安。所以他们以民为本，密切关注民生，就像范仲淹所说的“居庙堂之高则忧其民”。他们能够匡正君主之过，减少民众负担，少兴徭役，保证农时，影响和制定朝廷政策，使社会稳定，国泰民安。

贤臣同时也是忠臣。他们能从国家社稷的长远利益考虑问题，为君主提出建设性意见，对君主的错误行为进行劝谏，甚至在君主暴虐无道时进行劝阻，减轻百姓负担，维护民众利益，如关龙逄、比干、魏徵、霍光、欧阳修、李纲、海瑞等人。他们不一定握有很大权力，或许他们只是谏官，但是他们明白自己的职责所在，并能很好地履行职责。他们也知道，有时自己的进谏是徒劳的，但是他们依然信念坚定，宁可拼上性命，也要为民发声。

比干是一个在暴君淫威下还要坚持进谏的典型代表。商朝末期，纣王荒淫无道，非常残暴，发明了许多残酷的刑罚杀害无辜。微子、商容、祖伊曾经连番进谏，但是纣王根本不听，于是他们都知难而退。但比干仍然坚持进谏，结果被剖心而死。这种情况在一个王朝将要灭亡时出现得比较多，关龙逄、比干等都属于这种时期的人。

霍光接受汉武帝托孤重任，以天下安危为己任，效法殷商伊尹，行废立天子之事。汉昭帝死后，按照正常的程序，选择了汉武帝的孙子昌邑王刘贺继位。刘贺小人得志，守丧不哀，在自己的临时住所中大肆淫乱，胡作非为。霍光问自己的亲信大司农田延年该怎么办，田延年劝他奏明太后，另立贤人。霍光说：“历史上有这种事情吗？”田延年说：“殷商伊尹就是这么做的，他放逐太甲以安宗庙，人们都说他是忠臣。你如果能行此事，就是汉的伊尹。”

于是霍光率领群臣奏明太后，请太后下诏废了刘贺。霍光这样做，阻止了一个荒淫无度的人当上掌管千万人命运的皇帝，历史上都认为他做得好。据《汉书·循吏传》记载："孝昭幼冲，霍光秉政……光因循守职，无所改作。至于始元、元凤之间，匈奴乡化，百姓益富，举贤良文学，问民所疾苦，于是罢酒榷而议盐铁矣。"

北周的苏绰是西魏掌权者宇文泰最得力的辅佐者。东汉之后，中国陷入了长期的混乱和分裂状态，统治者大都不能考虑长远利益，一味穷兵黩武，互相攻杀。到北周时，这种状态已经持续了三百多年，其间百姓受尽折磨煎熬。宇文泰是一个胸有大志的人，想革易时弊，寻求强国富民之道。苏绰帮助他制定计账、户籍之法，精简冗员，设置屯田、乡官，增加国家赋税收入，成为他最得力的助手。最重要的是苏绰总结了汉族统治者的经验，提出了先治心、敦教化、尽地利、擢贤良、恤狱讼、均赋役的六条建议，上奏后作为诏书颁行，时称"六条诏书"。这六条诏书成为北周强大、兼并北齐、统一北方的基本纲领。

魏徵以直言敢谏著称。唐太宗是一个难得的明君，做事谨慎，常常自省，但是魏徵还是不断地进谏，提醒唐太宗戒骄戒躁、居安思危。像魏徵这种大臣，往往怀着一种儒家的理想，要"立德、立功、立言"，祖述尧舜，宪章文武，青史留名。所以他们往往严格要求自己，也严格督促皇帝。贞观十五年（641），魏徵提醒太宗："观自古帝王，在于忧危之间则任贤受谏，及至安乐，必怀宽怠，言事者惟令兢惧，日陵月替，以至危亡。圣人所以居安思危，正为此也。安而能惧，岂不为难？"[①]他在上疏中说道："凡百元首，承天景命，莫不殷忧而道著，功成而德衰。有善始者实繁，能克终者盖寡……何也？夫在殷忧，必竭诚以待下；既得志，则纵情以傲物。竭诚则胡越为一体，傲物则骨肉为行路。虽董之以严刑，振

①《贞观政要·君道》。

之以威怒，终苟免而不怀仁，貌恭而不心服。怨不在大，可畏惟人。载舟覆舟，所宜深慎。奔车朽索，其可忽乎！”[①]唐太宗说，在打天下的时候，房玄龄贡献最大；他掌管了天下之后，魏徵对他纠正最多。魏徵去世之后，他感叹从此失去了了解自己得失对错的一面镜子。

向君主谏诤，有时是很危险的事。据《汉书·贾山传》记载，西汉政论家贾山曾说：“臣闻忠臣之事君也，言切直则不用而身危，不切直则不可以明道，故切直之言，明主所欲急闻，忠臣之所以蒙死而竭知也。”为什么会有“蒙死”的危险？因为君主能直接决定官吏的生死。“开道而求谏，和颜色而受之，用其言而显其身，士犹恐惧而不敢自尽，又乃况于纵欲恣行暴虐，恶闻其过乎！震之以威，压之以重，则虽有尧舜之智，孟贲之勇，岂有不摧折者哉？如此，则人主不得闻其过失矣；弗闻，则社稷危矣。”

宋代有不杀言官和士大夫之说，所以宋代的言官都很活跃，谏言也很直率、尖锐，因为没有多大危险，大不了被赶出都城汴京，但是明朝的情况就不一样了。

明太祖朱元璋不断加强专制统治，废除丞相制度，威慑百官，权力空前集中。朱元璋生性多疑，官员动辄得咎。那时候的官员早上上朝，告别家人就像永诀，因为不知道哪一句话就会惹怒皇帝，那天就成了末日。随着明朝的专制越来越严重，大臣的地位越来越低，皇帝竟然在朝廷上廷杖大臣。这对大臣的人格具有严重的侮辱性，与贾谊所说的大臣是皇家的基础、皇帝的肢体已经相去甚远。这时候，对皇帝进谏是相当危险的事情。但是，还是有大臣不惧危险、不计后果直言进谏，海瑞就是一个突出的例子。

嘉靖皇帝朱厚熜在位早期，严以驭官，宽以治民，整顿朝纲，减轻赋役，曾一度出现了“嘉靖新政”。但后期，他崇信道教，迷

---

①《贞观政要·君道》。

信方士，宠信奸臣，不理朝政，不听谏言，导致朝政混乱。太仆寺卿杨最因为上书被皇帝打死，监察御史杨爵因直言进谏被打得血肉横飞，工部员外郎刘魁和给事中周怡都因为进言被捕，这使朝廷上大多数人都不敢说话。但海瑞没有沉默。他觉得皇帝是天下之主，不理朝政，放任社会混乱，是不负责任的。据《明史·海瑞传》记载，他上书批评皇帝："您现在整天不理朝政，只知道修斋建醮，浪费民脂民膏，导致吏贪官横、民不聊生、水旱无时、盗贼滋炽，成什么体统！您怎么变成这样了呢？天下之人对您早就有意见了。古代君主有过错，要靠臣僚匡正，但是现在大臣们拿着俸禄而阿谀奉承，小吏们害怕获罪而闭口不言，我真是愤恨交加。"他劝皇帝振作起来，担当起来，不要去寻找那些捕风捉影、劳民伤财、秦皇汉武都没找到的不死仙药。他的上书，语言犀利，直言嘉靖帝的种种荒唐行为，直斥其非。嘉靖皇帝看了海瑞的奏章，怒气冲天，立即命令左右把海瑞抓起来。宦官黄锦在旁边说，这个人有点愚，知道上表必死，早就遣散了仆人，诀别了妻子，准备了棺材，待罪于朝了。嘉靖只好作罢。后来，嘉靖越想越气，就把海瑞抓了起来。直到两个月后嘉靖驾崩了，海瑞才被放出来。

海瑞一生任官，多和监察有关。他疾恶如仇，痛恨贪赃腐败，辖区内的属吏都害怕他，有贪腐劣迹的大多主动离职。有势力的人家本来把大门漆成了朱红色，听到海瑞要来，吓得漆回黑色；监管织造的宦官，听到海瑞要来就减少车辆随从。他还锐意兴革，疏通吴淞、白茆入海，使百姓得利。他憎恨大户兼并土地，打击豪强势力，安抚贫苦百姓。比如，徐阶原是首辅大学士，曾经帮助过海瑞，但海瑞面对徐家强占土地之事毫不徇私。后来，海瑞因遭到腐败官僚的群起攻击而罢官。海瑞为官清廉，为人正直，不畏强权，敢于直谏，深受百姓爱戴，如《明史·海瑞传》记载："瑞抚吴甫半岁。小民闻当去，号泣载道，家绘像祀之。"海瑞是明代没落过程中的一股清风正气，其所作所为闪耀着民本思想的光芒。

这些人不管是为了立德还是为了立名，他们的思想和行为都带有一种民本主义的倾向，维护了民众的利益。他们在民本思想方面的意义主要有三。

一是他们能够面折廷争，制约或纠正君主的荒淫残暴行为，能够直接影响或促使君主深刻认识民本的内涵，总结历史经验，用水可覆舟的历史教训警醒君主、鞭策君主，从根本上树立民本意识。

二是他们能在决策和政策制定上保护民众利益，阻止兴建一些与民生无关的工程，减省一些不必要的开支，使皇帝和朝廷不至于过分加重民众的负担。

三是他们能约束下属和地方官员遵纪守法，使官吏不损害或少损害民众利益，至少不能肆无忌惮地鱼肉百姓，鼓励和责成属官积极作为，兴利除弊，造福一方。

有人说，他们的所作所为主观上只是为了缓和阶级矛盾，延续王朝的统治。也许在一定程度上有这种目的。但是，不管怎样，他们以民为本的做法，减轻了民众负担，安定了民众的生活，为百姓造福，使虎狼官吏敛手。在古代，一个王朝的兴衰后面会接着另一个王朝的兴衰，不是这个王朝统治，也会有别的王朝统治。他们能做的，只有尽可能延长一个王朝政治清明的时间，在王朝没落腐败的时候，尽最大的努力维护民众的利益，减轻民众的负担，延缓毁灭性灾难时刻的到来。古代的下层民众，为什么盼望好皇帝和贤能官吏呢？因为只有这些人才能为他们带来实实在在的好处，任何站在今人的处境上对古人提出不切实际要求的做法都是荒谬的。

2. 循吏和清官

循吏，就是那些上对朝廷负责，下为民众造福的模范官吏。他们为官一任，造福一方，善施教化，导民为善，禁民为非，倡导息讼，免民于罪；不贪腐，不枉法，慎重断案，不偏豪强，不欺细民；减轻民众负担，不加赋，不豪敛，不妄兴徭役，不误农时；保境安民，破除迷信，从便民、富民、安民角度施政，受到民众爱戴。清官，主要的特征是为政清廉、生活俭朴、勇于作为、公正无私。一般来说，这两类官员许多是亲民官、父母官，民众是最直接的受惠者。以民为本的理念，在这些官员的身上体现得最突出。

《史记》中的《循吏列传》，列举了先秦的五名贤良官吏，记录了他们奉职守法、化民行政的事迹。由此可见，司马迁所认为的循吏，主要是守法便民的官员。第一个是楚相孙叔敖。他“施教导民，上下和合，世俗盛美，政缓禁止，吏无奸邪，盗贼不起。秋冬则劝民山采，春夏以水，各得其所便，民皆乐其生”。司马迁认为，孙叔敖“不教而民从其化”，是无为而治的高人。第二个是郑相子产。史书记载，他为相一年，浪荡子不再轻浮嬉戏，老年人不必干重活，儿童也不必下田耕种；两年，商人不乱要价；三年，夜不闭户，道不拾遗；四年，人们不用因为怕农具丢失而带回家；五年，丧葬的事情都不用官府下令就办好了。子产对待百姓宽厚，重视教化。在他的倡导下，民风淳朴，邻里和睦，他也因此被民众怀念。第三个是鲁相公仪休。他“奉法循理，无所变更，百官自正。使食禄者不得与下民争利，受大者不得取小”。他爱吃鱼，有人送他鱼，他不接受。他说，正是因为爱吃鱼，所以他不接受。他自己做官，自己能买得起鱼。如果吃惯了送的鱼，等不做官了，谁还给他送鱼呢？他见自己家里织出的布特别好，就把织布的女工辞退了，烧了织机。他说，自家织的布这么好，让那些农、士、工家中织的布卖给谁呢？第四个是楚相石奢。石奢是守法的典范。有一天，石奢治下发生了杀人案件，凶手竟然是他的父亲。在礼治的时代，如果治了父亲的罪就是不孝，他只能把父亲放走了。可是这样，他觉得于国法有亏，他说：“不私其父，非孝子也；不奉主法，非忠臣也。”这就是忠孝不能两全。最后，即使楚王赦免了他的罪，他还是自杀了。第五个是晋国理官（治狱官）李离。他因为听了错误的说法，错杀了人，就把自己拘起来请罪。晋文公说，问题在吏那里，不是你的罪过。李离说，他当官的时候，没给吏让位；食禄多的时候，也没分享给吏，怎么能把罪责推给吏呢？最终以身殉法。

自司马迁的《循吏列传》之后，循吏逐渐成了民众心目中官吏典范的代名词，被后世统治者和史家所重视。后世的史书中一般都设有《循吏列传》《循吏传》《良吏传》等，以记载那些修身安民、教化一方的优秀官吏的事迹。

循吏的作用，主要体现在以下几个方面：

（1）教化百姓，提升民众的文明程度。

历代统治者都重视教化民众，只是重视的程度不同而已。在此，以汉代为例进行说明。夏商时期，虽说有一个天下共主，但域内分为若干个区域，地域文化差别很大。到西周，制定了宣扬周文化的礼乐制度，分封诸侯，让诸侯按照周朝的制度治国理政，如鲁国就全面移植了周文化。但是仍然有广阔的地域和许多诸侯国没有完全按照周制度进行改造，没有接受周文化。比如齐国，只是“因其俗，简其礼”，其他一些诸侯国如楚国、秦国等就更不用说了。秦统一后，做了“书同文，车同轨”等许多统一方面的努力，但是因为时间太短，难以真正统一国内文化。到了汉代，尤其是汉武帝时期，加强了中央集权，尊崇儒术，普遍开办乡学，才进行了大规模的文化统一。在这一过程中，教民接受以儒家为代表的汉文化是地方官的重要职责。

贾谊说：“夫民者，诸侯之本也；教者，政之本也；道者，教之本也。有道，然后教也；有教，然后政治也；政治，然后民劝之；民劝之，然后国丰富也。故国丰且富，然后君乐也。忠，臣之功也；臣之忠者，君之明也。”[①]这种观点，可能不仅是贾谊的观点，也代表了汉朝统治者的观点。这也是汉朝“反秦之弊”的方面之一。孔子、孟子、荀子都主张教民，都认为教化民众是统治者的主要职责之一。

---

① 贾谊：《贾谊集·贾太傅新书》，岳麓书社，2010，第106页。

在这一方面，许多汉代官吏做出了很大贡献。

据《汉书·循吏传》记载，文翁做蜀郡守，“仁爱好教化”。他见蜀地偏僻落后，就选取了十几个郡县小吏到长安跟随博士学习律令。为了节省费用，还带了一些蜀地物产给博士做学费。这些官吏回来之后，文翁就提拔他们做官，有的甚至做到了郡守刺史。此外，他还在成都修学宫，给前来学习的子弟免除徭役。出行时，文翁让他们做随从，让民众觉得读书很荣耀。“数年，争欲为学官弟子，富人至出钱以求之。由是大化，蜀地学于京师者比齐鲁焉。至武帝时，乃令天下郡国皆立学校官，自文翁为之始云。文翁终于蜀，吏民为立祠堂，岁时祭祀不绝。至今巴蜀好文雅，文翁之化也。”

据《后汉书·循吏列传》记载，汉平帝时期，“汉中锡光为交阯太守，教导民夷，渐以礼义”。他在教化民众方面的名声和后来的任延差不多。到了东汉光武帝建武初期，任延担任九真郡太守。原来那里生产力比较落后，没有牛耕，人们靠射猎为生，往往吃不上饭，任延就让他们“铸作田器，教之垦辟。田畴岁岁开广，百姓充给”。那里的骆越族人“无嫁娶礼法，各因淫好，无适对匹，不识父子之性，夫妇之道”，任延就下令所辖各县，男子年二十至五十，女子年十五至四十，按照年龄相配。任延还让官吏从俸禄中出钱帮助那些因贫穷无法礼聘之人。“同时相娶者二千余人。是岁风雨顺节，谷稼丰衍。其产子者，始知种姓。”那些生了孩子的都说，是任君让他们有了这个孩子，因此孩子的名字中多有“任”字。当地文明程度的提高还吸引了夜郎等国的向化，任延撤除了对他们的军事防备。卫飒在建武初期迁为桂阳太守，“郡与交州接境，颇染其俗，不知礼则。飒下车，修庠序之教，设婚姻之礼。期年间，邦俗从化”。

这些事例均说明，循吏的重要政绩之一是促进了社会文明的进步，也扩大了汉文化的对外影响。

（2）增殖人口，开垦土地，兴利除弊。

人口增长与土地垦辟，是古代社会经济发展的重要标志，也是最重要的官吏考核指标。

战国时期，齐威王宣布奖赏即墨大夫，就是因为即墨田地得到开垦，人民富足，社会安宁。魏国西门豹之所以成为名臣，就是因为他有勇有谋，敢作敢为，以民为本，与民做主，破除为河伯娶亲的陋习，兴修水利，灌溉土地，使人民自给自足、丰衣足食。

据《汉书·宣帝纪》记载，西汉时期，胶东相王成因治绩突出被汉宣帝下诏表彰："今胶东相成，劳来不怠，流民自占八万余口，治有异等。其秩成中二千石，赐爵关内侯。"据《汉书·循吏传》记载，召信臣是西汉时期有名的以民为本的官员。他做过零陵太守、谏大夫和南阳太守，爱民如子，"为人勤力有方略，好为民兴利，务在富之。躬劝耕农，出入阡陌，止舍离乡亭，稀有安居时。行视郡中水泉，开通沟渎，起水门提阏凡数十处，以广溉灌，岁岁增加，多至三万顷。民得其利，蓄积有余"。为防止民众争水，他制定条约，刻石树碑。他还禁止嫁娶大操大办，务求简约。看到官吏富家子弟不务田作，他就斥责他们，甚至追究他们违法犯罪之事，于是"其化大行，郡中莫不耕稼力田，百姓归之，户口增倍，盗贼狱讼衰止。吏民亲爱信臣，号之曰召父"。后来，他在朝廷做位列九卿之一的少府时，奏请皇帝把那些极少用到的离宫别馆的人员、武器及各种器具减半，一年节省了几千万钱。后来皇帝选择有德行治绩的官员立祠祭祀，文翁、召信臣均入选。《后汉书·杜诗传》记载，杜诗做南阳太守，"性节俭而政治清平，以诛暴立威，善于计略，省爱民役。造作水排，铸为农器，用力少，见功多，百姓便之。又修治陂池，广拓土田，郡内比室殷足。时人方于召信臣，故南阳为之语曰：'前有召父，后有杜母。'"。这便是"父母官"这一称谓的来源。《后汉书·循吏列传》又记载："第五访字仲谋，京兆长陵人，司空伦之族孙也。少孤贫，常佣耕以养兄嫂。有闲暇，则以学文。仕郡为功曹，察孝廉，补新都令。

政平化行，三年之间，邻县归之，户口十倍。”

治理水患、兴修水利是利国利民的重要举措。大禹治水，为远古的先民解除了水患，成为圣王的标志性业绩。春秋时期，孙叔敖主持修建了期思雩娄灌区，被后世称为“百里不求天灌区”；还主持修建了我国最早的蓄水灌溉工程——芍陂，使当地成为楚国的粮仓，清代学者顾祖禹称芍陂为“淮南田赋之本”。东汉时期的王景也是一位治水专家，曾和王吴一起治河，恢复了黄河、汴渠的原有格局，使黄河不再四处泛滥，让泛区百姓得以重建家园。王景筑堤后的黄河历经八百多年没有发生大的改道，决溢的次数也不多，有“王景治河千年无患”之说。他在担任庐江太守期间，还把牛耕、蚕织引进辖地，“驱率吏民，修起芜废，教用犁耕，由是垦辟倍多，境内丰给。遂铭石刻誓，令民知常禁。又训令蚕织”①。马臻也是东汉时期一位善治水的好官。他在担任会稽太守期间，经过仔细考察，认真谋划，主持兴建了鉴湖工程，修建了西起浦阳江，东至曹娥江长达一百二十七公里的湖堤，拦蓄会稽山麓流下的水，形成鉴湖水库；又修建了一系列斗门、闸、涵、堰等工程，使之具备了防洪、灌溉、航运功能。这里本来是潮汐往来之区，自从马太守筑坝筑塘之后，始成乐土。

唐贞观时，沧州刺史薛大鼎修建了无棣渠，治理了无棣河，使东海的鱼盐之利惠及沧州，人民的生活富足起来；又疏通了长芦、漳、衡等河，大大减少了境内的水害，繁荣了沧州的经济。贾敦颐做瀛洲刺史时，“州界滹沱河及滱水，每岁泛溢，漂流居人，敦颐奏立堤堰，自是无复水患”②。宋代苏轼在任期间，也积极修建水利工程，为民兴利，如在杭州、徐州一带修了水利工程，还撰写了《熙宁防河录》《钱塘六井记》等水利著作。元代郭守敬、明代潘

① 《后汉书·循吏列传》。
② 《旧唐书·良吏列传》。

季驯都是治理黄河、为民造福的水利专家。

（3）息讼明断，政简刑清。

在中国古代社会，虽然注重礼治，但也注重用法准确，量刑适当，不枉法。早在《尚书·虞书·大禹谟》中就有一些这方面的记载，如“帝德罔愆，临下以简，御众以宽；罚弗及嗣，赏延于世。宥过无大，刑故无小；罪疑惟轻，功疑惟重；与其杀不辜，宁失不经；好生之德，洽于民心”。这段话的意思是，帝王要用简单的方法统率臣下，用宽大的法度治理百姓；罚罪不要累及后代，赏功却要惠及后人；再大的过失犯罪也可以宽宥，再小的故意犯罪也要惩罚；对于不确凿的罪要从轻处理，对于有疑问的功劳要从重赏赐；与其杀了无辜的人，执法者宁可承担不按法度行事的责任。在古代，人们普遍认为教在罚先，礼在法先，所以提高民众的道德水平、文明素养是减少争讼、殴斗的根本。孔子说：“道之以德，齐之以礼，故民有耻而且敬，贵谊而贱利。”[1]而且，再好的法律和法官都不如“无讼”。所以历代官员都致力于训导百姓恪守礼义、忍让自律，化解争端。

在春秋战国的乱世中，战祸连年，人如草芥，明刑慎罚是很难做到的，因为那些诸侯大权在握，生杀予夺、滥杀无辜的情况太多。如晏婴就多次劝阻齐景公不要滥杀。到了秦朝，秦始皇因为怀疑他的随从泄露了他的话，就把当天随行的人全都杀了。秦二世更是残暴，以杀人多者为忠臣。人们将垃圾扔在路上要受黥刑，在一起讨论《诗经》《尚书》要被处死，以古非今要被灭族；戍卒没按规定日期到达指定地点要被杀头……

到了汉朝，统治者反思秦的暴政，认识到一味严刑峻法是无法巩固政权的，于是反其道而行之。大臣们以宽大为美，地方官以平反冤案为德，因此能够弄清案件真相、准确惩治罪恶就成了循吏

---

①《汉书·货殖传》。

的一个重要标准。史称汉文帝约法省禁，“惩恶亡秦之政，论议务在宽厚，耻言人之过失。化行天下，告讦之俗易。吏安其官，民乐其业，畜积岁增，户口浸息。风流笃厚，禁罔疏阔。选张释之为廷尉，罪疑者予民，是以刑罚大省，至于断狱四百，有刑错之风”[①]。

西汉的黄霸是一个著名的循吏，曾官至丞相。“霸为人明察内敏，又习文法，然温良有让，足知，善御众。为丞，处议当于法，合人心，太守甚任之，吏民爱敬焉。”[②]汉武帝末年，刑罚趋向严厉。汉昭帝时，辅政大臣霍光在与上官桀的权力之争中获胜后，依旧遵从汉武帝时的制度，以严刑峻法控制部下官员。从此，很多官吏都以用法严苛来表现自己的才能，而河南太守黄霸却以为政宽和著称于世。后来，汉宣帝了解到百姓因为严法而困苦，又听说黄霸执法平和，就任他做廷尉正。黄霸多次裁决疑案，民众和大臣都认为他断狱公平。当时汉宣帝推崇文治，几次下达宽免囚徒的诏书，官吏们却不执行。黄霸就选择一些良吏，四处宣读诏令，使民众知道朝廷的恩典。黄霸对人们先进行教育和感化，如果有人不遵教化，再对其进行处罚。他让乡官都养猪养鸡，救济那些鳏寡贫穷的人。教百姓种桑养畜，增加财富。他非常聪明又细心，能够明察事情的真相，属吏、百姓甚至地方豪猾都称赞他如神明一般，不敢对他有所欺瞒。他任官之处，那些为非作歹的人吓得都跑到别的州去。他外表宽厚，内心明察，深得百姓和官吏喜爱。他治理的郡内户口年年增加，政绩总是第一，汉宣帝下诏赞扬曰：“颍川太守霸，宣布诏令，百姓乡化，孝子弟弟贞妇顺孙日以众多，田者让畔，道不拾遗，养视鳏寡，赡助贫穷，狱或八年亡重罪囚，吏民乡于教化，兴于行谊，可谓贤人君子矣。”[③]后来人们“言治民吏，以

①《汉书·刑法志》。

②《汉书·循吏传》。

③《汉书·循吏传》。

霸为首”。汉宣帝表彰黄霸的内容，可以看作朝廷对官吏的要求和执行民本思想的具体体现。

东汉时期，童恢为吏廉洁自律，执法公平。在他做不其令时，如果属吏犯法，就随时指正；如果属吏尽职尽责，就赏以酒肴，以资鼓励。于是不其县内井然有序、清明太平，狱中连续多年没有囚犯，相邻县域的流亡者竞相前来，迁入者两万余户。王涣，东汉广汉郡人，在认真学习儒学之外，还精心研习律令。在担任河内郡温县县令期间，他针对社会治安混乱的局面，采取了强有力的措施，镇压了一批黑恶势力和奸猾豪强，使温县从大乱到大治。他很快被提拔为京都洛阳的洛阳令。刚刚上任，便遇到前任官员遗留下来的一大堆难题。王涣迎难而上，从容应对，不畏权贵，秉公办案。他采用宽严兼施的办法，将一些疑难问题逐一清查处理。他处理的每一个案件都令人信服，以至于众人以为他有神明帮助。他死后，老百姓还自发凑钱祭奠他。

晋朝曹摅，为官善治，明察善断。在做临淄令之前，县里有个年轻寡妇独自奉养年迈的婆婆，无微不至。婆婆因她年轻，劝她改嫁，她坚决不肯。婆婆为了不连累她，就自杀了。街坊邻居不明真相，将她告上县衙。官府不顾事实真相，将她屈打成招。寡妇快要被处决时，恰逢曹摅到任。他详加审理，终于使案件水落石出。人们都佩服他的明断。曹摅心善仁慈，爱护百姓。有一次，临到年关，他巡查监狱，看到县衙里关着很多死囚，心生怜悯，问：“过年是亲人团聚的时候，你们想不想和家人相见？”那些死囚都哭着说只要回去一趟，死也无憾了。曹摅就打开监狱，放他们回家与亲人团聚，并与他们约定了返回监狱的日子。狱吏们纷纷反对，曹摅说出了事他全权负责。到了约定的时间，死囚全部按时返回，一个不缺，全县百姓无不感叹佩服。

隋朝的张允济注重以德教化，政绩突出，深受百姓拥戴。张允济为武阳令时，邻县元武县的人来告状，说自己有母牛放在岳父家八九年，下崽十余头，岳父看着眼红，想要把这些小牛据为己有。此事历经几任县令都没解决，此人听说张允济善于断案，所以到这里求助。张允济以武阳县发生耕牛盗窃案为由，对那人岳父所在的村进行盘查，要求各户说出自己家的耕牛数量和来龙去脉。他岳父怕被抓，就说那十来头牛都是女婿家的，与他无关。张允济巧用计谋让案件水落石出，让百姓大为叹服。在张允济的治理下，武阳县路不拾遗。有一个人在赶路的过程中把衣服掉在了路上，走了很远才发现。别人告诉他说："不用着急，我们武阳县路不拾遗，你回去找，肯定还在原处。"这人回去，果然找到了自己的衣服。所以《旧唐书·良吏列传》中评价说"远近称之，政绩优异"。

唐朝的狄仁杰以民为本，不畏权贵，敢于直谏，刚正严明，政绩显赫。在小说及影视作品的颂扬下，狄仁杰成为家喻户晓的良吏的典型代表，甚至走出了国门，在西方有"中国福尔摩斯"之称。最为民众所熟知的莫过于他的断案能力了。据《旧唐书·狄仁杰传》记载："仁杰，仪凤中为大理丞，周岁断滞狱一万七千人，无冤诉者。"这是一个惊人的数据。仅一年狄仁杰就处理了涉及一万七千人的各宗案件，并且没有上诉的，说明他审断清楚、合理。狄仁杰最突出的特点是把百姓的利益放在第一位。他在做豫州刺史的时候，宰相张光辅率大军平定越王李贞的叛乱，纵容部下恃功勒索。狄仁杰不顾自己的前途，当面怒斥宰相张光辅平定了一个李贞，却制造了一万个李贞，导致民怨沸腾。狄仁杰还轻刑慎罚，如在李贞一案中密奏武则天，为原本被判处死刑的人求情，使他们最终改为流放。

（4）保境安民，救济百姓。

社会怕乱，民众怕乱，统治者也怕乱。历来"国泰民安"都是最适宜形容盛世的一个词。作为一个好官吏，要能够保一方平安稳定，使百姓安居乐业。

西汉宣帝时期，渤海一带发生大饥荒，饥民蜂起为盗，地方两千石官员束手无策，汉宣帝就任命龚遂为渤海太守。龚遂说，渤海地方比较偏远，百姓遭受饥寒而官吏不关心，所以才乱起来。要求不限制时间和方法，让他按照自己的节奏和方法来治理。他到任后，遣返军队，解散属县捕盗官兵，规定凡持农具的一律视为良民，地方官吏不得刁难，只有持兵器的才算是盗贼。那些造反的百姓听说后，都解散回家，把武器换成了农具，于是龚遂没动用一兵一卒，使一郡恢复安定。从这件事中可以看出，百姓的造反，很多是因为天灾人祸，若是官员能够从百姓立场出发解决问题，很多事情就可以迎刃而解。

东汉，任延做武威太守时，郡中统率军队的长史田绀很有势力，他的子侄、宾客为害郡中，欺压百姓，任延把他们都抓起来，杀了为首的五六人。田绀的儿子聚集几百人趁夜攻打郡府，任延发兵将他们击败。从此，他的声名大振，郡内的官吏和百姓都安分守己。武威北边与匈奴接壤，南面与羌邻接，百姓怕遭入侵，很多田地无人耕种。任延选拔精壮百姓千余人，教以军令，屯居要害，敌人来了就迎头痛击。此后，敌人不敢再来。

第五访做张掖太守时，遇到荒年，一石粮食的价格涨到几千钱，第五访准备开官仓救济百姓。官吏都害怕承担责任，受到责罚，要求先请示再救济。第五访说，要是等待批复，老百姓都饿死了，他可以全权承担责任。于是下令开仓放粮，“由是一郡得全。岁余，官民并丰，界无奸盗”①。

西晋时期的丁绍为广平太守时，开朗公正，为民做主，断案公平，当地政治清平，社会风气非常好。当时，河北地区骚乱，城邑多不安定，然而广平一郡四境平安，因此百姓都很佩服他，愿意听其号令。这在战乱的年代，显得更加难能可贵。

隋末唐初的韦仁寿断狱公允，经他审断的犯人都说，韦君所

①《后汉书·循吏列传》。

断，死而无恨。唐初，韦仁寿受命为检校南宁州都督，每年到当地进行巡视慰问，走遍辖境内的数千里地。他性情宽和仁厚，既有见识，又有度量，当地豪强首领纷纷归附。他按照皇帝旨意设置了八州十七县，任命当地豪强首领为刺史和县令。他实行的法令公正严肃，当地人都心悦诚服。他走的时候，当地人都哭着挽留。

唐贞观元年（627），陈君宾为邓州刺史。当时战乱刚过，加上自然灾害不断，百姓流离失所，民不聊生。陈君宾到任仅一个月，民众就都回来恢复生产。贞观二年（628），全国普遍发生自然灾害，但邓州因提前进行了抢收，粮食储存充足，得以保持稳定。附近的薄、虞等州的百姓纷纷前来避难，陈君宾组织官府和大户进行赈济。唐太宗听说此事之后，特意下诏，给以特别嘉勉。

唐高宗时，崔知温到兰州任刺史，有三万党项人进犯兰州。此时，城内兵力不足，人们都很恐惧。崔知温让众人大开城门，来兵疑惧，不敢进城。随后，唐将军权善才率兵来救，大破敌兵。权善才要把俘虏的党项人全部杀死，以绝后患。崔知温认为，这种诛杀会结下死仇，遗祸后人。权善才听从了崔知温的建议善待他们，后来党项剩下的部众都来降附。在古代社会，处理好与周边少数民族的关系，非常重要。处理好了，四方少数民族就心悦诚服，接受中原文化，接受中央朝廷的管理。一些循吏能够从维持社会安定、维护民族团结角度出发，待之以诚信，结之以恩义，做到保境安民，为长治久安创造条件，是非常难得的。

（5）清正廉洁。

作为循吏，清正廉洁是一个重要品质。清官比较难得，尤其在一个王朝的中后期，清官就更加稀少，所以历代朝廷对特别廉洁的官吏都会予以表彰。中国历来有崇拜清官的传统。民众一个很重要的期盼，就是遇到一个清廉的好官。因为官吏清廉，就意味着不会贪赃枉法，不会制造冤案，会减少额外摊派，减轻负担。比较贤明的皇帝也喜欢清官，这样可以提高朝廷的美誉度，提高民众的忠诚度，证明自己的统治比较清明。

春秋时期，楚国的令尹孙叔敖是一位著名的清官。他作为“一人之下，万人之上”的宰相，非常简朴，几乎是家徒四壁。他死时，家无余财，甚至连棺木也买不起。他死后，他的儿子靠打柴度日。楚王知道以后，要给他儿子丰厚的奖赏，但他儿子拒绝了财物，只是接受了一块贫瘠的土地。

晏婴是春秋时期的清官宰相。他厉行节俭，衣食住行都很简朴。他家靠近闹市，非常嘈杂脏乱，齐景公想要给他换所房子，他几次婉拒。后来，齐景公趁他出使晋国的时候，改建了他的住宅。等他回来时，房子已建成。他谢过齐景公之后，拆了新宅，又恢复了原来的样子。他的清廉对齐国的风气产生了积极影响。史书称，齐地汉以后尚俭、倡廉，与晏婴的移俗不无关系。

汉代的廉吏很多，因为汉初社会财富少，民生凋敝，汉文帝又躬行节俭，上行下效，蔚然成风。汉宣帝时，大司农朱邑身为列卿，生活节俭，常将俸禄赏赐与百姓共享，家中没有多余的财产，皇帝下诏褒扬他。刘宠前后连任两郡太守，多次任卿相，但清廉朴素，家里没有多少资财。有一次，他出了京师，想在亭舍休息，但是因穿着朴素，管理亭舍的吏人并没有认出他，于是制止他说：“我们打扫整理房子，是为了接待刘宠大人的，你不可以居住。”刘宠听了，没有说话就走了。孟尝做合浦太守时，整肃吏治，遏制贪污腐败，尤其以身作则，清廉自守，使贪污的风气一扫而空，商贸恢复，人民安居乐业。在他生病回朝的时候，老百姓都拦着他的车不让他走，他只好夜晚乘船偷偷离去。后来他隐居在偏远的湖泽，亲自种田做工。邻县的士人、民众仰慕他的德行，到他那里定居的有百余家。晋朝的胡质以忠诚清廉著称。他做荆州刺史的时候，儿子胡威去看望他，因家贫没有车马，是骑着毛驴去的，住在牲口棚里。返回的时候，胡质给他一匹绢做路费，胡威问父亲：“您做官清廉，这匹绢是哪来的？”胡质说：“这是我省下来的。”后来胡质去世了，家无长物，晋武帝特下诏褒奖其清廉品德。后来，胡威也声名显赫，远近闻名。晋武帝曾问胡威：“你和你父亲相比，谁更清廉？”胡威说：“父亲远胜于我。他清廉不想让人知道，我清廉却希望别人知道。”

西魏的苏绰也是一个以俭朴著称的官员。苏绰帮助宇文泰进行了政治、经济、军事等各方面的改革，为振兴西魏做出了重要贡献。但他在个人生活方面一直保持着朴素节俭的作风，不置田产宅第，不仗势聚敛钱财，清廉自处，倾心竭力辅助宇文泰治理关中。苏绰积劳成疾，四十九岁就去世了，宇文泰深深痛惜。苏绰死后，宇文泰为成全他一生敦尚俭约的品德，从俭薄葬，以彰其美，用一辆布车载着苏绰遗体，送归武功家乡安葬，宇文泰率朝臣步行将其送至郊外。下葬之日，宇文泰亲自为苏绰写了祭文，并派官员以祭祀的最高规格——“太牢”祭奠苏绰。

北宋的包拯也是一位著名的清官。他所到之处，能为民众减轻的负担一律减轻，可以不兴的徭役一律不兴。在廉洁自律、正直刚毅、铁面无私方面，包拯更是为人所称道。比如，张尧佐以外戚身份被破格提拔，他和张择行等人硬生生把宋仁宗已经下达的这一任命撤了回来。他又建议加大门下省封驳的权力，永不录用那些贪官污吏。按照旧的规矩，诉讼之人不能直接到官署庭下，而包拯直接打开官府大门，让告状的人可以直接到他面前陈述案情，避免了吏卒在其中捣鬼。他性情刚直，清正廉洁，痛恨贪官污吏，不徇私，不苟合。做官之后，他的衣食器用还是做布衣时的样子。《宋史·包拯传》中记载说，包拯在朝廷中为人刚强坚毅，贵戚宦官有所收敛，听说过包拯的人都很怕他。包拯在当时就很有声望，后世更加尊崇他，用“关节不到，有阎罗包老”这个谚语赞美正直无私的官员。

明代的海瑞也很清廉。海瑞一生居官清廉，刚直不阿，正直无私，深得民众的尊敬与爱戴。他憎恨大户兼并土地，全力摧毁豪强势力，安抚穷困百姓。贫苦百姓的土地有被富豪兼并的，大多被夺回来交还原主，有的豪强甚至跑到其他地方去避难。万历初年，大臣张居正执掌大权，不喜欢海瑞，就指使巡按御史查他。结果御史到了他家，发现他正在吃着简单的饭菜，屋舍简陋冷清，御史叹息而去。海瑞去世后，佥都御史王用汲前去查看，见他房中只有葛布做的帐子和空箱笼。海瑞过着一般寒士都不能忍受的生活，他一心为民，清廉自律，死后竟然靠人凑钱才能殓葬。

在清代，于成龙是清官楷模。他历任知府、按察使、巡抚、总督，重视生产，关心百姓疾苦，弹劾贪官，打击豪强，生活节俭，使执政之地的民风大为改变，很多人以穿布衣为荣，以轻车从简为荣。他去世后，遗物只有一个破箱子，里面仅有一袭绨袍和一双旧靴子，被康熙帝誉为“清官第一”。于成龙出殡那一天，数万名老百姓步行相送，哭声惊天动地。

循吏是国家各项政策措施的实际贯彻者和具体执行者，是国家政权在地方的代表，爱民、为民、保民等民本思想在古代循吏身上得到了鲜明体现。历代明智的君主均表彰清官良吏，因为这些官员能够体察民心，重视民情，发挥管理社会的功能，使基层社会得到有效治理、朝廷获得民众支持，从而使社会稳定，王朝能够延续持久。

第十二章 政风与官德中的民本色彩

封建社会，在皇帝很重视历史经验教训、重视官民关系、重视民本思想的时候，往往会严厉惩治贪腐，倡导清正廉洁、公正廉明，树立榜样，奖励楷模，加强政风、官德建设，以维持一个王朝的长治久安。

在一个朝代的核心统治者看来，他们自己家族的长期统治与国祚绵长是核心利益，官僚集团只是他们的雇员。如果他们认可民众是统治的基础，统治者与民众的关系是舟与水的关系，那么要想维持民众的生活安定，要想获得民众的拥戴，就要协调好官僚集团与民众的关系。聪明的统治者就会选择在保障民众基本生活条件的情况下给予官僚一定的优待。在民与官之间，皇帝是一个发挥重要作用的角色。虽然他们通常都把官僚集团当作自己的统治工具和外围力量，但在官吏过分压迫民众，引起民愤，导致社会不稳甚至威胁到皇家统治的时候，他们也会整治这些贪官污吏，保护他们的“子民”，这时候皇帝就会成为民本思想的体现者或践行者。朱元璋就是一个比较典型的例子。在朱元璋看来，他代表的是人民的利益，解民倒悬，为人民谋福祉，所以他对于欺负农民的地主、贪赃枉法的官员等就惩治得特别严厉。对贪官污吏来说，他或许是位暴君，但是对民众来说，他是位好皇帝。

在儒家思想占统治地位的封建社会，人治是主要的。统治者往往会从正面去鼓励官员励精图治，为民造福，为朝廷分忧，这就需要表彰好官循吏。但是，他们也知道，仅仅依靠官员的自律是不行的，所以要制定选举制度、考课制度、淘汰制度、监察制度等各种制度来进行约束。

一、官吏选举制度

若是皇帝具有明晰的民本思想观念，他往往能意识到，选拔人才一定要德才兼备，要建立一套选拔人才的制度；要为政以德，就要建立一套官德理论，对民众施行德政、仁政。

1. 汉代以前的选官制度

在夏、商、西周三代，通行的选拔官吏制度是世卿世禄制度，但是在有些官员的任用方面也不尽然。比如，商汤所任用的伊尹、傅说，都是从底层选拔上来的。

春秋时期，选拔官吏注重德才兼备，且主要在能力。如齐桓公任用管仲，管仲任用宁戚、隰朋、王子城父、宾须无、东郭牙这些人，都是从能力出发考量的。管仲对齐桓公陈述了选拔人才所用的“三选之法”，其中说乡官要负责考察所辖地区的人，要推荐那些有才学、有孝行、有声望的人来担任官职。此后进入霸政时期，诸侯互相攻伐，更需要有才干的人，所以这时候用人的方式比较灵活，有的是别人推荐，有的是自荐。如晋平公让当时执政的卿大夫赵武推荐一个人做中牟的县令，赵武推荐了他的仇人邢伯子；晋平公又让他推荐一个人担任中府令，他推荐了自己的儿子，留下了“外举不避仇，内举不避子”[①]的佳话。在战国时期，这种情况

① 《韩非子·外储说左下》。

就更普遍了。那时，各诸侯争霸图强，胜负存亡常系于一人，一言而兴邦或一言而丧邦，世家子弟无法让人倚仗。争霸图强的大舞台给有能力的人提供了广阔的用武之地，各诸侯国礼贤下士的态度使士人的地位空前提高，士人做官不拘一途。范晔在《后汉书·党锢列传》中描述了这时的情况："霸德既衰，狙诈萌起。强者以决胜为雄，弱者以诈劣受屈。至有画半策而绾万金，开一说而锡琛瑞。或起徒步而仕执珪，解草衣以升卿相。士之饰巧驰辩，以要能钓利者，不期而景从矣。自是爱尚相夺，与时回变，其风不可留，其敝不能反。"这时的人不管出身如何，即使是穿草衣、无车可坐、无马可骑的人，也可能一天之内升任卿相，改变命运。

魏文侯曾征求大臣李克选相的意见，一个人选是魏成子，另一个人选是翟璜，让李克直言无隐。李克说，可以从五个方面去考察，"居视其所亲，富视其所与，达视其所举，穷视其所不为，贫视其所不取"[①]，让魏文侯自己决定。李克回去的时候路过翟璜家，翟璜问他魏文侯最后选了谁。李克说，应该是魏成子。翟璜很生气："我做的贡献哪里比魏成子少？我举荐了西门豹、乐羊、您和您儿子的师傅屈侯鲋，这些人都建功立业，成为魏国栋梁。为什么用魏成子呢？"李克说："我并没有力推魏成子，只是建议从五个方面去考察，然后就可以断定选谁了。这些方面您怎么比得过魏成子呢？您所举荐的人都是臣僚，他所交往的都是田子方、卜子夏、段干木这些被君主当作老师的人，不是一个档次啊！"翟璜听了，心服口服，连忙道歉。这说明魏国的支柱大臣大都是通过推荐上来的。另外，自荐也是一个重要渠道，如商鞅、蔡泽、范雎、孙膑、李斯等，都是通过自荐而得到任用的。"毛遂自荐"的成语，就是那个时候人才自荐的写照。

那时候选拔人才的标准，首要是能力，其次是德行。因为那时

---

①《史记·魏世家》。

候各诸侯国统治者最关注的是政权的生存和强大，人才的开拓能力是最重要的标准。这种发现和推荐人才的方式，就成为后来的察举制。

商鞅的《商君书》中说得很明确，秦代选拔官吏，主要依据军功大小。在这种情况下，“税民深者为明吏”“杀人众者为忠臣”，官员成了暴秦政权的施暴工具，仁政和民本不复存在。

2. 两汉、三国时期的选官制度

察举制和征辟制是两汉时期主要的人才选拔方式。皇帝经常下令让两千石及以上的官员荐举人才，并且对荐举标准也给出了明确指示；两千石以下的官员也有荐举任务。荐举种类有孝廉、茂才、贤良、直言极谏等。征辟是皇帝征聘和官员辟召两种制度的合称。征聘是指皇帝下诏聘请贤才的制度，有时也称为特诏或特征。辟召是指公卿或州郡官员自主辟除属吏的制度，也称为辟除。辟召制在东汉尤为盛行，公卿以能招致贤才为高，而俊才名士也以有所依凭为重。在汉代的选官制度中，征辟作为一种自上而下选任官吏的制度，地位仅次于察举。

到了东汉后期，较为系统的察举制遭到破坏。梁冀执政二十余年，奢侈腐败，贪得无厌，任用私人，不问贤愚廉贪，只问钱财多少，其党羽遍布朝野。征辟制度之下，选拔出了一批符合需求的人才，但也在官场上形成了“门生故吏”的派系。官员在选人的时候，挑选的是懂得投桃报李的那些人，至于是否有真才实学、品行如何，则不是必须考虑的要素。官员利用自己的察举、征辟权力，把门生故吏援引到自己的势力范围之内，形成盘根错节的力量集团。门生故吏对于恩主，“怀丈夫之容，而袭婢妾之态；或奉货而行赂，以自固结”[①]。有的门生故吏甚至给恩主服丧三年，如丧考妣。这种情况并不奇怪，因为这些人的衣食饭碗、官位权力都是

① 黄素标点：《中论·谴交》，泰东书局，1929，第53页。

恩主给的，他们只知道孝敬恩主，忠于恩主，不关心民众。东汉后期，还出现了代代专攻一经的家族。他们的大批弟子学而优则仕，入仕之后形成庞大的代代传承的门阀政治势力，门生故吏遍布天下，以至于东汉后期，选士首先要看门第家世。在这种情况下，选拔官吏就论关系、看门第、重阀阅、溯传承，而把德才、能力等置于一旁。汉顺帝时，河南尹田歆可以察举六名孝廉，经过权势者的交相请托，最后入选的六人中只有一人是真正的名士，其他五人都是请托入选者。汉桓帝时期，民间有“举秀才，不知书；察孝廉，父别居。寒素清白浊如泥，高第良将怯如鸡”[①]的说法。这说明，此时的察举制度已经很腐败，名实已严重不符。

察举制最重要的标准是孝和廉，但在战乱时期显然不能依靠道德取胜，还是要依靠才能，所以在三国时期，察举制基本废除。三国时期，更重视能力，很多有真才实学的人通过举荐或者自荐得到重用。比如，诸葛亮因人举荐而获得重用，徐庶通过自荐的方式得以展示才华。《三国志·魏书·武帝纪》记载，曹操曾颁布《求贤令》，强调唯才是举，还说：“若必廉士而后可用，则齐桓其何以霸世！今天下得无有被褐怀玉而钓于渭滨者乎？又得无盗嫂受金而未遇无知者乎？二三子其佐我明扬仄陋，唯才是举，吾得而用之。”“钓于渭滨”说的是姜子牙，“盗嫂受金”说的是汉初丞相陈平。曹操号召大家只要是有才干的人，都可以推荐或自荐。

曹丕称帝后，为了规范人才选拔制度，采纳了陈群的“九品官人法”，放弃了曹操的“唯才是举”方针。“九品官人法”是魏晋南北朝时期重要的官吏选任制度，涵盖了官吏选任的整个过程。大致来说，“九品官人法”就是在州郡设置中正品评机构，负责对本州郡内的士人做出评判，设定九个评判等级，上上、上中、上下、

---

① 张松辉、张景译注：《抱朴子外篇·审举》，中华书局，2013，第295页。

中上、中中、中下、下上、下中、下下，作为选官的资格和依据。州郡的大、小中正负责“个人获品”这一环节。获品的渠道是多样的，比如品评、考试、赐官等，其中品评是根据德、才、家世等对人才进行考察评定。在朝廷，则由吏部尚书、司徒（司徒缺位时由司徒左长史负责）审核和决定州郡所报人才的等级，做好人才储备工作。实际上，在“九品官人法”出现之前，东汉已经出现了一些有名望的人对州郡人才进行评价的情况。如，汝南名士许劭和他的族兄许靖，喜欢在一起品评乡党士人。他们的评语每月月初更新，因此有“月旦评”之说。“九品官人法”把民间的做法制度化，形成了选官制度，确实比以前的“唯才是举”更加有章法，而且“九品官人法”实施初期，要求德才兼备，以德为首，起到了规范选官制度的作用。但是事久则弊生，各级中正后来受人情左右，受贿赂腐蚀，“九品官人法”就成了士族门阀把持政权的工具，造成了“上品无寒门，下品无势族”的局面。“九品官人法”是魏晋南北朝时期的主要选官方法。这一时期，寒门的人不管有多大本事、多么贤能，都很难进入社会上层，而氏族门阀子弟则轻易就能做大官。众所周知，书法家王羲之又被称为王右军，他就是靠门荫入仕的典型。王羲之出自魏晋名门琅邪王氏，是丹阳尹王旷的儿子、太尉郗鉴的女婿，在叔父王彬、岳父郗鉴的荐举下，起家即为秘书郎，后累迁为右将军。

3. 科举选官制度

隋文帝创立了科举制度，通过考试选拔人才，从科举出身的人中选任官员。这是一个重大的改革和进步，意义在于顺应了庶族地主阶级兴起的历史趋势，为地主阶级加入统治集团开辟了道路。隋朝实行的科举制度一直为以后的封建朝代所沿用，并不断加以发展和完善，成为封建时代选官的基本制度。但是，在隋统治的三十多年里，通过科举考试选拔上来的人才十分有限。因为此时的科举制度在考试目的、考试内容、考试规程以及考试方式方法等方面皆不完善，尚处于初创时期。科举制度的完善与发展是在唐代。此时，由于科举录取人数有限，大批的官员选任还是要依靠征辟、推荐等方式。到唐代，科举入仕逐渐与征辟等方式相抗衡，从辅助方式逐渐成为主流方式。到宋代，科举制度更加成熟，士族门阀势力垄断政治资源的情况几乎不复存在，非科举出身的官员受到轻视。

应该说，宋代是科举考试的兴盛期，宋代的开科取士次数更多，名目更繁多，录取量更大。科举状元极为显耀，跨马游街三天，观者填街塞巷。当时有人说，即使率领数十万将士，收复幽州和蓟州，凯歌而还，献捷太庙，也不及状元及第荣耀。这与北宋时期实行重文轻武的政策有关。宋代前期的科举考试内容主要是诗赋之类，对于治国理政、审狱断案的实际能力不太重视，很多官员忙于吟风弄月，这也是北宋多文学家的重要原因。为此，北宋改革家范仲淹、王安石都针对科举考试的内容和方式提出了改革。范仲淹的“庆历新政”提出了十个方面的改革内容，五个方面都与官吏有关，其中专门有一条“精贡举”，从入仕的源头进行改革，要求改革科举考试内容。王安石在《上仁宗皇帝言事书》中指出，当前亟须改革，但是又万万不可改革，因为没有人才。为什么没有人才？主要是教、养、取、任不得法。在王安石变法期间，他亲自编写考试所用的参考书，改革考试内容，注重对法律审理和策论的考试，引导科考注重临民理政的真才实学，把考试内容与官员所要面对的民事问题统一起来。在北宋元丰年间，还进行了官制改革。

到了明代，科举考试更加规范。就是在这一时期，出现了著名的八股文。八股文的特点是特别注重形式，注重文章技巧，这就使天下学子把精力专注到文字技巧的学习上去，而忽略了关于事理的思考和经世致用的真才实学。八股取士贯穿明清两代，对人才造成了极大的禁锢和摧残。我国自清代以来的人才凋零、思想僵化现象，与这种科举考试制度有很大关系。直至1905年废除科举，引进新学，才把八股文科举选拔官员这种形式彻底废除。

一个制度，在设置之初，目的往往是好的，如九品官人法和科举制，目的都是更加有效地选拔和任用贤能的官吏。在制度实施之初，起的作用是正面的，改革了以前的积弊，健全了选拔机制，调节了社会关系。但是行之一久，就弊病丛生，社会上的各种势力钻制度的空子，把选官制度变成了结党营私、滋生腐败的工具。根源在于，这里面隐藏着巨大的利益，做官之途，一人得道，鸡犬升天，整个家族和门生故吏结成利益集团，可以攫取更大利益。相对来说，以科举考试选官，还算相对公平。但是，科举考试内容陈旧，机制僵化，把人才的精力和创造力控制在故纸堆里，皓首穷经，扼杀新思维、新创造的产生，离民本思想的主旨越来越远，致使这一整套制度都成了专制统治的工具。

二、官吏监察机制

中国最早的官员监察制度，公认出现在秦朝。在这之前，其实也有一定的监督机制，如《史记·五帝本纪》中就有黄帝“置左右大监，监于万国”的记载。这应该是最早的关于监察制度的记载，也是检察制度的起源。可以说，监察是随着权力的诞生而诞生的。作为统治者，想让自己的意志能够贯彻执行，监察就是必要的。西周时期，监察机构和制度已初具形态，“纠察令”规定了对官吏进行监察的具体内容和形式。春秋战国时期，各国都在中央和地方设置了监察机构或官员，如齐国的“大行”“大谏”就是专职监察官员，一些诸侯国的“御史”也有监察职能。但据《通典·职官六·御史台》记载，此时的御史，主要职能还是记事，“至秦汉，为纠察之任”。

1. 中央监察制度

御史专负监察之职是在秦代。秦的最高官职是三公，即丞相、太尉和御史大夫，御史大夫是监察机构的最高长官。秦朝实行郡县制，由中央朝廷任命郡县官员。这些地方官员有着明确的职责，能不能行使这些职责、行使得如何，朝廷要对其进行督责。秦以御史监郡，行督责，建立了一套地方监察制度——监御史制度。在地方上，“分天下以为三十六郡，郡置守、尉、监”[①]。监还称为监公、监御史、监郡御史、郡监等。监御史的地位可以和郡守、郡尉齐平，其主要职责是“掌监郡”，即负责监察郡守等人的行政事务。

汉承秦制，设立御史大夫，负有监察和纠弹百官朝仪的职责。西汉后期曾一度改御史大夫为大司空，品级与丞相相当。东汉设立御史台，推行中丞制度，进一步加强了监察的力度。

在唐朝，御史的权力比其他朝代要大得多。唐朝贞观年间，御史获得了司法权力。御史台设置“台狱”，以审理特殊的案件。凡是重大案件，由刑部、御史台和大理寺三法司联合审理。御史台有御史大夫和御史中丞作为正副主官。684年，朝廷设左右肃政台，右肃政台掌管地方的监察事务，左肃政台掌管京官和军队的监察事务（后来也兼管地方事务）。每年春、秋两季，两台派专使以“四十八条”巡察州县，春天派的叫“风俗使”，秋天派的叫“廉察使”。705年，又改左右肃政台为左右御史台。中唐以后，节度使、刺史等外官可带御史台官衔，称外台。

北宋前期的御史职责主要由门下省给事中、拾遗等承担。宋代元丰改制后，恢复设立御史台官署，职掌同唐朝，但不设留台，外官不带御史台官衔。

元代的御史制度有很大创新，除了中央朝廷有御史台、各种御史之外，还在各行省设行御史台，简称“行台”，与“行枢密

---

①《史记·秦始皇本纪》。

院”“行中书省”共同组成了地方政府机构。这是因为，元朝的疆域太大了，一些地方去大都报批文书太远了，许多事情需要行省自主做出决定。

明代，废御史台，改设都察院，设有左右都御史，下设副都御史、佥都御史等职，并领十三道监察御史。清代基本沿袭了明代的设置。

历代监察制度，在中央层面还算分工明确，纲纪森严。

2. 元之前的地方监察制度

在汉惠帝时，为了对地方官员进行监察，设置了刺史制度。根据《唐六典·御史台·侍御史》原注："惠帝三年，相国奏遣御史监三辅不法事，有：辞讼者，盗贼者，铸伪钱者，狱不直者，繇赋不平者，吏不廉者，吏苛刻者，逾侈及弩力十石以上者，非所当服者，凡九条。"[①]由此可见，汉代监察地方官的主要内容是职责行使是否正常，地方治安是否安定，诉讼断案是否公正，是否有多加赋税徭役、官吏贪腐、骄奢逾制等行为。监御史每年要定期到中央汇报工作，"常十一月奏事，三月还监焉"。为了防止监御史与郡守勾结，监御史每两年轮换一次，"监者二岁一更"。但是由于一些监御史不认真履职，甚至还跟郡守相互勾结、包庇纵容，汉政府在监御史制度之外又创设了丞相史出刺制度。"文帝十三年，以御史不奉法，下失其职，乃遣丞相史出刺并督监察御史。"[②]就是说，丞相史出刺，还负责监察太守和监御史。丞相设吏员十五人，级别是六百石，其中九人每人负责监督一州，共有九州。这说明丞相也有督察地方官员的权力，这一制度成了汉武帝时刺史制度的基础。

丞相史外出监督探察地方官吏的履职情况，就是"刺"，所以丞相史也叫刺史。但丞相史的出刺不固定，又与监御史的职能

---

① 张九龄等：《唐六典全译》，甘肃人民出版社，1997，第387页。

② 杜佑：《通典·职官十四》，中华书局，1988，第884页。

有所交叉，容易产生混乱或者误事，于是出现了汉武帝时期的刺史制度。这一制度的起因是，汉武帝某次巡视地方，有些官员没想到天子会亲至民间，他们平时作威福、懒于理政，因此没做任何准备，好几个守令畏罪自杀，所以汉武帝认为，对于地方的监管，原来的手段是失效的。

汉武帝时推行削藩，扩大了中央政府的直辖范围，把全国分为十三个州。每州设一刺史，负责监察各州的郡国。他们奉诏“以六条问事”，这六条就是《六条察郡之法》，也称《刺史六条》或《六条问事》，具体内容是：

一条，强宗豪右田宅逾制，以强凌弱，以众暴寡。

二条，二千石不奉诏书遵承典制，倍公向私，旁诏守利，侵渔百姓，聚敛为奸。

三条，二千石不恤疑狱，风厉杀人，怒则任刑，喜则淫赏，烦扰刻暴，剥截黎元，为百姓所疾，山崩石裂，妖祥讹言。

四条，二千石选署不平，苟阿所爱，蔽贤宠顽。

五条，二千石子弟恃怙荣势，请托所监。

六条，二千石违公下比，阿附豪强，通行货赂，割损政令也。[①]

从以上六条的内容可以看出，除了第一条是打压豪强地主欺压平民百姓、兼并土地之外，其余五条都是监察各州最高长官两千石官员的。这些条令表明，汉朝中央政府明白，地方官员专治一方，拥有很大的权力，这种权力如果没有有力的约束，就会导致腐败的发生，对于老百姓来说，就是一种人为的灾难。只有掌控了地方主官，使他们认真行使职权，下面的官员和豪强才能被管束。虽然刺史的俸禄不高，只有六百石，但他们督察的都是两千石级别的官

① 《汉书·百官公卿表》。

员，而且刺史是钦差大臣，不受丞相约束，所以他们的地位比较高。

西汉中后期，刺史的权力一度有所增加，还获得了郡国守相的一些职权，如考课地方官吏，刺史也一度改称“州牧”。但总体来看，它作为监察官的本质是没有变的。据《汉书·王莽传》记载，王莽时期进行复古改制，把十三州并为九州，将刺史又改为州牧，而且地位还可以世袭，权力也扩大了，“莽见四方盗贼多，复欲压之……赐诸州牧号为大将军”。刺史的地位相当于三公，而刺史的职能则由牧监副承担。这样，州牧成了一州的地方军政大员，地方监察权由牧监副行使。

在唐朝初期，监察御史仍按汉代的六条监察地方官。武则天时期尚书侍郎韦方奉旨修订监察州县的“四十八法”，“以四十八条察州”。但是，不久就因烦琐难行而废止。唐玄宗时期，命人仿照《刺史六条》制定了《监察六条》。根据《新唐书·百官志》记载，《监察六条》的内容主要是：“其一，察官人善恶；其二，察户口流散，籍账隐没，赋役不均；其三，察农桑不勤，仓库减耗；其四，察妖猾盗贼，不事生业，为私蠹害；其五，察德行孝悌，茂才异等，藏器晦迹，应时用者；其六，察黠吏豪宗兼并纵暴，贫弱冤苦不能自申者。”《监察六条》的内容不仅涉及官员的政绩，也涉及官员的品德和学识，体现了唐朝对文官的职责要求。这个《监察六条》比《刺史六条》更加关注民生疾苦，对于民本思想的落实意义更大。

在北宋时期，对地方官的监察职能由转运使承担。转运使这个官职起源于唐朝，职责主要是负责战时军需调度。北宋初期进行统一战争时，转运使还承担着这种职能。赵匡胤在掌握政权之后，致力于加强中央集权，收回地方节度使的军权、财权和司法权，这些权力就部分交由转运使掌管。转运使是中央任命的官员，一开始主要负责调发钱粮，所以转运司又叫作“漕司”；后来，转运使逐渐成为一路最高长官，同时有了考核路内官吏、统辖提点刑狱和在特殊情况下调度军队的权力。宋朝的路相当于唐朝的道，数量并不固定，曾有十五、十八、二十三路。从考察地方官吏的职能来看，路主要是作为监察区域来划分的。北宋范仲淹的庆历新政，实际上主要内容是革新吏治。具体来说，就是由朝廷认真选拔精干廉能之人为各路转运使，发挥他们考核官吏的职能，在各地淘汰不称职的官员，举荐称职和可以升职的官员，弹劾贪赃枉法的官员，以此澄清吏治。按照欧阳修给宋仁宗的上书来看，那些转运使在地方发挥了较为有效的作用，有些昏聩贪婪的官吏听说转运使要来，就赶快辞职。但由于保守势力攻击改革派的大臣以及谏官挑起朋党之争，宋仁宗放弃了改革，使这次改革未充分展开就很快谢幕。

元朝从元世祖忽必烈时期开始重视监察制度。元世祖至元六年（1269），开始设立四道提刑按察司。这个部门的职责意味着，它不仅掌管刑狱事务，还掌管对地方政务、吏治情况的监察。元世祖至元二十八年（1291），改四道提刑按察司为肃政廉访司。除了上述职责之外，又增加了对农事的监察。在中央，御史台分为台院、殿院与察院三院。台院，掌管纠察百官善恶，讽谏政治得失；殿院，专掌纠察百官朝仪、百官考勤等；察院，监督地方官职能履行情况。察院设监察御史三十二员，纠察百官贪赃枉法、懒政渎职等。察院每年需派员监察地方。忽必烈说：“中书朕左手，枢密朕右手，御史台是朕医两手的。”据《元史·刑法志》记载：“诸台官职掌，饬官箴，稽吏课，内秩群祀，外察行人，与闻军国奏议，理达民庶冤辞，凡有司刑名、赋役、铨选、会计、调度、征收、营缮、鞫勘、审谳、勾稽，及庶官廉贪，厉禁张弛，编民茕独流移，强暴兼并，悉纠举之。”其中与民有关的是“饬官箴”“稽吏课”“内秩群祀”“外察行人”“理达民庶冤辞”“刑名”“赋役”“铨选”“会计”“征收”“营缮”“鞫勘”“审谳”“庶官廉贪”“厉禁张弛”“编民茕独流移”“强暴兼并”这些项目。这些可以归为两类，一类是关于民众的徭役税赋的，一类是关于司法断案的公平的。元朝还在地方设立了二十二道监察区，各设肃政廉访司，官员首脑就是肃政廉访使。它的职责也是“饬官箴，稽吏课，内秩群祀，外察行人，与闻军国奏议，理达民庶冤辞”，纠举官吏的失职、渎职行为。

元朝虽然在很短的时间内就统一了广大的区域，但缺乏管理能力，“任职者多非材，政事废弛”[①]，贪腐的情况非常严重。比起前代，元朝贪腐成风，可以说元朝是统治阶层贪污腐化最为严重的一个朝代。有人说，一部元朝史，在某种意义上可以说就是一部百年贪腐史。这种说法虽然有点夸张，但可见元朝贪腐的严重程度。在元朝，见长官要交“拜见钱”，过节要给长官交“追节钱”，打官司要收“公事钱”，日常要交“常例钱”。上下大小官员不知廉耻为何物，整个官场上下贿赂，公行如市，官员与打家劫舍的强盗没有多大区别。为了加强对肃政廉访使的管控，元世祖采纳了汉族官员的建议，设置了行御史台。朝廷也规定了考核肃政廉访使的条例，如能将辖区“冤滞”情况上报中央御史台，就会积累日后升迁的资本；如果在任期内没有贡献，就要被罢免。但是，实施情况并不如设想的那样好。最关键的是，作为监察官员、作为反贪部门执行人员的肃政廉访使，却没有针对他们的监察机制，这使他们成了腐败的重灾区。据史料记载，挟威而来的廉访使把巡查当成了生财之道，不管官吏的真实政绩如何，上报材料如何写就看贿赂是多少，廉访使身边的小吏也狐假虎威，敲诈勒索，以致民间传言：“解贼一金并一鼓，迎官两鼓一声锣。金鼓看来都一样，官人与贼不争多。”廉访使的设置，没有有效改善贪腐状况，反而使民众的负担增加。后来朱元璋谈起元末亡国的教训时说：“官以贿求，罪

① 宋濂：《元史·张雄飞传》，中华书局，1976，第3820页。

以情免，台宪举亲而劾仇，有司差贫而优富。”[①]历史事实证明，越是掌握官吏命运的监察部门的官员，越需要严加监管。

3. 明清的地方监察制度

朱元璋知道，“不禁贪暴，则民无以遂其生”[②]，于是吸取元代教训，把御史台改为都察院，建立巡按御史制度。

巡按御史制度是朱元璋首创的新型监察制度，出现于洪武二年（1369），在永乐年间成为定制。它吸取元朝肃政廉访司的反贪经验与教训，在都察院下设十二道（后来改为十三道）监察御史，每年划片分工，派人员巡察各地。巡按御史开始只是正九品（后来改为正七品），官阶很低，但代表朝廷，代天子巡狩，是钦差大臣，权力很大。巡按御史所到之处，对于各级官府的公文档案、审理案件，都有权调阅核查；对于各级官员，可以当场查办；对于官员的能力政绩，也可以定等上报。

巡按御史制度对于监察官、巡视官的人选和工作要求都很严格。元朝廉访使多由权贵子弟担任，明朝巡按御史则多由具有进士资格的官员充任，他们精明强干，专门对付那些贪官污吏。对于巡按御史，朱元璋采取了许多措施，避免元代肃政廉访使的弊端。他要求，巡按御史出巡，不能前呼后拥一路迎送，连马也不能骑，仅可带两名书吏低调骑驴出发。所做的工作有二十八项之多，每一件都要详细推敲。回京之后，要向皇帝汇报，由都察院逐件审核，若发现徇私枉法，必招致严重惩罚。若出现由巡按御史导致的错判冤案，巡按御史要承担同样的罪名。而且，《大明律》规定，巡按御史犯错，治罪要加三等。在这种严厉措施的加持下，每个巡按御史都会全力以赴，避免出现差错。明初时期，巡按御史确实成了反贪的利剑。这些巡按御史常常微服私访，不声不响地入境，调查民情

---

① 邱树森：《元朝简史》，福建人民出版社，1999，第232页。
② 《明太祖实录·卷二九》。

民意，然后突然出现在官府门前。许多贪官污吏如遭晴天霹雳，就此束手就缚。朱元璋对于贪官污吏特别痛恨，整治特别严厉，《大诰》中许多大案都是巡按御史调查的结果。据记载，“郡县之官虽居穷山绝塞之地，去京师万余里外，皆悚心震胆，如神明临其庭，不敢少肆”[①]，“一时守令畏法，洁己爱民，以当上指，吏治焕然丕变矣。下逮仁、宣，抚循休息，民人安乐，吏治澄清者百余年”[②]。这说明，朱元璋的巡按御史制度是很有成效的，曾经一度把地方权力关进了笼子里。但是显然，一旦换了荒淫无道的皇帝或者贪婪奸邪的权臣，他会直接把整个笼子提走，肆无忌惮地为祸全国。在明代，为祸的除了权臣，还有宦官，如王振、刘瑾、魏忠贤等都是为祸酷烈的宦官。

朱元璋有一项前无古人的创举，就是直接让民众监督官员的贪腐行为。他在洪武十八年（1385）写的《大诰三编·民拿害民该吏》中宣布：今后布政司、府、州、县在职的吏员，赋闲的吏员，以及城市、乡村中那些老奸巨猾的顽民，若胆敢操纵词讼、教唆犯罪、陷害他人、勾结官府、危害州里，允许当地的贤良方正、豪杰之士将这些人抓起来，绑送京城。如有人胆敢中途拦截，则枭首示众。各处关津、渡口不得阻挡。为什么朱元璋会做出这样的规定呢？因为元朝初期，有些官员不懂汉文，不了解衙门里办公的一套运作方式，所以长期依赖实际做事的胥吏。这些胥吏掌握具体的行政方法，不把州县官长放在眼里，上下其手，欺骗愚弄官长，更有甚者还殴打官长，把持诉讼，实际操控了县政。朱元璋在民间时见惯了他们的嘴脸，认为这些人最败坏政事、最侵害百姓，所以他放权给当地的贤良方正和豪杰之士，允许他们把这样的恶吏和乡里的豪猾送到京城受审。为了保证这项规定能顺利实施，他还规定各地

① 胡梦琪编：《方孝孺年谱》，陕西人民出版社，1988，第51页。
② 《明史·循吏列传》。

官府和关卡不得拦阻：凡是进京上访或者扭送恶吏进京的人，不管是几人、几十人还是几百人，即使没有路引，也不准刁难，如果有人刁难、拦阻或截访，一律处死。

政策虽然宣布了，但是长时间没有落实，因为这是自古以来没有的事情。许久之后，有一个常熟县的农民陈寿六与他的弟弟、外甥把欺压良善的县吏顾英扭送到了南京。他们手里拿着《大诰》，果然无人敢阻拦。朱元璋很欣赏他们的勇气，为了鼓励他们，就赏给了他们二十锭银子、每人两件衣服，免除他们三年杂役，并通报全国表彰，还说如果有人胆敢对陈寿六及其家人打击报复，就处以族刑。这件事之后，就有许多人把一些恶吏劣绅揪到京城告御状。他们手拿《大诰》，大摇大摆，所到之处，无人敢拦。一时之间，胥吏受到震慑，风气果然好多了。

但是也要注意，朱元璋并没有给平民扭送州县官员的权力。他认为胥吏是一帮下人、一帮办事的吏仆，历代朝廷是重贤臣而轻胥吏的，元朝竟然丢弃了这个传统，应该恢复这个传统。而官员则事关皇家权威，如果民众可以动辄扭送官员，那就不成体统了。另外他也怕这一规定会成为官员之间争斗的工具。于是朱元璋说，如果朝廷任人不当，误用坏人，允许当地百姓告发官员，他们可以集体在岁末去找他上访，他一定秉公处理，奖善惩恶。从这里可以看出，朱元璋对待官和吏是不同的。朱元璋对自己的创举很是得意，说如果百姓都能遵守这个规定，实行对官吏的群众性监督，那么从此天下就太平了。

但是，这只是朱元璋一个人的做法，难以成为长久的定制，群众运动式的反腐不能持久。朱棣当了皇帝之后，《大诰》渐渐失去权威性，虽然没有被明确废除，但是实际上已经不再执行。

朱元璋特别痛恨大臣专权，认为丞相是对皇权的最大威胁，因而废除了丞相制度。他将各省的行政机构一分为三，设立承宣布政使司掌管民政、财政，设立都指挥使司掌管军政，设立提刑按察使司掌管司法和监察。三司并存，独立行使各自权力，相互制衡，以加强中央对地方的管控。重大事务由三司共同议定，经朝廷批准后方可施行。但由于三司之间互不统属，导致互相扯皮，效率低下，总督巡抚制度于是诞生，并被清代继承。

清初的地方监察制度沿袭明朝，督抚成为最高地方军政长官，同时还身负风宪官的纠察职责，“以整饬官方为己任，遇有不肖属员，劣迹昭著，一经访闻，即当随时参劾”[①]。雍正时的《清会典》规定，“督抚之设，统制文武，董理庶职，纠察考核，其专任也”。在乾隆时代，地方上“督抚总制百官，布按二司皆其属吏”。总督带都察院右都御史衔（从一品），巡抚带右副都御史衔（正二品），常驻各省督察官员，位高权重。巡抚不但纠察地方官员，也可互相纠察。在清代，督抚官员没有形成专制一方、尾大不掉的情况，究其原因，就在于督抚的权力受到制约，巡抚独立行使权力，不受总督管辖；重大地方事务的决断，都需要由朝廷和皇帝来把握，而且，督抚没有辅佐的官属集团，具体事务由布按二司按规定执行，督抚并不直接干预。另外，明清时期，督抚因为也是风宪官吏，督察所有官员，所以也受到格外严密的权力监管。其一，要受都察院监察御史的监察。因为他们本身兼任都御史、副都御史的职衔，所以要接受考核。其二，监察机构及其官员之间要互相监督制约。比如，康熙时江苏巡抚张伯行参劾两江总督噶礼，雍正时直隶总督李绂参劾河南巡抚田文镜、浙江巡抚李卫与两江总督范时绎等督抚互参，就是地方监察官互相监督的例子。其三，虽然督抚的职责是监察下属地方官，但是如果督抚违法乱纪，下属官员也可以弹劾，如四川巡抚杨宗礼就因布政司官员张文魁的奏劾而被降职。其四，对地方监察官严加考核。考核是对官员的重要制约措施和监察手段。这些措施对于贪腐行为还是有较好的制约效果的。

---

① 章开沅主编：《清通鉴》，岳麓书社，2000，第594页。

从整个发展过程来看，中国古代监察制度是逐渐发展深化的。主要趋势是，由倡导官员清廉守法到监督官员的履职情况，从监督官员的履职情况到监督监督者，从监督风宪官员到所有风宪官员互相监督。其本质是制约权力，防止滥用，以维护民众的基本权益和基本生活，保障统治者的江山社稷长治久安。

三、倡导官箴官德

统治者为了自家王朝的长治久安，会努力规范和约束官员遵纪守法，勤政爱民，忠于朝廷。所以，他们制定成体系的行政法规，规定官员的职责，并进行考核；表彰清官循吏，树立好官的楷模，让官员效法；还形成了一些为官理念、官箴格言，作为官吏的座右铭和践行信条。而对于一些强悍不法、贪暴渎职的官吏，则给予打击或淘汰，整顿官吏队伍。事实上，对官员犯罪行为的打击、对民众权益的保护，也是民本思想的一部分。

在制度层面，对官吏的赏与罚，就是提倡什么、反对什么的风向标。齐威王烹阿大夫、奖励即墨大夫，就是这种典型案例。此外，还有皇帝在吏部考课的基础上对清官廉吏进行表彰嘉奖，树碑立传；史书中专门设有《循吏传》《良吏传》《廉吏传》等，让他们名垂青史；文学戏剧中推崇清官廉吏，如包公、况钟等。这些都是在树立楷模典范形象，是对具有民本思想官吏的歌颂褒扬。

在中国悠久的官吏文化中，留下了大量关于做官的心得、教训、箴言、座右铭。总体来看，主要有：做官要以民为本，为民做主；公正廉明，秉公断案；兴利除弊，造福一方；教化百姓，安民抚众；爱民如子，两袖清风；手不可伸，上有神灵……这些理念都凝聚成格言，在社会中流行。对皇帝来说，他希望官吏尽职尽责，勤恳耐劳，不贪不占，安抚百姓，所以在朝堂中也极力营造这种气氛，比如在衙门中到处悬挂这类对联牌匾，给官员以警示。

官衙中悬挂与清正廉洁相关的匾联，从宋朝就出现了，明代比较普遍，到清代已经是官府的标配。我们看到故宫、颐和园等皇家宫殿园林都挂有对联牌匾，以明志抒怀，警示自勉。上有所好，下必甚焉，于是官府衙门处处悬挂匾联，就不足为怪了。这是官衙文化的一个特色，也是我们观察民本思想与统治阶层关系的重要内容。

河南省保留的南阳府衙、内乡县衙、叶县县衙、密州县衙，以及山西临汾霍州署、河北保定直隶总督署等古代衙门，成为我们考察古代政治文化的一批标本。它们是人们用心营造公正廉明、为民做主的政治文化的场所，比较集中地展现了封建朝廷对官员的要求，体现了官员的自律自励。

1. 南阳府衙的官衙文化

南阳府衙坐落在今南阳市民主街，是河南四大衙门中唯一的府级官署衙门，占地面积七万二千平方米，现存明清建筑一百余间。南阳府衙始建于南宋咸淳七年（1271），距今已有七百五十余年，共历一百九十九任知府，是目前中国唯一保存完整的府级官署衙门，被誉为“仅有的历史标本”“南阳历史文化名城的象征和标志”。经过历代修葺，府衙中的匾联有些是原来的，也有一些是后人题写的。其中很多与民本思想有关。

在南阳府衙的大门廊柱上，有康熙年间进士徐士林题的楹联：“看阶前草绿苔青，无非生意；听墙外鹃啼鹊噪，恐有冤民。”对联的意思是由于跪叩申冤的人少，阶前长满了生机勃勃的青苔绿草；而听到墙外的鸟鸣，就担心民众有冤情。上联说施政要使民无讼，下联说一听到风吹草动就关心，提醒官员关心民众，谨慎执政，不要造成冤案。门旁的对联是：“春雨无私，进衙先拜清风二字；青筠有节，出府再留正气一身。”据说明朝名臣于谦从河南回京，属官让他带些土特产回去赠送朝中官员，但他拒绝了。于谦在《入京》诗中说：“绢帕蘑菇与线香，本资民用反为殃。清风两袖朝天去，免得闾阎话短长。”

仪门是府衙的第二重门，是礼仪之门，是主人迎送宾客的地方。一般情况下不开正门，按规矩开东西两个便门，东进西出。这里匾额写的是“司牧爱民”，对联是“民情当无顺逆，从修齐治平可开盛世；官品何论高下，能廉明公正才是青天”，意思是民众都一样，只要当官的自身清正，民众都是好百姓；官品不分高低，只要廉明公正都是青天。这个“青天”，主要指做事光明磊落，办案公正，不让百姓有冤无处申。“司牧爱民”更是从根本上点出了民本思想对官员的要求。东便门的对联是：“到此地当知国法，入我门莫昧良心。”西便门的是：“但愿民安若堵，何妨署冷如冰。”

再往里进，就是戒石坊。上面是“公生明”三个大字，两旁是“尔俸尔禄，民膏民脂；下民易虐，上天难欺”，据说是宋太宗题写给天下官吏的戒令。南宋绍兴二年（1132），宋高宗命颁黄庭坚所书太宗御制《戒石铭》于郡县，命长吏刻之庭石，置之座右，以为晨夕之戒。两宋之后，普及全国，直到清代《戒石铭》一直存在。不过明代一般置之甬道，上建碑亭，清代则逐渐改为牌坊。其实这四句话是宋太宗从后蜀皇帝孟昶那里借鉴来的。孟昶曾写过一段话：“朕念赤子，旰食宵衣。言之令长，抚养惠绥。政存三异，道在七丝。驱鸡为理，留犊为规。宽猛得所，风俗可移。无令侵削，无使疮痍。下民易虐，上天难欺。赋舆是切，军国是资。朕之赏罚，固不逾时。尔俸尔禄，民膏民脂。为民父母，莫不仁慈。勉尔为戒，体朕深思。”[①]这些话可以说是皇帝对官吏角色的规范和期望，主旨就是官吏要善待民众，不委屈民众。

再往前是大堂，明代叫作“公廉堂”，是官员处理政务、审理案件的核心场所。这里有郡守顾嘉蘅所题的“公廉”“安民和众”和清恭亲王所书的“化被群黎”匾额。“公廉”一词，早在《史记·酷吏列传》中已经出现，历代沿袭作为官吏的道德标准。“安民和众”和“化被群黎”是说官吏安民、和众以及教化的职

① 洪迈：《容斋随笔》，上海古籍出版社，2014，第89页。

责。正堂上最显要的位置即官员公案，其座位后上方的匾额书“明镜高悬”，意思是执法者要公正严明，明察慎断。根据葛洪《西京杂记·咸阳宫异物》记载：当年刘邦进咸阳时，看到秦宫里有一面宝镜，人对着镜子照，影子就倒现出来；用手抚摸着心口来照镜子，就能看见自己的五脏六腑；人体内若是有疾病，捂着心口来照，就能知道病在哪里；女子若是有邪念，照了镜子就会胆张心动。秦始皇经常用这面镜子照宫女，把有邪念的都杀了。这面宝镜被称作“秦镜”“照胆镜”“秦台镜”。后世在公堂之上悬挂“秦镜高悬”的匾额，以激励或警示官员要公正廉明、明辨是非，“明镜高悬”即与此有关。这里还有一块匾，上书“德泽及民”，是民众送给康熙年间太守罗景的，用以感谢罗景的德政。大堂里前面的对联是：“为政戒贪，贪利贪贪名亦贪，勿骛声华忘政事；养廉唯俭，俭己俭俭人非俭，还从宽大保廉隅。”这是咸丰年间进士薛时雨撰写的。魏徵在《群书治要·昌言》中有言：“廉隅贞洁者，德之令也；流逸奔随者，行之污也。”[①]梁启超也在《中国学术思想变迁之大势》中说，儒家本来有名教之目，故砥砺廉隅，崇尚名节。对联的上联劝人戒贪，不但要忌贪利，还要忌为了虚名忘了政务；下联倡俭，说不要只要求别人俭朴，最重要的是自己俭朴。另一副对联是：“莫寻仇莫负气莫听教唆，到此地费心费力费钱，就胜人终累己；要酌理要揆情要度时世，做这官不清不勤不慎，易造孽难欺天。”这副对联说的是官与民对诉讼的态度。上联主要是劝民轻易不要提起诉讼，因为诉讼往往会导致倾家荡产。这也是孔子提出“无讼”思想以来儒家一直所倡导的，希望民间克己自省，忍让和睦，也有“化民”的意思。所以过去评价官员，在任上少有讼案是一个好官的标准之一，标志着他化民有道。下联说的是对官员审理案件的要求，一定要穷理尽性，明察慎断，不要造成冤案。关

① 魏徵等编撰：《群书治要》，天津人民出版社，2015，第430页。

于刑罚诉讼的还有“刑赏本无私，是是非非敢信不违民志；毁誉何足计，明明白白但求无愧我心”。“当盛怒时，少缓须臾，俟心气和平省却无边烦恼；处极难事，沉思片刻，待精神贯注自然有个权衡。”这是自我警示不要在情绪不稳定时做出决断。对联中多反映出官员对民众的态度以及为百姓做事的意愿。有一副对联说：“我与民为主实与民为仆，任差使亦任呼来，轻暖肥甘借尔衣我食我，我过不妨告我，我贪不妨参我，慎勿畏我谤我，是背我而不能知我；人因显做官亦因显作孽，有阴阳必有报应，喜怒忧乐都能福人伤人，人前惯会骄人，人后惯会谄人，焉非羞人悭人，以大人而做小人？”对联体现出高度的民本意识。上联指出民众才是官吏的衣食父母，而官吏不过是百姓的仆人，还希望民众能够直率地指出他的过错；下联则劝诫官吏不要作恶，要慎独慎始慎终。还有一副对联则从另一角度出发：“眼前百姓即儿孙，莫言百姓可欺，当留下儿孙地步；堂上一官称父母，漫说一官易做，还尽些父母恩情。”这副对联说的是，你既然为父母官，老百姓就是你的子孙，你做什么事，都要想到子孙的处境，为子孙积德，当得起父母官的称谓。虽然这里并没有直白地说以民为本，但是以父母和子女的关系加以类比，体现了官吏对民众的责任。“领命知大郡，感频年捍患御灾，创者立、废者兴、教者深、养者厚，寝食弗遑，纯以救民尽臣职；使君统名府，听百姓歌功颂德，良已安、顽已化、劫已转、岁已登，贤劳备至，力能造福契天心。”上联说的是作为一个称职的官员，从民本的角度所应尽的职责和取得的成绩，下联是所获得的社会效果和声誉。

大堂院子两厢是吏、户、礼、兵、刑、工六房吏员的办公房，六房对应朝廷六部。每个房门都有对联，体现了对部门吏员的职业道德期望和工作要求。吏房的对联是“委任官员选贤辨佞当公道，主持政务济世兴邦为利民”；户房的对联是“肃遵法纪要留清白在人间，勤察民情须将廉明于世上”；礼房的对联是“效昔日悬鱼太守尊贤重道，看今朝俯首公仆爱众亲仁”；兵房的对联是“仗义执言凡事皆与民做主，奉公守法一心只在政为廉”；刑房的是“吾有一日闲且耕尔地，民无十分屈莫入我门”；工房的是“取一文我为人不值一文，宽一分民受益不止一分”。除了六房，还有衙役房，其上的对联是“罔违道罔咈民真正公平心斯无怍，不容情不受贿招摇撞骗法所必严”。

大堂后面有个寅恭门，这是迎接宾客的大门。匾额上题的“清慎勤”三字，是顺治皇帝的手笔，提醒知府谨记自己应有的工作作风。清代官府多有此匾。“清”是明义理，专心尽职，为官清正；“慎”是做事要谨慎，断案要审慎，取、予要慎重，要时时想到举头三尺有神灵；“勤”即勤政。清是大节，慎则无误，勤能治理。清代赵翼在《陔余丛考·清慎勤匾》中说，这三字是司马懿最早概括出的，还说三字中“慎”字最关键。冯友兰则认为这三字出自朱元璋。总之，这是做官最重要的“三字经”。寅恭门的对联是“重门洞开，要事事勿负寸心方称良吏；高山仰止，莫矜矜不持一石便算清名”，即每一件事都问心无愧才是良吏，不要以为连百姓一块石头也不拿的就是清官。“不持一石”是关于包拯的一个著名典故。包拯在端州为官时公正廉洁、勤政爱民，深受百姓爱戴。离任时，百姓为了表达他们的感激，于是送他一块名贵的端砚。手下人见不是金银珠宝，只是一方砚台，就收下了。船行到江中不久，包拯发现了砚台的事，严厉斥责了手下，并将砚台抛入了江中，以表自己不带走端州百姓的任何东西。包拯一生为国为民，他的精神一直被后代铭记。

再往里是师爷办公的地方。师爷是主官的幕僚长，也是智囊和秘书。这里的对联是“爱一厘分外钱，远及儿孙近报身；做半点亏心事，幽有神鬼明有天”。这是在劝诫师爷幕僚居心清正，不要做亏心事害人。

二堂有两块匾额“政成蒲鞭”“量比刘宽”。“蒲鞭”也是一个历史典故。东汉刘宽为南阳太守时，吏人有错，他仅用草鞭进行象征性的惩罚，使吏人感到羞耻，但并不会让吏人真正地吃苦头。于是，刘宽成为为政宽仁的典范，“蒲鞭”成为颂扬官吏施以德政教化、不尚刑罚的典故。二堂西厢房有乾隆时期的大才子袁枚所撰的对联：“狱贵得情宁结早，判防多误每刑轻。”以上主要是关于刑罚方面的对联，提示官员要宽政薄刑。

其后是花厅，西花厅西厢房对联是“官名父母须慈爱，家有儿孙望久长”。上联的意思是既然称作父母官，就应该有为人父母的慈爱之心；下联说官员家也有儿孙，也希望家族兴旺久长，因此不要做亏心事。

内宅门对联由清代余云焕所撰，内容是：“不要百姓半文钱原非易事，但问一官两千石所造何功？”意思是做清官固然不容易，但一个人有什么建树才能对得起这两千石的俸禄呢？有些人做官，只是不贪敛钱财，但无所作为，不能造福百姓，就是尸位素餐。

三堂的对联是：“不食民一饭不爱民一钱乃汉羊续为太守，先天下而忧后天下而乐是宋范公作秀才。”前面用的是著名的汉太守清官羊续的典故，下联用的是范仲淹《岳阳楼记》中的名句。

再往后还有一处重要的地方，那就是知府的书房“燕思堂”。这里面主要是明志、自勉的警句对联。其“对弈处”的对联是“事出于公，诸君何妨至室；吏原非俗，我辈还要慎独”，意思是说做官员要堂堂正正，不能存有私心；做官吏不能做俗吏，还要修身慎独。

南阳府衙的这些匾联包含着丰富的民本思想，体现着浓厚的民本文化。

2. 内乡县衙的官衙文化

内乡县衙位于河南南阳的内乡，比南阳府衙更有名气，在河南四大衙门中位居榜首，甚至可与故宫相提并论，有“龙头在北京，龙尾在内乡”“一座古县衙，半部官文化”的说法。据资料记载，内乡县衙始建于元朝大德八年（1304），历经元、明、清三个朝代，是目前中国保存最完整的古代县级官署衙门，也是国内第一座衙门博物馆，有“天下第一衙”之称。同时，内乡县衙又与北京故宫博物院、河北保定直隶总督署、山西临汾霍州署一起并称为“中国四大古代官衙”。

县衙大门处有一道巨大的照壁墙，这种照壁墙是明清官衙的标配。照壁墙的浮雕上有一种怪兽，叫作狻。这个怪兽脚下有多种金银宝册，象征功名利禄。它不看脚下的宝物，却抬头看着太阳，意思是贪心不足，妄想吞日。这个照壁意在告诫官员不可贪得无厌。

照壁与县衙大门之间是一座牌坊，称“宣化坊”，它是县衙的标志性建筑。官员一般每月对民众宣讲两次，主要是导民向善，教化百姓。清雍正下令让官员亲自讲解，具体内容是顺治所颁布的《圣谕六条》，康熙时修订为《圣谕十六条》，雍正时扩展为《圣谕广训》：

敦孝悌以重人伦，笃宗族以昭雍睦。
和乡党以息争讼，重农桑以足衣食。
尚节俭以惜财用，隆学校以端士习。
黜异端以崇正学，讲法律以儆愚顽。
明礼让以厚风俗，务本业以定民心。
训子弟以禁非为，息诬告以全良善。
戒匿逃以免株连，完钱粮以省催科。
联保甲以弭盗贼，解仇忿以重身命。[①]

以上内容既是民众应该遵守的规范，也是官员应履行的职责。

① 成晓军主编：《帝王家训》，湖北人民出版社，1994，第103～169页。

县衙大门的对联是："治菊潭一柱擎天头势重，爱郦民十年踏地脚跟牢。"

仪门内同样有戒石坊，其中有"公生明"的匾额，有"尔俸尔禄，民膏民脂；下民易虐，上天难欺"的戒石铭。明朝大臣张居正在《请蠲积逋以安民生疏》中说："吏不畏吾严而威吾廉，民不服吾能而服吾公，公则民不敢慢，廉则吏不敢欺，公生明，廉生威。"这也是很有影响的为官格言。

大堂对联是："欺人如欺天毋自欺也，负民即负国何忍负之。"主牌匾题"明镜高悬"。

旁边暖阁有"爱民如子""执法如山"的牌匾。

二堂对联是："法行无亲，令行无故；赏疑唯重，罚疑唯轻。"

夫子院对联是："为政不在言多，须息息从省身克己而出；当官务持大体，思事事皆民生国计所关。"

三堂对联是："吃百姓之饭，穿百姓之衣，莫道百姓可欺，自己也是百姓；得一官不荣，失一官不辱，勿说一官无用，地方全靠一官。"

县丞衙前门对联是"宽一分民多受一分赐，取一文官不值一文钱"。

县丞衙正厅对联是"立定脚跟竖起背，展开眼界放平心"。匾额是"勤补拙"。

主簿衙前门对联是"与百姓有缘才来此地，期寸心无愧不鄙斯民"。

主簿衙正厅对联是"扪心自惭兴利少，极目只觉旷官多"。匾额是"俭养廉"。

典史衙正厅对联是"报国当存清政志，为民可效廉明臣"。

六房对联是：

吏房，"选官擢吏贤而举，考政核绩廉以衡"。

户房，"编户方田勤并慎，征赋敛财公亦平"。

礼房，“倡礼兴学崇孔孟，制章定典尚萧曹”。

兵房，“厉兵秣马备不懈，枕戈待旦防未然”。

刑房，“按律量刑昭天理，依法治罪摒私情”。

西账房，“一丝一粒我之名节，一厘一毫民之脂膏”。

以上匾额、对联张挂在官衙的各处。这些文字对官员有处处提示、时时警戒之用，使他们见而行之，内化为自己的行为准则。其中，主要的思想内涵还是民本思想，如从民生考虑，不要浪费，不要给百姓增加负担；要做好教化工作，使百姓知法守法，礼让息讼；兴利除弊，克己奉公；细查慎断，不造冤案；清心慎独，廉明公正等。

应该说，这种精心营造的氛围和环境对官吏起到了一定约束作用，尤其在一个王朝的前期，皇帝对于官吏的约束比较严，态度比较认真，官吏们也有极高的工作热情和高尚的道德情操，这对于坚持以民为本、贯彻民本思想起到了一定的作用。

第十三章 民惟邦本的历史逻辑

统治者在对比了统治集团与民众的轻重、衡量了两者在朝代兴亡中的力量之后，发现民众才是社会兴衰、历史演进的根本力量。民惟邦本实际上是一种社会现实所反映出的历史变迁规律。把统治者与民众的关系比作舟与水的关系，更显示出民众力量的伟大和重要性。关于民本思想，皇帝有皇帝的认识，官员有官员的认识，士大夫有士大夫的认识，民众有民众的认识。

一、民众反抗暴政的民本思想依据

民本思想并不都是统治集团的相关认识，民众也有民众的民本思想。一些民间人士也提出了一些民本思想，产生了一定的民本意识，这也是民众反抗残暴统治者的思想依据，是农民起义的思想基础。

中国文学史上，公认为最早的诗歌《击壤歌》中就有原始的民本思想。“日出而作，日入而息。凿井而饮，耕田而食。帝力于我何有哉？”我随着自然规律安排我的作息，自食其力，帝王为我做过什么呢？推而演之，既然帝王没有为我做过什么，我也不用他做什么，他的存在对于我来说没有意义，那么他凭什么要向我征收赋税、徭役，让我出粮出钱呢？这就谈到根本问题了。马克思发现了剩余价值，发现了资本家剥削工人的秘密，而《击壤歌》用极为简短的文字和极为简单朴素的道理，揭示了帝王对民众的剥削。

据《史记·周本纪》记载，周厉王自己就很贪婪，又任用贪财好利的荣夷公做卿士，大夫芮良夫劝谏厉王，说："夫王人者，将导利而布之上下者也。使神人百物无不得极，犹日怵惕惧怨之来也。"这其实说的是民间的普遍意识，这样做是违背民众意愿的，违背民意就会引起民怨。

春秋战国时期的人，从前代兴亡的过程中已经总结出了规律，就是"民惟邦本，本固邦宁"。假使帝王不以民为本，民众就会兴起惊涛骇浪，掀翻统治者之舟。

战国时期的墨子是代表下层民众的思想家，认为统治者应该生活俭约，不应该奢侈。因为古人穿衣服就是为了遮体保暖，不是为了华丽，不能让百姓整日纺织却穿不上衣服；饮食是为了果腹，不是为了享受美食，不能让百姓终日劳作却吃不饱肚子；古人建房子是为了遮蔽风雨，不是为了奢华享受，劳民不休；古人造车是为了代步，不是为了镶金嵌银，炫耀财富……一些劳民伤财的行为，使百姓贫困饥寒，违背了民众的意志。这样的剥削压榨，会把百姓逼上绝路，而百姓没有了活路，统治者就危险了。

战国前期的杨朱是极端民本思想的代表人物之一。他的"拔一毛而利天下，不为也"的思想，颇具代表性。他认为任何人都没有理由要求老百姓贡献什么来养什么人。自己管好自己，不发动战争，不征发赋税、徭役，使每个人安然终其天年，就是理想的社会。其实这颇能代表民众的想法，所以在当时引起了广泛的社会共鸣。持有类似主张的还有农家许行，他主张食要自己种，衣要自己织，要自食其力，事事亲为。显然，这是一种农民的思想意识，背后的意思是：我不需要别人，也不希望别人来统治和差遣我。他反对阶级压迫和阶级统治，自然反对国家机构和官吏的管制。据《孟子·滕文公上》记载，孟子是反对许行的观点的，他反问道："许行的帽子是自己做的吗？他用来烧饭的铁锅和瓦罐、用来耕地的工具都是自己做的吗？"孟子说，社会有分工，官吏有官吏之责，百姓有百姓之事。有的人劳心，有的人劳力；劳心的人统治别人，劳力的人被人统治；被人统治的养活别人，统治别人的则被人养活，这是普天之下通行的道理。孟子认为，社会分工是必然的，劳心者治人也是客观存在的，但是统治者必须得到天下民众的认可，必须为民众做事。如果不行仁政，不用王道，得不到民心，就不能坐在那个位子上统治天下，就没有合法性。他不但说"君为轻"，而且还说那些残害民众的无道君主是独夫民贼，人人可得而诛之。《孟子·离娄下》中说："君之视臣如土芥，则臣视君如寇雠。"自古以来，人们经常把"君"和"臣"并立，本来君臣是合作关系，但君若是看待臣子像看待尘土、小草一样，那么臣子看待君主就像看待仇敌，至于劳苦大众仇视君主就更是理所当然的了。孟子为民众反抗君主暴政提供了理论支持，赋予了合理性，在一定意义上代表了民众的民本思想。

汉昭帝时，大将军霍光以昭帝之名组织了一次讨论国家现行政策的会议，史称盐铁之议。汉宣帝时，学者桓宽根据这次的会议资料整理出了《盐铁论》，其中所反映的观点很大程度上体现了民间的民本观念。比如，反对商鞅法家思想中对民众的严厉管制、严刑峻法，反对以汉武帝、桑弘羊为代表的国家主义的穷兵黩武所带来的沉重徭役和剥削，反对国家无意义的扩张带来的人口损失，反对对民众生活和安定环境造成破坏，并指出民众的灾难、国家的动乱就来自统治者的野心和奢侈。

一些帝王诸侯是能够认识到民惟邦本的，他们比较谨慎地平衡着统治者和被统治者的关系。他们把对民众的索取限制在一个民众可接受的范围内，以维持王朝的稳定和国祚的延续。但是，也有一些帝王诸侯一边承认民惟邦本，一边遏制不住自己的贪婪和野心，不断加重民众身上的负担，甚至发动大规模战争，给民众带来巨大的负担和沉重的灾难，使民众生活处境越来越艰难。还有一些帝王无视历史教训，无视民本思想，无视君舟民水的道理，肆意践踏民众权益，剥夺民众的生存条件，最终导致狂涛翻涌，覆舟灭国。

夏、商、西周的三代更迭，已经证明了一个铁的规律，那就是孟子所讲的：君主不把民众当作根本来敬畏，一味倒行逆施，残酷虐待，民众就会把君主看作“寇雠”，推翻他的统治。“寇雠”是什么？是强盗、仇敌。那二者的关系就是势不两立、你死我活了。

古代的统治者利用鬼神天命来欺骗民众，营造一个“君权神授”的概念，让下层民众相信统治者是受到上天支持的，他们的家族血脉是世袭罔替的，天命鬼神是不可抗拒的，以防止民众的觉醒和反抗。所谓“天潢贵胄”，似乎他们的基因都是神圣的，生来就是统治别人的，江山的统治权要世世代代在他们的家族手中传承。这完全是骗局。他们中的许多人都非常凶残、贪婪、荒淫无度、昏庸无耻，而这种骗局一旦被怀疑、被揭穿，社会的风暴、大海的怒涛就要来了。

民众向来是比较温顺、隐忍的。他们即使在吃糠咽菜中度日，但只要有一线生机，也会安分守己。他们把落草为寇当作耻辱，把造反看作最大的罪恶。如果民众揭竿而起，那一定是统治者把民众逼上了绝路。夏朝末年，夏桀狂妄地说：“只要太阳不落，我就不会亡。”人们就说：“太阳啊！你什么时候灭亡啊？我们一起同归于尽吧！”商纣王受到周武王的讨伐，他派出抵抗的军队临阵倒戈，与周军一起埋葬了曾经不可一世的纣王和商王朝。统治者把民众当作任意践踏的草芥和任意宰割的猪羊，民众活不下去了，就会掀起惊天狂涛，推翻他们的统治。

到了孟子、荀子时期，他们总结历史经验，认为民心向背是治乱兴衰的决定性因素。“君者舟也，庶民者水也。水则载舟，水则覆舟。”[1]这表现为古代封建社会的一次次农民大起义，以惊涛骇浪的力量，覆灭了一个个腐朽的王朝。

1. 秦末农民大起义

更直白地为民本思想正名、更能体现“水则载舟，水则覆舟”道理的是秦末农民大起义。

秦被后世称为“暴秦”，相应地秦始皇也被冠以“暴君”的称号。他曾勒碑刻铭，标榜自己翦灭六国是正义之战，是救民于水火。“六国回辟，贪戾无厌，虐杀不已。皇帝哀众，遂发讨师，奋扬武德。义诛信行，威焯旁达，莫不宾服。烹灭强暴，振救黔首，周定四极。普施明法，经纬天下，永为仪则。”[2]碑文中说六国统治者“贪戾无厌，虐杀不已”，于是自己兴义兵，除残贼，发仁义之师，拯救黔首，企图建立一个“光施文惠，明以义理”的新王朝。

但是，新建立起来的秦朝，是一个逐渐在文化上更加倒退、民众地位更加低下、民众的负担更加深重、君本思想更加加强、民本思想更加削弱的王朝。在皇帝的大一统下，朝廷和民众是对立的关系，是此消彼长的关系。朝廷君国的权力多了，民众的权利就少了；皇帝的地位提高了，民众的地位就降低了；皇帝的统治意识加重了，民本思想就淡化了。

秦始皇本身就是一个暴君，他手下的将领也凶狠残暴，据《史记·白起王翦列传》记载，仅武安君白起所率领的军队就杀死了约九十万人。历史上的六国民众，认为秦国野蛮残暴，不想归附秦国。如鲁仲连听说新垣衍要说服赵王尊秦王为帝，就对新垣衍说：“彼秦者，弃礼仪而上首功之国也，权使其士，虏使其民。彼即肆然而为帝，过而为政于天下，则连有蹈东海而死耳，吾不忍为之民

①《荀子·哀公》。

②《史记·秦始皇本纪》。

也。”[1]他宁死也不做秦国民。长平之战前，韩国的上党守将派使者到赵国说，韩国守不住上党了，虽然秦国很想把这个地方收入秦国，但这里的官民都愿意归赵，不愿归秦。

尽管统一的过程充满血腥征战，但是作为遭受了数百年战乱蹂躏的民众，还是希望在统一后能过上安定的生活，对新王朝怀抱希望。可是秦朝带来了什么呢？是远比六国更残暴的统治、更沉重的负担和更危险的生活。

秦朝统一之后，在短短十几年之内，兴建了多项浩大的工程，其中任何一项，都让我们瞠目结舌。

其一，修筑宫殿。中国的宫殿修筑，时间越早，工程越是浩大。秦过于汉，汉过于隋，隋过于唐，唐过于元，元过于明，明过于清。我们现在看到的清朝故宫，规模只相当于明朝大明宫的十分之一。

《史记·秦始皇本纪》记载，秦灭六国之后，在咸阳北阪对六国宫殿进行了仿建，并使其连成一片。但是，这仅仅是一个局部。看一看兵马俑，那么浩大的军阵，也只不过是一个仪仗队而已，由此而知秦国所建的工程有多么浩大。秦的宫殿，“关中计宫三百，关外四百余”。那三十四万斤的大铜人，只是阿房宫前的一个摆设。秦王嬴政在即位之后，就开始扩建咸阳宫。他仿照天上的紫微坦来构造和布局咸阳宫，使其更具帝王宫殿的气象。以渭水横贯都城，象征天河。河上建大桥，宽六丈，南北二百八十步，桥头竖立巨大石柱。秦始皇三十五年（前212），在咸阳城外渭水南岸的上林苑中建造新的朝廷，先建前殿阿房宫，“东西五百步，南北五十丈，上可以坐万人，下可以建五丈旗。周驰为阁道，自殿下直抵南山。表南山之巅以为阙。为复道，自阿房渡渭，属之咸阳，以象天

---

① 《史记·鲁仲连邹阳列传》。

极阁道绝汉抵营室也”[①]。咸阳二百里内宫观殿院用甬道（封闭性走廊）和飞桥（封闭天桥）连接，构成一个广阔的气象万千的建筑群。这个建筑群绵延二百余里，住着秦始皇及其后宫若干人。唐代诗人杜牧曾撰写《阿房宫赋》来描述其壮伟。这个阿房宫，秦始皇没建完，到秦二世时也没建完，直到秦亡时依然没建完。

其二，修驰道。秦始皇二十七年（前220），开始修建驰道。驰道以咸阳为中心，呈放射状向四面八方伸展。东方的驰道叫东方大道，终点在今天的威海成山；东北方向的叫上郡道，一直通到辽东、朝鲜；北方的叫秦直道，从咸阳直抵长城；西北大道，从咸阳到甘肃临洮；秦楚大道，从咸阳经过陕西武关、河南南阳到湖北江陵；江南新道，通到广西桂林；川陕大道最特殊，其方向是西南，穿过秦岭插入蜀中。除了这七条最长的驰道，还有一些短距离的。这些道路的长度加起来，总计不下几万里。据《汉书·贾山传》，秦“为驰道于天下，东穷燕齐，南极吴楚，江湖之上，滨海之观毕至。道广五十步，三丈而树，厚筑其外，隐以金椎，树以青松”。道基由黄土夯实，中间筑甬道，为皇帝专用，两边栽松树。所经之处，遇山开路，遇水架桥，悬崖绝壁之处，凿出栈道。“栈道千里，通于蜀汉，使天下皆畏秦”[②]，真是工程浩大，难以想象。1974年，人们在鄂尔多斯市发现了一百米的秦直道遗址，路面高一米至一米半，用红砂岩土夯筑，其直如矢，与《史记》中的记载一致。更为惊人的是，近年在河南南阳还发现了秦代的“轨路”，就是在驰道上铺设了木轨。马车行驶在木制轨道上，会更加迅速平稳。

其三，修长城。修长城不始于秦，但秦长城修得规模最大，绵延万余里，一直保留至今，是人类历史上最浩大的工程之一，役死人无数。

---

①《史记·秦始皇本纪》。

②《史记·范雎蔡泽列传》。

其四，修骊山秦始皇陵。骊山秦始皇陵规模惊人，据《史记·秦始皇本纪》记载："始皇初即位，穿治郦山，及并天下，天下徒送诣七十余万人，穿三泉，下铜而致椁，宫观百官奇器珍怪徙臧满之。令匠作机弩矢，有所穿近者辄射之。以水银为百川江河大海，机相灌输，上具天文，下具地理。以人鱼膏为烛，度不灭者久之。二世曰：'先帝后宫非有子者，出焉不宜。'皆令从死，死者甚众。葬既已下，或言工匠为机，臧皆知之，臧重即泄。大事毕，已臧，闭中羡，下外羡门，尽闭工匠臧者，无复出者。树草木以象山。"秦始皇生前穷奢极欲，死后也要过帝王的生活，嫔妃美人不生育者、布置陵墓内部的工匠，都成了他的殉葬品。

其五，修郑国渠、灵渠。郑国渠的修建，缘起于一个阴谋。韩国的位置，位于秦东向的要冲之处。韩国怕秦东进，就想了一个"疲秦"之计：韩国派水工郑国到秦国，游说秦王修一条大渠，西引泾河水东入洛水，灌溉沿途土地。后来，秦国发现了韩国的阴谋，想杀掉郑国。但是郑国说，一开始这的确是个阴谋，但现在秦国只要完成这条渠的建设，就会有很多好处。于是秦国依旧让他监督，修成了这条渠，命名郑国渠。要达到疲秦的目的，自然工程浩大，旷日持久，劳民伤财。灵渠也是这样的一项工程。

这些浩大的工程，每一项都需要几十万人，如修骊山秦始皇陵需用刑徒七十万人，修驰道也需要几十万人，秦国人口总共才两千万左右。除了庞大的军队，应该有上百万人长期服役，这是多么沉重的劳役。而这些被奴役的人，劳作条件极其恶劣，除了繁重的劳动、恶劣的饮食，每天还要忍受毒打。这些人中许多都是以残缺之身从事繁重的劳动，所以死伤者无数。秦统治者对于这些劳役者没有半点怜悯，如果误了工期，就会成批处死劳役者。陈胜、吴广就是在这种背景下起义的。

秦还用严刑酷法整治百姓。据《盐铁论·诏圣》记载，"劓鼻盈蔂，断足盈车，举河以西，不足以受天下之徒"。《汉书·食货志》说秦始皇“内兴功作，外攘夷狄，收泰半之赋，发闾左之戍。男子力耕不足粮饷，女子纺绩不足衣服”。秦二世继位，不但不改弦更张，反而变本加厉，以“税民深者为明吏……刑者相半于道，而死人日成积于市。杀人众者为忠臣”[①]。这种情况显然已经断绝了民众的所有生路。杜牧在《阿房宫赋》中说：“族秦者，秦也，非天下也。”杜牧说得很明白，消灭秦国的，是秦国自己，而不是其他人。

一些愚蠢的统治者总是以为自己军队众多、属下忠诚、城池坚固、江山稳固，可以放肆地作威作福、荒淫无道、作践百姓，不知道万事终究有个限度，超过了民众能够忍耐的限度，民众就会奋起反抗，会掀起狂风骇浪，貌似强大的王朝就会顷刻崩塌。贾谊说，秦国的土地不可谓不广大，崤山和函谷关不可谓不坚固，陈胜的地位与六国之君无法相比，起兵所用的兵器都是农具，率领的那队农民与九国之兵也无法相提并论，为什么就“一夫作难而七庙堕，身死人手，为天下笑者”？“仁义不施，而攻守之势异也。”[②]自古哪个王朝没有军队呢？不是照样倾覆吗？不施仁义，一味残暴，就是自己的军队也会倒戈的。商纣王的军队不多吗？不是一见周军就望风而降吗？使他们投降的不是武力，是民心和仁义，是以民为本的统治者。

《史记·陈涉世家》记载，陈胜起义时说：“王侯将相宁有种乎！”而《史记·项羽本纪》记载，秦始皇游会稽、渡浙江时，项梁和项羽去观看，项羽就说“彼可取而代也”。尽管秦始皇仪仗浩大、前呼后拥，但是一些民间豪杰已经看出了他的虚弱，已经有取而代之的豪气。他们不认可皇帝的所谓神圣血脉以及一世以至万世的观念，而是认为帝位不必由一姓掌控，可以更换。秦始皇察觉到

---

①《史记·李斯列传》。
②《史记·陈涉世家》。

知识和思想的危险性，所以他焚书坑儒，毁灭文化、书籍，禁锢思想，但是他轻视了民众的力量。唐代诗人章碣在《焚书坑》一诗中说："坑灰未冷山东乱，刘项元来不读书。"他用揶揄讽刺的手法否定了秦始皇焚书坑儒的做法，引发了人们对秦亡国原因的思考。陈胜、吴广在大泽乡起义的直接原因，是他们率领的九百人的戍边队伍遇到了大雨，道路不通，他们无法在规定的时间内赶到预定地点。而按照秦法，误了戍边的时间，这些人是要被斩首的。这支队伍因此被逼上了绝路。这条绝路有两种走法：一种是继续赶路，到杀场引颈就戮；一种是拼死一搏，揭竿而起。陈胜和吴广说："今亡亦死，举大计亦死，等死，死国可乎？"[①]一种是必死无疑，另一种虽然看上去几无胜算，但是值得一试。于是历史上第一次大规模的农民起义上演了，秦朝的统治很快就土崩瓦解了。

2. 汉代农民起义

西汉王朝建立后，采取休养生息、无为而治的政策，轻徭薄赋，轻刑薄罚，重视民生，巩固民本，所以创造了"文景之治"。西汉中期，汉武帝开始加强中央集权，扩建宫殿台阁，又发动对匈奴和南方的战争，导致"海内虚耗，户口减半"[②]。汉武帝及时检讨了自己的错误，纠正了穷兵黩武的行为，不再任意对外用兵，才使汉朝重新稳定下来。但西汉后期，随着天下太平的时间长了，各种弊端越来越多，积重难返，出现了严重的腐败和各种危机。汉成帝施行暴政，"大兴徭役，重增赋敛，征发如雨"[③]。那些公侯官僚，贪得无厌，对民众大肆掠夺。据《汉书》记载，汉成帝时，国舅红阳侯王立在南郡掠夺土地几百顷，再卖给朝廷，得钱一万万；丞相张禹，虽然为人谨慎厚道，但多买田至四百顷，其他财物也应

---

① 《史记·陈涉世家》。
② 《汉书·昭帝纪》。
③ 《汉书·谷永传》。

有尽有。汉哀帝宠爱的董贤，得赐田两千余顷，死后家财被斥卖，合计钱财达到四十三亿之多。汉哀帝时期，政权逐渐转移到外戚王氏手中。关于此时的朝野状况，在谏大夫鲍宣的奏章中可见一斑。当时，汉哀帝宠爱董贤，赏赐无极限。据《汉书·鲍宣传》记载，鲍宣耿直，不与同僚同流合污，就上了一个著名的奏折《上书谏哀帝》。他认为当时的朝廷没有骨鲠之臣，只有谄谀、奸佞之徒，这样的官僚队伍是不可能安定天下的。“今世俗谓不智者为能，谓智者为不能。昔尧放四罪而天下服，今除一吏而众皆惑；古刑人尚服，今赏人反惑。请寄为奸，群小日进。国家空虚，用度不足。”人民的生活状况极为艰难，在死亡线上挣扎，民有“七亡七死”：“凡民有七亡：阴阳不和，水旱为灾，一亡也；县官重责更赋租税，二亡也；贪吏并公，受取不已，三亡也；豪强大姓蚕食亡厌，四亡也；苛吏繇役，失农桑时，五亡也；部落鼓鸣，男女遮迣，六亡也；盗贼劫略，取民财物，七亡也。七亡尚可，又有七死：酷吏殴杀，一死也；治狱深刻，二死也；冤陷亡辜，三死也；盗贼横发，四死也；怨雠相残，五死也；岁恶饥饿，六死也；时气疾疫，七死也。民有七亡而无一得，欲望国安，诚难；民有七死而无一生，欲望刑措，诚难。此非公卿守相贪残成化之所致邪？群臣幸得居尊官，食重禄，岂有肯加恻隐于细民，助陛下流教化者邪？志但在营私家，称宾客，为奸利而已。以苟容曲从为贤，以拱默尸禄为智，谓如臣宣等为愚。”“民流亡，去城郭，盗贼并起，吏为残贼，岁增于前。”鲍宣指出，民众的灾难，根源就在于吏治败坏。他说：“天下乃皇天之天下也，陛下上为皇天子，下为黎庶父母，为天牧养元元，视之当如一，合《尸鸠》之诗。今贫民菜食不厌，衣又穿空，父子夫妇不能相保，诚可为酸鼻。陛下不救，将安所归命乎？奈何独私养外亲与幸臣董贤，多赏赐以大万数，使奴从宾客浆酒霍肉，苍头庐儿皆用致富！……夫官爵非陛下之官爵，乃天下之官爵也。陛下取非其官，官非其人，而望天说民服，岂不难哉！”这里说得很明白，天下不是你的，江山也不是你的，你不能任意败坏。官爵也不是你自己的，你不能随便给人，让他们祸害百姓。

汉成帝在位时，农民起义已经此起彼伏，到汉哀帝时更加严重，出现了“七亡七死”的情况。汉平帝死后，外戚王莽篡位，建立新朝，对内进行复古改制，不断改革官制、币制、田制，无视时代的变迁和民众的真正需求；对外欺诈“四夷”，挑起争端。短短几年就使得天下大乱，民不堪命，哀鸿遍野。在这种毫无希望的境况下，除了奋起反击之外，别无他途。农民起义风起云涌，如北方边郡平州、并州、五原、代郡民众发起了暴动，吕母在海曲举事，新市人王匡、王凤发动了绿林军起义，琅邪人樊崇在莒县发动了赤眉军起义。星星点点的起义终成燎原之势，埋葬了王莽新朝。

东汉后期，外戚和宦官轮流执政，祸乱相继。无论是外戚执政，还是宦官把持权力，对民众来说都是一样的黑暗。以外戚梁冀为例：据《后汉书·梁冀传》记载，梁冀专权近二十年，宗亲姻戚布满朝野，“专擅威柄，凶恣日积，机事大小，莫不咨决之。宫卫近侍，并所亲树，禁省起居，纤微必知。百官迁召，皆先到冀门笺檄谢恩，然后敢诣尚书”。“其四方调发，岁时贡献，皆先输上第于冀，乘舆乃其次焉。吏人赍货求官请罪者，道路相望。冀又遣客出塞，交通外国，广求异物。因行道路，发取伎女御者，而使人复乘势横暴，妻略妇女，驱击吏卒，所在怨毒。”四方贡献得先到梁府，然后才到皇帝那里。“冀乃大起第舍，而寿亦对街为宅，殚极土木，互相夸竞。堂寝皆有阴阳奥室，连房洞户。柱壁雕镂，加以铜漆；窗牖皆有绮疏青琐，图以云气仙灵。台阁周通，更相临望；飞梁石蹬，陵跨水道。金玉珠玑，异方珍怪，充积臧室。远致汗血名马。”梁冀还在洛阳周边抢占大量民间土地，兴建私人苑囿，仅一个“兔苑”就绵延数十里。苑中一只兔子被人误杀，就处死了十余人。还掠买良人几千口做奴婢，称作“自卖人”。在梁冀执政期间，民间的赋税负担增加了十倍，大批农民交不上租税，死于笞杖之下。梁冀的妻子孙寿，美貌而善妒。孙寿家的宗亲，冒名做侍中、卿、校尉、郡守、长史者十多人。这些人“皆贪叨凶淫，各遣私客籍属县富人，被以它罪，闭狱掠拷，使出钱自赎，资物少者至于死徒”。有个富人叫孙奋，梁冀让人向孙奋借钱五千万，只给一辆马车作为抵押，孙奋给了三千万，梁冀就叫郡县陷害孙母偷盗白珠十斛、紫金千斤，抓了孙奋兄弟并将其杀害在狱中，掠夺了孙家财产一亿七千万。梁冀的所作所为导致民怨沸腾，有些人上书揭发他，都被他采用种种手段杀死，后来他竟然连皇帝身边的人也想杀。汉桓帝忍无可忍，抓捕了梁冀。梁冀只不过是东汉末期朝政腐败、权贵横行的一个缩影。

本来社会上还有一批“清流”，他们是一些看不下去外戚和宦官两大势力胡作非为的士大夫，在朝廷上还保留着一点正气。但在两次党锢之祸中，这些人几乎被一网打尽，死的死，囚的囚，其门生故吏也受到牵连。这样一来，统治阶层里的黑恶势力更加肆无忌惮，势焰熏天，下层民众的悲惨疾苦更加无处申诉。

汉灵帝时，宦官支配朝政，政治腐败问题到了登峰造极的地步。汉灵帝公然卖官鬻爵，将官职和爵位明码标价，公开出售，如年俸禄为两千石的官职的售价为两千万，四百石的售价为四百万，公卿的售价为五百万到一千万不等。这些官员到地方后如狼似虎，张开血盆大口扑向民众，鱼肉百姓，而洪涝、大旱、蝗虫、风雹、牛疫等各种灾害又不断发生，各地不断出现大饥荒。许多民众在家乡活不下去，就流亡他地成为流民，各地“春饥草窃之寇”“穷厄寒冻之寇”数不胜数。在这种背景下，走投无路的民众在巨鹿人张角的号令下，揭竿而起。因为他们头扎黄巾，因此史称黄巾起义。这次起义最终虽然以失败而告终，但东汉已名存实亡。

3. 隋末农民起义

隋朝是一个经过四百年战乱而重归于统一的王朝。开国皇帝隋文帝杨坚比较节俭，励精图治，约束官吏，关心黎民，是四百年来少有的好皇帝。他所创设的一些制度在中国历史上发挥了重要的作用，产生了深远影响。他的经济政策也使隋朝在短短的二十几年内积累了惊人的财富。

可是，继任的隋炀帝杨广完全背离了隋文帝所重视的民本思想和行事方式。隋炀帝的残暴程度，与秦二世胡亥不相上下。《隋书·炀帝纪》记载，一开始，他还装模作样，做出躬行节俭、为民父母的样子，口出尧舜之言，声称应该节俭："宣尼有云：'与其不逊也，宁俭。'岂谓瑶台琼室方为宫殿者乎，土阶采椽而非帝王者乎？是知非天下以奉一人，乃一人以主天下也。民惟国本，本固邦宁，百姓足，孰与不足！今所营构，务从节俭，无令雕墙峻宇复起于当今，欲使卑宫菲食将贻于后世。"他嘴上说着"民惟邦本，本固邦宁"，仿佛民本思想已经深入他的内心，但行为上骄奢淫逸，残酷暴虐，穷兵黩武，最终导致隋朝灭亡。

仁寿四年（604）四月，隋文帝驾崩。到了十一月，距离隋文帝死去仅半年多的时间，隋炀帝就征发数十万人掘壕沟，"以置关防"。不久，他又下令营建东都洛阳。工程开始于605年，由将作大匠宇文恺负责。新营建的洛阳周回五十里，有十个城门，城墙高峻，气象恢宏。为了满足跨度巨大的宫室的需求，有的栋梁是从遥远的南方地区运来的，有时一木就需要几千人拉动，整个工程每月需要役使二百万众。为了加快进度，工地昼夜不停，人声鼎沸。建造新城的同时，还开始了西苑的修建。西苑也是一项浩大的工程。这座皇家园林周回二百里，内建三座神山，各高百余尺；上面的宫殿，各逞巧思，座座不同；建造十六座宫苑，广聚奇石、花木、鸟兽；还建有人工海，周回十里。营建一座都城这么浩大的工程，仅仅十个月就建完了，可谓神速。可想而知，高效率的奇迹背后，是以多少民夫的生命和血汗为代价的。男子不够用，妇女也要服徭役，先后有上百万人死于徭役。

他的南巡也给民众带来了沉重的徭役和负担。为了南巡，他开挖了大运河。他南巡的目的是游山玩水，却满口冠冕堂皇之词，甚至是以贯彻民本思想的理由来粉饰的。据《隋书·炀帝纪》记载，隋炀帝说："今将巡历淮海，观省风俗，眷求谠言，徒繁词翰，而乡校之内，阙尔无闻。恇然夕惕，用忘兴寝。"隋炀帝说，他下江南，为的是听取民众疾苦，征求"谠言"。"又于皂涧营显仁宫，采海内奇禽异兽草木之类，以实园苑。徙天下富商大贾数万家于东京。辛亥，发河南诸郡男女百余万，开通济渠，自西苑引谷、洛水达于河，自板渚引河通于淮。庚申，遣黄门侍郎王弘、上仪同于士澄往江南采木，造龙舟、凤艒、黄龙、赤舰、楼船等数万艘。"可见仅运河工程，就征调民工上百万。准备各种舰船、物资等又不知耗费人工多少。南巡队伍"舳舻相接，二百余里"。路上供奉不知又耗费人工多少。他每年外出巡游，总是奢侈铺张，声势浩大。大业三年（607）的南巡有五十万人，沿途郡县官长为了保证供应精美食物、迎送仪仗，劳累不堪，有的甚至自杀，而所过郡县的民众还要预交几年的租调。

大业三年（607）五月，"发河北十余郡丁男凿太行山，达于并州，以通驰道"。七月，又"发丁男百余万筑长城，西距榆林，东至紫河，一旬而罢；死者十五六"。十天之内就死了五六十万人，是什么样的摧残，能叫丁男在十天之内死去一大半呢？

最严酷的徭役是大业八年（612）开始的讨伐高丽的战争。这年正月，隋炀帝明宣诏书，通告天下，讨伐高丽。他打着解民倒悬的旗号，檄文写得冠冕堂皇，气吞万里："凡此众军，先奉庙略，骆驿引途，总集平壤。莫非如豺如貔之勇，百战百胜之雄，顾眄则山岳倾颓，叱咤则风云腾郁，心德攸同，爪牙斯在。朕躬驭元戎，为其节度，涉辽而东，循海之右，解倒悬于遐裔，问疾苦于遗黎。"

他点十二路大军，大会于涿郡，“总一百一十三万三千八百，号二百万，其馈运者倍之。癸未，第一军发，终四十日，引师乃尽，旌旗亘千里。近古出师之盛，未之有也”。又发江淮水手一万、弩手三万，岭南排镩手三万，河南、淮南、江南造戎车五万辆。“其陆路夫役往来者亦常数十万人，昼夜不绝，死者相枕，臭秽盈路。东莱海口造船，官吏督役，日夜立水中，腰以下皆生蛆，死者十三四。耕稼失时，民不聊生……”[①]据《隋书·炀帝纪》记载：“骄怒之兵屡动，土木之功不息，频出朔方，三驾辽左，旌旗万里，征税百端，猾吏侵渔，人不堪命。乃急令暴条以扰之，严刑峻法以临之，甲兵威武以董之，自是海内骚然，无聊生矣。俄而玄感肇黎阳之乱，匈奴有雁门之围，天子方弃中土，远之扬、越。奸宄乘衅，强弱相陵，关梁闭而不通，皇舆往而不反。加之以师旅，因之以饥馑，流离道路，转死沟壑，十八九焉。”虽然那时看起来国家统一，地广三代，超越秦汉，实际上百姓的生活处境十分悲惨，比之未统一时，反倒不如。事实证明，在很多情况下，对民众造成更大灾难、更严重压迫的，往往不是外人，而是喊着解民倒悬的本国统治者。

隋炀帝是一个好大喜功的人，他极力招徕外邦使者，给予重赏，抛撒民脂民膏，享受万邦来朝的虚荣。隋与高丽，发生冲突有其必然性。但是，隋炀帝不顾民众死活，不顾民力无法支撑，一味大张旗鼓，兵行几千里远征，不败是不可能的。他用上百万人的生命去博他的“武功”，根本没有深思熟虑的战略规划。而且谁要是提出不同意见，他就把谁杀掉。

无休止的徭役、残酷的赋敛、旷日持久的战争，摧毁了民众的希望，耗尽了民众最后的耐心。大业七年（611），山东王薄作《无向辽东浪死歌》，劝告百姓拒绝服兵役，动员人们起义，各地豪杰

① 《廿二史劄记校证·金史·海陵兼齐文宣隋炀帝之恶》。

纷纷响应。到大业九年（613），多支队伍都发展到几万、十几万人。同年，礼部尚书杨玄感在河南起兵反隋，他的队伍一度发展到十万人。经过几年的战斗，起义军逐渐形成李密、窦建德、杜伏威三大集团。他们多次打败隋军主力，加快了隋朝统治瓦解的速度。李渊、李世民父子乘机反隋，开始了统一战争，最终不可一世的大隋土崩瓦解。

4. 唐代农民起义

唐朝在初唐统治集团励精图治的努力下，达到了空前的强盛。但到了中期，也出现了差点灭亡的危险。唐中期的腐败，在某种意义上来说与统治集团放弃了民本思想，淡化了民本意识，不以民心为心，不以民意为念，有着莫大的关系。统治集团早已忘记了创业初期的艰难，忘记了太宗祖训，忘记了君舟民水、水可覆舟的历史铁律。唐玄宗视财富如粪土，在看到藏宝库里的财帛堆积如山后，毫不吝惜地挥霍，丝毫没意识到这是民膏民脂，真是“视金帛如粪壤，赏赐贵宠之家，无有极限”[①]。而“其时钱谷之司，唯务割剥，回残剩利，名目万端”[②]。他的狂傲与残酷终于结出了苦果，安史之乱几乎使大唐灰飞烟灭。

唐朝后期，农民生活处境每况愈下。唐德宗试图从税收制度改革入手，破解困局。实行“两税法”之后，地方上由于吏治败坏，“变征役以召雇之目，换科配以和市之名”，又滋生出不同名目的徭役。地主势力之家，规避税赋、徭役，将其转嫁到贫困民众身上。在官场上，有大批人通过钻营买官混入官吏队伍，造成官僚机构人数迅速膨胀，开支大增。贪赃枉法成为常态，索贿卖官成为风俗。下级胥吏更是对民众敲骨吸髓，“所繇入乡村，是为政之大

---

①《资治通鉴·唐纪三十二》。

②《通典·食货六》。

弊，一吏到门，百家纳货”[①]，民众畏之如虎狼，恶之如仇敌。唐朝以户口增减和赋税完成情况作为考核官吏的标准，于是州县官员为了政绩好看，就把那些逃户统计在内，等到定税征科之时，这些逃户依然在逃，税负就增加到现有的每户身上。灾害之年，官府不但不减免赋税，还隐瞒灾害，预征租税。到后来，完全没有土地的农民也要纳税，就像唐朝进士杜荀鹤在诗中说的那样：“任是深山更深处，也应无计避征徭。”

唐宣宗时，农民起义就已经山雨欲来风满楼了。浙东地区是唐朝后期封建剥削最为严重的地区之一，阶级矛盾也更为尖锐。唐宣宗大中十三年（859）年底，裘甫率领百余人在浙东起义。这次起义虽然仅半年多的时间就失败了，但它是唐末农民大起义的先声，揭开了唐末农民大起义的序幕。到唐僖宗时，统治集团更加腐朽，与南诏的战争加重了农民已经极度沉重的负担，且水旱灾害连年发生，民不聊生，农民起义不断。据《旧唐书·僖宗本纪》记载，乾符二年（875）五月，“濮州贼首王仙芝聚于长垣县，其众三千，剽掠闾井，进陷濮州，俘丁壮万人”。六月，黄巢聚众响应，加入农民起义的队伍。王仙芝自称“天补平均大将军”，数月之间，响应者就达到了几万人。王仙芝战死后，黄巢被众人拥立为新的领袖，称“冲天大将军”，声势更胜，陆续攻占洛阳、长安。攻占长安后，起义军对唐朝官吏和宦官进行了残酷的屠杀。黄巢的农民起义军转战近半个唐朝江山，尽管没有灭亡唐朝，但给予了腐朽的唐王朝以沉重打击，使之摇摇欲坠。

5. 北宋农民起义

北宋王朝一直比较重视民本思想，自赵匡胤以来的多位皇帝都比较关注民众生活，对官吏加强约束。朝堂上，言官敢于直言正谏，对皇帝的私欲膨胀有一定的制约。但是到了宋徽宗时期，这种

① 董诰：《全唐文·卷七一五》，中华书局，1983，第7345页。

局面遭到了破坏。宋徽宗骄奢淫逸，搜奇猎怪，宠信蔡京、王黼、童贯、杨戬等奸佞之人，大兴土木，把国家弄得乌烟瘴气，民不聊生，以至于有人说，宋徽宗在位的二十多年是北宋政治史上最污浊、黑暗的时期。

宋徽宗任用奸臣蔡京为相，主张及时行乐，在苏州、杭州设立造作局，专门为他搜集和制造各种珍玩。在苏州设立应奉局，专门搜刮奇花异石，用船运到都城，供他赏玩。每十只船组成一队叫一纲，运送花石的船队称花石纲。主管花石纲的朱勔靠这个做到了防御使，以至于“东南部刺史、郡守多出其门”。据《宋史·朱勔传》记载：“所贡物，豪夺渔取于民，毛发不少偿。士民家一石一木稍堪玩，即领健卒直入其家，用黄封表识，未即取，使护视之，微不谨，即被以大不恭罪。及发行，必彻屋抉墙以出。人不幸有一物小异，共指为不祥，唯恐芟夷之不速。民预是役者，中家悉破产，或鬻卖子女以供其须。……尝得太湖石，高四丈，载以巨舰，役夫数千人，所经州县，有拆水门、桥梁，凿城垣以过者。既至，赐名‘神运昭功石’。截诸道粮饷纲，旁罗商船，揭所贡暴其上，篙工、柁师倚势贪横，陵轹州县，道路相视以目。……流毒州郡者二十年……方腊起，以诛勔为名。”另一个奸臣杨戬的继任者李彦，在行事方面也模仿朱勔，运送几竿竹子也要让老百姓出牛、驴数十头，经年累月，无休无止，导致“农不得之田，牛不得耕垦，殚财靡刍，力竭饿死，或自缢辕轭间。如龙鳞薜荔枝一本，辇致之费逾百万”①。

据《宋史·宦者三》记载，蔡京为了巩固权位，拉拢了一批奸佞同恶相济，沆瀣一气。梁师成是宦官，“善逢迎，希恩宠”。为了搜刮民间钱财，“所领职局至数十百”。时人认为他是一个“隐相”，即虽无名但有实权。杨戬，“善测伺人主意。自崇宁后，日

---

①《宋史·宦者三》。

有宠，知入内内侍省。立明堂，铸鼎鼐，起大晟府、龙德宫，皆为提举”，后来势力与梁师成相当。他设立“西城所”，“立法索民田契”，凡是没有正式田契的土地都增设税赋，连废堤、荒山、河滩、荒地等都要摊在百姓名下收取租税。税额确定后，即使遭遇战乱、灾害都不减免。杨戬死后，李彦接任了他的职位。“彦天资狠愎，密与王黼表里，置局汝州，临事愈剧。凡民间美田，使他人投牒告陈，皆指为天荒，虽执印券皆不省。鲁山阖县尽括为公田，焚民故券，使田主输租佃本业，诉者辄加威刑，致死者千万。公田既无二税，转运使亦不为奏除，悉均诸别州。京西提举官及京东州县吏刘寄、任辉彦、李士渔、王浒、毛孝立、王随、江惇、吕坯、钱械、宋宪皆助彦为虐，如奴事主，民不胜忿痛。”他们欺压百姓，把私有田产变成公田，把原有户主变成佃户，逼死了成千上万人。这些土地成为公田后，本来应该免除春秋两税，可是他们不但不免除，还把这些原有的税额转嫁给邻州。这一批如狼似虎的贪官酷吏，将民众逼上了死路。

宋徽宗还迷信道教，宠信张怀素、林灵素等道士，设置了道官二十六品，仅林灵素的门徒食厚禄的就近两万人。奸贼们公然卖官鬻爵，当时有“三千索，直秘阁；五百贯，擢通判”的说法。宋徽宗登基后仅七八年的时间，官员的数量就增长了数倍。宋神宗在位期间，宫廷每月要花费钱财三十六万贯；到了宋徽宗宣和二年（1120），数目增至一百二十万贯。由于大肆奢侈浪费，导致入不敷出，官家就设立各种名目，大肆搜刮，肆意增加民众负担。如宋徽宗政和元年（1111），开始设立“西城括田所”，名义上是把一些荒田和无主的田地重新登记，但是实际上成了掠夺民田的手段，导致大批农民丧失土地，冻死、饿死者不计其数。据统计，仅被杨戬掠夺的土地就有三万四千三百多顷。北方著名的宋江起义就是因此而起，而南方的方腊起义主要是由花石纲导致的。

方腊起义的情况可以说明北宋民众为什么会揭竿而起。方腊起义发源于浙江青溪县，这里流传着一种宗教——摩尼教，其教义主张是“法平等，无有高下”。同教中人都称为一家，互帮互助，即使素不相识，也可以同吃同饮。方腊就是摩尼教的首领。当时青溪县盛产竹、漆等物资，繁荣富庶，本来这里的人民日子应该过得不错，却因物产丰富成了造作局和应奉局的主要掠夺对象，民众生活苦不堪言。方勺的《青溪寇轨》对方腊发动起义的情景做了真切的描述。

方腊召集众人饮酒，酒过数巡，起身对大家说：“天下国家本同一理。今有子弟耕织，终岁劳苦，少有粟帛，父兄悉取而靡荡之。稍不如意，则鞭笞酷虐，至死弗恤。于汝甘乎？”又接着说：“靡荡之余，又悉举而奉之仇雠。仇雠赖我之资，益以富实，反见侵侮，则使子弟应之。子弟力弗能支，则谴责无所不至。然岁奉仇雠之物，初不以侵侮废也。于汝甘乎？”而后又激愤涕泣地说：“今赋役繁重，官吏侵渔，农桑不足以供应。吾侪所赖为命者漆楮竹木耳，又悉科取，无锱铢遗。夫天生烝民，树之司牧，本以养民也，乃暴虐如是，天人之心能无愠乎？且声色狗马、土木祷祠、甲兵花石靡发之外，岁赂西、北二虏银绢以百万计，皆吾东南赤子膏血也。二虏得此，益轻中国，岁岁侵扰不已，朝廷奉之不敢废，宰相以为安边之长策也。独吾民终岁勤动，妻子冻馁，求一日饱食不可得！诸君以为何如？”最后总结道：“三十年来，元老旧臣贬死殆尽，当轴者皆龌龊邪佞之徒，但知以声色土木淫蛊上心耳！朝廷大政事，一切弗恤也。在外监司、牧守，亦皆贪鄙成风，不以地方为意。东南之民，苦于剥削久矣，近岁花石之扰，尤所弗堪。诸君若能仗义而起，四方必闻风响应，旬日之间，万众可集。守臣闻之，固将招徕商议，未便申奏，我以计縻之，延滞一两月，江南列郡可一鼓下也。朝廷得报，亦未能决策发兵，计其迁延集议，亦须月余；调习兵食，非半年不可。是我起兵已首尾期月矣，此时当已大定，无足虑也。况西、北二虏，岁币百万，朝廷军国经费十万，多出东南。我既据有江表，必将酷取于中原；中原不堪，必生内变；二虏闻之，亦将乘机而入。腹背受敌，虽有伊吕，不能为之谋也。我但画江而守，轻徭薄赋，以宽民力，四方孰不敛衽来朝？十年之间，终当混一矣！不然，徒死于贪吏耳。诸君其筹之。”在获得群起响应之后，“遂部署其众千余人，以诛朱勔为名，见官吏、公使人皆杀之。民方苦于侵渔，果所在响应，数日有众十万。遂连陷郡县数十，众殆百万。四方大震”。[①]

从上述记述来看，方腊的演说很有鼓动性。他历数宋廷腐朽、吏治败坏、疯狂榨取百姓等罪状，条理清晰，有理有据，句句动人，字字诛心，说尽朝廷的昏庸残暴和民众的生存绝境，使得听者人人激愤。他对于宋王朝的腐朽体制和官场作风了如指掌、判断准确，对起义的战略和前景也分析透彻，使人信服，所以一席话掀起了狂涛骇浪。

方腊的话满含着民本思想。他把一个国家比作一个家庭，认为国和家在本质上是一样的，成员应该和睦相处，互相爱护，各司其职。但是现在的统治者肆意挥霍劳动人民的血汗脂膏，从民众口中夺食去献给辽和西夏，对他们赖以生存的物资搜刮无遗，还施以酷刑，毫无仁爱之心。尤其他说：“夫天生烝民，树之司牧，本以养民也，乃暴虐如是，天人之心能无愠乎？”这是对国家机构与民众关系的深刻解读，是对起兵原因的深刻阐释。方腊的起义宣言，描述的实际上是中国农民共同的处境，是古代所有农民起义共同的理由。方腊起义在动员民众时，虽然借用了摩尼教的名义，但是所说的是社会现实。这些农民起义虽然没有击垮北宋王朝，但是对于北宋的灭亡起了很大推动作用。

① 朱一玄编：《明清小说资料选编》，南开大学出版社，2012，第231～232页。

6. 元朝农民起义

元朝的统治者把当时的国人分为四等，实行民族等级压迫。蒙古族人强占汉族人土地成风，元仁宗延祐二年（1315），就发生过江西等地反对括田增租的斗争。元武宗时期，统治者奢侈腐化成风，在岁赐和“做佛事”上毫无节制。当时政府的年收入才二百八十万锭，但他即位不到一年就用掉了八百二十万锭。以后的几任皇帝统治时期都是入不敷出，只能加重税收，盘剥百姓。当时贪腐成风，卖官鬻爵，敛财的名目花样翻新，专门反贪的肃政廉访官吏也在“所至州县，各带库子检钞称银，殆同市道”。元顺帝时，吏治败坏已经到了无可救药的程度，蒙古贵族横行跋扈，官吏敲诈勒索，地主残暴专横，人民被压得喘不过气来。

在这种境况中，各种灾荒也接连不断。元顺帝元统元年（1333），京畿出现暴雨，饥民四十余万；元统二年（1334），江浙出现灾情，饥民五十九万；元顺帝至元三年（1337），又出现天灾，饥民四十余万；元顺帝至正四年（1344），黄河接连决口三次，饥民遍野。于是农民起义频发，烽烟四起。起义之前，总有一些民谣流行，如“塔儿白，北人是主南是客。塔儿红，南人来做主人翁”“天雨线，民起怨。中原地，事必变”等。这些民谣疯传，预示着元朝统治不稳，大风暴即将到来。但这时残暴的统治者想到的不是如何减轻民众负担，平民愤，而是想着杀光汉族大姓，如《元史·顺帝纪》：“伯颜请杀张、王、刘、李、赵五姓汉人，帝不从。”这五姓汉人在当时是人数最多的，按当时人口来算，约占全国人口的三分之一。这么多的人口，作为一国重臣的伯颜却想将其全部杀光，可见元朝统治者的残暴疯狂。

“石人一只眼，挑动黄河天下反。”这是至正十年（1350）在黄河灾区流传很广的一句民谣。次年，朝廷强征十五万人修河道，督工严急，克扣河工粮食和工钱。河工挨饿受冻，群情激愤，终于爆发了大规模的红巾军起义，“贫者从乱如归”。红巾军所到之处，开仓散米，赈济贫农，深得人民拥护。不出数月，黄河长江两淮之间处处是义旗，起义的浪潮迅速席卷元朝各地。严重的贫富不均和民族压迫是元末农民大起义的主要原因。

7. 明末农民起义

明朝依然没有走出王朝治乱的死循环。到了中期以后，土地兼并现象严重，贫富悬殊，统治者腐朽，官吏肆虐，天灾连年，民众不堪重负。

明代朝政的黑暗腐败，一点也不比前代差。明代是宦官为祸最严重的朝代，出现了权倾一时的王振、刘瑾和魏忠贤三个大宦官。之所以说他们是"大宦官"，是因为他们权力大，在朝廷为祸深，对民众危害大。据赵翼《廿二史劄记》整理：王振时，一些朝觐官来见他，最少要一百金才能见到他，千金才能吃顿饱饭。后来王振被抄家时，抄出金、银六十多库，玉盘上百，六七尺高的珊瑚二十多株。宦官李广死后，明孝宗在看他受贿赂的账本时，见到文武大臣送黄、白米各千百石，就问左右："李广能吃多少，收这么多米？"左右解释说，这是隐语，黄米指黄金，白米指白银。刘瑾更腐败，天下三司官进见，惯例是缴纳千金，有时候甚至要缴纳四五千金，布政使要缴纳两万金。给事中周钥办事归来，没有钱给刘瑾上供这一千金，急得自杀身亡。出去办一次事，回来就要遭受这样的勒索，其他情况可以想见该有多严重。刘瑾被抄家时，抄出大玉带八十束、黄金二百五十万两、白银五千余万两以及其他珍宝无数。书中对于魏忠贤败亡后他的财物有多少没有明确记载，但魏忠贤的权势远过于刘瑾，受贿的财物只会更多。不仅宦官，"凡势之所在，利即随之"。严嵩为相二十年，仅他的儿子严世蕃，家中金银每一百万两为一窖，有十几窖。沈炼弹劾严嵩，说他选任官员，"不论可否，但问贿之多寡"。在这种情形下，武将不得不克扣士卒的粮饷，文官不得不苛剥百姓。朝臣徐学诗弹劾严嵩说，严嵩密运财物南下，大车数十，楼船十余艘，"陛下帑藏不足支诸边一年之费，而嵩所积可支数年”。刑部官员张翀弹劾严嵩说：“文武将吏，率由贿进。户部发边饷，朝出度支之门，暮入奸嵩之府。输边者四，馈嵩者六。……未馈其父，先馈其子；未馈其子，先馈家人，家人严年已逾数十万。”无数的贪官毒瘤，吸尽了人民的血汗。对权力不加以约束，就会形成贪腐的黑洞，源源不断地吞噬四周的钱财。甚至不需要这些权贵挨个去勒索，一些想向上爬的人就会主动送出钱和物，去攫取更大的权力，搜刮更多的财富。这些财富都出自百姓，民众的负担就这样越来越沉重，直到民众不堪重负，活不下去，然后起来反抗。

明末的土地兼并现象也非常严重。王公贵族和地主豪强拼命兼并土地，大多数农民相继失去土地。据统计，四川地主和佃户的比例是一比十几，浙江、福建有地者和无地者的比例是一比十，北京、直隶、山东、陕西、河南、湖南、湖北和两广等地的绝大部分好地都被王公豪族侵占。最严重的是藩王占地，如万历年间明神宗一次性赐给福王土地二百万亩；明熹宗拨给桂、惠、瑞三王和宁国二公主的土地，少者七八十万亩，多者三百万亩。各州县人民即使没有地，也要分摊银租，叫作“无地之租”。许多贫苦农民被迫放弃自己的土地，或者沦为佃农、雇工、奴婢，或者成为流民、饥民。佃农的处境也很悲惨，明末江南亩产多不过三石，却要交租一石二三斗甚至两石。正租之外，还有各种附加租税和高利贷，农民终年辛劳却依然受冻挨饿。一些佃农还要受地主的种种奴役。豪绅和王府亲随甚至在各地“私设公堂”“吊拷租户”“驾贴捕民”“格杀庄佃”，无所不为。长工和奴婢的地位更低，平时要受地主奴役，生命安全也得不到保障，而且奴仆一旦与主人签订契约，就世代不能脱籍。豪绅都花钱买奴耕种土地，有的豪绅家有世仆三四千人。明末对矿业的把持加重。一些宦官以开矿为名抢占土地，或巧立名目横征暴敛，他们的打手、奴仆甚至直接进入百姓家里，奸污杀戮，无恶不作。主持税收的官吏随意加税，加重了人民的负担，引起了人们的激烈反抗。如万历二十七年（1599），荆州商民赶走了征税宦官陈奉；次年，他在武昌征税，万余商民要与陈奉拼命，把他的五六个手下扔到了江中；又次年，宦官孙隆在苏州征税，严苛的税政引发葛贤、钱大等两千余人的暴动，他们先后击毙孙隆爪牙二人、税官多人，吓得孙隆连夜逃出苏州。明末农民起义的一个特点就是有很多起义是针对宦官发起的。

一些有志之士纷纷组织农民起义。如皮工王森利用白莲教组织起义，势力遍及冀、鲁、晋、川等地，组织严密，虽然屡遭挫败，却坚韧顽强，决不妥协。南方的佃农也用暴力来对抗地主豪绅的欺压，他们相约，“勿得输租业主，业主有征索，必沉其舟毙其人”。奴婢则开展了索契斗争。如崇祯三年（1630），麻城的世仆群集教场，张贴“叛主”榜文；此后，苏州、松江一带的奴仆群起呼应。

最终的大爆发出现在陕北。陕北土地贫瘠，生产落后，工商业不发达，但地主的剥削一点不亚于江南。失地农民只有两条路可走，或者当边兵，或者当驿卒。但是，当边兵得不到饷银，当驿卒工钱不足以糊口。连年的大旱又使庄稼颗粒无收，野无绿色，草根、树皮被剥尽之后，人们只能以青苔和观音土充饥，死者无数。在这种情况下，官府仍然催逼。崇祯元年（1628），陕西府谷王嘉胤、汉南王大梁、安塞高迎祥等相继起义。此后，人们蜂拥而起。崇祯三年（1630），张献忠积极响应，率领米脂十八寨的农民起义。到1631年，起义各部转向山西，号称三十六营，众至二十余万。为了应对明朝政府的镇压，崇祯八年（1635），起义军七十二营会于河南荥阳，李自成提出“联合作战，分兵迎击”的方案，起义进入了新阶段。在起义军的进军途中，解放的世仆和城市的贫苦民众纷纷响应。可见民众对明政府痛恨到何等程度。世仆和城市贫苦民众的加入，是明末农民起义的新特点。起义军还提出了“贵贱均田”“均田免粮”“迎闯王，不纳粮”的动员口号，表达了农民的诉求。历代农民起义中，这是第一次提出平均土地的口号，也是人民大众民本思想的根本要求。

本来，民众起义就是死里求生，只有减轻负担，安民抚众使其重归田里，缓和阶级矛盾，才可能重新稳定社会秩序。可是，统治者只知一味血腥镇压，对民众的搜刮更是变本加厉，最终结果当然是走向灭亡。

二、历史经验的深思

烽烟滚滚数千年，王朝兴衰总循环，中有不变一定理：成功必须民为天。

我们一直说，阶级斗争是历史前进的动力，农民战争推动了王朝更替，解放了生产力，推动了社会发展。依照历史唯物主义的观点，人口和科学文化创造都是生产力。生产力和生产关系的矛盾运动才是社会的发展体现。一个新王朝建立了，人们调适了生产关系，生产关系为生产力制造了发展空间，生产力就在其中发展，社会财富逐渐积累。但是，随着历史演进，王朝既久，百疾丛生，既有生产关系就成了生产力发展的障碍和桎梏，就限制了生产力的持续发展。这时，社会就需要改革，就需要调整生产关系，进一步解放生产力。作为一个王朝，就需要进行改革创新，拓宽生产力的发展空间，革除社会弊端。但是，历史上很少有成功的改革，即使算是成功的改革如王安石、张居正的改革，其作用也是有限的，并不能从根本上解决问题。那么，结果就是，生产力和生产关系发生激烈的矛盾，不断发展的生产力被落后僵化的生产关系束缚得越来越紧，直观表现为人口的大量增加和封建王朝对社会财富的贪欲、搜刮越来越严重，造成人口大量脱离土地。这种状况是不能继续下去的，早晚有一天，生产关系的束缚会被生产力的发展挣断，农民起义就在这种状况下爆发了。

农民起义虽然最早爆发，可是往往不能取得预期的成果。陈胜、吴广起义是这样，赤眉军、铜马军起义是这样，李密、窦建德等起义也是这样。最终还是由有文化、懂策略、深谋远虑的地主阶级建立起新的王朝，农民战争只是加速了改朝换代的过程。

从史书上看，在社会混乱的情况下，总是有一些英雄人物出来收拾残局，除旧布新，完成鼎革，建立一个新王朝，于是一些人就觉得是英雄创造了历史，帝王主宰社会。其实，这些英雄也好，帝王也罢，都不过是顺应了民心，顺应了历史潮流，借助了民众的力量。这绝对不意味着民众不是根本，国家统治可以不以民为本。周而复始的王朝兴衰，明明白白地昭示了一个真理：一个王朝的统治者重视和践行民本思想，国家就健康，吏治就清明，民众就安乐，社会就稳定；反之，统治者忘记了以民为本，忘记了前朝的教训，自以为是、刚愎自用、野心膨胀、好大喜功，甚至荒淫奢侈、贪得无厌、残害百姓，社会就黑暗，民众就怨苦，国家就要覆灭。自古至今，无一例外。

总结一下历代农民起义的原因，主要有以下几个方面：

第一，土地兼并现象严重。除了夏、商、西周三代之外，后来几乎所有农民战争的爆发都与土地有关。在社会的演化过程中，土地逐渐地走向集中，官僚地主贪婪地蚕食土地，而农民在渐渐地失去土地。土地是农民安身立命的根本，农民失去土地就会沦为佃农、雇农或奴仆，不然就会成为流民，成为社会危机爆发的因素之一。

第二，赋役沉重。一般来说，新的王朝建立之后，都会有一段休养生息的时间。统治者们会削减官吏人数，减少俸禄数额，少兴工役，不误农时，减少开支，倡导节俭。这样，赋税、徭役就少，民众负担就轻，最终实现国泰民安。但是随着时间的推移，王朝进入中期，往往会有骄奢淫逸、好大喜功的皇帝出现，兴建各种工程，大兴徭役，甚至发动对外战争。而无论大型工程也好，对外战争也罢，都需要大量钱粮。这样导致的直接结果就是赋税、徭役增加，并且越来越沉重。赋税、徭役不可能平等分摊，人们的承受能力也不一样，总有一些人率先承受不住而破产或者逃走。第一块多米诺骨牌倒下之后，它的负担会转嫁到其他骨牌身上，压倒其他的多米诺骨牌。这样朝廷控制的地区越少，地方的负担就越重，随着压倒骆驼的最后一根稻草落下，农民战争也就爆发了。

第三，朝政黑暗，吏治腐败。这两件事是相关联的。朝政黑暗，外在表现是皇帝荒淫残暴，大臣苟且偷生，奸佞阿谀奉承、助纣为虐，或者大臣专权、结党营私、蒙蔽皇帝、排斥正直之人，从朝至野，上下同恶、贪赃枉法、暗无天日。

第四，天灾连年，民不聊生。在中国这么大的区域里，灾害常有发生。在史书中，发生灾害后朝廷救济的记载非常多。一般情况下，如果只有一处或者几处受灾，只要朝廷的救济及时，就不会产生灾难性后果。但问题是，在王朝后期尤其是末期，矛盾已经很尖锐，民众几乎是在苟延残喘。在这种情况下，再加上自然灾害频发，就会导致饥民逃亡，而饥民是最容易响应起义军的。所以，几乎所有的农民起义都有自然灾害的因素。

第五，对外战争不断。战争是一种暴力手段，轻易不能使用。老子就一再强调，兵是凶器，不得已的时候才使用它，因为一旦开战，就很难把握战争的规模和走向。就像玩火自焚，野火一旦烧起，也许会形成燎原大火，甚至连自己一起烧掉。战争需要耗费大量的人力和物力，对国家造成沉重的负担，这些负担又都转嫁到人民身上，把民众逼上绝路。

除了以上因素，还有其他因素，但以上五种因素是主要的。

难道朝中就没有正直睿智的大臣了吗？难道他们看不出越来越重的危机，会导致王朝的统治崩塌吗？难道他们不会想到王朝一垮，自己也不能幸免吗？不，几乎哪一个王朝都有一些想挽救危亡、挺身而出的人。但是，大厦将倾，独木难支。他们的力量无法与整个社会的下行趋势相抗衡，他们的力量不足以和残暴的皇权、黑暗的势力相抗衡。暴君不听他们的，权臣也不会容忍他们，他们被排挤，甚至有杀身之祸。

可以说，几乎所有王朝的覆灭都与民本思想被忽视、被践踏、被放弃有关。

历史的经验告诉我们，民众是国家的根本。作为国家的统治者，谁以民众为本，谁为民众的利益和福祉考虑，谁才能获得民众的拥戴，才能政权稳固，长治久安；谁忽视了民众的力量、民众的利益，谁就会在民众的汪洋大海中覆灭。秦始皇嬴政是这样，后赵皇帝石虎是这样，隋炀帝杨广也是这样。不论统治者的力量看上去有多强大，都不如民众的力量强大，顺之者昌，逆之者亡。

今天，在中华民族发展的新时代，无论是历史经验还是现实要求，都需要执政者把人民作为执政根本，权为民所用，情为民所系，利为民所谋。这是中国共产党治国理政的合法性之本。只有获得了人民的拥护，才能引领中华民族走向未来；如果脱离人民大众，就做不成任何事情。传统的民本思想，到现在已经演化为现代民主思想、民主制度。民主、和谐、自由、平等、公正、法治等，这些都是社会主义核心价值观的核心内容。现在的民主思想与以往的民本思想的基本要求已有所不同，现在不只是谋求人民温饱，关注的不仅是生存权和基本人权，还有人民的参政权、选举权和监督权等。要保证人民对权力的有效监督，避免传统封建社会中出现的最高权力的无限滥用、专权和结党营私、权力者的荒谬决策等。要对各种权力尤其是各级最高权力形成有效制约，让社会形成良性运行和协调发展的健康状态，人民的物质需求和精神需求得到满足。

在当下新时代，民本思想得到了更高程度的发展和完善，指导社会发展的，已是社会主义的民主思想，已是更加鲜明的社会主义的富强、民主、文明、和谐、自由、平等、公正、法治等新的价值观和新的思想理念。这是我们党对中华优秀传统文化的继承和发展，我们正在新时代、新思想的指引下迎来中华民族的伟大复兴。

参考文献

班固，1962. 汉书［M］. 北京：中华书局 .

本杰明·史华兹，2004. 古代中国的思想世界［M］. 南京：江苏人民出版社 .

陈胜粦，1990. 林则徐与鸦片战争论稿（增订本）［M］. 广州：中山大学出版社 .

陈寿，1959. 三国志［M］. 北京：中华书局 .

陈桐生，2013. 国语［M］. 北京：中华书局 .

陈桐生，2015. 盐铁论［M］. 北京：中华书局 .

陈晓芬，徐儒宗，2011. 论语·大学·中庸［M］. 北京：中华书局 .

成晓军，1994. 帝王家训［M］. 武汉：湖北人民出版社 .

邓小军，1995. 儒家思想与民主思想的逻辑结合［M］. 成都：四川人民出版社 .

董诰，1983. 全唐文［M］. 北京：中华书局 .

杜佑，1988. 通典［M］. 北京：中华书局 .

范晔，1965. 后汉书［M］. 北京：中华书局 .

方向东，2012. 新书［M］. 北京：中华书局 .

方勇，2010. 孟子［M］. 北京：中华书局 .

方勇，2010. 庄子［M］. 北京：中华书局 .

方勇，2011. 墨子［M］. 北京：中华书局 .

方勇，李波，2011. 荀子［M］. 北京：中华书局 .

高华平，王齐洲，张三夕，2010. 韩非子［M］. 北京：中华书局 .
葛兆光，2001. 中国思想史（第一卷）［M］. 上海：复旦大学出版社 .
龚自珍，1939. 定盦文集［M］. 北京：商务印书馆 .
龚自珍，1975. 龚自珍全集［M］. 上海：上海人民出版 .
顾炎武，2011. 顾炎武全集［M］. 上海：上海古籍出版社 .
郭丹，程小青，李彬源，2012. 左传［M］. 北京：中华书局 .
洪迈，2014. 容斋随笔［M］. 上海：上海古籍出版社 .
侯欣一，2012. 中国法律思想史［M］. 北京：中国政法大学出版社 .
胡梦琪，1988. 方孝孺年谱［M］. 西安：陕西人民出版社 .
胡适，2021. 中国哲学史大纲［M］. 北京：商务印书馆 .
贾谊，2010. 贾谊集［M］. 长沙：岳麓书社 .
金耀基，1993. 中国民本思想史［M］. 台北：台湾商务印书馆 .
金耀基，2002. 金耀基自选集［M］. 上海：上海教育出版社 .
卡尔·雅斯贝斯，1989. 历史的起源与目标［M］. 魏楚雄，俞新天，译 . 北京：华夏出版社 .
康有为，2016. 春秋笔削大义微言考［M］. 桂林：广西师范大学出版社 .
康有为，2016. 春秋董氏学［M］. 桂林：广西师范大学出版社 .
李敖，2016. 谭嗣同全集［M］. 天津：天津古籍出版社 .
李山，轩新丽，2019. 管子［M］. 北京：中华书局 .
李焘，1995. 续资治通鉴长编［M］. 北京：中华书局 .
李小波，2020. 论明代的建言民情会议［J］.《史学月刊》（10）.
李延寿，1974. 北史［M］. 北京：中华书局 .
梁启超，2001. 论中国学术思想变迁之大势［M］. 上海：上海古籍出版社 .
梁启超，2010. 清代学术概论［M］. 长沙：岳麓书社 .
梁启超，2010. 先秦政治思想史［M］. 长沙：岳麓书社 .
刘信芳，2003. 孔子诗论述学［M］. 合肥：安徽大学出版社 .
刘昫，等，1975. 旧唐书［M］. 北京：中华书局 .

刘泽华，1984. 先秦政治思想史［M］. 天津：南开大学出版社.
刘泽华，1992. 中国古代政治思想史［M］. 天津：南开大学出版社.
马克斯·韦伯，2010. 儒教与道教［M］. 南京：江苏人民出版社.
马其昶，2014. 韩昌黎文集校注［M］. 上海：上海古籍出版社.
骈宇骞，2011. 贞观政要［M］. 北京：中华书局.
邱树森，1999. 元朝简史［M］. 福州：福建人民出版社.
司马光，1956. 资治通鉴［M］. 北京：中华书局.
司马迁，1959. 史记［M］. 北京：中华书局.
宋濂，1976. 元史［M］. 北京：中华书局.
汤化，2011. 晏子春秋［M］. 北京：中华书局.
汤漳平，王朝华，2014. 老子［M］. 北京：中华书局.
童书业，2017. 春秋史［M］. 北京：商务印书馆.
脱脱，等，1977. 宋史［M］. 北京：中华书局.
王安石，1959. 临川先生文集［M］. 北京：中华书局.
王保国，2004. 两周民本思想研究［M］. 北京：学苑出版社.
王利器，1986. 新语校注［M］. 北京：中华书局.
王世舜，王翠叶，2012. 尚书［M］. 北京：中华书局.
韦政通，1988. 中国的智慧——中西伟大观念的比较［M］. 北京：中国和平出版社.
魏徵，等，2015. 群书治要［M］. 天津：天津人民出版社.
许维遹，1980. 韩诗外传［M］. 北京：中华书局.
严复，1986. 严复集［M］. 北京：中华书局.
杨仲良，2006. 皇宋通鉴长编纪事本末［M］. 哈尔滨：黑龙江人民出版社.
叶蓓卿，2011. 列子［M］. 北京：中华书局.
尹占华，韩文奇，2013. 柳宗元集校注［M］. 北京：中华书局.
张分田，张鸿，2005. 中国古代“民本思想”内涵与外延刍议［J］. 西北大学学报（哲学社会科学版）（1）.

张九龄，等，1997. 唐六典全译［M］. 兰州：甘肃人民出版社.
张松辉，张景，2013. 抱朴子外篇［M］. 北京：中华书局.
张廷玉，等，1974. 明史［M］. 北京：中华书局.
章开沅，2000. 清通鉴［M］. 长沙：岳麓书社，2000.
赵翼，2013. 廿二史劄记校证［M］. 北京：中华书局.
“中研院”历史语言研究所，1962. 明实录［M］. 台北：校印本.
钟基，李先银，王身钢，2011. 古文观止［M］. 北京：中华书局.
朱一玄，2012. 明清小说资料选编［M］. 天津：南开大学出版社.
朱义禄，张劲，1998. 中国近现代政治思潮研究［M］. 上海：上海社会科学出版社.

后记

接到这本书的写作任务时，我还是蛮有自信的，因为以往在这方面积累了不少资料，也有许多想法。但是写起来，也遇到了许多困难，原以为几个月就能完成的任务，结果花了好长时间。

原先想写二十万字左右，但是一写起来，就写了三十多万字，最终呈现给读者的书稿，是经过大幅删削的结果。

本书的结构，主要按照理论与实践及其正反两方面展开。

所谓理论与实践，就是整体而言，本书前半部分主要叙述了中国民本思想的产生、发展、成熟、补充、转变，后半部分主要写了历代帝王、名臣、循吏对民本思想的体悟和践行，以及民本思想在受到漠视时显示出的翻天覆地的威力。

从正反两方面来说，民本思想有一句重要的表达："民可载舟，亦可覆舟。"

书稿中写了历代思想家、政治家们关于民本思想的总结和实践，基本都是关于中国传统民本思想的正面材料。历史经验和民本思想的实践证明：凡是一个王朝的统治集团正确认识以民为本的思想，认真践行以民为本的思想，采取与民休息、轻徭薄赋的政策，努力提升民众的文明程度和道德水平，社会就安定和谐、富足发展，出现“盛世”“治世”。历史上的“文景之治”“元嘉之治”“开皇之治”“贞观之治”“开元盛世”“仁宗盛治”等，都是这种情况。

但是在历史上，情况并不完全是这样的，有很多暴君、奸臣和贪官不是以民为本的。一旦统治集团走向腐败，背离了以民为本的思想和做法，统治阶层就腐败，就暴虐，就贪婪，就黑暗，就导致民不聊生，民怨沸腾，随之就惊涛四起，烈火燎原，农民起义就会推翻这个腐败没落的王朝，为“民可载舟，亦可覆舟”的历史铁律正名。这些都是反面材料，可反证“民可载舟，亦可覆舟”这一规律的不可颠覆性。所以原来书稿还写了“暴君”和“奸臣贪官”两章，集中写暴君污吏对民生民权的践踏、对民本思想的违背，从而引起社会灾难。但因为篇幅所限，也是为了整体风格的统一，这两章共计五万多字的内容就放弃了。

有人说，一切真历史都是当代史，这是不可否认的。所有历史都是为当代人写的，我们写历史，一眼看着历史，一眼瞄着现实。传承中华优秀传统文化，就是为了当下能够汲取历史经验教训，发扬优秀的东西，使当下的工作做得更好。当前，我们的国家获得了空前的发展，进入了社会主义新时代。新时代的民本思想表现为民主思想、社会主义核心价值观念等。但历史告诉我们，在任何社会，以民为本的基本内涵不会变，“载舟”“覆舟”的历史规律不会变。我们需要更加发扬社会主义民主，建设中国特色社会主义法治体系，提高人民生活水平，给人民创造更好、更富裕的生活环境和条件。

希望读者能够在阅读本书中获得一些启示。

孟天运

2022年9月30日于青岛